出土文獻譯注研析叢刊

清華簡〈參不韋〉研究

賴怡璇 著

致　謝

感謝行政院國家科學委員會計畫獎助：
承先「啟」後：戰國楚簡與先秦秦漢文獻「啟」故事對讀之研究（MOST 114-2410-H-025-014-）

目次

凡例 ··· I

壹　前言 ··· 001

一、〈參不韋〉概述 ··· 001

二、〈參不韋〉研究回顧 ··· 002

三、〈參不韋〉字形特徵研究 ··· 005

貳　〈參不韋〉通釋 ··· 031

分章說明 ··· 031

新編釋文 ··· 032

第一章　「唯昔方有洪」章 ··· 045

第二章　「五刑則」章 ··· 072

第三章　「天罰」章 ··· 101

第四章　「上帝之則」章 ··· 128

第五章　「天之章德」章 ··· 150

第六章　「啟告天」章 ··· 176

第七章　「天之明德」章 ··· 198

參　試談戰國楚簡中夏啟繼位的文本特徵 ····························· 223

一、先秦兩漢傳世文獻中「夏啟」繼位的文本形像 ····················· 223

二、《上博二・容成氏》所記夏啟形像 ………………………………… 226

三、《清華伍・厚父》所記夏啟形像 …………………………………… 227

四、《清華拾貳・參不韋》所記夏啟形像 ……………………………… 228

五、《清華拾肆・兩中》所記夏啟形像 ………………………………… 229

六、戰國楚簡中「夏啟」繼位的文本特徵 ……………………………… 230

肆　結語 ……………………………………………………………… 237

一、〈參不韋〉職官職能與傳世文獻比較 ……………………………… 237

二、《清華簡〈參不韋〉研究》成果舉隅 ……………………………… 241

三、〈參不韋〉研究未來展望 …………………………………………… 245

伍　參考文獻 ………………………………………………………… 247

凡例

一、釋文採嚴式隸定，後加「（ ）」註明寬式隸定或通假字，「（？）」表示括號前一字的隸釋有疑問，「{ }」指「詞」的意思，「＝」表示合文或重文符號，「□」表示文字殘缺，若依線索得知為某字，則將補字加方框（「A」），若不知補字多寡則以「☒」表示，簡號以「【 】」標注於該簡末。

二、在「釋文」部分，若筆者無新意見且學界未有定論，將學者意見依發表時間羅列於註腳，並於「怡璇按」後說明筆者的看法，但若筆者無意見則僅列學者意見不評說；若筆者贊同某一學者意見，則於註腳的「怡璇按」之後僅加註該意見。在「疑難字詞考釋」部分，各條考釋依發表時間羅列學界意見，並於「怡璇按」後說明筆者的看法。

三、於「疑難字詞考釋」部分有獨立考釋者，於「釋文」部分以粗體字形表示。

四、每章註釋體例，第一次徵引的文獻為完整的體例，再次徵引則刪去書籍、論文集的出版項。

五、〈清華簡《參不韋》初讀〉皆出自於武漢大學簡帛論壇網，網址：http://m.bsm.org.cn/forum/forum.php?mod=viewthread&tid=12766，正文註腳與參考文獻中不再加註網址。

六、本書甲骨文圖版出處為「劉釗主編：《新甲骨文編》增訂本，福州：福建人民出版社，2014年」。

七、上古音韻使用中央研究院「小學堂」網站：https://xiaoxue.iis.sinica.edu.tw/。

八、除筆者親炙師長稱「師」外，其餘學者一律不加敬稱。

九、《上海博物館藏戰國楚竹書》簡稱為《上博簡》、《清華大學藏戰國竹簡》簡稱《清華簡》、《安徽大學藏戰國竹簡》簡稱《安大簡》。

壹　前言

一、〈參不韋〉概述

《清華大學藏戰國竹簡》為北京清華大學校友所捐，於 2008 年 7 月 15 日入藏北京清華大學，[1] 2008 年 12 月委託北京大學加速器質譜實驗室、第四紀年代測定實驗室，對這批簡中的無字殘片標本進行 AMS 碳 14 年代測定，最後判定年代約為西元前 305±30，即戰國中晚期。[2]《清華大學藏戰國竹簡》（以下簡稱《清華簡》）整理者們初步統計約有 2100 枚簡，竹簡形制多樣，內容多與歷史相關，一般認為作為隨葬品的書籍與墓主人的身份、愛好有一定的關係，[3] 故李學勤笑稱此次「『挖』到一個歷史學家」。[4]

《清華簡》於 2010 年發布第一冊，而後差不多是一年公布一冊的速度，至今已公布拾肆冊，內容包含《書》類文獻的〈說命〉、〈金縢〉、〈封許之命〉、〈四告〉，以及歷史文獻〈繫年〉、〈越公其事〉、〈鄭武夫人規孺子〉，另也有治國理想類文獻如〈邦家之政〉、〈治邦之道〉等各類資料，每一冊的公布皆受到古文字學、歷史學、經學等各界高度重視。

《清華簡》每一冊的篇章數量不一，最多者為《清華壹》收錄九篇文獻，最少者為一冊中僅收錄一篇文獻：《清華貳・繫年》、《清華拾壹・五紀》以及《清華拾貳・參不韋》，此三篇皆是超過百支簡的篇章。〈五紀〉共 130 枚竹簡，〈參不韋〉為 124 枚竹簡，兩篇竹簡無論在篇章結構或是思想內容上皆密切關聯，被視為姊妹篇，[5] 2024 年底公布的《清華拾肆・兩中》與〈參不韋〉在依託手法、結構內容等十分相似。[6] 程浩認為〈五紀〉、〈參不韋〉、〈兩中〉這三篇簡文與〈洪

---

[1] 劉國忠：《走近清華簡》（北京：高等教育出版社，2011 年），頁 35。
[2] 李學勤：〈清華簡整理工作的第一年〉，《清華大學學報（哲學社會版）》2009 年第 5 期，頁 6，本文後收入李學勤：《初識清華簡》（上海：中西書局，2013 年），頁 29-32。
[3] 關於隨葬的書籍與墓主人的關係，楊華有不同的見解，楊文認為在上古時期，這些隨葬書可能是與墓主的身份、職業、興趣有直接關係的，但後來相沿成俗，就變得關係不大，大多是臨時抄寫的文本，因此出現重複文本，如《清華陸・鄭文公問太伯》即有甲、乙本，也會出現為了將簡牘的空間寫滿，而在同一卷竹書中書寫完全不相關的內容，如《清華參》的〈良臣〉與〈祝辭〉書寫於同一卷。楊華：〈中國古墓為何隨葬書籍〉，《嶺南學報》復刊第十輯：出土文獻：語言、古史與思想（2018 年），頁 187-209。
[4] 李學勤：〈初識清華簡〉，《初識清華簡》（上海：中西書局，2013 年），頁 1-8。江勝信：〈驚世「清華簡」〉，文匯報，2016 年 10 月 9 日，https://www.tsinghua.edu.cn/info/1175/20102.htm。
[5] 程浩：〈清華簡《參不韋》中的夏代史事〉，《文物》2022 年第 9 期，頁 64。
[6] 石小力：〈清華簡《兩中》的治政思想與夏初歷史〉，《文物》2024 年第 10 期，頁 76-79。

範〉大概都是同一個作者群體的作品，成書時代則皆為戰國，[7]我們由這三篇簡文亦可見《清華簡》文本內容的相似性，或可從中窺探墓主人的閱讀與思想偏好，但因〈參不韋〉保有不少存古文字，成書時代應在戰國之前。

〈參不韋〉由黃德寬、馬楠、賈連翔與石小力執筆，整理者們公布的竹簡格式為：「簡長約 32.8 釐米，寬約 0.6 釐米，三道編繩，簡背有順序編號（其中「八十四」編號重），完簡書寫 22 至 26 字不等。竹簡保存較好，唯簡 16、95、122 等略有殘缺，存 2977 字（重文、合文、順序編號按一字計），為內容基本完整的佚書。原簡無篇題，篇名乃據簡文篇首和內容擬定。」[8]〈參不韋〉是一篇失傳已久的先秦文獻，其內涵非常豐富，包含先秦思想史、制度史、祭禱禮儀等多方面內容，內容涉及參不韋指導夏啟設官建邦、修明刑罰、祭祀祝禱、治國理政等，是一份研究先秦歷史文化的珍貴材料。[9]全篇多以「參不韋曰」開頭，作者以依託手法告誡夏啟治國理念，故整理者以「參不韋」作為本篇標題。

二、〈參不韋〉研究回顧

〈參不韋〉全篇皆是啟與參不韋的對話，參不韋指導夏啟設官建邦等事項，在說理過程中，對古史中的鯀、禹古史人物略有論及。學者對本篇簡文的研究包含書手字跡、文字考釋與全篇思想學派。

〈參不韋〉未正式公布之前，北京清華大學出土文獻研究與保護中心的石小力、馬楠、程浩與賈連翔等整理者團隊成員，皆在《文物》2022 年第 9 期發表著作，分別簡介〈參不韋〉內容、官制與相關史事，[10]文章內容作為《清華大學藏戰國竹簡・拾貳》正式出版前的內容介紹，讓研究者對〈參不韋〉有初步了解。

---

[7] 程浩：〈清華簡《兩中》的夏啟繼位傳說〉，中國社會科學報國家社科基金專刊，2024 年 12 月 17 日，http://www.nopss.gov.cn/n1/2024/1217/c458484-40383958.html。
[8] 黃德寬主編、清華大學出土文獻研究與保護中心編：《清華大學藏戰國竹簡・拾貳》（上海：中西書局，2022 年），頁 109。
[9] 李然編：〈「清華簡」發現罕見先秦佚籍〉，新華網，2022 年 11 月 29 日，http://big5.news.cn/gate/big5/www.xinhuanet.com/culturepro/20221129/b87ce4267df14d3ba7113afbed7de80f/c.html。石小力：〈清華簡《參不韋》概述〉，《文物》2022 年第 9 期，頁 52。
[10] 石小力：〈清華簡《參不韋》概述〉，《文物》2022 年第 9 期，頁 52-55。馬楠：〈清華簡《參不韋》所見早期官制初探〉，《文物》2022 年第 9 期，頁 56-58。程浩：〈清華簡《參不韋》中的夏代史事〉，《文物》2022 年第 9 期，頁 64-66。賈連翔：〈清華簡《參不韋》的禱祀及有關思想問題〉，《文物》2022 年第 9 期，頁 60-63。

（一）〈參不韋〉的書手字跡研究

　　北京清華大學《清華簡》整理小組成員賈連翔與石小力皆認為〈參不韋〉是由《清華壹·保訓》的書手抄寫主體，石小力認為〈參不韋〉整體上是典型的楚文字，但一些文字的構形僅見於其他國別的文字，如「參」从三見於齊系文字，「夭」字的寫法與燕文字相當，反映戰國時期不同國別文字的互相影響。[11]賈連翔另指出本篇由《清華壹·皇門》書手校讎，而〈保訓〉書手在抄寫過程中，以 20 號簡為分界，前、後兩部份是間隔一段時間抄寫，並認為此書手具有齊文化背景。[12]李松儒雖贊同賈連翔「以 20 號簡為界」的觀點，但認為本篇為兩位書手，這兩位書手皆非〈保訓〉書手，最後由〈皇門〉書手進行校改，另推論其書手群的國家應是魯國。[13]趙平安認為本篇部份文字具有齊系特點，如「達」字。[14]學者的論點有其依據，但筆者認為〈參不韋〉的文字特徵更多的是繼承古體，詳細論證見後文「三、〈參不韋〉字形特徵研究」。

（二）〈參不韋〉的文字考釋研究

　　〈參不韋〉目前還難以全篇通讀，部份簡文釋讀已得到解決，但仍有許多簡文保留考釋空間。

　　〈參不韋〉簡文開頭即為參不韋對夏啟舉「隹（唯）昔方有洘（洪）」作為治國的反面例子，但學者對「有洪」一詞各自解讀，劉釗（網名「肖大心」）、陳聰認為「有洪」即是三位一體的概念，既是洪水，又是共工此人，亦是共工部族。[15]此說應是較合理且全面的。

---

[11] 石小力：〈清華簡《參不韋》概述〉，《文物》2022 年第 9 期，頁 52-55。
[12] 賈連翔：〈跳出文本讀文本：據書手特點釋讀《參不韋》的幾處疑難文句〉，《出土文獻》2022 年第 4 期，頁 16-24。賈連翔：〈守正與變易之間：「同卷異寫」現象的發現與古書底本特色判定方法的反思〉，《古文字與中華文明國際學術研討會論壇論文集》（北京：清華大學主辦，清華大學出土文獻研究與保護中心、古文字工程秘書處承辦，2023 年 10 月 21-22 日），頁 451-471。賈連翔：〈守正與變易之間：「同卷異寫」現象的發現與古書底本特色判定方法的反思〉，《文史》2025 年第 1 輯，頁 30-50。
[13] 李松儒：〈清華簡中的特殊書手群及相關問題研究〉，《首屆出土文獻語言文字研究國際學術研討會論文集》（彰化：彰化師範大學國文學系、成功大學中國文學系、臺灣出土文獻研讀會主辦，2022 年 12 月 17-18 日），頁 327-335。李松儒：〈清華簡中的特殊書手群及相關問題研究〉，《文史》2025 年第 1 輯，頁 5-29。
[14] 趙平安：〈「達」字新證〉，《古文字與中華文明國際學術研討會論壇論文集》（北京：清華大學主辦，清華大學出土文獻研究與保護中心、古文字工程秘書處承辦，2023 年 10 月 21-22 日），頁 1080-1081。
[15] 肖大心：〈《參不韋》第一段試解（一）〉，復旦大學出土文獻與古文字研究中心網學術討論區，2022 年 12 月 11 日，http://www.fdgwz.org.cn/forum/forum.php?mod=viewthread&tid=25042。劉釗、陳聰：〈清華簡《參不韋》訓釋雜說〉，《簡牘學與出土文獻研究》第 2 輯（北京：商務印書館，2023 年），頁 32。

程浩對全篇簡文有多方考釋，例如簡 11-12「還坪（封）疆㮓（稼）䎱（犁）」的「還」字，程浩讀為「營」，認為簡文指「營造疆界農田」，簡 14「散（歲）事与（與）邦辻」的「辻」字，程浩讀為「謀」，指國家的年度規劃與大政方針，[16] 簡 34 的「攺（啟），而不䎽（聞）而先且（祖）白（伯）鯀不已帝命」中的「已」，程浩讀為「俟」，並引用《山海經・海內經》「洪水滔天，鯀竊帝之息壤以堙洪水，不待帝命。」中「不待帝命」與簡文的「不已（俟）帝命」對應。[17]

簡 3「䟭 会（陰）易（陽）」中「 」字於〈參不韋〉出現三次，原整理者隸定為「肢」，[18]張文成（網名「翻滾的魚」）將此字形體與《清華拾・四時》的「攵」形對比，認為「 」亦應隸為「攵」，[19]而後學者皆贊同此說，但此字如何釋讀仍未有定論。

簡 19 的「共 不屖」一句，整理者疑為「秉持法度」之意。[20]程浩將「共」讀為「拱」，[21]蔡一峰將「 」依形隸定為「𣆕」，引用相關例證證明此字讀為「符」，簡文「拱符」猶言「秉符」、「執符」，「共符」有「秉持法度」的意思。[22]程、蔡之說已較好地解釋簡文文義，但「 」字應置於文字演變中的哪一個字形，仍待更多的文字資料證明。

〈參不韋〉本身仍有疑難字待考，但亦有〈參不韋〉公布之後解決以往楚簡隸定難題的字例，例如《上博五・柬大王泊旱》簡 11-12 有一字形作「 」，學者對於此字應釋為「罰」還是「刑」頗有疑問，石小力通過〈參不韋〉簡 27「五刑㥽=（則，則）五㭪（節），為廿有五刑=（刑；刑）五㝅（屬），為百有廿五罰」一句，確認楚簡此字形只能為「罰」字。[23]簡 118「玽（強）虎〈虖（虐）〉歒（梗）」

---

[16] 程浩：〈清華簡第十二輯整理報告拾遺〉，《出土文獻》2022 年第 4 期（上海：中西書局，2022），頁 26-27。
[17] 程浩：〈清華簡《參不韋》中的夏代史事〉，《文物》2022 年第 9 期，頁 65-66。
[18] 黃德寬主編、清華大學出土文獻研究與保護中心編：《清華大學藏戰國竹簡・拾貳》，頁 111。
[19] 翻滾的魚：〈清華簡《參不韋》初讀〉31 樓，武漢大學簡帛論壇網，2022 年 11 月 30 日。張文成：〈《參不韋》札記一則〉，武漢大學簡帛網，2022 年 12 月 3 日，http://m.bsm.org.cn/?chujian/8869.html。
[20] 黃德寬主編、清華大學出土文獻研究與保護中心編：《清華大學藏戰國竹簡・拾貳》，頁 117。
[21] 程浩：〈清華簡第十二輯整理報告拾遺〉，《出土文獻》2022 年第 4 期，頁 27-28。
[22] 蔡一峰：〈清華簡《參不韋》新見「符」字考釋〉，《中山大學學報（社會科學版）》2023 年第 6 期，頁 118-123。
[23] 石小力：〈據《參不韋》說「罰」字的一種異體〉，《出土文獻》2022 年第 4 期（上海：中西書局，2022 年），頁 29-33。

的「敵」字，整理者讀為「猛」，[24]蔡一峰則詳細論證相關的「𢼵」（檑、櫺等）字皆是「梗」字異體，並指出「敵」即讀為「梗」訓為「猛」。[25]

（三）〈參不韋〉思想學派相關研究

關於〈參不韋〉的學術流派，學者各自解讀。子居將本篇列為《書》類文獻，內容為陰陽家思想，以及接近法家的思想內容。[26]丁四新、申浪、于莿等人透過內容的比對，皆指出〈參不韋〉即是陰陽家的文本。[27]楊衍與陳民鎮則認為本篇兼具陰陽家與儒家的思想。[28]李銳認為此為《書》類文獻，屬於儒家思想。[29]筆者贊同〈參不韋〉屬《書》類文獻的意見，相關考釋見本書「試談戰國楚簡中夏啟繼位的文本特徵」章。

三、〈參不韋〉字形特徵研究

北京清華大學《清華簡》整理小組成員賈連翔與石小力皆認為〈參不韋〉是由《清華壹・保訓》的書手抄寫主體（含順序編號），賈連翔指出簡文由《清華壹・皇門》書手校讎，且該校讎者至少改了13字，同時認為書手在抄寫過程中以20號簡為分界，前後兩部份簡文間隔一段時間抄寫，並認為〈參不韋〉書手具有齊文化背景，且能熟練掌握不同的書法風格和當時通行文字的各種異體，具有很強的創新性和個性鮮明的審美追求，而石小力認為本篇整體上是典型的楚文字，但一些文字的構形僅見於其他國別的文字，如「參」從三見於齊系文字，「天」字的寫法與燕文字相當，反映戰國時期不同國別文字的互相影響。[30]裴彥士與黃

---

[24] 黃德寬主編、清華大學出土文獻研究與保護中心編：《清華大學藏戰國竹簡・拾貳》，頁136。

[25] 蔡一峰：〈說「更」──從清華簡《參不韋》「更」字談起〉，《古文字與上古音整合研究：慶賀白一平先生七秩晉五華誕國際學術研討會論文集》（杭州：西湖大學「藝術考古與歷史語言」來國龍研究所主辦，2024年3月9-10日），頁122-126。蔡一峰：〈說「更」──從清華簡《參不韋》「更」字談起〉，《古文獻研究》第十一輯（南京：鳳凰出版社，2024年），頁42-50。

[26] 子居：〈清華簡十二《參不韋》解析（一）〉，先秦史論壇網，2022年12月18日，http://www.360doc.com/content/22/1218/14/34614342_1060696094.shtml。

[27] 丁四新：〈新出儒家簡牘文獻及其研究〉，《孔子研究》2023年第4期，頁115。申浪：〈清華簡《五紀》《參不韋》具有陰陽家思想特徵〉，《中國社會科學報》，2023年2月8日。于莿：《簡帛書籍敘錄》（北京：社會科學文獻出版社，2024年），頁241-242。

[28] 楊衍、陳民鎮：〈從清華簡看陰陽家與儒家的交匯〉，《中國社會科學報》，2023年5月15日。

[29] 李銳：〈《尚書》類文獻《參不韋》與夏啟繼位的合法性〉，《史學史研究》2023年第3期，頁109-113。

[30] 賈連翔：〈跳出文本讀文本：據書手特點釋讀《參不韋》的幾處疑難字句〉，《出土文獻》2022年第4期，頁16-24。賈連翔：〈守正與變易之間：「同卷異寫」現象的發現與古書底本特色判定方法的反思〉，《古文字與中華文明國際學術研討會論壇論文集》，頁451-471。賈連翔：〈守正與變易之間：「同卷異寫」現

一村通過文字的比對，贊同賈連翔的意見。[31]吳良寶、羅運兵亦贊同〈參不韋〉與〈保訓〉為同書手的意見。[32]

李松儒贊同賈連翔「以 20 號簡為界」、「由〈皇門〉書手進行校改」的觀點，但認為本篇並非同一書手不同時間抄寫，而是兩個書手，且皆非〈保訓〉書手，並指出簡 20 有一處分節符號在最後一道編繩之下，可能是為了表示更換書手的標記，李文認為《清華拾壹‧五紀》所據的底本與〈參不韋〉書手群有相同風格，而《郭店》簡的〈唐虞之道〉、〈忠信之道〉的字跡亦與〈參不韋〉字跡有關，〈參不韋〉字跡應非楚文字風格，並引用單育辰的意見，推論其書手群的國家應是魯國。[33]趙平安亦認為本篇部分文字具有齊系特點，如「達」字。[34]

（一）〈參不韋〉與〈保訓〉非同一書手

筆者贊同〈參不韋〉的主體為二位書手抄寫以及〈皇門〉書手為校讎者的意見，筆者亦認同本篇與〈保訓〉並非同書手。

李松儒於文中詳細介紹〈參不韋〉與〈保訓〉兩篇簡文字跡在「筆畫的運行特徵」以及「特徵字」、「書寫水平」皆有別，於「筆畫運向及搭配比例特徵」部份中舉「隹」、「不」、「甬」、「中」和「命」等字為例，在「特徵字」的寫法差異上舉「保」、「言」、「受」、「才」、「於」與「膚」為例，文中並指出「從其文字結構搭配上看，該書手在正常速度書寫時應該水平不會太低。所以《參不韋》的兩個書手較《保訓》的書寫水平高一些」，但李文亦認為兩篇簡文的文字書寫風格確實相近。

〈參不韋〉與〈保訓〉皆各有其特徵字，但兩篇文章的特徵字形差距較大，轉引李松儒字例如下：

象的發現與古書底本特色判定方法的反思〉，《文史》2025 年第 1 輯，頁 30-50。石小力：〈清華簡《參不韋》概述〉，《文物》2022 年第 9 期，頁 54。

[31] 裴彥士：〈清華簡《參不韋》的書寫過程與文本構成探析〉，《古文字與中華文明國際學術研討會論壇論文集》（北京：清華大學主辦，清華大學出土文獻研究與保護中心、古文字工程秘書處承辦，2023 年 10 月 21-22 日），頁 685-698。黃一村：〈談談清華簡《參不韋》中的特殊文本特徵〉，《第二屆古文字與出土文獻青年學者西湖論壇論文集》（杭州：中國美術學院主辦，2023 年 5 月 26-27 日），頁 182-188。

[32] 吳良寶、羅運兵：〈雲夢鄭家湖銘文銅鼎初識〉，《中國青州古文字與古代文明論壇論文集》（青州：中國文字學會、清華大學出土文獻研究與保護中心、中共青州市委、青州市人民政府主辦，青州市博物館、山東九宮，2023 年 8 月 11-13 日），頁 99。

[33] 李松儒：〈清華簡中的特殊書手群及相關問題研究〉，《首屆出土文獻語言文字研究國際學術研討會論文集》，頁 327-335。李松儒：〈清華簡中的特殊書手群及相關問題研究〉，《文史》2025 年第 1 輯，頁 5-29。

[34] 趙平安：〈「達」字新證〉，《古文字與中華文明國際學術研討會論壇論文集》，頁 1080-1081。

表 1

	保	言	受	才	於	唐
保訓	1	6	9	11	7[35]	9
參不韋書手 A	20	8	6	20	8	11
參不韋書手 B	109	91	48	24	33	118

除李文所舉的以上六例之外,兩篇文章可供對比的文字又如:

表 2

	敬	嚳	者旁	西旁	隹	蒋	之
保訓	9	10	7	5	11	3	3 / 7
參不韋書手 A	13	19			1		18
參不韋書手 B	32	101	115	37	120	123	46

由以上字例可以發現,書寫風格確實有些相似,但如同李松儒所言:

> 從總體來看,《參不韋》A、B 書手與《保訓》書手的書寫風格很相近。它們的書寫風格與楚文字大不相同,楚文字中除長橫畫書寫平直外,其他筆畫多以弧筆形式出現,一些縱向筆畫寫成向左行收筆的弧綫,偶爾也有向右行收筆的弧綫,有時一些豎畫也會寫成弧筆。……《參不韋》與《保訓》中彎曲筆畫較多,折筆也較多,較長縱向筆畫常呈「乙」形,收筆處的拖拽現象是與楚文字風格明顯不同的,所以即便文字寫法相同,但是這些運筆特徵中的主要差別使這兩篇的風格呈現獨特的差異。

---

[35] 怡璇按:李松儒原文為「簡 17」,〈保訓〉僅有 11 支簡,此處應為「簡 7」。

此說可信。

賈連翔列舉 36 字例證明〈參不韋〉與〈保訓〉兩篇文章為同一書手，然而其文中多數例證屬較無法看出書手特徵的字形，例如「上」（簡47「上」）、「下」（簡37「下」）、「帝」（簡2「帝」）、「中」（簡3「中」）、「述」（簡16「述」）、「自」（簡2「自」）、「曰」（簡1「曰」）、「不」（簡1「不」）等等。同時，其文所舉字例卻明顯可見〈參不韋〉與〈保訓〉字形相異者，如：

表 3

	參不韋	保訓
又旁	叟：[圖]23、[圖]59、[圖]67 反：[圖]2	叟：[圖]6
遠	[圖]24、[圖]70、[圖]70	[圖]5
疒旁	疾：[圖]78、[圖]80	疾：[圖]2、[圖]3
人旁	保：[圖]20、[圖]109	保：[圖]1、[圖]3 怀：[圖]8 佴：[圖]11
淫	[圖]116	[圖]4、[圖]11

是以，筆者贊同李松儒認為兩篇簡文非同一書手的研究結論。

（二）〈參不韋〉文字具古體特徵

學者認為〈參不韋〉部份文字具有非楚系文字特徵，或實指部分文字具齊魯系、燕系特徵。筆者認為此說或仍有討論空間，下表為學者文中提出〈參不韋〉與非楚系字形對比例證，以及筆者認為可與之對應的不同時代、國別的文字字例：

壹 前言

表 4

	〈參不韋〉	常見楚（系）簡文字	楚簡文字（具非楚文字特徵篇章）	東周非楚系字例	商、西周甲骨文與金文
於[36]	🔣 21、🔣 33 際：🔣 8、🔣 119	🔣（《包山》2.203） 🔣（《老子乙》9） 🔣（鼄公華鐘，春秋晚，楚，《集成》38.2）	🔣（《葛陵》甲三 93）、🔣（《葛陵》甲三 239） 🔣（〈唐虞之道〉8）、🔣（〈唐虞之道〉14）、🔣（〈唐虞之道〉16） 🔣（〈厚父〉9） 🔣（〈保訓〉7）、🔣（〈保訓〉9）	🔣（鮑子鎛，《集成》271，齊） 🔣（《古璽彙編》2346，晉）	🔣（甲䍙父旨，西周早期，《集成》5429.1）、🔣（取子鉞，西周，《集成》11757）

[36] 「於」字共 19 例，形體相似，以兩形為代表。

〈參不韋〉	常見楚（系）簡文字	楚簡文字（具非楚文字特徵篇章）	東周非楚系字例	商、西周甲骨文與金文
者 115、者 115、圖：21	者（《包山》2.27）、者（《命訓》11）	者（《五紀》51）、者（《五紀》52）、者（《五紀》81）、者：（《保訓》3）圖：（《唐虞之道》21）	圖：（陳純釜，《集成》10371，齊）堵（邿黛鐘，春秋，《集成》230，晉）、（邿黛鐘，春秋，《集成》230，晉）	
而 37	而（《凡物流形》乙 1）、而（《卜書》2）	而（《葛陵》甲三 219）、而（《葛陵》零 197）、而（《忠信之道》3）、而（《忠信之道》6）	而（子禾子釜，《集成》10374，齊）而（中山王鼎，《集成》2840，晉）	（吳敖盨蓋，西周，《集成》4213）

[37] 「而」字共 35 例。

〈參不韋〉	常見楚(系)簡文字	楚簡文字(具非楚文字特徵篇章)	東周非楚系字例	商、西周甲骨文與金文
⺼32、⺼32、⺼43、⺼80、⺼105、⺼113、⺼(日月,45) 萌:⺼50 戟:⺼59、⺼75 朔:⺼13 關:⺼13 月(⺼)	⺼(《包山》2.104) ⺼(《耆夜》9)	⺼(《五紀》3) ⺼(《筮法》26)	⺼(郳公華鐘,《集成》245,齊)、⺼(莒大史申鼎,《集成》2732,齊)、⺼(陳逆簋,《集成》4096,齊)、⺼(鄲孝子鼎,《集成》2574,晉)、⺼(《陶文圖錄》4.1.1,燕)	⺼(戍爾鼎,《集成》2708)、⺼(宰椃角,《集成》9105.1)
共	廾(《三德》1) 迸:廾(《說命》下9)	廾(《五紀》128) 廾(《曹沫之陣》8)	廾(《叔夷鎛》,《集成》285,齊)、廾(邻公敨父鎛,《銘圖》15815,齊)	

12 ❖ 清華簡〈參不韋〉研究

〈參不韋〉	常見楚（系）簡文字	楚簡文字（具非楚文字特徵篇章）	東周非楚系字例	商、西周甲骨文與金文
達 達21、達22、達78、達68、達	達（《包山》2.113）、達（《蘭賦》2）	達（《葛陵》甲三206）、達（《邦家之政》9）	達（叔夷鎛，《集成》277，齊）、（《陶文圖錄》3.352.1，齊）、（《陶文圖錄》3.630.2，齊）	
天38 訛：天8	天（《攝命》2）、天（《廼命一》6）	天（《繫年》93）、天（《繫年》94）	天（《古璽彙編》第3347號、燕）、天（郪𨟻刻石，燕）	

38 「天」字共15例。

〈參不韋〉	常見楚（系）簡文字	楚簡文字（具非楚文字特徵篇章）	東周非楚系字例	商、西周甲骨文與金文
示33、示44、示106、示116、示121		 申：	申：![](《燕侯脮舂銘》，《文物》2020年第10期，燕）、![](《古璽彙編》3646，燕）、![](《古璽彙編》876，燕） ![](鄭大子之孫與兵壺器、春秋，《古研》二十四234頁，晉） ![](陳肪簋蓋，《集成》4190，齊）	申：![](董鼎，西周，《集成》2703）、![](命簋，西周，《集成》4112.2）
神				

〈參不韋〉	常見楚（系）簡文字	楚簡文字（具非楚文字特徵篇章）	東周非楚系字例	商、西周甲骨文與金文
![]18、![]90、![]93、![]100 皇	 	 	 	

〈參不韋〉	常見楚（系）簡文字	楚簡文字（具非楚文字特徵篇章）	東周非楚系字例	商、西周甲骨文與金文
易	54、114 場：37	（〈司歲〉13）、（〈命訓〉2）	（〈保訓〉6）	（叔尸鐘，《集成》274，齊）、（三體石經，齊）、（《陶文圖錄》2.603.2，齊）、（中山王鼎，《集成》2840，晉）隹[39]：（三體石經，齊）	（師酉盨，西周，《集成》4288.1）、（賜尊，西周，《集成》5994）賜：（蠚公諴匜，西周，《集成》4600）

---

[39] 李松儒指出：在被認為是齊系文字的三體石經中，「隹」「日」形中綴以懸點，可與這些寫法類比。

〈參不韋〉	常見楚(系)簡文字	楚簡文字(具非楚文字特徵篇章)	東周非楚系字例	商、西周甲骨文與金文
㗭：46、47、60、96	(《信陽》1.5)、(《用曰》13)、(《子犯子餘》3)	(《葛陵》甲三31)	(三體石經齊)、(三體石經齊)、(秦駰玉版，秦)、(中山王鼎，《集成》2840，中山)、(兆域圖版，《集成》10478，晉)、(《古璽彙編》1294，晉)	(麥方尊，西周，《集成》6015)、(亞若父己簞，西周，《集成》6409)、(召鼎，西周，《集成》2838B)、(師虎簋，西周，《集成》4316)
若				

〈參不韋〉	常見楚（系）簡文字	楚簡文字（具非楚文字特徵篇章）	東周非楚系字例	商、西周甲骨文與金文
心（惢） 㦖 96 思：㦖 31 忘：㦖 30 恙：㦖 51	㦖（〈用曰〉7）、㦖（〈說命〉中3）	㦖（〈五行〉5）	ㄓ（叔尸鐘，《集成》276，齊）、㦖（三體石經，齊）、㦖（《文物》1983.3，韓）、㦖（《文物》1983.3，韓）	ㄓ（史牆盤，西周，《集成》10175》）、㦖（癲鐘，西周，《集成》249）

壹 前言 ❖ 17

由上表可見學者指出可與齊、魯、燕系對應的〈參不韋〉文字，於縱向時間來看，或多或少在商、周文字中皆可以找到字形來源，從橫向地理空間來看，亦可見於三晉、楚系等不同國別地區。

1、於

从人形的「於」（![字形]）字在西周早期的「弔趞父卣」中即可見，楚簡則見於《葛陵》簡、〈厚父〉和〈五紀〉簡，這幾篇竹簡部份文字亦具有非傳統楚文字特徵，郭永秉指出《葛陵》簡有繼承古體的現象，[40]同時部分文字亦有晉系文字的特點。[41]趙平安亦已指出〈厚父〉形體來源特殊，其中的一種來源即繼承古體，[42]而〈五紀〉篇，李松儒認為「不過《五紀》全篇書寫風格是楚文字風格，只是個別文字出現了非楚因素寫法」。[43]但「於」（![字形]）字的此種字形見於西周早期金文、《葛陵》簡以及〈厚父〉等篇，此形應是繼承古體，[44]只是在戰國楚地較不流行，但在戰國各地仍書寫此形體。

2、者

〈參不韋〉的「者」字十分特別：「![字形]」，最能對應的楚簡字形是〈保訓〉與〈五紀〉的形體，學者提出的齊系文字「![字形]」（陳純釜）亦十分接近。然而春秋晉國的「![字形]」（堵，邵黛鐘）亦是作此形，同時齊國的「者」字亦常與楚文字相同，如十四年陳矦午敦的「者」字亦多作「![字形]」（《集成》4647）。由此，我們或可提出一個猜測，春秋、戰國時期的「者」字本即有二種形體，只是「![字形]」形在各國較少使用，但二形皆是各國之間通用的字形。

---

[40] 郭永秉：〈清華簡〈繫年〉抄寫時代之估測──兼從文字形體角度看戰國楚文字區域性特徵形成的複雜過程〉，《文史》2016年第3期，頁5-42。

[41] 參賴怡璇：〈葛陵簡用字習慣與特殊字形考察〉，《簡帛研究》二〇一九年（秋冬卷）（桂林：廣西師範大學出版社，2020年），頁52-57。

[42] 趙平安：〈談談戰國文字中值得注意的一些現象──以清華簡《厚父》為例〉，《出土文獻與古文字研究》第6輯（上海：上海古籍出版社，2015年），頁305-38。

[43] 李松儒：〈清華簡《五紀》的書寫情況研究〉，《第二屆古文字與出土文獻青年學者西湖論壇論文集》（杭州：中國美術學院主辦，2023年5月26-27日），頁167-181。

[44] 于夢欣已指出「於」字應即是「寫法較為古老」。于夢欣：〈試說楚簡文字字形與時代劃分問題──以新蔡葛陵簡為例〉，《文史》2023年第4期，頁30-32。

3、月

　　黃一村認為〈參不韋〉的「月」（🌙）字形體較常見於齊、燕文字，由表 4 可證明此說無誤，李松儒則指出〈參不韋〉A、B 書手與〈保訓〉書手都習慣在封閉的筆畫中加入懸點。由上表可見楚簡的「月」形十分固定，即使是〈五紀〉亦作「🌙」，黃一村認為「月」形（🌙）中間為一點的寫法源於西周，從表 4 中可見商代金文即作此形，故而筆者認為〈參不韋〉的「月」形亦是繼承古體。

4、達

　　趙平安認為〈參不韋〉的「達」字具有齊系文字特點。〈參不韋〉的「達」字分為兩類：

第一類中間類似从舌形：達（簡 21）、達（簡 22）、達（簡 78）

第二類中間類似从臼形：達（簡 68）

第一類與齊系文字的「達」（叔夷鎛）同，趙平安指出「齊系達字擬應看做獨立的一系，就是在 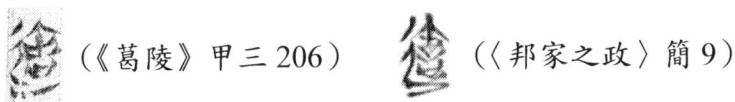 的基礎上加口形，然後簡省、省并。」然而楚簡中从口形的「達」亦可見：

達（《葛陵》甲三 206）　　達（〈邦家之政〉簡 9）

尤其是《葛陵》簡字形與〈參不韋〉的第二類「達」字幾乎同形，《葛陵》和〈邦家之政〉的部份字形具有三晉文字的特徵。[45] 既然此類「達」形見於齊系金文以及〈參不韋〉、《葛陵》和〈邦家之政〉等多篇楚簡，此形或亦可認為是當時戰國各國通用的形體，只是齊國較常見，但亦流行於其他國家。

---

[45] 復旦大學出土文獻與古文字研究中心讀書會：〈《邦家之政》集釋〉，復旦大學出土文獻與古文字研究中心網，2019 年 3 月 24 日，https://www.fdgwz.org.cn/Web/Show/4407。柳洋、李立鵬：〈清華（八）《邦家之政》風格及分域問題初探〉，《中國書法報》2020 年 8 月 4 日第 007 版。

5、夭

「夭」字作「󰀀」，筆者於本書第二章第 1 則指出：

> 燕國文字作「󰀀」，〈攝命〉簡 2 作「󰀀」，鄔可晶依據學者意見，指出「󰀀」類曲筆加飾點變成「󰀀」是屬齊系文字的書寫特徵，因此認為〈攝命〉的底本可能源自齊地。〈攝命〉是否源於齊系底本我們暫且不論，〈參不韋〉共 15 例「夭」字未見此飾點，應可確定此類的「夭」形與齊系文字無關，但是否此字與燕系相關亦無法確定。此種彎曲字形的「夭」另見〈廼命一〉的「󰀀」（簡 6），筆者認為此種形體的「夭」形，應是在楚國的「夭」字形體之一，只是較為少見，不一定為燕國或是齊系的字形特色。

除此之外，《清華貳・繫年》簡 93 與 94 的「夭」字皆作「󰀀」，形體與〈參不韋〉「󰀀」字左右相反，古文字形體本即左右不分，此種情況於戰國文字時期雖已較罕見，但仍有例證，如「咎」可作「󰀀」（《葛陵》甲三 19）與「󰀀」（《葛陵》乙四 84）。若此說成立，學者認為〈繫年〉部份文字具有三晉特色，[46] 而此形又見於〈攝命〉、〈廼命一〉，便可推測此類字形的「夭」非齊、燕系文字特徵，亦為戰國各地可見的「夭」字形體。

〈參不韋〉的此種「夭」形，亦見於形體相似的「大」形，如：

「奧」：「󰀀」（簡 25）

「央」：「󰀀」（簡 33）、「󰀀」（簡 78）、「󰀀」（夬，簡 55）

黃德寬指出「央」字下半部訛寫「夭」，此屬「變形音化」。[47] 但「奧」所從的「大」亦作此形，可見此種「大」旁所書寫橫筆皆向下書寫的筆畫，即為〈參不韋〉書手 B 的特徵字體，而非變形音化。

---

[46] 王永昌：《清華簡文字與晉系文字對比研究》（長春：吉林大學漢語言文字學博士論文，2018 年）。
[47] 轉引自賈連翔：〈跳出文本讀文本：據書手特點釋讀《參不韋》的幾處疑難文句〉，《出土文獻》2022 年第 4 期，頁 17，註 2。

6、其他

表 4 的「神」（申）、「易」與「皇」、「若」、「心」皆是形體或與齊系文字相仿，但從文字的縱向時間或橫向空間的觀察，可以發現於西周金文或是晉系、燕系皆可見此形，並非是齊系文字的特徵，較大的可能是繼承古體的字形，尤其是「若」字，甲骨文作「〔圖〕」（《合集》14269），金文作「〔圖〕」（麥方尊），戰國楚簡作「〔圖〕」（〈金縢〉簡 4），而本篇作「〔圖〕」（匿，簡 96），可見甲骨文的「手」形被保留下來，與常見楚簡文字不同，亦為承古字體，于夢欣所指的「異」字作「〔圖〕」（〈參不韋〉簡 19）亦是相同情況。[48]

表 4 中的「而」與「共」二字，筆者認為較難判斷國別差異。「而」字在楚簡中的變化甚大，而〈參不韋〉的「〔圖〕」形體雖具有書手特徵，此種形體常見於齊系金文中，如叔尸鐘「〔圖〕」（《集成》272.1），亦可見於晉系的中山王䙡壺「〔圖〕」（《銘文選》二 881），故「而」字形體較難判斷國別，但可見書手的個人特色。「共」字，〈參不韋〉的「〔圖〕」與《上博五・三德》簡 1 的「〔圖〕」，實難以直指差異。

（三）〈參不韋〉書手 B 特徵字

下表為〈參不韋〉書手 B 的特徵字：

表 5

亟	囧	是	陵	言	耳旁
〔圖〕31	〔圖〕123	〔圖〕70	〔圖〕36	〔圖〕8	聑：〔圖〕66 趣：〔圖〕106
敬	生旁	至	啻	屯旁	差
〔圖〕32	泩：〔圖〕48	〔圖〕46	〔圖〕44	旾：〔圖〕92	〔圖〕105

---

[48] 于夢欣：〈試說楚簡文字字形與時代劃分問題——以新蔡葛陵簡為例〉，《文史》2023 年第 4 期，頁 28-29。

羊	大旁	南	嵩	西	𩵋
![]24	央：![]33 奠：![]25	![]37	![]82	![]37	![]101
少	虍旁	唇	緩	受	蒋
![]51	瞽：![]30 膚：![]80 虎：![]118	![]44	![]38	![]33	![]123

「陵」（![]）字與「![]」（三年瘌壺，《集成》9726）、「![]」（夌伯鬲，《集成》696）、「![]」（《葛陵》甲三 219）、「![]」（《葛陵》零 200、323）、「![]」（《葛陵》乙四 60）、「![]」（〈繫年〉101）構形類似。〈參不韋〉簡 36 的「![]」字看似保留書手「圈內加點」的特徵，但與簡 56「![]」對勘，可以發現「![]」右旁中間的圈形加點應僅是筆畫內勾。〈參不韋〉書手常書寫此種內勾的字形，例如：

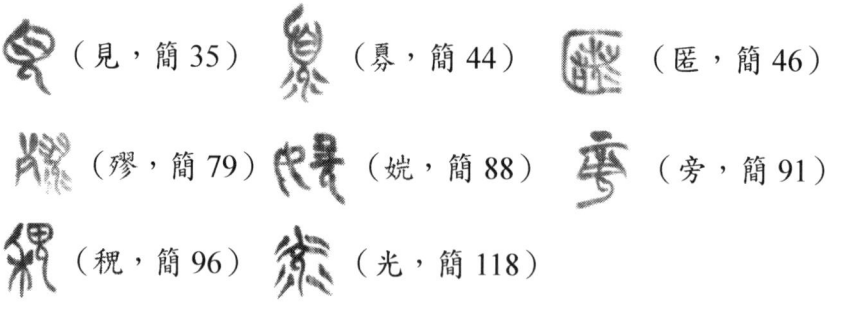

以上字例形體相仿，為此書手的個人特徵。

這些特徵字形，部份文字的書寫方式與晉系文字較為類似，例如「言」字於構形上不算特殊：

書手 A	書手 A	書手 B	書手 B	書手 B
![] 8	![] 18	![] 91	![] 100	![] 119

但其字體形態與常見的楚文字有別，如「![]」（〈芮良夫毖〉簡 25），較似三晉文字的字體形態：

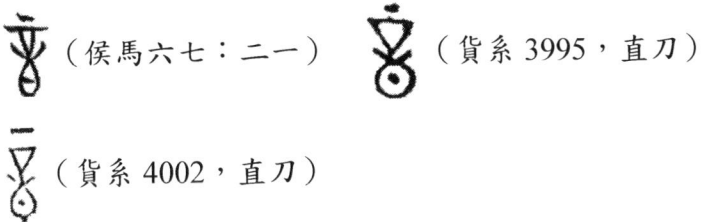

但書手是否與晉系國別有關，筆者未能有具體判斷。[49]

「差」（![]）字的相似字形可見《葛陵》甲三 211「![]」、叔尸鎛「![]」（《集成》285）、〈良臣〉簡 4「![]」，雖與常見的楚文字（![]，《包山》2.108）不同，但應僅是上方的「![]」部件伸縮筆畫造成的差異。

表 5 為書手 B 的特徵字，其中亦有部份字形具有存古文字特徵，郭永秉考釋〈繫年〉文字時指出：[50]

> 葛陵簡和《繫年》這類寫法與燕、齊、三晉寫法一致，是因為它們都繼承了作為共同來源的早期古文字正統寫法的緣故。

筆者通過上列字例，認為〈參不韋〉與〈繫年〉字形情況相同。〈參不韋〉的特殊字形具有很強的早期古文字特徵，例如「亞」字（參本書第三章第 6 則）、「![]」字（參本書第四章第 2 則）。

表 5 的「敬」和「至」二字皆與常見的楚文字有別，簡文的「敬」字作「![]」，而楚文字多作「![]」（〈程寤〉簡 2），「至」字作「![]」，楚文字如《包山》2.134

---

[49] 怡璇按：「〈參不韋〉字形特徵研究」一節，筆者發表於「第二屆『出土文獻語言文字研究』學術研討會」，評論人李松儒指出某篇簡文是否具有某系特徵，需看此特徵在簡文中所佔的比例。賴怡璇：〈〈參不韋〉特殊字形來源研究〉，彰化：臺灣出土文獻研讀會主辦：第二屆「出土文獻語言文字研究」學術研討會，2025 年 4 月 26-27 日。

[50] 郭永秉：〈清華簡〈繫年〉抄寫時代之估測——兼從文字形體角度看戰國楚文字區域性特徵形成的複雜過程〉，《文史》2016 年第 3 期，頁 29。

作「㊣」)。二字構形皆與西周金文較接近,「敬」字如「㊣」(元年師旋簋,《集成》4280.1),「至」字亦與未簡化的西周金文相近,例如「㊣」(啟卣,《集成》5410.2)、㊣(嚴鼎,《集成》2721),另也見於《清華捌‧治邦之道》簡1「㊣」、簡14「㊣」,二字形體亦皆為繼承古體。

〈參不韋〉的存古特徵字又如「囧」:

表6

囧旁	〈參不韋〉	楚簡文字	非楚系文字	甲骨、金文
	𥇅:𥇅123、𥇅123 盟:盟23、盟25、盟50、盟75、盟90、盟94、盟98、盟100、盟106	𥇅:𥇅(《包山》137) 具他系文字特徵楚簡: 盟:盟(〈五紀〉80)、盟(〈五紀〉55)	朙:朙(司馬楙編鎛,山東104,齊) 盟:盟(叔尸鐘,《集成》274,齊) 朙(《古璽彙編》0408,晉) 朙(《陶文圖錄》4.60.2,燕)	斷:㊣(《合集》18714)、㊣(《合集》18715) 朙:㊣(戎生編鐘,西周中期,《文物》99.9)、㊣(克盉,西周早期,《考古》90.1)、㊣(克罍,西周早期,中國文物精華)

〈參不韋〉的「囧」形多作「囧」,類似「四」形,此形見於〈五紀〉,並且常見於齊系文字,但晉系文字亦可見得。于夢欣引以下字例:

𥇅(〈越公其事〉,簡25)　𥇅(〈成人〉,簡18)　朙(〈亘先〉,簡5)

𥇅(〈四時〉,簡41)　盟(〈五紀〉,簡24)　盟(〈參不韋〉,簡23)

于文指出〈成人〉與〈四時〉的「皿」旁中間由三筆構成，與《葛陵》簡甲三231（☒）相同，比省寫作「四」形的「皿」在演變序列上更加靠前。[51]但由表6中可見西周金文中已有訛寫為「四」形的「皿」形。〈參不韋〉的「皿」（☒）形可解釋為省形，亦可作為繼承古體的字例。

〈參不韋〉存古文字又如簡117「☒」，此字右下為訛筆，故本處不列為書手的特徵字。此字右旁應是从美（相關論述參本書第七章第8則），甲骨文的「美」字作「☒」（《合集》33128）、「☒」（《合集》27362），金文為「☒」（美爵）、「☒」（陝，散氏盤），王獻唐指出「美」字上象毛羽飾物，故有美義，[52]戰國楚簡多以散聲之字表示「美」，黃德寬認為「𦍒」（☒）形象人戴羽飾之形，與「☒」為一字之變，二者為正面與側面的差異。[53]禤健聰指出以「美」表示｛美｝見於中山王方壺（《集成》9735）、秦駰玉版和睡虎地秦簡，而楚簡則僅有《上博九·史蒥問於夫子》簡7「☒（美）宮室」一例，[54]筆者認為「☒」字即是繼承甲骨文「☒」、「☒」等「美」字形體。[55]〈參不韋〉的「☒」右旁隸从「媄」，雖部份變形，但亦為存古文字。

（四）〈參不韋〉字跡特徵小結

學者已指出〈參不韋〉的部份文字繼承古體，例如李松儒：

> 「豪」（家）作☒（簡39）形，其下的寫法遠承甲骨文中的☒（《合補》1265）、☒（《合》3522），是牡豕之形，可與齊系的如☒（《叔夷鎛》，《集成》285）、☒（《郘公戟父鎛》，《銘圖》15818）相類比，結合《保訓》的一些文字寫法，也說明了齊系文字中的某些文字形體具有一定的守舊性。

同時引用單育辰的意見：[56]

---

[51] 于夢欣：〈試說楚簡文字字形與時代劃分問題——以新蔡葛陵簡為例〉，《文史》2023年第4期，頁35。
[52] 王獻唐：〈釋每美〉，《中國文字》35期（臺北：臺灣大學中國文學系編印，1969年），頁3933-3936。
[53] 黃德寬：《古文字譜系疏證》（北京：商務印書館，2007年），頁3188。
[54] 禤健聰：《戰國楚系簡帛用字習慣研究》（北京：科學出版社，2017年），頁212-213。
[55] 賴怡璇：〈〈史蒥問於夫子〉譯釋〉，李旭昇、高佑仁主編：《《上海博物館藏戰國楚竹書（九）》讀本》（臺北：萬卷樓圖書股份有限公司，2017年），頁263-264。
[56] 單育辰：〈「蝌蚪文」譚〉，《出土文獻研究》第十三輯（上海：中西書局，2014年），頁93。單育辰：〈「蝌蚪文」譚〉，《佔畢隨錄》（上海：上海古籍出版社，2024年），頁508。

〈保訓〉字體也保留有很多早先時期字體的因素，……還有一種可能就是魯國的文字形體在戰國時期不如其他國家變化那麼大，還保留著許多更早時期的寫法。

而于夢欣亦認為：

> 目前已有不少學者研究過兩篇文獻（怡璇按：〈五紀〉〈參不韋〉）的特殊字形，然其中一些字形來源複雜，依靠現有材料並不易説清它們究竟是受到他系文字還是存古現象的影響（亦或二者兼有，或其他原因）。

網友「海天遊蹤」（蘇建洲師）指出簡73（ ）、74（ ）、117（ ）的「毀」字从臼从土从攴，从「土」旁與西周中期的霸伯盂的「毀」字相同，為目前楚簡中首見，是存古的寫法。[57]

筆者對應學者提出的〈參不韋〉部分文字具有齊系文字特徵的字例，認為這些字例很大一部份流傳於各國，而非僅限於齊、魯、燕三國，而且大部份字例可追溯至商周金文甚至是甲骨文，可見其底本的古老性，以及戰國各國文字的流通性。同時依據〈參不韋〉非傳統楚文字的字形（包含書手特殊字），筆者認為〈參不韋〉的存古性還是較為明顯，而非具備齊、魯系文字特徵，即可能是楚、齊、魯、晉各系共同保留古體。對於楚簡文字具非楚系文字特徵的原因，馮勝君與于夢欣亦是相同看法，其文指出：[58]

> 戰國竹書中一些被認為有他系特徵的文字可能有較早的來源，或不具備明顯的系別特徵。郭店簡、上博簡公布後，學界公認其中一些簡文具有他系文字特點，有的研究者或沿這一思路將清華簡中的文字也與他系文字對比。但是有一個問題逐漸顯露出來，某些篇目的簡文似乎既有存古特點又有他系特點。現在看來有些過去認為是他系特徵的文字現象，或許更宜看作存古現象，或者看作是楚簡文字中一種過去不常見的正常寫法。

拙作〈〈參不韋〉特殊字形來源研究〉亦是相同意見，[59] 故而筆者認為〈參不韋〉文字特徵應是保留古體，與國別的關聯性較低。

---

[57] 海天遊蹤：〈清華簡《參不韋》初讀〉51樓，武漢大學簡帛論壇網，2022年12月4日。
[58] 馮勝君、于夢欣：〈有關戰國竹書文字存古現象的幾個問題〉，《Bamboo and Silk》第7卷第1期，2024年，頁53-74。今引文出自馮勝君、于夢欣：〈有關戰國竹書文字存古現象的幾個問題〉，個人圖書館網，2025年4月15日，http://www.360doc.com/content/25/0415/14/85671624_1151297910.shtml。
[59] 賴怡璇：〈〈參不韋〉特殊字形來源研究〉，《第二屆「出土文獻語言文字研究」學術研討會論文集》（彰化：

對於楚文字的字形演變議題，郭永秉提出一種看法：[60]

> 我們能看到的是，戰國楚文字大致在戰國中晚期以後面貌已經基本定於一尊，這種變化好像是在短期中急劇轉型的，這不能不讓人懷疑大約在公元前340年以後不久的某個時段中，楚國官方曾對楚文字進行過統一規範的工作，而這種人為的措施與當時楚國在複雜不利的國際局勢背景下，突出強調其政治與文化的主體意識，以達到對抗他國的目的有無關係，都是非常耐人尋味的問題。

郭永秉之說類似於秦代的書同文字政策，[61]此種推測或許解釋楚文字形成原因，同時也解釋為何仍有部份書手保持古體字形的原因（即是尚未完全統一的文字）。賈連翔認為〈參不韋〉部分文字具有齊系文字特徵，但其文指出：[62]

> 書手本人在抄寫古書中對用字有相當大的自由度，他完全有可能將一個具有典型楚文字特點的底本，按照自己的用字習慣，抄寫了成了一個具有齊系文字特點的文本。

若以這個角度而言，當然也有可能是〈參不韋〉書手熟悉古體文字，故於不知不覺間將文章字形書寫成非常見的楚文字。[63]

〈參不韋〉特色文字與《葛陵》簡常常可以互相對應，例如「於」、「達」、「陵」、「差」與「若」：

臺灣出土文獻研讀會主辦，2025年4月26-27日）。

[60] 郭永秉：〈清華簡〈繫年〉抄寫時代之估測——兼從文字形體角度看戰國楚文字區域性特徵形成的複雜過程〉，《文史》2016年第3期，頁37註178。

[61] 可參田煒：〈論秦始皇「書同文字」政策的內涵及影響——兼論判斷出土秦文獻文本年代的重要標尺〉，《中央研究院歷史語言研究所集刊》第八十九本第三分，頁403-450。田煒：〈秦楚之際古文的特徵及相關資料的甄別〉，《中央研究院歷史語言研究所集刊》第九十五本第四分，頁597-651。

[62] 賈連翔：〈守正與變易之間：「同卷異寫」現象的發現與古書底本特色判定方法的反思〉，《古文字與中華文明國際學術研討會論壇論文集》，頁470。

[63] 高佑仁提出「是否有可能是因為這本來就是重要文獻，所以刻意使用存古的字形來書寫」的假設。（2025年3月6日）

	〈參不韋〉	《葛陵》
於		
達		
陵		
差		
若		

《葛陵》簡屬於戰國早中期之交的竹簡，[64]郭永秉曾將〈繫年〉與《葛陵》簡的字形一同研究，其文指出：[65]

> 〈繫年〉中有些表面看似與他系文字風格接近、一致的特徵，實際上也不應該看成受其他系文字的影響，而是楚文字本身固有的寫法，只是在稍晚時期的楚文字中不常見或者不見而已。

> 各種繼承自早期古文字異體的現象，在《繫年》和葛陵簡中反映得也很突出，所以往往在這些抄本中能夠看到較多與他系文字相合而與一般楚簡字形不合的現象，這是一種文字的開放性特徵，但是我們能明顯地感受到，這種開放性在戰國中晚期以後，很快地被固化單一性取代，這種取代的結果，便是楚文字區域性特徵的形成和凸顯。

〈參不韋〉中即可見到此種現象。〈參不韋〉借由參不韋對夏啟的教誨向讀者傳達治國思想，這些治國思想可能不僅流行於戰國時期、也不僅限於楚地。傳世文獻早已將啟作為一依託對象，故以內容而言難以判斷底本的年代以及流傳的範圍，但以本篇竹簡能作為隨葬品的情況來看，至少戰國楚地曾流行這類文本，例如《清華拾肆・兩中》亦是相似的故事情節，而這篇簡文本身歷經時代的傳抄，故保有古體文字是很常見的現象。

---

[64] 宋華強：《新蔡葛陵楚簡初探》（武漢：武漢大學出版社，2010年），頁113-135。
[65] 郭永秉：〈清華簡〈繫年〉抄寫時代之估測——兼從文字形體角度看戰國楚文字區域性特徵形成的複雜過程〉，《文史》2016年第3期，頁36-37。

目前愈來愈多戰國楚簡的公布，常見某一字形似非楚文字用字習慣，可能是他系文字特色，但學者也已出現不同的思考角度，例如蘇建洲師考釋〈越公其事〉時指出：[66]

> 而且以{越}寫作「雩」出現這麼多次來看，恐怕不是單純的三晉系底本改之未盡的結果，反而應該是楚文字本有的書寫習慣，只是以往限於材料我們不知道而已。

故石小力指出〈參不韋〉的「參」从三形，此形見於齊系文字，與傳統楚文字有別，現在看來，囿於出土文獻的特殊性，此字形亦可能為戰國通用的字體。

　　本文研究〈參不韋〉的特殊字形，部份字形具有書手的書寫特徵，部份與常見楚文字有別的字形，仍可見於不同時代、國別的文字資料，無法確切證明〈參不韋〉具有他系文字特徵，多數為繼承古體且為流傳於戰國各國之間的通用字形，由此可印證此文本來源較為古老與戰國時期文本的流通性、文字的共性。〈參不韋〉字體於各國流傳的情況，如同李松儒所言「這說明了戰國時期各國的密切聯繫，也說明了各國文化交流更是非常頻繁的」。戰國時期雖然各國有自己的特色文字，例如楚國已發展自己國家的文字形體，但仍保有甲、金文的文字特徵，而這些存古字形仍是各國文字的共性。

---

[66] 蘇建洲：〈談清華七《越公其事》簡三的幾個字〉，復旦大學出土文獻與古文字研究中心網，2017 年 5 月 20 日，https://www.fdgwz.org.cn/Web/Show/3050。

貳 〈參不韋〉通釋

分章說明

　　整理者並無區分〈參不韋〉章節，本書《清華簡〈參不韋〉研究》第貳部份為〈參不韋〉字詞考釋研究，共分為「唯昔方有洪」、「五刑則」、「天罰」、「上帝之則」、「天之章德」、「啟告天」、「天之明德」七章。

　　「唯昔方有洪」章說明：本章為簡1-7，是全篇中較為明顯的一個章節，此章可視為〈參不韋〉的前言，參不韋以有洪為例，告誡夏啟不可重蹈覆轍，而此段亦與第七章互相對應。

　　「五刑則」章說明：本章是簡7-24，以「五刑則」命名，「五刑則」章主要說明「五則」、「五行」、「五音」、「五色」和「五味」這五項的實際內容。

　　「天罰」章說明：本章是簡24-42，本章出現一百二十五罰，懲罰的對象是官吏與平民，本章強調治國者需恩威並施。

　　「上帝之則」章說明：本章是簡42-58，以簡43的「墓（萬）民象上帝之慰（則）」為命名依據，「天罰」章強調刑罰的重要性，而本章則更強調「上天旨意」的重要，說明為君者需遵從、理解上帝之則並以之治國。

　　「天之章德」章說明：本章是簡58-79，以簡60「啟（啟），乃不逆天之命，秉天之章悳（德）」為命名依據，亦是在強調遵從上天、秉持中道的重要性，但從不同角度說明人民與國家安定的關鍵，共有「內基」、「外基」、「內逼」、「外逼」、「內罰」、「外罰」、「內憂」、「外憂」、「內毀」、「外毀」等等，這些名詞較難以細緻說明實際文義。

　　「啟告天」章說明：本章是簡79-102，依據簡84「告於而先高且（祖）」、簡85「告上監」、「告於下尿（尸）羞」因而命名為「啟告天」。本章即賈連翔的「禱祀」內容，[1]為啟對參不韋教誨的回應。

---

[1] 賈連翔：〈清華簡《參不韋》的禱祀及有關思想問題〉，《文物》2022年第9期，頁60-63。

「天之明德」章說明：本章是簡 102-124，本章主旨與前文相近，皆是希望國君需秉持德行、天道治國，以簡 123「天之𥇑（明）悳（德），隹（唯）𠭯（造）天之命」作為命名依據。

〈參不韋〉全篇皆是希望夏啟秉持天道、中道管理百姓，全篇思想一致。

新編釋文

第一章 「　唯昔方有洪　」章

參不韋曰：攼（啟），隹（唯）昔方有滯（洪），不甬（用）五㥯（則），不行五行，不耴（聽）五音，不章五色，【一】不飤（食）五未（味），以遷（泆／逸）獻（戲）自莐（伐）自䰜（亂），用乍（作）亡（無）刑（形）。帝監有滯（洪）之悳（德），反有滯（洪）之㥯（則）。帝乃命【二】參不韋𢵄（揆）天之中，秉百神之幾，𢿢（辨）𥳑（簡）百堇（期），啐（感）牧（兆）会（陰）易（陽），不吳（虞）隹（唯）訐（信），以定帝【三】之悳（德）。帝乃不吳（虞），隹（唯）參不韋。帝乃自爯（稱）自立（位），乃乍（作）五＝刑＝㥯＝（五刑則，五刑則）隹（唯）天之盟（明）悳（德）。帝【四】乃甬（用）五㥯（則）隹（唯）㲋（稱），行五行隹（唯）訓（順），耴（聽）五音隹（唯）均，獻（憲）五色隹（唯）𡬥（文），飤（食）五未（味）隹（唯）和，以抑（抑）有【五】滯（洪）。參不韋乃受（授）攼（啟）天之刑㥯（則），秉章㥯（則）、秉㥯（則）、不秉則、秉䰜（亂）㥯（則）、秉兇㥯（則），隹（唯）五悳（德）之【六】爯（稱）。【七～】

第二章 「五刑則」章

參不韋曰：攽（啟），五愚（則）：乃以立晝（建）句（后）、大放、七异（承）、百有司、壐（萬）民，盈（及）事（士）、司戎（寇）。晝（建）句（后）叢（總）五【七】刑愚（則），秉中不鎣（營），隹（唯）固不屖（遲）。事（士）攸（修）邦之戎（寇）佻（盜）、相鬬（亂）不周，夭（虐）甬（用）、欪（訐／迁）言，【八】夭（虐）鬬（亂）之欽（禁）。司戎（寇）攸（修）蠢（殘）則（賊）殺伐，戠（仇）戠（讎）瞏（間）偞（諜）盈（及）水火。隹（唯）爯（稱）。

五行：攽（啟），乃【九】以立司攻（工）、司馬、陞（登）徒。司攻（工）政（正）壐（萬）民，乃攸（修）邦內之經緯戜（城）辜（郭），瀲（濬）虘（污）行【一〇】水，盈（及）四蒿（郊）之辻（畮）、豖（稼）𩊢（犁）。司馬壐（展）䵼（甲）兵戎事，攸（修）四坒（封）之內經〈經〉緯述（術）洛（路），還（營）【一一】坒（封）疆豖（稼）𩊢（犁）。陞（登）徒政（正）四蒿（郊）之閒（比）盈（及）徒戎。隹（唯）訓（順）。

五音：攽（啟），乃以立祝、事（史）、帀（師）。祝乃攸（修）【一二】宗𥁰（廟）䍃（彝）墅（器），典祭祀義（犧）牲，盈（及）百斁（執）事之敬。事（史）乃定歲（歲）之菖（春）眹（秋）各（冬）虘（夏），雙（發）䀏（晦）朔，【一三】秉鑶（法）愚（則）義（儀）豊（禮），典卜箸（筮）以行歲（歲）事与（與）邦辻（謀）。帀（師）睪（挈）愚（則）定句（后）之惪（德），典尚（上）音古【一四】𥸥（律）毋經（淫），以与（與）祝、事（史）朼（比）

均。隹（唯）均。

五色：攺（啟），乃以立宰、攻（工）、賈。宰典句（后）之豪（家）配，四方【一五】之述（遂）。攻（工）朼（比）五色以為曼（文），安宅（宅）及（及）戎事。賈攸（修）坿（市）價賈（價）□☒【一六】朋。隹（唯）曼（文）。

五未（味）：攺（啟），乃以再（稱）五慇（則）、五行、五音、五色之上下大少（小），以【一七】班為之購（流），民淫（程）有量有算。隹（唯）和。

攺（啟），乃慇（則）見（視）隹（唯）盟（明），乃耵（聽）隹（唯）皇，乃言隹（唯）【一八】章。乃秉慇（則）不韋（違），共（拱）𠦪（符）不犀（遲），走趣（趨）以畿（幾），骨枀（節）隹（唯）聲（諧），參（三）末隹（唯）齊，異=（翼翼）䛖=（祗祗），天之【一九】命是偯（依）。攺（啟），亓（其）才（在）天慇（則），天乃敘之不韋（違），保〈尻（尸）〉叀璋（章）之，司畿（幾）易（揚）之，不韋送（將）之。【二〇】攺（啟），乃一末亓（其）戠（識）丨（章），二末同（通）達於四方，三末崒（嗣）逡（後）亓（其）長。攺（啟），乃圂（圖）【二一】亓（其）達，乃事亓（其）有豐（發），乃惪（憂）亓（其）雙（廢）。隹（唯）皮（彼）不宜：唯（雖）山，攺乃朋（馮）之；唯（雖）【二二】罨（澤），朕（騰）之；戎庶，克之；侻（盜）戔（竊），旻（得）之。攺（啟），不韋（違）盟（明）悳（德），天弗乍（作）夭（妖）【二三】羊（祥）兇則。【二四～】

第三章 「天罰」章

參不韋曰：攼（啟），天慇（則）不遠，才（在）乃身。五慇（則）曰中，五【二四】行曰放、五音曰從，五色曰臭（衡），五未（味）曰圅。攼（啟），乃䏍（能）盟（明）【二五】自禹（稱）自立（位），進逡〈退〉冘（左）右付（俯）卬（仰），乃還（營）絣（煩）乃㭿（節），以乍（作）刑慇（則）。【二六】攼（啟），五刑慇＝（則，則）五㭿（節），為廿有五刑＝（刑；刑）五逗（屬），為百有廿五罸（罰）。

參【二七】不韋曰：攼（啟），自乃頣（頂／顛）以㽙（及）乃末指，乃百有廿有五㭿（節），隹（唯）【二八】天之刑則，以㽙（及）乃百有廿有五事。攼（啟），乃与（與）百有廿【二九】有五刑譻（諧）還（營）。

攼（啟），乃秉民之中，以䆠（詰）不宜、剸（專）忘（妄）、罸（罰）不【三〇】周（調）。乃䕍（勸）秉慇（則），思（使）毋隆（墮），罸（罰）兇慇（則），思（使）毋緸（盈），思（使）臺（萬）民毋壬（縱）【三一】弗敬，壬（縱）乃罸（罰）。

參不韋曰：攼（啟），乃監天罸（罰），日月之壬（僭），日月【三二】受央（殃）。攼（啟），而不䎽（聞）天之司馬豐留（隆）之昀（徇）於幾之昜（揚）、罸（罰）百神、山【三三】川、溙（溪）浴（谷）、百芔（草）木之不周（調）。攼（啟），而不䎽（聞）而先且（祖）白（伯）鯀不巳（俟）帝命，【三四】而不痤（葬）。攼（啟），而貝（視）而兮（考）父白（伯）䰻（禹）象帝命，而國（緘）

才（在）褮（愜）商（當／章）。攷（啟），不見皮（彼）【三五】山之朋（崩），土之登，高磇（岸）為𠁁（淵），罙（深）𠁁（淵）為陵。

參不韋曰：攷（啟），象天慇（則）【三六】以乍（作）刑，以開（辟）夭（妖）羊（祥）兇才（災）。攷（啟），高下西東南北墊（險）埸（易），向（尚）有利宜，【三七】勿（物）有亓（其）慇（則），天亡（無）尚（常）刑＝（刑，刑）或㛜（剛）或㐰（柔），或桱〈巠（輕）〉或冢（重），或緩或亟（急）。攷（啟），【三八】乃再（稱）而邑及（及）而豖（家），以乍（作）刑慇（則）。

參不韋曰：攷（啟），民秉兇鬭（亂）之慇（則）。【三九】攷（啟），乃弗迷（速）罰（罰），亓（其）才（在）天慇（則），是胃（謂）𢇍（絕）行。攷（啟），柰（節）慇（則）五陞（懲），刑罰（罰）五【四〇】陞（懲），才（在）慇（則）是胃（謂）兵〈戒？〉民，才（在）惪（德）是胃（謂）季（教）眾。攷（啟），再（稱）罰（罰）毋桱（枉），隹（唯）刑隹（唯）【四一】川（順）才（茲）天慇（則）。風雨寒昬（暑）夭（妖）羊（祥）才（災）罰（罰）吉兇，隹（唯）乃刑罰（罰）是依。【四二～】

第四章 「上帝之則」章

參【四二】不韋曰：攷（啟），乃蕈（萬）民象上帝之慇（則），日秉日月之幾輅（格），以還（營）於亓（其）【四三】慇（則），幾迷（速）女（如）漅（麋），神迷（速）女（如）募（遽）。攷（啟），毋吳（虞）共（恭）客（恪），監天之

幾輅（格）。攸（啟），秉脣（辰）【四四】之四正，民溫（盈）以成歲（歲），萅（期）乃或迉（起）。攸（啟），胃=（日月）星脣（辰），不韋（違）有成，民秉兇【四五】䚻（亂）之懇=（則，則）亡（無）成。攸（啟），乃吳（虞）曰：天央（殃）不至，以自弇（掩）盇（蓋），自囝（橐）匿。攸（啟），乃【四六】宔（主）隹（唯）土，乃尿（尸）隹（唯）廌，弗氒（橐）弗匿，歂（辨）䇘（簡）乃化（過）而翼（營）之。乃上隹（唯）天，司幾監【四七】攽（兆）民，溫（盈）而洰（省）之。司中覞（視）中䍁（罰），司命受䍁（罰）命，乃而先且（祖）、王父=（父、父）敎（執）【四八】亓（其）盛（成）。

參不韋曰：攸（啟），乃䚻（亂）天之刑懇（則），參（三）末不齊。攸（啟），天監隹（唯）【四九】㿮（明），隹（唯）天之薛（孽）羊（祥），天乃乍（作）之或（惑）懇（則）、天（妖）羊（祥）、慼（戚）悥（憂）、兇才（災）。攸（啟），乃尚（當）亓（其）秝（節）之【五〇】化（過）而䍁（罰）之，同行同秝（節），下秝（節）圣（及）上=秝=（上節，上節）圣（及）下秝（節），同羕（祥）異䍁（罰，罰）或少（小）或【五一】大，或緩或亟（急）。攸（啟），句（后）不秉惪（德），䍁（罰）不可弇（掩）也。

參不韋曰：攸（啟），秉懇（則）弄（逢）【五二】天之天（妖）羊（祥）兇央（殃）。攸（啟），女（汝）內女（汝）外，尚（當）亓（其）秝（節）之方，乃乍（作）刑懇（則）。才（在）天懇（則）是【五三】胃（謂）易孁（讓），還（榮）羊（祥）弗尚（當）。秉懇（則）從天之兇央（殃）天（妖）羊（祥），逡（後）乃有慶。攸（啟），不【五四】秉懇（則）弄（逢）天之天（妖）羊（祥）

兇夬（殃）。政（啟），天之羊（祥）罰（罰），五勿（物）五乍（作）。政（啟），卸（御）乖（乖／饑）乃有內惪（憂），【五五】御疫列（癘）乃兦（喪）朋（崩），翠（澤）田御水乃水䨣（悍），陵田御䨣（悍）乃遺（隤），御外冦（寇）乃【五六】逍（削）坴（封）疆，御䚢（亂）乃荅（落）。政（啟），㚔（節）罰（罰）五乍（作），民刑五亡（無）乍（作）。不秉惪（則）從天【五七】之夭（妖）祥（祥）兇央（殃），遂（後）乃亡，乍（作）罰（罰）。【五八～】

第五章 「 天之章德 」章

政（啟）乃州（祝），旨（祇）曰：參不韋，乃象天之刑惪（則），秉【五八】民之中。民藏（穢）多，惪（則）兇、比䚢（亂），不以亓（其）請（情），乃忎（恐）不旻（得）亓（其）中。

參不韋曰：【五九】政（啟），乃不逆天之命，秉天之章惪（德）。政（啟），蘁（萬）民唯自弇（掩）盍（蓋），自宅（橐）匿。政（啟），【六〇】乃朳（必）旻（得）亓（其）中，用章乃剌（烈）。政（啟），女（汝）乃逆天之命，䚢（亂）兇車（縱）不用天惪（則）。蘁（萬）民【六一】隹（唯）自敵（辨）自荅（簡），以請（情）告。政（啟），乃弗訐（信），用不旻（得）亓（其）中，乃弄（奉）不刑不古（辜）。政（啟），罰（罰）亓（其）【六二】不盲（辜）乃荅（落），盲（辜）而不罰（罰）乃朋（崩）。政（啟），乃秉民之幾輅（格），隹（唯）女（汝）中，天惪（則）隹（唯）【六三】長，隹（唯）夂（終）不夂（終），隹（唯）乃政

（啟）。

參不韋曰：攸（啟），秉慇（則）毋比，惪（德）巳（似）山，女（汝）乃鼎（淵），毋自臺（高）【六四】也。惪（德）巳（似）鼎（淵），女（汝）乃山，毋自窐（湮）也。爯（稱）以五惪（德），和以五味，民以㘴（匡）以自定【六五】也。

參不韋曰：攸（啟），挽（勉）惪（德）、挽（勉）宜、挽（勉）灋（法）、挽（勉）長、挽（勉）固，是胃（謂）內基。挽（勉）耴（聖）、【六六】挽（勉）惠、挽（勉）弝（強）、挽（勉）忞（柔）、挽（勉）和，是胃（謂）外基。

參不韋曰：攸（啟），剴（冀）涅（盈）、剴（冀）旻（得）、剴（冀）賵（富）、剴（冀）【六七】大、剴（冀）達而不宜，是胃（謂）內副（逼）。剴（冀）劇（戲）、剴（冀）溢、剴（冀）芋（華）、剴（冀）上、剴（冀）蜀（濁），是胃（謂）外【六八】副（逼）。

參不韋曰：攸（啟），不可上也而上之，是胃（謂）內朋（崩）。不可下也而下之，是胃（謂）【六九】外朋（崩）。

參不韋曰：攸（啟），不可豩（邇）也而豩（邇）之，是胃（謂）內剕（罰）。不可遠也而遠之，是胃（謂）外【七〇】剕（罰）。

攸（啟），智（知）亓（其）不宜也，以有蒆（益）於亓（其）身而墬（徵）由之，是胃（謂）內慐（憂）。智（知）亓（其）宜【七一】也，以亡（無）蒆（益）於亓（其）身而弗墬（徵）由，是胃（謂）外慐（憂）。

攸（啟），智（知）亓（其）亡（無）辠（罪），以剨（害）於亓（其）【七

二】身而罰（罰）之，是胃（謂）不古（辜），內毀。智（知）亓（其）有辠（罪）也，以有薺（益）於身而弗罪（罰），【七三】是胃（謂）不刑，外毀。

敀（啟），智（知）亓（其）宜也，唯（雖）亡（無）薺（益）於身而曾（增）冑（由）之，是胃（謂）【七四】外苹（屏）。

敀（啟），智（知）亓（其）不宜也，唯（雖）有薺（益）於亓（其）身而罪（罰）之，是敘（除）蔵（穢）章䀾（明），【七五】才（茲）罪（罰）弗尚（常）。

敀（啟），內有䛮（亂）悳（德），是胃（謂）外雚（昏）。外有䛮（亂）悳（德），是胃（謂）內嚾（昏）。【七六】

參不韋曰：敀（啟），闆（閒）糚（類）不曼（得），厇（宅）忎（願）不從，句（后）秉悳（德），敀（啟），毋自絀（黜）也。敀（啟），乃曾（增）【七七】定冑（由）宜，是胃（謂）外緩（援），以自達也。敀（啟），夬（殃）疾感慁（憂）亡雙（廢），句（后）秉悳（德）。敀（啟），【七八】乃旨（稽）盟（糾）罪（罰）膠（戮），是胃（謂）內毀（襄），以自敘也。【七九～】

第六章　「 啟告天 」章

參不韋曰：敀（啟），天監乃悳（德），暴（表）【七九】乃慇（則），与（與）日月星唇（辰）、風雨寒㫺（暑）、才（災）疾吉兇膚（諧）還（祟）。

參不韋曰：敀（啟），盃（恪）【八○】才（哉）毋䖒（縱），毋吳（虞）唯訐（信）。敀（啟），乃秉天之五＝刑＝慇＝（五刑則，五刑則）隹（唯）天之恙（祥）

惪（德），是胃（謂）募（寡）【八一】果眾，耑（短）乃長，唯天之不韋（違）。

參不韋曰：攺（啟），不秉惪（德），有兇才（災）戚惡（憂）【八二】亡雙（廢）。攺（啟），女（汝）𦘕（建）句（后），女（汝）大放。攺（啟），乃猷（播）䎽（聞）墨（禹）厇（度），𦤙（及）卜筭（筮）以參，乃惪（德）【八三】毋虞（虞）。乃告於而先高且（祖）之秉惪（德），𦤙（及）乃啻（嫡）王父=（父，父）之秉宜。乃【八四】告上監坆（兆）民，秉惪（德）司幾。乃告於下厇（尸）𤯍，秉宜不瑜（渝）。乃告於【八五】天之不韋，司中矢昔（措）。

攺（啟），乃曼（冕）壇，乃告曰：有某=（某，某）隹（唯）乃某，敢【八六】哀兌（說）戔（踐？）命冊告，乃某重（主）先智（知）味之故（苦）、甘、櫝（酸）、鹹（鹹）、辛，乃智（知）畐（富）、矢、【八七】貧、霏（選／遷）、裒（勞），乃智（知）西、東、南、北、中，乃智（知）娩（美）、好、亞（惡）、獸（醜）、佻，乃智（知）高、下土【八八】之安不（否）。某隹（唯）自利自均（厚），用不行天愍（則），某不甬（用）五愍（則），不行五【八九】行，不耶（聽）五音，不璋（章）五色，不和五眛（味），乃昃（視）不盟（明），乃耶（聽）不皇，【九〇】乃言不章。秉惪（德）剸（專）忘（妄），共（拱）皋（符）不敓（皇），走逫（趨）不行，乃自縈（營）自旁（謗），遣（徵—承）【九一】祀不章，䥮（亂）天之紀統（綱），思（使）旾（春）眛（秋）各（冬）量（夏）寒唇（暑）亞（僭）不以亓（其）寺（時）行。下有【九二】祟=（虩虩），上有皇=（皇皇），隹（唯）乃某逆天之愍（則），伴（逢）天之央（殃）。隹（唯）乃某告化（過）告逵（失），從天【九三】之戾。天有盟（明）惪（德），某用敢告□即求䱉（復）贘（贖），

自兵〈戒〉自斳（慎）自憲（質）。【九四】某有某□句（后）乃與某，自□□邁（往）쫯（來）日之遂（後），某所敢不昃（黽）挽（勉）【九五】潜（措）乃心腟（腹）爰（及）乃四儷（體），勿盍（蓋）勿匿，以共攸（修）某邦之社稅（稷），爰（及）上【九六】下、外內、大少（小）。乃某邦之書（建）句（后）、大放、七昪（承）、百有司、薑（萬）民，再（稱）某之【九七】所□辻（謀）。乃某所敢不章天之刑，盟（明）天之慭（則），甬（用）五悳（德）隹（唯）再（稱），行五行【九八】隹（唯）川（順），耴（聽）五音隹（唯）均，畱（憲）五色隹（唯）曼（文），飤（食）五咮（味）隹（唯）和。乃某之慭（則），旲（視）【九九】隹（唯）盟（明），耴（聽）隹（唯）皇，言隹（唯）章。秉悳（德）不韋（違），共（拱）鼻（符）不屍〈屖（遲）〉，徙（走）趣（趨）以幾，異＝（翼翼）【一〇〇】覍＝（祇祇），天之命是依。某不敢巠（縱），乃某巠（縱）而齜（亂）慭（則），爰（及）乃䎽（嗣）遂（後），自上【一〇一】洼（省）之，自下冀（營）之。【一〇二～】

第七章 「 天之明德 」章

參不韋曰：啟（啟），女（如）有夭（妖）羊（祥）兇才（災），各再（稱）乃立（位）【一〇二】乃告。七昪（承）乃告於上司幾、下屍（尸）憲，爰（及）而先高俎（祖）、王父＝（父、父）。百有司【一〇三】乃告於屍（尸）憲，爰（及）乃先高俎（祖）、王父＝（父、父）。薑（萬）民乃告於而先高俎（祖），爰（及）

而【一〇四】王父=（父、父）。

參不韋曰：攷（啟），句（后）秉悳（德），佳（唯）烝（及）上帝五差（佐），紀統（綱）日月星脣（辰）、百【一〇五】神、山川、潔（溪）浴（谷），是胃（謂）章盟（明）。不秉悳（德），非亓（其）所烝（及）而烝（及）之，是胃（謂）趣（趨）禍【一〇六】逞（徵—承）央（殃）。攷（啟），与（舉）不秉悳（德），遂（後）乃有央（殃）；亓（其）弗之与（舉），遂（後）乃亡（無）央（殃）；亓（其）与（舉）不秉悳（德），【一〇七】遂（後）而秉悳（德），天弗乍（作）羊（祥）。

攷（啟），既告。攷（啟），女（汝）聿（建）句（后）、大放。攷（啟），乃立於司中之【一〇八】壇，以乍（作）刑懇（則）。七昇（承）乃立於上司幾之壇，百有司乃立於保〈㞢（尸）〉廌之【一〇九】壇，薑（萬）民乃立於而王父=（父、父）之立（位），以乍（作）刑懇（則）。

參不韋曰：攷（啟），佳（唯）昔方有【一一〇】湍（洪），溢劇（戲），高（矯）亓（其）有水，權（昏）亓（其）有中，曼（漫）逢（泆／逸），乃鬭（亂）紀統（綱），莫訐（信）悳（德）。乃乍（作）悳（德）之五蘿（昏），【一一一】九蘿（昏）之參，以交（徼）天之不羊（祥）。

參不韋曰：攷（啟），□監天懇（則），毋乇（縱）弗敬，旾（春）眯（秋）【一一二】各（冬）虽（夏）寒脣（暑）不乇（僭）。攷（啟），不（丕）佳（唯）天之悳（德）。攷（啟），日月星脣（辰）、䨓（雷）霆、夭（妖）羊（祥）、風雨，不逢（失）【一一三】亓（其）寺（時）。攷（啟），不（丕）佳（唯）天之癸（規）。

啟，天則勿（物）各有尚（常），各有利。疨（剛）矛（柔）反易，緩亟（急）異章，乍（作）悉（柔）【一一四】而利者（諸）疨（剛），乍（作）疨（剛）而利者（諸）悉（柔）。攺（啟），隹（唯）天之宜乃不蘁（昏）。攺（啟），亓（其）溢遶（泆／逸），乃蘁（昏）。【一一五】

參不韋曰：攺（啟），毋甬（用）夭（虐）蘁（昏）以自樏（沮）。悳（德）之五蘁（昏），百神弗亯（享）。九蘁（昏）之參，淫【一一六】緬（湎）康則毀，埶（掘）浴（谷）甬（通）土大尻（居）則丘（咎），媱（媱）嫇亡（無）眚（省）朋替（友）則內悳（憂），敀（迫）息（疾）峀【一一七】則乖，虖（虐）不古（辜）不刑則威（滅）光，冟（寇）佻（盜）倰（竊）賊殺伐則𢧵（絕）行，疨（強）虎〈虖（虐）〉歃（梗）【一一八】則樝（竊），組（詐）考（巧）柔則惑，夭（虐）甬（用）、䛿（訏／迂）言、夭（虐）蘁（昏）則矞（亂）。

參不韋曰：攺（啟），【一一九】女（汝）不亙（極）天之命，以從乃悳（德），隹（唯）天之不羊（祥）。攺（啟），乃自則【一二〇】乃身，弗可返（復）庚（康）。帝之命逆韋（違），命用不長。百神之兕夒（憲），迻（後）辥（嗣）之【一二一】央（殃）。

參不韋曰：攺（啟），乃毋既□□緬（湎），蘁（昏）有甾（縱）悳（德），乃日弗可遄（追／渝）膚（悔），以【一二二】須天之央（殃）。天之𥊀（明）悳（德），隹（唯）怠（造）天之命，遄（追／渝）膚（悔）𠂔（前）化（過），三〈气〉受天央（殃）。氣（能）𥊀（明）不【一二三】甾（縱），天弗乍（作）悉（祥）。【一二四】

第一章　「唯昔方有洪」章

（一）章旨

　　本章為〈參不韋〉第一章，參不韋以有洪氏一族為例，說明其族違背天命、放縱、淫荒且驕矜自傲、殘暴無道，而後上天見有洪一族「無則」因而收回天命，以此作為亡國之例。上帝命令參不韋審度天道，順應上天給與的先兆，不可逆天而行，要辨別、擇選百時，感應、預示陰陽（天地）之萌兆，要誠信不欺騙，以匡定帝王的德行。參不韋指導啟不可重蹈有洪氏的錯誤，要用五則、行五行、聽五音、顯五色、食五味，若不遵從則國家會走向昏亂。

　　此段落為〈參不韋〉一文的前言，也是參不韋的開場白，先以歷史事件為引導，說明不順天道會導致國家覆滅，使啟具備敬天之心。

（二）釋文

參不韋〔1〕曰：攵（啟），隹（唯）昔方〔2〕有滯（洪）[1]，不

---

[1] 「有滯（洪）」的「滯」字，整理者認為是「洪水」的「洪」的異體。鮑彥東、薛孟佳認為「有滯（洪）」是「方國」之名，與共工氏有關，「有洪」即「有共」，並指出古代多有以這種形式命名的部族。網友「王寧」補充共工的相關資料佐證鮑、薛之說。網友「子居」認為「有洪」的時代在黃帝之前，因此不會是共工。劉釗師（網名「肖大心」）、陳聰認為簡文的「有洪」本來就是三位一體的概念，既是洪水，又是共工之人，亦是共工部族。羅雲君認為「洪」即是洪水，文句指洪水泛濫給天下帶來巨大的災難。學者說法出自：黃德寬主編、清華大學出土文獻研究與保護中心編：《清華大學藏戰國竹簡・拾貳》（上海：中西書局，2022 年），頁 110。鮑彥東、薛孟佳：〈清華簡《參不韋》「唯昔方有洪」新解〉，復旦大學出土文獻與古文字研究中心網，2022 年 10 月 5 日，http://www.fdgwz.org.cn/Web/Show/10954。鮑彥東、薛孟佳：〈據《逸周書・史記》補證清華簡《參不韋》〉，武漢大學簡帛網，2022 年 10 月 18 日，http://www.bsm.org.cn/?chujian/8812.html。王寧：〈清華簡《參不韋》初讀〉2、7 樓，武漢大學簡帛論壇網，2022 年 10 月 10、19 日。子居：〈清華簡十二《參不韋》解析（一）〉，先秦史論壇網，2022 年 12 月 18 日，http://www.360doc.com/content/22/1218/14/34614342_1060696094.shtml。肖大心：〈《參不韋》第一段試解（一）〉，復旦大學出土文獻與古文字研究中心網學術討論區，2022 年 12 月 11 日，http://www.fdgwz.org.cn/forum/forum.php?mod=viewthread&tid=25042。劉釗、陳聰：〈清華簡《參不韋》訓釋雜說〉，《簡牘學與出土文獻研究》第 2 輯（北京：商務印書館，2023 年），頁 32。羅雲君：《清華簡《參不韋》整理與研究》（長春：東北師範大學博士論文，2024 年），頁 11-12。**怡璇按**：〈參不韋〉簡 2「帝監有滯（洪）之惪（德），反有滯（洪）之慇（則）」一句，若「有洪」是大洪水，似乎難以與「德」和「則」二字聯繫。劉釗師、陳聰的三位一體的觀點較合宜。

甬（用）五惪（則）[2]，不行五行，不耴（聽）五音，不章五色，【一】不飤（食）五未（味）[3]，以逸（洗／逸）戲（戲）自茷（伐）自䚻（亂）〔3〕，用乍（作）亡（無）刑（形）〔4〕。帝監有洀（洪）之悳（德）[4]，反有洀（洪）之惪（則）[5]。帝乃命【二】參不韋燓（揆）天之中（衷）[6]，秉百神之幾〔5〕，敫（辨）䈐（簡）百葷（期）〔6〕，䛁（感）攸（兆）佥（陰）易（陽）〔7〕，不吳（虞）[7]隹（唯）訫（信），

---

[2] 整理者指出「五則」又作「五德」，簡 4-5「帝乃用五則唯稱」，簡 98 作「用五德唯稱」，另指出典籍中常見「五則」，但所指不一，而簡文的「五則」可能即〈五紀〉之「五德」。石小力認為「五則」或指「五度」，而「五度」亦見〈五紀〉。劉釗師（網名「肖大心」）、陳聰認為「五則」可能與馬王堆帛書的「五正」、齫公盨的「疇方」、「五正」，楚帛書的「五正」、《鶡冠子的》「五正」存在關係。學者說法出自：黃德寬主編、清華大學出土文獻研究與保護中心編：《清華大學藏戰國竹簡・拾貳》，頁 110-111。石小力：〈清華簡《參不韋》概述〉，《文物》2022 年第 9 期，頁 53。肖大心：〈《參不韋》第一段試解（一）〉，復旦大學出土文獻與古文字研究中心網學術討論區，2022 年 12 月 11 日。劉釗、陳聰：〈清華簡《參不韋》訓釋雜說〉，《簡牘學與出土文獻研究》第 2 輯，頁 28-32。怡璇按：石小力文中提及《國語・周語下》一段文字：「下及夏、商之季，上不象天，而下不儀地，中不和民，而方不順時，不共神祇，而蔑棄五則」，筆者以為此句情境與本處簡文相仿，皆以古說今，但馬王堆等資料亦可參考。〈舉治王天下〉簡 16-17「上（尚）父乃言曰：『夫先四帝、二王之道，□□□□，□□□□，□□□□，啟行五㡯（度），湯行三訖（起）。』」中的「五度」應亦與本簡的「五則」同。

[3] 整理者指出「五行」即金、木、水、火、土，但典籍也指「仁、義、禮、智、聖」等；「五音」即宮、商、角、徵、羽；「五色」即青、赤、白、黑、黃，而典籍也指「仁、義、禮、智、聖」等；「五味」指甘、苦、酸、鹹、辛，「五則、五行、五音、五色、五味」即天帝命參不韋所授啟之五刑則，以及簡 2 簡首漏抄「不」字。學者說法出自：黃德寬主編、清華大學出土文獻研究與保護中心編：《清華大學藏戰國竹簡・拾貳》，頁 111。怡璇按：簡文的「不用五則、不行五行、不聽五音、不章五色、不食五味」即指有洪這個部族倒行逆施，不順天道。

[4] 「監」，整理者訓為「察看」。學者說法出自：黃德寬主編、清華大學出土文獻研究與保護中心編：《清華大學藏戰國竹簡・拾貳》，頁 111。怡璇按：在古籍與出土資料中，上天「監看」的對象可為人民、帝國、帝王，此處「帝監有洪」可為監看民間的帝王或是一個帝國，參拙作〈《清華伍・厚父》考釋二則〉，《中國文字》二○二三年夏季號 總第九期（臺北：萬卷樓圖書股份有限公司，2023 年），頁 148-149。

[5] 怡璇按：「反」字，網友「tuonan」（王凱博）訓為「反省、察省」，並舉出相關訓解例證，可從。tuonan：〈清華簡《參不韋》初讀〉66 樓，武漢大學簡帛論壇網，2022 年 12 月 4 日。

[6] 整理者指出「燓」為「暌」的古體，讀為「揆」，訓為「揆度」，「中」為「道」。劉釗師（網名「肖大心」）、陳聰認為「中」應讀為「衷」，古籍常見「天衷」，「揆天之衷」指揣度天的心意或志願的意思。網友「子居」則將「中」訓為「正」。學者說法出自：黃德寬主編、清華大學出土文獻研究與保護中心編：《清華大學藏戰國竹簡・拾貳》，頁 111。肖大心：〈《參不韋》第一段試解（一）〉，復旦大學出土文獻與古文字研究中心網學術討論區，2022 年 12 月 11 日。子居：〈清華簡十二《參不韋》解析（一）〉，先秦史論壇網，2022 年 12 月 18 日。劉釗、陳聰：〈清華簡《參不韋》訓釋雜說〉，《簡牘學與出土文獻研究》第 2 輯，頁 33。怡璇按：本書匿名審查人指出「中」雖可釋為「道」，但此說較無書證，讀為「衷」較合宜（2025 年 3 月 8 日），可從。

[7] 整理者將「虞」訓為「憂」。網友「文若水」則解釋為「欺詐」。學者說法出自：黃德寬主編、清華大學出土文獻研究與保護中心編：《清華大學藏戰國竹簡・拾貳》，頁 111。文若水：〈清華簡《參不韋》初讀〉146 樓，武漢大學簡帛論壇網，2022 年 12 月 11 日。怡璇按：簡文「不虞唯信」與「欺詐」較無關係，

以定帝【三】之惪（德）。帝乃不吳（虞），隹（唯）[8]參不韋。帝乃自爯（稱）自立（位）[9]，乃乍（作）五=刑=㥯=[10]（五刑則，五刑則）隹（唯）天之盟（明）惪（德）。帝【四】乃甬（用）五㥯（則）隹（唯）爯（稱）[11]，行五行隹（唯）訓（順），耵（聽）五音隹（唯）均，䖒（憲）五色隹（唯）旻（文）〔8〕，酓（食）五未（味）隹（唯）和，以圽（抑）有【五】澭（洪）。參不韋乃受（授）攴（啟）天之刑㥯（則），秉章㥯（則）、秉㥯（則）、[12]不秉則、秉䚻（亂）㥯（則）、秉兇㥯（則）[13]，隹（唯）五惪（德）之【六】爯（稱）。【七～】

且簡4的「帝乃不吳（虞）」之「虞」應訓為「憂」，故此處亦解釋為「憂」為宜。

[8] 怡璇按：「唯」訓為「因」，如《左傳·僖公二年》：「冀之既病，則亦唯君故。」

[9] 「自爯（稱）」，網友「子居」訓為「相符、相當」，並認為簡文的「自稱自位」即「言以身作則與帝位相稱」。學者說法出自：子居：〈清華簡十二《參不韋》解析（一）〉，先秦史論壇網，2022年12月18日。怡璇按：《漢書·田千秋傳》：「然千秋為人敦厚有智，居位自稱，踰於前後數公。」可見「自稱」即指「自稱其職」，而「子居」對「自稱自位」的意見可備一說。

[10] 整理者指出「五刑則，即上文之五則、五行、五音、五音、五色、五味。刑、則，皆訓法」。鮑彥東與薛孟佳將「刑」讀為「型」，訓為「典型」，並認為「型則」當有「範疇」的意思。劉釗師（網名「肖大心」）、陳聰則指出先秦典籍中的「刑」即有「刑範」的意思，並指出古文字造字來看，「則」字初形就是比照樣子刻畫器物的形象，具體是指按照已經成形的器物刻畫準備要做的器的模型，而「型」是鑄器的模子，所以「則」與「型」兩字本即相關，都可以訓為「法則」「法式」。學者說法出自：黃德寬主編、清華大學出土文獻研究與保護中心編：《清華大學藏戰國竹簡·拾貳》，頁111。鮑彥東、薛孟佳：〈清華簡《參不韋》與《洪範》合證〉，武漢大學簡帛網，2022年10月18日，http://m.bsm.org.cn/?chujian/8813.html。肖大心：〈《參不韋》第一段試解（一）〉，復旦大學出土文獻與古文字研究中心網學術討論區，2022年12月11日。劉釗、陳聰：〈清華簡《參不韋》訓釋雜說〉，《簡牘學與出土文獻研究》第2輯，頁35-36。怡璇按：如劉釗師、陳聰所言，先秦典籍中的確「刑」與「型」通用，如《禮記·禮運》「以著其義，以考其信，著有過，刑仁講讓，示民有常」，故此處不用改讀，訓為「典範」合乎文義。

[11] 怡璇按：指上帝用五則作為衡量人、事、物的標準。

[12] 怡璇按：「秉㥯（則）」之後原為「逗號」，今依網友「ee」（單育辰）與劉釗師（網名「肖大心」）、陳聰所言改為「頓號」，劉釗師、陳聰指出「對持有之『則』的五種選擇或態度，由上至下，從高到低，非常清楚，即『章則』——則——無則——亂則——凶則。這五種持有『則』的選擇或態度，其實就是下邊說的『五德』。」學者說法出自：ee：〈清華簡《參不韋》初讀〉78樓，武漢大學簡帛論壇網，2022年12月4日。肖大心：〈《參不韋》第一段試解（一）〉，復旦大學出土文獻與古文字研究中心網學術討論區，2022年12月11日。劉釗、陳聰：〈清華簡《參不韋》訓釋雜說〉，《簡牘學與出土文獻研究》第2輯，頁36-37。

[13] 網友「tuonan」（王凱博）將本篇簡文的「兇」改讀為「訽」，訓為「謹亂」。羅雲君認為應訓為「不吉祥的」、「不吉利的」，但於其書後文中又將「兇㥯」之「兇」訓為「惡」。學者說法出自：tuonan：〈清華簡《參不韋》初讀〉77樓，武漢大學簡帛論壇網，2022年12月4日。羅雲君：《清華簡《參不韋》整理與研究》頁31、85。怡璇按：「tuonan」之說有兩個問題，第一是「訽」於先秦文獻中未見訓為「謹亂」的用例，第二是若訓為「謹亂」，則與前文的「亂則」文義相仿，故不從此說。羅雲君第一說則與前文的「亂

（三）疑難字詞考釋

〔1〕參不韋

　　整理者指出古書未見「參不韋」，參不韋為天帝之使者，蓋為「上監乂」[14]、「下尸蔉」、「天之不韋」三神祇的合稱，「不韋」其義即「不違」。[15]程浩認為《清華伍・殷高宗問於三壽》中的「三壽」指「彭祖、中壽與少壽」，故此處的「三不韋」亦是三位具體的人物，即是「皋陶、后稷與益」。[16]劉釗師（網名「肖大心」）與陳聰認為「參」只是一個概數，指不能確定的「多」，「不韋」也沒有確切證據是三個神祇的合稱，屬於一個虛擬人物的「寓名」手法，且由璽印資料可知「不韋（違）」是當時的一個常見的名字，「參不韋」可能只是一個「借事賦名」的虛擬人物。[17]羅雲君則認為「不韋」可能是職官名，或是「參不韋」、「不韋」是擔任此職的人或鬼神，「參不韋」指來自「參」地擔任「不韋」者。[18]

　　怡璇按：筆者贊同劉釗師（「肖大心」）、陳聰的意見，在全篇簡文中難以確切得知「參不韋」是否即是三位神祇或是三位具體人物的合稱，以「三壽」為對比資料的說服力亦不強。此外，趙曉斌整理棗紙簡〈詩書之言（甲篇）〉中可見「三不韋」之名，雖然竹簡尚未公布，無從得知完整的簡文內容，但趙文中可見〈詩書之言（甲篇）〉部份內容為：[19]

　　　　對詩、書類文獻的摘抄彙編，各篇旨趣分別與墨家思想「非命」、「非樂」、「天志」、「明鬼」相關，其中甲篇中多有與傳世本《墨子・非命》上中下三篇中引「先王之書」對應者，「三不韋」即是其中一例。

則」之「亂」字不好對應。「兇」讀如字，訓為「惡」即可。

[14] **怡璇按**：「乂」字應隸為「牧」，相關考釋見本章第 7 則。

[15] 黃德寬主編、清華大學出土文獻研究與保護中心編：《清華大學藏戰國竹簡・拾貳》，頁 110。賈連翔：〈清華簡《參不韋》的禱祀及有關思想問題〉，《文物》2022 年第 9 期，頁 61。

[16] 程浩：〈清華簡《參不韋》中的夏代史事〉，《文物》2022 年第 9 期，頁 64-65。

[17] 肖大心：〈《參不韋》第一段試解（一）〉，復旦大學出土文獻與古文字研究中心網學術討論區，2022 年 12 月 11 日。劉釗、陳聰：〈清華簡《參不韋》訓釋雜說〉，《簡牘學與出土文獻研究》第 2 輯，頁 26-28。

[18] 羅雲君：《清華簡《參不韋》整理與研究》，頁 8。

[19] 趙曉斌：〈據清華簡《參不韋》校《墨子》一則〉，武漢大學簡帛網，2022 年 10 月 1 日，http://m.bsm.org.cn/?chujian/8802.html。

依趙曉斌的意見，〈詩書之言（甲篇）〉中三不韋的言論與墨子思想有關，而學者對〈參不韋〉的思想流派多認為是陰陽家或是儒家的「書」類文獻，[20]雖然《清華簡》的「參不韋」與棗紙簡的「三不韋」不一定是同一個人物，但亦可從側面推測「參不韋」應是指一個人的名字，而非三個人（或神祇）的合稱，只是此人未見於傳世文獻中，同時應即如劉釗師與陳聰所指出的是一個「寓名」的虛擬人物，如同《清華拾肆・兩中》的「珪中」與「恙中」兩位神祇亦是依託人物。

〔2〕方

簡文本處為「隹（唯）昔方有滯（洪）」，整理者指出本篇多次出現「方」字，但此字與楚文字常見寫法不同，本簡的「方」上部皆作「土」形，與「尭（堯）」字同形，但據文例為「方」字異寫，此類「方」字又見於楚帛書等資料。[21] 賈連翔、網友「潘燈」指出此處的「方」與《清華壹・保訓》的「尭（堯）」字同形，賈連翔另指出亦見於湖南常德所出的距末。[22] 鮑彥東、薛孟佳依程浩的思路（怡璇按：文章出處為程浩〈清華簡《參不韋》中的夏代史事〉），將本處的「唯昔方有洪」與《清華拾壹・五紀》首句「唯昔方有洪」聯繫，認為〈五紀〉整理者將「方」訓為「方國」，因此〈參不韋〉本處的「方」亦應指「方國」。[23] 刁俊豪認為〈參不韋〉此處的「方」指「四方」。[24] 網友「王寧」將之訓為「當」、「直」，即為古籍中的「在」。[25] 網友「謝亦章」則認為是「話題化標記」，實為狀態動詞，原因是後面實際上就是帝派「參（三）不韋」給夏啟授予了「五刑則」，簡文就是拿「有洪」這裡發生的事情來打比方。[26]

---

[20] 申浪：〈清華簡《五紀》《參不韋》具有陰陽家思想特徵〉，《中國社會科學報》，2023年2月8日。楊衍、陳民鎮：〈從清華簡看陰陽家與儒家的交匯〉，《中國社會科學報》，2023年5月15日。李銳：〈《尚書》類文獻《參不韋》與夏啟繼位的合法性〉，《史學史研究》2023年第3期，頁109-113。

[21] 黃德寬主編、清華大學出土文獻研究與保護中心編：《清華大學藏戰國竹簡・拾貳》，頁110。

[22] 賈連翔：〈跳出文本讀文本：據書手特點釋讀《參不韋》的幾處疑難文句〉，《出土文獻》2022年第4期（上海：中西書局，2022年），頁21。潘燈：〈清華簡《參不韋》初讀〉8樓，武漢大學簡帛論壇網，2022年10月19日。

[23] 程浩：〈清華簡《參不韋》中的夏代史事〉，《文物》2022年第9期，頁64。黃德寬主編、清華大學出土文獻研究與保護中心編：《清華大學藏戰國竹簡・拾壹》（上海：中西書局，2021年），頁90。鮑彥東、薛孟佳：〈清華簡《參不韋》「唯昔方有洪」新解〉，復旦大學出土文獻與古文字研究中心網，2022年10月5日。

[24] 刁俊豪：〈清華簡《五紀》《叁不韋》「唯昔方有洪」再解〉，武漢大學簡帛網，2022年11月27日，http://m.bsm.org.cn/?chujian/8861.html。

[25] 王寧：〈清華簡《參不韋》初讀〉104樓，武漢大學簡帛論壇網，2022年12月7日。

[26] 謝亦章：〈清華簡《參不韋》初讀〉121樓，武漢大學簡帛論壇網，2022年12月7日。

怡璇按：整理者與賈連翔、網友「潘燈」分別指出本簡的「方」字形體特別，以及此字與〈保訓〉的「兂（堯）」字同形，相關字形如下：

![方1]	![方15]	![方21]	![方53]
方，簡1	方，簡15	方，簡21	方，簡53
![方110]	![方距末]27	![方楚帛]28	![兂保訓]
方，簡110	方，湖南常德距末銘文	方，楚帛書	兂，〈保訓〉簡7

楚簡的「兂（堯）」字寫作上從土、下從人，多作「 」（《上博五・鬼神之明 融師有成氏》簡1）。李守奎認為此類形體的「堯」與「方」仍有差異性，其文指出：

> 我們會發現「 」與「 」在寫法上還是有所不同的。美術體「方」字右下一筆向左側弧形彎曲，與常見的「方」字寫法相同，而「堯」字幾乎都是向右斜出。

並於註腳中指出「堯」與「方」的這個區別特徵在用作偏旁時就沒有那麼嚴格了。[29]由〈參不韋〉與〈保訓〉的「方」和「兂（堯）」獨體字接近同形的情況，可見李守奎對二字的差異性分析已不適用。

賈連翔指出此種形體的「方」亦見楚帛書、湖南常德所出的距末等資料，認為此例的「同形異用」是書手全面掌握文字異體用法後所做的字體選擇。關於書手的討論請見本書「前言」。除以上字形之外，與「方」同形的「兂（堯）」字亦見於：

《上博七・武王踐阼》簡1：「 （堯）、舜之道存乎。」

---

[27] 李守奎：〈釋㞢 距末與楚帛書中的「方」字〉，《漢語言文字研究・第一輯》（上海：上海古籍出版社，2015年），頁119-124。
[28] 李守奎：〈釋㞢 距末與楚帛書中的「方」字〉，《漢語言文字研究・第一輯》，頁119-124。
[29] 李守奎：〈釋㞢 距末與楚帛書中的「方」字〉，《漢語言文字研究・第一輯》，頁119-124、頁122註2。

《上博九·舉治王天下》簡 17：「黃帝俊光，▆（堯）。」

《上博九·舉治王天下》簡 24：「▆（堯）曰：『嗚呼！』。」

《上博九·舉治王天下》簡 23：「▆（堯）以四害之紊為未也。」

《上博九·舉治王天下》簡 30：「禹事▆（堯）。」

《上博九·舉治王天下》簡 30：「▆（堯）乃就禹曰。」

以上「㐫（堯）」字形與本篇簡 15 的「方」（方）一致，可見楚簡特殊形體的「方」字與「㐫（堯）」字同形，兩者字體難以區分差異，同時與書手亦無關係。

　　簡文為「隹（唯）昔方有洚（洪）」，此句亦出現在〈五紀〉簡文中，網友「子居」將〈五紀〉的「方」字訓為副詞「始」。[30]馬文增將〈五紀〉的「方」訓為「四方」。[31]依據簡文，若將時間副詞「昔」與副詞「方」連用，簡文則解釋為「昔日開始」，甚怪。網友「謝亦章」的「話題化標記」指「打比方」，置於簡文中為「過去比如像有洪那樣」，以「比方」為全文的開頭，筆者認為此說告誡的意味不強，在全文文義上不合適。若將「方」指「方國」、「方邦」，這種省稱似乎未有平行例證，〈五紀〉的整理者以及鮑彥東、薛孟佳亦無舉例以證此說。網友「王寧」是在「有洪」為人名的前提下，將「方」訓為「當」、「直」，即是訓為「在」，但此為輾轉故訓。

　　兩篇簡文的「隹（唯）昔方有洚（洪）」的「方」，刁俊豪與馬文增皆訓為「四方」，在訓釋上較合理的，但刁俊豪將簡文解釋為「很久之前四方方域內的洪水」，馬文增亦是將「有洪」釋為「洪水」，二位學者對於「有洪」的理解與筆者不同，筆者於本章註 1 贊同劉釗師、陳聰將「有洪」釋為既是洪水、又是共工、亦是共工部族三位一體的觀點，[32]因而雖贊同「方」解釋為「四方」較合理，但對簡文的理解則有別。簡文「隹（唯）昔方有洚（洪）」指「以前這四方大地上

---

[30] 子居：〈清華簡十一〈五紀〉解析（之一）〉，中國先秦史網，2022 年 1 月 10 日。
[31] 馬文增：〈清華簡《五紀》「唯昔方有洪」章釋義——兼及《五紀》的作者、性質問題〉，《地域文化研究》2023 年第 2 期，頁 101。
[32] 相關考釋意見劉釗、陳聰：〈清華簡《參不韋》訓釋雜說〉，《簡牘學與出土文獻研究》第 2 輯，頁 32，與本章註 1。

的有洪這一個國家」,薛孟佳、鮑彥東已列舉相關例證證明古書中有「有△」形式命名的國家,如有洛氏、有虞氏等。除此之外,《中國上古國名地名辭彙及索引》一書亦列舉有果氏、有施、有莘氏、有窮氏、有濟等古氏族名,[33]而「方」於古籍即可訓為「四方」,如《書・益稷》:「皋陶方祗厥敘」,孔安國:「方,四方。」[34]

簡文「參不韋曰:啟(啟),隹(唯)昔方有㴎(洪)」,意即「參不韋說:啟啊,以前在這片土地上的有洪氏這一個部族國家」,以有洪氏事蹟作為告誡啟好好治國的開端。

〔3〕以逸(泆/逸)戲(戲)自蔑(伐)自𠶷(亂)

「蔑」字,整理者原隸作「莧」,整理者將「逸戲」讀為「泆戲」,指放蕩遊戲,「莧」讀為「䜋」,指喧囂。[35]網友「gefei」引《說文》:「䜋,呼也。從皕莧聲。讀若讙。」並贊同整理者將「莧」讀為「䜋」的意見,認為「䜋」指「喧嘩、嘩亂不安靜」,與「亂、擾亂」很近。[36]網友「質量復位」與「肖大心」(劉釗師)皆認為「莧」可讀為「寬」,「自寬」指「自縱」,「亂」亦有「縱」的意思,網友「肖大心」(劉釗師)另將「逸」讀為「逸」訓為放縱、淫荒。[37]網友「無痕」(蔡一峰)則將「莧」讀為「滿」,認為本字與《清華拾・四時》的「㴩(滿)溢」有關。[38]網友「王寧」贊同讀為「寬」,但認為不必解釋為「縱」,「寬」應訓為「寬宥」。[39]網友「潘燈」認為「莧」與「蔑」有關,簡文或即「蔑」字省「戈」之形,還是讀「蔑」,「自蔑」或謂自己輕視自己,即自暴自棄。[40]劉釗師與陳聰認為「逸」有放縱、淫荒的意思,且與〈五紀〉的「隹(唯)昔方又(有)洚(洪),畬(奮)汨(溢)于上,雚(權)亓(其)又(有)中,虗(戲)亓

---

[33] 潘英:《中國上古國名地名辭彙及索引》(臺北:明文書局,1986年),頁16-18。
[34] 〔漢〕孔安國撰,廖名春、陳明整理,呂紹剛審定;十三經整理委員會整理,李學勤主編:《十三經注疏・尚書正義》(北京:北京大學出版社,1999年),頁126。另參宗福邦、陳世鐃、蕭海波主編:《故訓匯纂》(北京:商務印書館,2003年),頁986-987。
[35] 黃德寬主編、清華大學出土文獻研究與保護中心編:《清華大學藏戰國竹簡・拾貳》,頁111。
[36] gefei:〈清華簡《參不韋》初讀〉26樓,武漢大學簡帛論壇網,2022年11月30日。
[37] 質量復位:〈清華簡《參不韋》初讀〉27樓,武漢大學簡帛論壇網,2022年11月30日。肖大心:〈《參不韋》第一段試解(一)〉,復旦大學出土文獻與古文字研究中心網學術討論區,2022年12月11日。
[38] 無痕:〈清華簡《參不韋》初讀〉97樓,武漢大學簡帛論壇網,2022年12月6日。
[39] 王寧:〈清華簡《參不韋》初讀〉101樓,武漢大學簡帛論壇網,2022年12月7日。
[40] 潘燈:〈清華簡《參不韋》初讀〉179樓,武漢大學簡帛論壇網,2022年12月26日。

（其）又（有）惪（德），以緌（乘）礜（亂）天紀。」可對應，同時贊同「莧」讀為「寬」，認為「寬」可為「寬容」，也可為「鬆弛」、「放縱」，簡文「自寬自亂」的「寬」即是「放縱」，「亂」是「昏亂」。[41]羅雲君贊同讀為「寬」，「自寬」指法紀鬆弛不嚴苛。[42]

怡璇按：「遝」讀為「泆」或是「逸」皆可，二說並存。

整理者原隸作「莧」的字形作「」，學者對字形的隸定多從整理者意見。然而仔細觀看字形，此字上方所從並非艸旁，而是「丷」旁。劉釗師指出「莧」字甲骨文作「」（《合集》14801），為盤角羊的整體象形，文中並指出「莧」與「莧」的訛混現象，「莧」字的隸定字形本來應該寫成上部從「丷」，下部有一點作「莧」的形態，《漢語大字典》第一版「莧」字字頭字形作「莧」，上部從「艸」，第二版字頭字形作「莧」，上部改為從「丷」，更為近古，是正確的，只是早期從「丷」的字，後來寫成與「艸」形字相當了，並指出構字能力強的形體往往會逐漸吞併寫法相近的構字能力弱的形體，「丷」形的構字能力遠遠弱於「艸」字，所以「丷」形逐漸被「艸」形吞併很正常。[43]因此就整理者的隸定方向而言，「」應隸為從「丷」的「莧」字。

簡 1-2 釋文為「啟，唯昔方有洪，不用五則，不行五行，不聽五音，不章五色，食五味，以遝（泆／逸）歔（戲）自自礜（亂）」，若將「」隸為「莧」讀為「讙」，指「喧囂」，與後文的「亂」字字義不太對等，同時與前文的「不行五則、五行」等事關係不大。網友「質量復位」與「王寧」、劉釗師（網名「肖大心」）、陳聰等文章皆讀為「寬」。網友「王寧」認為「寬」訓為「寬宥」，然而「寬宥」指「寬恕、原諒」，一般用法是指 A 對 B，有兩個個體才會使用這一個辭彙，例如《後漢書·王梁傳》：「雖蒙寬宥，猶執謙退。」指受到他人的寬宥，因此這個訓解於簡文不合。

學者將「自寬」解釋為「自縱」的負面辭義亦是有問題的。「質量復位」的例證為：

> 「自寬」猶言「自縱」。傳世古書中有「自縱」的表述。《楚辭·離騷》：「啟《九辯》與《九歌》兮，夏康娛以自縱。」傳世古書中也有「自寬」一詞，

---

[41] 劉釗、陳聰：〈清華簡《參不韋》訓釋雜說〉，《簡牘學與出土文獻研究》第 2 輯，頁 32-33。
[42] 羅雲君：《清華簡《參不韋》整理與研究》，頁 15-16。
[43] 劉釗：〈說字解詞——莧與莧〉，《辭書研究》2024 年第 3 期，頁 119-124。

意為自我寬慰。

此段文字無法證明「寬」可以解釋為「縱」，僅可說明文獻中即有「自寬」以及「自縱」兩個辭彙。

劉釗師（網名「肖大心」）、陳聰的例證為：

> 《尚書·舜典》有「直而溫，寬而栗，剛而無虐，簡而無傲」的話，《尚書·皋陶謨》有「寬而栗，柔而立，愿而恭，亂而敬，擾而毅，直而溫，簡而廉，剛而塞，彊而義」的文句，其中「寬而栗」和「亂而敬」的「寬」和「亂」，也就是簡文「自覓（寬）自䜅（亂）」中的「寬」和「亂」。值得注意的是《尚書·皋陶謨》「寬而栗」「亂而敬」「擾而毅」「簡而廉」這些描寫人脾氣秉性的用詞中的「寬」「亂」「擾」「簡」等字，都含有正面和負面兩層含義，「寬」既為「寬容」，又為「鬆弛」「放縱」。

此處的類比有二個問題，第一，文中認為：「『寬而栗』和『亂而敬』的『寬』和『亂』，也就是簡文『自覓（寬）自䜅（亂）』中的『寬』和『亂』。」雖然《尚書·皋陶謨》與〈參不韋〉兩處文字皆有出現「寬」與「亂」，但文義明顯有別。其二，《尚書·皋陶謨》中「寬而栗，柔而立，愿而恭，亂而敬，擾而毅，直而溫，簡而廉，剛而塞，彊而義」文句，是皋陶解釋何為「九德」，因此全部皆為正面語詞，而非「正面與負面兩層含義」，「寬而栗」指「寬弘而能莊栗」，「亂而敬」指「有治而能謹敬」，《尚書正義》：「亂，治」，「有能治者，謂才高於人也，堪撥煩理劇者也。負才輕物，人之常性，故有治而能謹敬乃為德也。」[44]學者引用的文句與簡文「以達（迭）獻（戲）自覓自䜅（亂）」不可相提並論。因此「寬」是否可以解釋為「放縱」並與簡文後文的「亂」字字義並列，是有疑問的。

網友「潘燈」認為「䕯」與「蔑」有關，此種說法提供一個新的思路。筆者認為本簡的「䕯」或即是「蔑」，亦可釋為「蔑」字省形。若將「䕯」釋為「蔑」的省形，需要說明的是，楚簡的「蔑」字作「𢦏」（《清華柒·越公其事》簡27）、「𢦏」（《清華捌·治邦之道》簡12），字形與所論字僅相差右旁的戈。此種文字演變方式與「晢」和「戠」相同，陳劍師將「𢦏」分析為「从首𢦏（戈）聲」，

---

[44]〔漢〕孔安國撰，廖名春、陳明整理，呂紹剛審定；十三經整理委員會整理，李學勤主編：《十三經注疏·尚書正義》，頁104-105。

指出「戠（捷）」字如果省去「戈」旁就變為「𠂤」形。[45]若此,「🧬」右旁的「=」即為省略符號。

「🧬」字亦可能即為「蔑」字,唐蘭依據甲骨文作「🧬」、金文作「🧬」,認為「蔑」從「𦭝」,又認為「𦭝」是「夢」的原始字。[46]李家浩進一步指出「蔑」字所從的「𦭝」中的「冖」即為「人」形,例如趩簋的「🧬」。[47]謝明文將邶陰令萬為戈(《集成》11356)的「🧬（🧬）」改釋為「𦭝」,讀為「蔑」。[48]而本簡的「🧬」或即是「🧬」異體,嚴式隸定為「𦭝」,即為「蔑」字,而「🧬」右邊的兩撇筆為贅筆,如同「𦫵」可作「🧬」(《清華參・周公之琴舞》簡 11)亦可作「🧬」(《郭店・魯穆公問子思》簡 2)。但整體而言,筆者偏向「🧬」為「蔑」字省形的意見。

青銅器銘文有一個辭例為「蔑曆」,多見於商末至西周晚期的金文,但對於此二字如何通讀,學界仍未有共識。[49]唐蘭認為「蔑」與「伐」聲音關係密切,「蔑」古讀為「末」,和「伐」都是祭部入聲,也都為唇音,字義上,「蔑」和「伐」亦常通用,《尚書・君奭》「文王蔑德」中的「蔑」應讀為「伐」,《小爾雅・廣詁》:「伐,美也。」[50]李零依據唐蘭的說法,認為金文中的「蔑」本從「戈」,即可讀為「伐」(怡璇按：如史牆盤「🧬」,《集成》10175),因此認為銘文中的「蔑曆」即讀為「伐矜」。[51]「蔑曆」是否可讀為「伐矜」未能確定,但「蔑」與「伐」兩字可以通假應是沒問題的,季旭昇師認為「蔑」與「伐」聲韻俱近,但二字的字形本義有別,「伐」是擊人頸部,「蔑」是擊人下半身,二字可能有同源關係。[52]若此,則「蔑」從伐聲,簡文的「自蔑」可讀為「自伐」,指「驕矜」,如

---

[45] 陳劍：〈簡談《繫年》的「戠」和楚簡部分「𠂤」字當釋讀為「捷」〉,復旦大學出土文獻與古文字研究中心網,2013 年 1 月 16 日,https://www.fdgwz.org.cn/Web/Show/1996。陳劍：〈簡談《繫年》的「戠」和楚簡部分「𠂤」字當釋讀為「捷」〉,《安徽大學學報（哲學社會科學版）》2013 年第 6 期,頁 67-70。
[46] 唐蘭：《唐蘭先生金文論集》（北京：紫禁城出版社,1995 年）,頁 226-227。
[47] 李家浩：〈關於郭店竹書《六德》「仁類萲而速」一段文字的釋讀〉,《出土文獻研究》第 10 輯（北京：中華書局,2011 年）,頁 43。
[48] 謝明文：〈說𦭝與蔑〉,《出土文獻》第八輯（上海：中西書局,2016 年）,頁 27。
[49] 相關研究論述可參陳劍：〈簡談對金文「蔑懋」問題的一些新認識〉,復旦大學出土文獻與古文字研究中心網,2017 年 5 月 5 日,https://www.fdgwz.org.cn/Web/Show/3039。
[50] 唐蘭：《唐蘭先生金文論集》,頁 229-230。
[51] 李零：〈西周金文中的「蔑曆」即古書中的「伐矜」〉,《出土文獻》第八輯（上海：中西書局,2016 年）,頁 54-55。
[52] 季旭昇：《說文新證》（福州：福建人民出版社,2010 年）,頁 302。

《新書‧先醒》：「昔者虢君驕恣自伐，諂諛親貴，諫臣詰逐，政治踳亂，國人不服。」皆可看出上位者若有「自伐」行為，情節嚴重者則會導致國家動盪。

整理者指出簡文此部份可與〈五紀〉開篇：「唯昔方有洪，奮溢于上，權其有中，戲其有德，以乘亂天紀。」資料對勘，網友「肖大心」（劉釗師）指出〈五紀〉的：[53]

> 「奮溢」一詞，是最能體現「洪水」在這一文本中被擬人化後，對其用詞也呈現出雙關語的特點。即「奮溢」的「奮」既有「揚起」義，又有「驕矜」義，「溢」既有「氾濫」義，又有「驕傲」「自滿」義。所以「奮溢」既可以用來形容洪水的「上湧漫溢」，又可以用來形容擬人化後的洪水的「驕矜自滿」。

此說與我們將「自󰀀」改釋為「自蔑（伐）」之義正好相合。

簡文中「自󰀀（亂）」的「亂」可訓為「殘暴無道」，如《管子‧君臣下》：「為人君者，倍道棄法而好行私謂之亂。」

〈參不韋〉本處簡文「以遙（泆／逸）戲（戲）自蔑（伐）自󰀀（亂）」指有洪氏放縱、淫荒且驕矜自傲、殘暴無道。

楚簡與所論字相關的字形見《清華拾‧四時》簡1的「󰀀」與簡22的「󰀀」，二字的右旁與「󰀀」同形，此形另見於曾侯乙簡7「󰀀（驁）」、《清華貳‧繫年》簡131「󰀀」等處，網友「海天」（蘇建洲師）認為此形的「蔑」字應分析為从苜，勿聲，並指出下方的「勿」為「人」形變形音化的字形。[54]〈四時〉的整理者隸為「滼」，〈四時〉簡1的辭例為「張弛（施），章明，滼（滿）溢」，整理者認為「『滼（滿）與『盈』同，指星象全部出現，『溢』，指星象西垂。」[55]依據辭例，「滼」與「溢」應為反義詞，但「溢」字常見的解釋為「滿、多」等字義，而整理者將「溢」字解釋為「星象西垂」未有說服力。

---

[53] 肖大心：〈《參不韋》第一段試解（一）〉，復旦大學出土文獻與古文字研究中心網學術討論區，2022年12月11日。
[54] 海天：〈曾侯71的蔑字〉1樓，復旦大學出土文獻與古文字研究中心網學術討論區，2013年6月3日，http://www.fdgwz.org.cn/forum/forum.php?mod=viewthread&tid=6274。蘇建洲：〈釋戰國時期的幾個「蔑」字〉，《古文字研究》第30輯（北京：中華書局，2014年），頁290-295。
[55] 黃德寬主編，清華大學出土文獻研究與保護中心編：《清華大學藏戰國竹簡‧拾》（上海：中西書局，2020年），頁133。

筆者依據曾侯乙簡、《繫年》字形將〈四時〉的「▨」改隸為「蔑」，季旭昇師認為「蔑」的本義是「滅」，[56]蘇建洲師贊成此說。[57]「滅」於簡文中可解釋為「消失、隱沒」等意思，古籍中亦可見「滅」用以表示星相的狀態，如《論衡·說日》：「且夫星小猶見，日大反滅。」「溢」則解釋為「多、滿」等常見義，〈四時〉簡 1 的「蔑（滅）溢」指「星星消失以及滿溢（眾多）」。〈四時〉簡 22「廿=（二十）四日白維乃蔑（滅），東丼（井）旦汲，洹雨乍（作）」亦可將「▨」隸作「蔑」。

〔4〕用乍（作）亡（無）刑（形）

網友「tuonan」（王凱博）指出「『用乍（作）亡（無）刑』是前面法則混亂的總結；帝讓參不韋做了系統整頓，結果是『以定帝之德』。『用乍（作）亡（無）刑』，懷疑也是因為『亡』與『乍』形似而傳抄時衍出一字，疑『乍』為衍文，即原本應作『用亡（無）刑（型）』，無有法則或亡失法則。」[58]網友「王寧」認為「亡（無）刑」指沒有法律了。[59]網友「文若水」疑「亡」讀為「妄」，指胡亂、隨便、非法等義，「刑」讀為「型」，指模範、樣式，「妄型」即非法、胡亂的行為，義同「非彝、非常」。[60]

怡璇按：網友「文若水」的「妄型」一說與「非彝、非常」並非同義，同時「妄型」置於簡文中難以解釋文義。本段文字作：

> 參不韋曰：啟，唯昔方有洪，不用五則，不行五行，不聽五音，不章五色，不食五味，以遱（泆／逸）戲自蔑（伐）自亂，用乍亡刑。

「用作亡刑」中的「用作」二字，文獻中甚少使用，因此網友「tuonan」將此處的「乍」釋為衍文，但筆者認為簡文文字正確非衍文。

簡 1-2 文義是參不韋以有洪為例，指出有洪不用五則、五行、五音、五色、

---

[56] 季旭昇：《說文新證》，頁 301。
[57] 蘇建洲：〈釋戰國時期的幾個「蔑」字〉，《古文字研究》第 30 輯，頁 290。
[58] tuonan：〈清華簡《參不韋》初讀〉88 樓，武漢大學簡帛論壇網，2022 年 12 月 5 日。
[59] 王寧：〈清華簡《參不韋》初讀〉101 樓，武漢大學簡帛論壇網，2022 年 12 月 7 日。
[60] 文若水：〈清華簡《參不韋》初讀〉146 樓，武漢大學簡帛論壇網，2022 年 12 月 11 日。

五味等等治理天下的方法，倒行逆施，不順天道，以此作為訓誡啟的例證，而本處簡文「用乍亡刑」則為此段話的總結。

「用乍（作）亡（無）刑（形）」的「亡」可以解釋為「敗亡、滅亡」，如《孟子・離婁上》：「孔子曰：『道二，仁與不仁而已矣。』暴其民甚，則身弒國亡；不甚，則身危國削。名之曰幽、厲，雖孝子慈孫，百世不能改也。」[61]文句指出仁則國安，不仁則國危亡，桀與紂可謂是身危國削的例證。簡文的「刑」應讀為「形」，有學者讀為「型」指「模範、樣式」，但這類的訓釋為正面敘述，如《詩・大雅・蕩》：「雖無老成人，尚有典刑。」，字義與簡文不合。筆者認為「無刑（形）」的「形」可解釋為「先兆」，例如《後漢書・黃瓊傳》：「擢賢於眾愚之中，畫功於無形之世。」[62]

簡文「用」解釋為連接詞「乃」，《左傳・襄公二十五年》：「昔虞閼父為周陶正以服事我先王。我先王賴其利器用也與其神明之後也，庸以元女大姬配胡公而封之陳，以備三恪。」杜預注：「庸，用也。」「庸」亦作「用」，二字皆可訓為「乃」。[63]

簡文「乍」讀為「作」，訓為「為」，《尚書・舜典》：「鞭作官刑，扑作教刑，金作贖刑」三句的「作」即訓「為」，第一句便是指以鞭為治官事之刑。[64]「用乍（作）亡刑（形）」意思是「乃為滅亡（亡國）的先兆」。

簡1-2「參不韋曰：敀（啟），隹（唯）昔方有𣵽（洪），不甬（用）五㥯（則），不行五行，不耴（聽）五音，不章五色，【一】不飤（食）五未（味），以逯（泆／逸）㪱（戲）自茂（伐）自𨷖（亂），用乍（作）亡（無）刑（形）」可翻譯為「參不韋說：啟啊！以前在這片土地上有洪氏這一個部族國家，不用五則、不行五行、不聽五音、不顯五色之彩、也不吃五味食物，他們放縱、淫荒且驕矜自傲、殘暴無道，這便是滅亡（亡國）的先兆啊！」

---

[61] 〔漢〕趙歧注，〔宋〕孫奭疏，廖名春、劉佑平整理，錢遜審定，十三經整理委員會整理，李學勤主編：《十三經注疏・孟子注疏》（北京：北京大學出版社，1999年），頁190。
[62] 許嘉璐分史主編：《後漢書》（上海：漢語大詞典出版社，2004年），頁1268。
[63] 解惠全、崔永琳、鄭天一編：《古書虛詞通解》（北京：中華書局，2008年），頁944-945。
[64] 〔漢〕孔安國撰，廖名春、陳明整理，呂紹剛審定；十三經整理委員會整理，李學勤主編：《十三經注疏・尚書正義》，頁65。

〔5〕秉百神之幾

　　整理者將「幾」訓為「關鍵、樞紐」。[65]網友「tuonan」（王凱博）將此處的「百神之幾」與後文的「司幾」連結，認為皆可訓為「法」。[66]網友「子居」、劉釗師（網名「肖大心」）與陳聰皆如字讀，「幾」指「吉利先兆」。[67]

　　怡璇按：簡文「秉百神之幾」的「秉」可訓為「隨順」，[68]也就是「順應」，《國語·晉語二》：「吾秉君以殺大子，吾不忍。」王引之《經義述聞·國語下》：「《逸周書·諡法》篇曰，秉，順也。言大子君之所欲殺也，吾順君之意以殺大子，吾不忍也。」[69]

　　「幾」字，學者指出訓為「關鍵」與「法」皆不太好理解，可從。[70]筆者贊同如字讀，訓為「先兆」。簡文「奰（揆）天之中，秉百神之幾」指審度天道，順應上天給與的先兆，不可逆天而行。

〔6〕歠（辨）薈（簡）百堇（期）

　　整理者將「歠」讀為「播」，訓為「布」，「薈」讀為「簡」，「百堇」讀為「百艱」。[71]程浩認為「薈」與「菩」讀為「艾」或「刈」更好，「薈」的聲符為「外」，與「乂」同在疑母月部，「刈」的本義為收割，簡文「播刈」指「播種」與「收獲」，「堇」讀為「根」，代指「植株」。[72]網友「ee」（單育辰）認為「薈」應讀為「散」，楚簡的「外」常用於「閈」，「閈」與「散」皆為心紐元部，「歠（播）散」

---

[65] 黃德寬主編、清華大學出土文獻研究與保護中心編：《清華大學藏戰國竹簡·拾貳》，頁111。
[66] tuonan：〈清華簡《參不韋》初讀〉85樓，武漢大學簡帛論壇網，2022年12月5日。
[67] 肖大心：〈《參不韋》第一段試解（一）〉，復旦大學出土文獻與古文字研究中心網學術討論區，2022年12月11日。子居：〈清華簡十二《參不韋》解析（一）〉，先秦史論壇網，2022年12月18日。劉釗、陳聰：〈清華簡《參不韋》訓釋雜說〉，《簡牘學與出土文獻研究》第2輯，頁33。
[68] 陳美蘭補充指出「從語意上來說，解為順應沒問題，其實順應也繇秉持義引申而來，無論是簡文『秉百神之機』，或者〈晉語〉『吾秉君以殺大子』，『秉』解為常見的『秉持』義未嘗不可，參韋昭注：『秉執君志以殺太子，不忍為也。』」（2025年1月30日）**怡璇按**：此說亦可行。
[69] 〔清〕王引之：《經義述聞》卷二十一（上海：上海書店，2012年），頁65。
[70] 肖大心：〈《參不韋》第一段試解（一）〉，復旦大學出土文獻與古文字研究中心網學術討論區，2022年12月11日。劉釗、陳聰：〈清華簡《參不韋》訓釋雜說〉，《簡牘學與出土文獻研究》第2輯，頁33。
[71] 黃德寬主編、清華大學出土文獻研究與保護中心編：《清華大學藏戰國竹簡·拾貳》，頁111。
[72] 程浩：〈清華簡第十二輯整理報告拾遺〉，《出土文獻》2022年第4期（上海：中西書局，2022年），頁25-26。

是近義詞連用，傳布播撒的意思，「菫」則從整理者之說讀為「艱」。[73] 網友「魚在藻」贊同整理者讀為「播簡」，但改訓為「棄」。[74] 網友「王寧」將「薈」讀為「閒」，訓為「離」，後放棄此說，轉而贊同網友「tuonan」將「敵」讀為「辨」（怡璇按：「tuonan」之說見下文），但又指出「播」、「辨」、「判」都是音近可通的字，就是「分別、分辨、分判」的意思，「薈」從整理者讀為「簡」，疑為「調」的異構，「播」是辨別，「簡（柬）」是選擇，「播簡（柬）」連用成詞，即「辨別、審查」義。[75] 劉釗師（網名「肖大心」）、陳聰認為「菫」應讀為「根」，「百根」指「百事之根」的省略說法。[76] 網友「子居」認為「播簡」如同「播棄」，「播簡百艱」蓋類似於言排除萬難。[77] 王輝亦將「薈」與「苔」讀為「散」，「播散」即「散佈」。[78] 對於學者讀為「散」的意思，網友「海天遊蹤」（蘇建洲師）認為依據鄔可晶〈古文字中舊釋「散」之字辨析〉一文來看，「散」本從「肉」，「閒」與「散」的聲音不可相通，並指出「薈」字從艸旁，應與姬方鼎的「敵」相關。[79]

網友「tuonan」（王凱博）有幾個說法，第一，贊成網友「ee」將「薈」讀為「簡」（怡璇按：「ee」應是讀為「散」），但改訓為「閱」，指「審閱、審視」，「敵」字左邊應從「審」，即讀「審」，訓為「悉」，「敵薈」為近義複合詞。第二是認為「敵」可讀為「辨」或「辦」，是「辨察或辦理、辦治」的意思，而「簡」訓為「閱」或「治」。第三，認為「薈」也可能讀為「艾」，訓為「治」，「敵」仍讀為「辨、辦」，訓為「正、治、理」。第四，指出「薈」字與〈五紀〉的「茨」為同一字，故認為應從整理者讀為「簡」，[80] 另將「菫」讀為「限」，「百限」就是「百度」，即「各種法則」。[81]

怡璇按：與本簡「薈」相關的字形如下：

---

[73] ee：〈清華簡《參不韋》初讀〉20樓，武漢大學簡帛論壇網，2022年11月29日。
[74] 魚在藻：〈清華簡《參不韋》初讀〉32樓，武漢大學簡帛論壇網，2022年12月1日。
[75] 王寧：〈清華簡《參不韋》初讀〉49、156樓，武漢大學簡帛論壇網，2022年12月3、14日。
[76] 肖大心：〈《參不韋》第一段試解（一）〉，復旦大學出土文獻與古文字研究中心網學術討論區，2022年12月11日。劉釗、陳聰：〈清華簡《參不韋》訓釋雜說〉，《簡牘學與出土文獻研究》第2輯，頁34-35。
[77] 子居：〈清華簡十二《參不韋》解析（一）〉，先秦史論壇網，2022年12月18日。
[78] 王輝：〈一粟居讀簡記（十五）〉，《第二屆簡牘學與出土文獻語言文字研究學術研討會論文集》（蘭州：西北師範大學，2023年8月4-7日），頁480-481。
[79] 海天遊蹤：〈清華簡《參不韋》初讀〉58樓，武漢大學簡帛論壇網，2022年12月4日。
[80] tuonan：〈清華簡《參不韋》初讀〉71、74、91、129樓，武漢大學簡帛論壇網，2022年12月4-5、10日。
[81] tuonan：〈清華簡《參不韋》初讀〉68樓，武漢大學簡帛論壇網，2022年12月4日。

〈參不韋〉簡 3：歔【圖】百堇

〈參不韋〉簡 47：歔【圖】乃化（過）而異之

〈參不韋〉簡 62：蠆（萬）隹（唯）自歔自【圖】，以請（情）告

〈五紀〉簡 2：自日訡（始），乃旬【圖】五＝絽＝（五紀）。

〈五紀〉簡 79：【圖】易（揚）於笄（箕）。

〈五紀〉整理者將〈五紀〉簡 2 的「笲」讀為「簡」，訓為「核實」，但認為簡 79 的「笲」可能讀為「簸」。[82]

〈參不韋〉簡 2-4：

> 帝乃命參不韋<u>嬰（揆）天之中</u>，秉百神之幾，歔誓百堇，窨（感）攸（兆）陰陽，不吳（虞）隹（唯）訐（信），以定帝之悳（德）。

要確定「歔誓」如何解釋，應先確定「堇」代表何物。筆者認為「嬰（揆）天之中，秉百神之幾」代表「審度天道，順應上天給與的先兆」，表示人君不可逆天而行，因而才能導致此句的後文「窨（感）攸（兆）陰陽」。簡文「百堇」對應著前文的「天之中」、「百神之幾」以及後文的「陰陽」，且此部份的末句為「以定帝之悳（德）」，因此「堇」不可能是「植株」這種解釋，而讀為「百艱」亦與其他三者辭義不合。而「tuonan」讀為「限」，認為「百限」即「百度」的說法，網友「肖大心」已指出「限」無「法度」的意思，除此之外，「肖大心」將「堇」讀「根」，指萬物皆有根，則引伸太過。

「堇」可讀為「期」，《上博五‧三德》簡 7「喜樂無堇氒（度）」中的「堇」，孟蓬生讀為「期」，[83]曹峰與顧史考皆贊同此說。[84]「期」訓為「時」，如《左傳‧

---

[82] 黃德寬主編，清華大學出土文獻研究與保護中心編：《清華大學藏戰國竹簡‧拾壹》（上海：中西書局，2021 年），頁 90、116。

[83] 孟蓬生：〈《三德》零詁（二則）〉，武漢大學簡帛網，2006 年 2 月 28 日，http://www.bsm.org.cn/show_article.php?id=247。

[84] 曹峰：《上博楚簡思想研究》（臺北：萬卷樓圖書股份有限公司，2006 年），頁 179，註 23。顧史考：〈上博竹書〈三德〉篇逐章淺釋〉，《屈萬里先生百歲誕辰國際學術研討會論文集》（臺北：國家圖書館、中央研究院歷史語言研究所、國立臺灣大學中國文學系主編，2006 年），頁 288。

昭公二十三年》「叔孫旦而立，期焉。」「期」訓為「時」。[85]《白虎通德論》：「時者，期也。」可見二字能互訓，簡文「百堇（期）」即為「時間」的統稱，可以表示「四時」、「民時」、「天時」等概念。簡文「敳薔百堇（期），䎽（感）攵（兆）陰陽」中的「百堇（期）」與「陰陽」相對，文獻中常見「陰陽」與「時」連用的文獻：

> 《禮記・禮運》：「故聖人作則，必以天地為本，<u>以陰陽為端，以四時為柄</u>，以日星為紀，月以為量，鬼神以為徒，五行以為質，禮義以為器，人情以為田，四靈以為畜。」

> 《韓詩外傳・卷五》：「德也者、包天地之大，配日月之明，<u>立乎四時之周，臨乎陰陽之交</u>。」

上引文可見「陰陽」、「四時」與聖人立本相關。〈參不韋〉亦是十分重視「時」，如簡112-113「攺（啟），日月星脣（辰）、䨖（雷）霆，夭（妖）羊（祥）、風雨，不遱（失）亓（其）寺（時）。」《清華拾肆・兩中》亦強調「四時」的重要，簡49-50如下：

> 啟或言曰：皇天不渝，而上帝固向，統=（亢亢）四維，浚（洵）其有商（章），春夏秋冬，各即（次）其行，吾不知天事，尚告我四尚（常）。

〈兩中〉簡50-56說明萬物在不同時間的生長、百神需各司其職，石小力依據簡文製作四時運行表：[86]

四時	草木	百神	四神	帝位	焉會	帝監民	天干
春	皆生	服御	句余芒	玄天	德祀、齋宿、犧牲	朝	甲乙
夏	方實	服御	陸融	朱天	兇失	宵	丙丁
秋	方落	服御	蓐收	黃天	不辜，害刑	晝	庚辛

---

[85] 宗福邦、陳世鐃、蕭海波主編：《故訓匯纂》，頁1061。
[86] 石小力：〈清華簡《兩中》的治政思想與夏初歷史〉，《文物》2024年第10期，頁78。

| 冬 | 無光 | 服御 | 玄冥 | 黑陽 | 亂質、背
奸、齊明 | 夕 | 壬癸 |

由傳世、出土文獻皆可見順應四時的重要性，因此〈參不韋〉特別強調依四時時序執行應當的事項，此為參不韋特別強調之事。

若確定「百蓳」讀為「百期」，「敽」字從網友「tuonan」（王凱博）之說讀為「辨」，指「辨別」，「釆」聲與「辡」聲相通，《說文》即指出「釆，古文辨字。」「䈚」從整理者之說讀為「簡」，訓為「擇」，如《尚書·多方》「簡代夏作民主」、《尚書·多士》「夏迪簡在王庭」等。[87]

「敽（辨）䈚（簡）百蓳（期）」指應該要辨別、擇選百時，也就是順應、辨別天時、民時，文義類似《易·乾》：「先天而天弗違，後天而奉天時。」「欽若昊天，敬授民時」等。

本簡相關的簡文作:〈參不韋〉簡47「敽（辨）䈚（簡）乃化（過）而翼（營）之」、〈參不韋〉簡61-62「蠆（萬）民隹（唯）自敽（辨）自䈚（簡），以請（情）告」、〈五紀〉簡 2「自日訇（始），乃旬䈚（簡）五=紀=（五紀）」、〈五紀〉簡 79「䈚（簡）昜（揚）於筭（箕）。」皆可將「敽」讀「辨」，從竹從外之字皆讀為「簡」，文義可通。

〔7〕䃣（感）𤰈（兆）侌（陰）昜（陽）

「𤰈」字，整理者原隸為「胶」，整理者將「䃣」讀為「審」或「堪」，「胶」讀為「乂」，指「治理」。[88]網友「翻滾的魚」（張文成）首先提出本簡與簡 48、簡 85 三例的「胶」字應與〈四時〉的「約」合觀，所論字改隸為「𤰈」，讀為「約」，並指出簡 48、85「監約」，即監察、約束，簡 3 的「審約」為「審查、約束」義。[89]「翻滾的魚」說法一出，而後學者皆贊同將「胶」改隸為「𤰈」。

網友「gefei」將「䃣𤰈陰陽」讀為「趯酌陰陽」，簡 48、簡 85 讀為「鑒酌」。[90]

---

[87] 宗福邦、陳世鐃、蕭海波主編:《故訓匯纂》，頁 1691。
[88] 黃德寬主編、清華大學出土文獻研究與保護中心編:《清華大學藏戰國竹簡·拾貳》，頁 111。
[89] 翻滾的魚:〈清華簡《參不韋》初讀〉31 樓，武漢大學簡帛論壇網，2022 年 11 月 30 日。
[90] gefei:〈清華簡《參不韋》初讀〉47 樓，武漢大學簡帛論壇網，2022 年 12 月 3 日。

張文成整理〈四時〉的七個「攴」字形體，詳細論證字形以及文字的通讀，簡文「審約」、「監約」即「審查約束」、「監督約束」義。[91]網友「肖大心」（劉釗師）指出「斟酌」與「陰陽」的詞語搭配不夠密合，認為該讀「合酌」一類與「調合」相似的詞。[92]網友「哇那」回應「肖大心」的言論，認為《周易》「陰陽不測之謂神」、〈保訓〉「測陰陽之物，咸順不逆」，說明陰陽又可言測度、考量，「斟酌」即度量，正與「測」義近。[93]網友「王寧」贊同整理者將「㱃」讀為「勘」，並舉《清華壹・尹至》簡5的「夸」讀「勘」為通假例證，另認為「攴」讀為「挑」。[94]

怡璇按：〈參不韋〉三例「攴」字作：

簡3：㱃 侌（陰）昜（陽）

簡48：乃上隹（唯）天，司幾監 民溋（盈）而泩（省）之。

簡84-85：乃告上監 ，秉惪（德）司幾。

學者已將此形與〈四時〉的「攴」形比較，張文成將字形分為兩類：

1、：䭾（節）攴（約）　《四時01》
2、：四攴（勻）皆攴（弱）　《四時》06）
3、：四攴（勻）皆攴（弱）　《四時》06）
4、：四維皆攴（弱）　《四時》09）
5、：青攴（勻）但溋（濫）　《四時》11）
}a類

6、：青攴（勻）兩上兩下　《四時》18）
7、：玄攴（勻）乃章　《四時》24）
}b類

---

[91] 張文成：〈《參不韋》札記一則〉，武漢大學簡帛網，2022年12月3日，http://m.bsm.org.cn/?chujian/8869.html。
[92] 肖大心：〈《參不韋》第一段試解（一）〉，復旦大學出土文獻與古文字研究中心網學術討論區，2022年12月11日。劉釗、陳聰：〈清華簡《參不韋》訓釋雜說〉，《簡牘學與出土文獻研究》第2輯，頁34-35。
[93] 哇那：〈清華簡《參不韋》初讀〉153樓，武漢大學簡帛論壇網，2022年12月12日。
[94] 王寧：〈清華簡《參不韋》初讀〉156樓，武漢大學簡帛論壇網，2022年12月14日。

〈參不韋〉的「𢻹」確實與〈四時〉形體相同，改隸為「攽」可從。

「晵攽」二字不可讀為「斟酌」，雖然「斟」與「酌」在《漢語大詞典》中確實有「度量」的義項，但時代已到晉代，先秦文獻的「斟」與「酌」二字未有此義，且先秦時期的「斟酌」二字字義分別為「倒酒不滿曰斟，太過曰酌」，如《荀子‧富國》：「故明主必謹養其和，節其流，開其源，而時斟酌焉。」故不從「斟酌」之說。張文成將「攽」讀為「約」，「晵（審）攽（約）」指「審查約束」，但本句為「晵攽陰陽」，「陰陽」是人類無法「約束」之事。網友「王寧」將「攽」讀為「佻」，引用文獻為《方言》十三：「佻，理也」，認為「攽」是「佻」（透母宵部）的通假字，丁惟汾《方言音釋》：「佻、調雙聲音轉，佻理即調理。」然而，此說的文獻出自於《方言》，書中未提及此為何國方言，除此之外，先秦文獻中罕見此字，除《詩‧小雅‧鹿鳴》：「視民不佻，君子是則是傚。」一例，但《詩經》中的「佻」字指「輕薄放縱」，故此說可疑。

「晵攽陰陽」的「攽」可讀為「兆」，「勺」聲與「兆」聲相通的例證如《馬王堆漢墓帛書‧五行》：「『茭（窈）芍（窕）淑女，寤眛（寐）求之』，思色也。」[95]「兆」訓為動詞「預兆」，「兆陰陽」，辭彙結構同〈五紀〉簡69「禾（和）逃（兆）天厇（度）」，〈五紀〉整理者將「兆」訓為「預兆」。[96]《京氏易傳》：「吉凶之兆，定於陰陽」，可見吉與凶的先兆，先見於陰陽，故而本處簡文的「兆陰陽」指「陰陽之徵兆」。《荀子‧王制》「相陰陽，占祲兆。」指「視陰陽之萌兆，知歲之吉凶」。[97]需要說明的是從甲骨文一直到楚簡，「兆」並非罕見字，但未有出現以「勺」聲讀為「兆」的情況，然而因為出土資料的不斷公布，可以發現楚簡「兆」字的用字習慣沒有完全固定，例如劉釗師將甲骨文的「鑿」字讀為「兆」，[98]黃德寬依據劉說，將《清華拾肆‧昭后》簡4「𢆉我庶人」的「𢆉」釋為「鑿」字異體，讀為「兆」。[99]除此之外，在楚簡資料日漸豐富情況下，此種未依「可見」的用字習慣的字、詞關係已十分常見，例如《清華壹‧耆夜》中的「夜」，裘錫圭與趙平安皆讀為「舉」。[100]〈耆夜〉的考釋結論已得到學界的認可，然而至今

---

[95] 白於藍：《簡帛古書通假字大系》（福州：福建人民出版社，2017年），頁659。
[96] 黃德寬主編，清華大學出土文獻研究與保護中心編：《清華大學藏戰國竹簡‧拾壹》，頁113。
[97] 〔清〕王先謙撰，沈嘯寰、王星賢點校：《荀子集解》（北京：中華書局，1988年），頁169。
[98] 劉釗：〈談甲骨文「鑿」字的一種用法〉，《書馨集續編》（上海：中西書局，2018年），頁66-71。原載於《史學集刊》1992年第1期。
[99] 黃德寬：〈說清華簡《昭后》用作「昭」「兆」的兩個新見字——兼及《昭后》3-4號簡一段文字的訓釋〉，《西南大學漢語言文獻研究所建所40周年紀念會暨古文字與古文獻國際學術研討會論文集》（重慶：西南大學漢語言文獻研究所主辦，中希文明互鑒中心協辦，2024年11月15-18日），頁229-234。
[100] 趙平安之說附於《裘錫圭學術文集》之後。裘錫圭：〈說「夜爵」〉，《出土文獻》第二輯（上海：中西書

為止（2025 年）亦未再見到同樣的用字習慣。

《荀子‧王制》「相陰陽」可與簡文的「碞牧陰陽」對應，「相」字即對應「碞」字。整理者將「碞」讀「審」，「今」聲為見紐侵部，「審」是書紐侵部，雖然韻部相同，但聲紐有距離，且罕見二聲的通假例證。另有學者讀為「堪」、「勘」等字，雖然「今」可與「甚」聲通假，但「堪」、「勘」二字於先秦文獻中未有「堪校」之類的字義。

「碞牧陰陽」的「碞」可讀為「感」，「感」从咸聲，「今」與「咸」同為侵部，「今」為見紐，「咸」為匣紐，同為牙音，例如《郭店‧唐虞之道》簡 8：「六帝興於古，[圖] 采（由）此也。」中的「[圖]」字，整理者認為此字下从「含」，讀為「咸」，裘錫圭認為是「魇」的訛體。[101]此字二說皆有可能，若從《郭店》整理者的意見，則楚簡中「今」讀為「咸」便有通假例證。

我們將「碞牧陰陽」讀為「感兆陰陽」，「感」訓為「感應」，《漢書‧王莽傳》：「感應兆占」，可見「兆」與「感」可以連用，《荀子‧王制》「相陰陽，占祲兆。」亦見「兆」與「陰陽」的關係。「陰陽」可指天地，如《禮記‧郊特牲》：「樂由陽來者也，禮由陰作者，陰陽和而萬物得。」孫希旦認為「樂由天作，故屬乎陽，禮由地制，故屬乎陰。陰陽和則萬物得，禮樂和則萬事順。」[102]簡文「碞（感）牧（兆）陰陽」指「感應、預示陰陽（天地）。」

依上所論，則將〈參不韋〉簡 48 簡文改斷句為「乃上佳（唯）天，司幾監牧（兆）民，溫（盈）而洀（省）之。」簡 84-85 改為「乃告上監牧（兆）民，秉悳（德）司幾。」簡 48「兆民」為一個詞，指「百姓」，如《書‧呂刑》：「一人有慶，兆民賴之。」以上兩支簡可對應，簡 85 或少一「民」字，應作「乃告上監牧（兆）民」，二支簡分別指上天或司幾監看百姓萬民。[103]

〈參不韋〉簡 2-4「帝乃命參不韋巽（撰）天之中，秉百神之幾，敽（辨）薈（簡）百菫（期），碞（感）牧（兆）侌（陰）昜（陽），不吳（虞）佳（唯）

局，2011 年），頁 17-21。裘錫圭：〈說「夜爵」〉，《裘錫圭學術文集‧簡牘帛書卷》（上海：復旦大學出版社，2012 年），頁 535-539。裘錫圭：〈說「夜爵」〉，《裘錫圭學術文集‧簡牘帛書卷》附記，頁 538。
[101] 荊門市博物館編：《郭店楚墓竹簡》（北京：文物出版社，1998 年），頁 159。
[102] 〔清〕孫希旦撰，沈嘯寰、王星賢點校：《禮記集解》（北京：中華書局，1989 年），頁 675。
[103] 怡璇按：簡 48「乃上佳（唯）天，司幾監牧（兆）民，溫（盈）而洀（省）之。」的相關考釋，見本書第四章第 4 則；簡 84-85「乃告上監牧（兆）民，秉悳（德）司幾」的相關考釋，見本書第六章第 2 則。

訏（信），以定帝之悳（德）。」文義指：上帝命令參不韋審度天道，順應上天給與的先兆，不可逆天而行，要辨別、擇選百時（就是順應、辨別天時、民時），感應、預示陰陽（天地），要誠信不欺騙，以匡定帝王的德行。

〔8〕歔（憲）五色隹（唯）夒（文）

整理者將首字隸作「歔」，認為此字所從的「畬」訛作「魚」形，讀為「顯」，簡99則作「畬」。[104]網友「潘燈」則認為左旁似「魯」形，右旁疑从旡，應是從旡、魯聲之字。[105]網友「好好學習」亦認為此字从魯，讀為「御」。[106]網友「王寧」則疑此字是「鱞」之古文「鰥」，讀為「觀」。[107]網友「tuonan」（王凱博）認為簡文中與「顯」字對應的「聽」、「食」皆很具體，因此「歔」可能不讀「顯」，認為應讀「看」或「翰」，訓「視」，另指出「文」與「稱」、「順」、「均」、「和」語法位置相同，語意應相似，訓為「治」。[108]網友「子居」認為「歔」為「鰭」字之訛，讀為「視」，並認為「文」作形容詞就是成文章貌，作動詞就是「使成文章」。[109]葉曉茹亦認為此字从「欠」，但認為可直接讀為「憲」。[110]香光認為此字左上部件是從「军」變形音化的「魚」形。[111]

怡璇按：「歔」字作：

整理者隸从欠，「潘燈」認為此字的右旁應从旡。〈參不韋〉的「欠」與「旡」相關字例如：

---

[104] 黃德寬主編、清華大學出土文獻研究與保護中心編：《清華大學藏戰國竹簡‧拾貳》，頁111。
[105] 潘燈：〈清華簡《參不韋》初讀〉10樓，武漢大學簡帛論壇網，2022年10月19日。
[106] 好好學習：〈清華簡《參不韋》初讀〉11樓，武漢大學簡帛論壇網，2022年10月20日。
[107] 王寧：〈清華簡《參不韋》初讀〉94樓，武漢大學簡帛論壇網，2022年12月5日。
[108] tuonan：〈清華簡《參不韋》初讀〉62、105、109樓，武漢大學簡帛論壇網，2022年12月4、7日。
[109] 子居：〈清華簡十二《參不韋》解析（一）〉，先秦史論壇網，2022年12月18日。
[110] 葉曉茹：〈清華簡《參不韋》新見字形疏證五則〉，《中國文字》二〇二四年夏季號 總第十一期（臺北：萬卷樓圖書股份有限公司，2024年），頁199-201。
[111] 香光：〈清華簡《參不韋》「畬」字小議〉，復旦大學出土文獻與古文字研究中心網，2024年12月18日，http://www.fdgwz.org.cn/Web/Show/11226。

欽：▨（簡9）

既：▨（簡108）、▨（簡122）

「欽」从欠，「既」从旡，但上引字形可見〈參不韋〉的「欠」與「旡」旁幾乎同形，但依據李松儒的意見，簡20前為書手A，其後為書手B，[112]而「▨」屬書手A所寫，故此字應隸从欠。

本字原簡為「▨」，整理者認為左旁形體為「䍺」訛為「魚」，亦有學者認為左旁从魯，或直接釋為「罵」、「鰭」等。〈參不韋〉相關字形為：

簡99：「䍺」作「▨」

簡121：「寶」作「▨」

簡72的「劍」作「▨」。

「▨」字，首先，楚簡的「憲」字上方確實有作「∨」類似形體者，如《清華拾‧四告》簡19的「憲」字作「▨」。其次，不論原簡（▨）字形或是《清華大學藏戰國竹簡‧拾貳》的字形表（▨），皆可以看出左下「火」形的中間兩筆（人形）墨跡較（火形）旁邊的兩撇、目形下半圓的筆畫較深，此為書法重複書寫的現象，筆者認為此處重複書寫的原因便是書手書寫完「魚」旁，但發現寫錯字，文字的左下方需再加入「目」形，故於字形上直接修改，才會導致「目」的上半圓與「火」旁重疊。而學者改釋為「魯」的意見，「魯」字下方从日，與此種重疊筆畫非同字。本簡「▨」的魚形與簡72「劍」字相比較，可見簡72「▨」左下方的火形字形彎曲較大，與「▨」形體有別。

趙平安指出先秦文獻中修改訛字的方式有五種：其一是刪除錯字，未補正字；其二為在寫錯的字上打上標記；其三是在訛字基礎上直接改寫；其四是刮削

---

[112] 李松儒：〈清華簡中的特殊書手群及相關問題研究〉，《首屆出土文獻語言文字研究國際學術研討會論文集》（彰化：彰化師範大學國文學系、成功大學中國文學系、臺灣出土文獻研讀會主辦，2022年12月17-18日），頁327-335。李松儒：〈清華簡中的特殊書手群及相關問題研究〉，《文史》2025年第1輯，頁5-29。

後重新書寫；其五是在訛字關聯的部份改出正字，[113]本簡「▨」即是第五種，趙平安所分類的第五類並非孤例，《上博五‧弟子問》簡 5「▨」一字，即是楚簡寫錯字直接在原字上修改字例，蘇建洲師指出「仔細觀察放大字形，字形右旁確實有『口』、『又』二形的筆跡，而且『又』形的墨跡顏色與左旁的『耳』相同，可見此字確實本錯寫作『取』。」，[114]《上博八‧志書乃言》簡 5 的「▨」，李松儒認為「該字應是先寫作『受』，後將其改筆寫作『冉』，就是利用『舟』的筆畫將其改為『內』形，而『舟』右側的長撇就成了『內』形右側的短捺，如簡 6 中『冉』字作▨」。[115]因此〈參不韋〉書手在發現自己寫錯字時，直接在原字形筆畫上修改，導致「▨」形火形中間的「人」形部件墨跡較深，故「▨」字左旁仍隸从「𠦪」。

〈參不韋〉簡 5 為排比句「甬（用）五懇（則）隹（唯）爯（稱），行五行隹（唯）訓（順），耶（聽）五音隹（唯）均，䣙五色隹（唯）𥌭，飤（食）五未（味）隹（唯）和」，與「䣙」相對應的文字為「用」、「行」、「聽」、「食」，有學者認為「聽」、「食」等文字十分具體，而整理者讀為「顯」則不夠具體，因而改讀為「看」一類的字義。然而〈參不韋〉簡文的相似文句：

簡 1-2：不甬（用）五懇（則），不行五行，不耶（聽）五音，不章五色，飤（食）五未（味）。

簡 89-90：某不甬（用）五懇（則），不行五行，不耶（聽）五音，不璋（章）五色。

上文中「章」為「顯示」的意思，與「章」對應的皆為「用」、「行」、「聽」、「食」這些與本簡相同的文字，因此本簡的「䣙」應與「章」字字義相仿。整理者讀為「顯」，「憲」與「㬎」聲系常通用，可見《古字通假會典》頁 179。[116]但「憲」本即可訓為「顯」，如網友「tuonan」（王凱博）指出《周禮‧秋官‧小司寇》：「乃

---

[113] 趙平安：〈先秦秦漢時代的訛字問題〉，《澳門漢字學會第八屆年會暨慶祝曾憲通先生米壽學術研討會論文集》（佛山：澳門漢字學會、中山大學古文字研究所、中山大學中國語言文學系主辦，2022 年 8 月 6-7 日），頁 21-22。
[114] 蘇建洲：〈《上博五‧弟子問》研究〉，《中央研究院歷史語言所集刊》83 本 2 分（2012 年），頁 185-241。
[115] 李松儒：〈上博八《王居》、《志書乃言》校讀〉30 樓，復旦大學出土文獻與古文字研究中心網，2011 年 7 月 23 日，https://www.fdgwz.org.cn/Web/Show/1595。
[116] 高亨編：《古字通假會典》（濟南：齊魯書社，1989 年），頁 179。

宣布于四方，憲刑禁。」鄭玄注：「憲，表也。」[117]葉曉茹亦引《列子·天瑞》：「色之所色者彰矣，而色色者未嘗顯。」認為「彰」與「顯」同文。[118]故「憲」不需通讀為「顯」，但亦訓為「顯現」。

「叕」字，整理者讀為「文」，網友「tuonan」認為應訓為「治」。「叕」字在簡文中對應的為「稱」、「順」、「均」與「和」字，雖然訓為「治」似乎與之較為對應，然而〈參不韋〉簡文為：

五悳（則）隹（唯）爯（稱）

五行隹（唯）訓（順）

五音隹（唯）均

五未（味）隹（唯）和

可知「稱」、「順」、「均」與「和」四字各自與「五則」、「五行」、「五音」和「五味」相對，十分合宜，但「五色」與「治」的關係不大，同時「tuonan」將「文」訓為「治」的例證為：

> 《莊子·應帝王》「鄉吾示之以地文」，《釋文》引崔云：「文猶理也。」「文」即文理之「文」。簡文以「文疏」與「疇列」相對，兩詞義近乎列，「文」作動詞，與「疇」、「列」、「疏」詞義相近，使有文理而不亂，故「文」略與治、理同。

轉折過於曲折，不從此說。網友「子居」認為「文」作形容詞就是「成文章貌」，作動詞就是「使成文章」說法，較為直接，然而「獻（憲）五色隹（唯）叕（文）」表示彰顯五色以成文章，與其他四句「甬（用）五悳（則）隹（唯）爯（稱），行五行隹（唯）訓（順），耴（聽）五音隹（唯）均……飲（食）五未（味）隹（唯）和」立意有別。

「獻（憲）五色隹（唯）叕（文）」的「文」應訓為「質」，如《淮南子·本經訓》：「土事不文」，高誘注：「文，質也。」[119]類似文句可見《古三墳·人皇神

---

[117] tuonan：〈清華簡《參不韋》初讀〉130樓，武漢大學簡帛論壇網，2022年12月10日。
[118] 葉曉茹：〈清華簡《參不韋》新見字形疏證五則〉，《中國文字》二〇二四年夏季號 總第十一期，頁201。
[119] 何寧：《淮南子集釋》（北京：中華書局，1998年），頁597。宗福邦、陳世鐃、蕭海波主編：《故訓匯纂》，頁976。

農氏政典》:「色正惟五,惟質惟良」。[120]《清華拾肆·兩中》簡 16「含(今)尔(爾)尚固秉天中,而秫(率)銎(從)五商(章)」、簡 26「天降五商(章)曰:青、赤、白、黑、黃。」顯示〈兩中〉的「五章」即〈參不韋〉的「五色」,石小力指出由這兩篇簡文來看,可知:[121]

> 遵從五色,是治國的一個根本原則。在《參不韋》中,「不章五色」是導致洪水泛濫的一個重要原因,而「顯五色唯文」則是上帝治理洪水的一個重要法寶。如果不遵從五色的規律,則會導致治政的混亂,如簡文(怡璇按:此指〈兩中〉)曰:「其商(章)之失,則比且膚(憂)。」(簡 27、28)五色的配合如何處理失當,會導致權臣勾結與政事混亂。

故而〈參不韋〉本處簡文「獻(憲)五色隹(唯)戛(文)」意為「執行者應彰顯五色之本質」,才能治國。

---

[120] 陳美蘭指出此句或可與《左傳·昭公二十五年》:「為九文、六采、五章,以奉五色。」對應。(2025 年 1 月 31 日)。**怡璇按**:此處的「文」指「文彩」,為「五色」的內容之一,由《左傳》可知「文」與「色」的關係,但若回歸簡文,「顯五色唯文(彩)」文義與「五行隹(唯)訓(順)」等簡文辭義不太相同。
[121] 石小力:〈清華簡《兩中》的治政思想與夏初歷史〉,《文物》2024 年第 10 期,頁 78。

第二章　「五刑則」章

（一）章旨

　　本章命名為「五刑則」，主要說明第一章的「五則」、「五行」、「五音」、「五色」和「五味」的實際內容，五項各有不同的職官負責，簡文中官職的職能大部份皆可與傳世文獻對應，參不韋指出官職需各司其職以定民心、確保國家的運轉。本章除說明官職職能之外，參不韋認為啟為君的準則是所見者要清明，所聽者要宏大，所言者要彰明，行事亦需快速且堅決，為人君者，若知曉他人行不義之事，即使遇到山川也應登臨它，遇到大澤也要騰渡它，便是面對再大的困難，身為人君亦需面對問題進而解決它。

　　第二章主要內容是對應第一章的有洪氏滅國的原因與細項內容，本章雖然說明各個職官的職能，但實際亦是參不韋說明治理國家的細部分工，各個官職能發揮所長，百姓才得以安穩度日。同時，啟（國君）只要不違背「五刑則」，則上天便不會降下兇妖災禍。

（二）釋文

　　參不韋曰：叡（啟），五慇（則）：乃以立畫（建）句（后）、大放、七异（承）、百有司、蟁（萬）民，盈（及）事（士）、司笍（寇）。¹畫（建）句（后）叢（總）五【七】刑慇（則）²，秉中不瑩

---

¹ 整理者指出「建后、大放、七承」不見於古書記載，認為「建后」即「君主」，「大放」疑即「大牧」，猶《呂刑》之「天牧」，指人君，但「放」亦可能為「傅」，「大放」即「太傅」，「承」則有輔佐義，「百有司」指百官，「事」通「士」，為職官，與「司寇」皆掌刑獄、糾察之事，古書又作「士師」。馬楠則對簡文中出現的職官與古籍《禮記》、《荀子》等記載進行比對。網友「王寧」與「子居」等人對相關職官的職能亦有自己的見解。學者說法出自：黃德寬主編、清華大學出土文獻研究與保護中心編：《清華大學藏戰國竹簡・拾貳》（上海：中西書局，2022 年），頁 113。馬楠：〈清華簡《參不韋》所見早期官制初探〉，《文物》2022 年第 9 期，頁 56-58。王寧：〈清華簡《參不韋》初讀〉148 樓，武漢大學簡帛論壇網，2022 年 12 月 12 日。子居：〈清華簡十二《參不韋》解析（二）〉，先秦史論壇網，2023 年 1 月 6 日，http://www.

貳　〈參不韋〉通釋・第二章「五刑則」章 ❖ 73

（營）[3]，隹（唯）固不屖（遲）[4]。事（士）攸（修）[5]邦之伖（寇）佻（盜）、相𠶳（亂）不周[6]、夭（虐）甬（用）〔1〕、阰（訐／迁）言[7]，【八】夭（虐）𠶳（亂）之欽（禁）。司伖（寇）攸（修）䗪（殘）則（賊）[8]殺伐，戠（仇）䜅（讎）𧖷（間）僷（諜）𨕖（及）水火。

360doc.com/content/23/0106/18/34614342_1062756466.shtml。**怡璇按**：〈參不韋〉大部份記載職能的職官皆可與傳世文獻對應，相關資料見本書的「結語」，而「建后」與「大放」依照〈參不韋〉簡83「攸（啟），女（汝）畫（建）句（后），女（汝）大放」文句來看可確定即是君王，而「放」不需讀為「傅」，另可參本書第六章註4。

2　整理者將「叢」讀為「總」，訓為「統領」。網友「子居」則認為「總」應訓為「總攬、總括」。學者說法出自：黃德寬主編、清華大學出土文獻研究與保護中心編：《清華大學藏戰國竹簡・拾貳》，頁113。子居：〈清華簡十二《參不韋》解析（二）〉，先秦史論壇網，2023年1月6日。**怡璇按**：「五刑則」為五種典型規範（見本書第一章註10），因此「子居」之說較優。

3　整理者認為「瑩」从室，此字是營室之「營」的專造字，「不營」即為「不惑」。學者說法出自：黃德寬主編、清華大學出土文獻研究與保護中心編：《清華大學藏戰國竹簡・拾貳》，頁113。**怡璇按**：目前公布的戰國楚簡中「瑩」出現三次：《九店》M96.78「習𢈔朔於瑩（營室）」，《清華拾壹・五紀》簡25「建星、犖＝（牽牛）、妾（婺女）、虛、㠯（危）、瑩＝（營室）、簡76「我（載）盨（廟）於瑩＝（營室）」，未公布的楚簡見於李零〈上博楚簡古書叢鈔（局部）〉一文，亦為「瑩＝（營室）」合文。楚簡的四例「營室」皆為星宿名，李零認為營室即北方七宿的室宿，《九店》整理者指出此字可有兩種分析，一是「營室」的合文，二是「營室」之「營」的專字。湖北省文物考古研究所、北京大學中文系：《九店楚簡》（北京：中華書局，2000年），頁128。李零〈上博楚簡古書叢鈔（局部）〉，《出土文獻》2025年第1期（上海：中西書局，2025年），頁3。

4　整理者指出「固，執守堅定。不屖，讀為『不遲』，不怠慢。」黃德寬主編、清華大學出土文獻研究與保護中心編：《清華大學藏戰國竹簡・拾貳》，頁113-114。

5　整理者將「修」訓為「主管、職責」。羅雲君認為「修」應訓為「治理」。學者說法出自：黃德寬主編、清華大學出土文獻研究與保護中心編：《清華大學藏戰國竹簡・拾貳》，頁114。羅雲君：《清華簡《參不韋》整理與研究》（長春：東北師範大學博士論文，2024年），頁39。**怡璇按**：二說皆有可能。

6　整理者斷句為「相亂不周」。網友「tuonan」（王凱博）將「相」讀為「爽」，並於「亂」後斷句作「爽亂、不周」。羅雲君認為「亂」特指萬民中的叛亂或混亂。學者說法出自：黃德寬主編、清華大學出土文獻研究與保護中心編：《清華大學藏戰國竹簡・拾貳》，頁114。tuonan：〈清華簡《參不韋》初讀〉80樓，武漢大學簡帛論壇網，2022年12月5日。羅雲君：《清華簡《參不韋》整理與研究》，頁39。**怡璇按**：筆者認為整理者將「相」讀如字較優，「相亂不周」指作亂且不忠，「周」可訓為「忠信」，如《國語・晉語五》：「吾聞事君者，比而不黨。夫周以舉義，比也；舉以其私，黨也。」韋昭注：「忠信曰周。」徐元誥撰；王樹民、沈長雲點校：《國語集解》（北京：中華書局，2002年），頁378。

7　整理者將「阰」讀為「誣」，「誣言」指「誣陷之語」。網友「質量復位」指出文獻中未見「於」聲通「巫」聲的例證，因此認為「阰」可讀為「訐」，「訐言」即詭詐虛誇之言。網友「翳堂」則讀為「惡言」。網友「gefei」則讀作「嗚」，指大呼。網友「子居」讀為「迂」。學者說法出自：黃德寬主編、清華大學出土文獻研究與保護中心編：《清華大學藏戰國竹簡・拾貳》，頁114。質量復位：〈清華簡《參不韋》初讀〉30樓，武漢大學簡帛論壇網，2022年11月30日。翳堂：〈清華簡《參不韋》初讀〉52樓，武漢大學簡帛論壇網，2022年12月4日。gefei：〈清華簡《參不韋》初讀〉53樓，武漢大學簡帛論壇網，2022年12月4日。子居：〈清華簡十二《參不韋》解析（二）〉，先秦史論壇網，2023年1月6日。**怡璇按**：蔡一峰指出「阰」从於聲，「於」與「誣」的聲母有喉唇有別，且文獻未見通假字例。「阰」讀為「訐」與「迁」皆合乎簡文文義。蔡一峰：〈清華簡《兩中》研讀瑣記七則〉，《第二屆出土文獻語言文字學術研討會論文集》（彰化：臺灣出土文獻研讀會主辦，2025年4月25-26日），頁296。

8　羅雲君認為「殘賊」為動詞，訓為傷害、毀壞。學者說法出自：羅雲君：《清華簡《參不韋》整理與研究》，

隹（唯）冉（稱）。

　　五行：攼（啟），乃【九】以立司攻（工）⁹、司馬、陞（登）徒¹⁰。司攻（工）政（正）蕫（萬）民，乃攸（修）邦內之經緯虢（城）章（郭），瀦（濬）虗（污）行【一〇】水¹¹，及（及）四蒿（郊）之辻（畮）、豤（稼）釐（犁）〔2〕。司馬廛（展）虢（甲）兵戎事，攸（修）四坿（封）之內經〈經〉緯述（術）洛（路），還（營）¹²【一

頁 42。**怡璇按**：此處仍為名詞為宜。
⁹ **怡璇按**：「司工」即「司空」。
¹⁰ 整理者將「陞徒」讀為「徵徒」。劉釗師（網名「肖大心」）與陳聰引用湯炳正將曾侯乙簡的「坒徒」讀為「登徒」以及裴錫圭將「登徒」釋為《史記·楚世家》中的「左徒」等說法，因此將此處「陞徒」讀為「登徒」。學者說法出自：黃德寬主編、清華大學出土文獻研究與保護中心編：《清華大學藏戰國竹簡·拾貳》，頁 114。肖大心：〈《清華大學藏戰國竹簡》(拾貳)《三不違》研讀〉2 樓，復旦大學出土文獻與古文字研究中心網學術討論區，2022 年 12 月 1 日，http://www.fdgwz.org.cn/forum/forum.php?mod=viewthread&tid=25041&extra=page%3D1。劉釗、陳聰：〈清華簡《參不韋》訓釋雜說〉，《簡牘學與出土文獻研究》第 2 輯（北京：商務印書館，2023 年），頁 37-38。**怡璇按**：二說在聲音通假上皆無問題，但劉釗師（網名「肖大心」）與陳聰的「登徒」之說較有說服力。依學者意見，不論此二字釋為「登徒」或「徵徒」皆與「司徒」一職相關。《清華拾壹·五紀》簡 41「升（徵）徒」一詞，整理者指出「升徒，即徵徒」，應也需要改「登徒」，《清華拾壹·五紀》見黃德寬主編，清華大學出土文獻研究與保護中心編：《清華大學藏戰國竹簡·拾壹》（上海：中西書局，2021 年），頁 104。
¹¹ 整理者將「虗」讀為「污」，「瀦虗（污）」指濬疏溝渠，並認為《清華捌·天下之道》簡 1 的「洿」與「虗」所指應相同，「行水」即「治水」。網友「ee」（單育辰）認為「虗」應讀為「壑」。網友「gefei」（王凱博）認為「經緯城郭」與「瀦壑行水」應皆是名詞，是「修」字的賓語，故將「瀦」讀為「叡／壑」，「行水」指「行潦」，「瀦壑行水」四個字皆為名詞，後又疑「瀦」讀為「畎」，指水溝，而後放棄此說（網名改為使用「tuonan」），指出「瀦壑行水」仍應是兩個動賓詞組。網友「子居」指出「洿」即「虗」的異體，讀為「洿」，即「洼」。羅雲君認為「行水」指「流動的水」。學者說法出自：黃德寬主編、清華大學出土文獻研究與保護中心編：《清華大學藏戰國竹簡·拾貳》，頁 114-115。ee：〈清華簡《參不韋》初讀〉20 樓，武漢大學簡帛論壇網，2022 年 11 月 29 日。gefei：〈清華簡《參不韋》初讀〉43 樓，武漢大學簡帛論壇網，2022 年 12 月 2-3 日。tuonan：〈清華簡《參不韋》初讀〉111 樓，武漢大學簡帛論壇網，2022 年 12 月 8 日。子居：〈清華簡十二《參不韋》解析（二）〉，先秦史論壇網，2023 年 1 月 6 日。羅雲君：《清華簡《參不韋》整理與研究》，頁 46。**怡璇按**：「瀦虗行水」為兩個動賓詞組，「瀦」讀為「濬」最為直接，且文義可通，「虗」讀為「污」亦文從字順。「行水」即指「治水」，見《孟子·離婁下》：「禹之行水也，行其所無事也。」
¹² 簡文「還坿（封）疆豤（稼）釐（犁）」中的「還」字，整理者無說。程浩整理〈參不韋〉出現的六例「還」字，認為「還」从買得聲，買聲可與燚聲相通，故此處的「還」可讀為「營」，訓為「營造」，而簡 53-54 的「祲還祥弗當」、簡 79-80 的「災疾吉凶皆還」的「還」則讀為「禜」。網友「但夢逍遙」將「還」讀為「爰」，同「與」、及。網友「大衛大衛」讀為「縣」，認為簡文「還封疆」即封疆周邊的地區。網友「激流震川 2.0」認為「展」、「修」、「還」應同為動詞，「還」既與「赴」對應，亦認為「還」可讀為「營」，指「經營管理」。網友「gefei」（王凱博）指出「還」有「巡／巡視」、「循／循察」的意思。網友「wzy」贊同「激流震川」讀為「營」，並舉出相關通假例證。學者說法出自：程浩：〈清華簡第十二輯整理報告拾遺〉，《出土文獻》2022 年第 4 期（上海：中西書局，2022 年），頁 27。但夢逍遙：〈清華簡《參不韋》初讀〉12 樓，武漢大學簡帛論壇網，2022 年 11 月 25 日。大衛大衛：〈清華簡《參不韋》初讀〉13 樓，

貳 〈參不韋〉通釋・第二章「五刑則」章 ❖ 75

一】坿（封）疆豖（稼）𤜈（犁）。陞（登）徒政（正）四蒿（郊）之閗（比）¹³泎（及）**徒戎**〔3〕。隹（唯）訓（順）。¹⁴

五音：攺（啟），乃以立祝、事（史）、帀（師）。祝乃攸（修）【一二】宗𥔦（廟）**佯（彝）𥁞（器）**〔4〕，典祭祀義（犧）牲，泎（及）百𡙕（執）事之敬。事（史）乃定哉（歲）之萅（春）𣅉（秋）各（冬）虘（夏），雙（發）𨽹（晦）朔，【一三】秉鎩（法）㥏（則）義（儀）豊（禮），典卜箮（筮）以行哉（歲）事与（與）邦辻（謀）¹⁵。帀（師）𢎒（挈）㥏（則）〔5〕定句（后）之悳（德），典尚（上）音古【一四】笙（律）¹⁶毋經（淫），以与（與）祝、事（史）枇（比）均。隹

武漢大學簡帛論壇網，2022 年 11 月 25 日。激流震川 2.0：〈清華簡《參不韋》初讀〉14 樓，武漢大學簡帛論壇網，2022 年 11 月 26 日。gefei：〈清華簡《參不韋》初讀〉41 樓，武漢大學簡帛論壇網，2022 年 12 月 2 日。wzy：〈清華簡《參不韋》初讀〉158 樓，武漢大學簡帛論壇網，2022 年 12 月 15 日。**怡璇按**：文獻中未見「還」有「巡/巡視」、「循/循察」的意思，「還」讀為原字難以通讀簡文，而程浩等人讀為「營」，訓為「營造」一類的意思，應是較好的解釋。關於「睘」聲與「炏」聲的通假例證，另可見《清華拾肆・昭后》簡 3「蛊蚍（尤）若才（在），今我可（何）乍（作）于民，而趠（營）酟（昏）𩰏（皆）改。」中的「趠」，整理者讀為「營」，訓為「惑」。黃德寬主編、清華大學出土文獻研究與保護中心編：《清華大學藏戰國竹簡・拾肆》（上海：中西書局，2024 年），頁 93。

13 「閗」字，整理者讀為「閉」無說。網友「哇那」認為「閉」，訓為「校比」、「考校」，但「閉」更可能為名詞，讀為「比」，是周代戶籍編制的基本單位，見《周禮・地官・大司徒》：「令五家為比，使之相保，五比為閭，使之相受」。學者說法出自：黃德寬主編、清華大學出土文獻研究與保護中心編：《清華大學藏戰國竹簡・拾貳》，頁 112。哇那：〈清華簡《參不韋》初讀〉134 樓，武漢大學簡帛論壇網，2022 年 12 月 10 日。**怡璇按**：「四郊之閗」的語句，就語法而言「閗」應為名詞，從「哇那」所言，解釋為戶籍編制。

14 整理者認為全句文義為「司徒主掌民事，主政四郊國人馴順。」王勇認為整理者將「唯順」用來釋「徵徒」是錯誤的，指出「唯順」應是本段對「五行」的要求，下文的「唯文」、「唯和」等亦皆是對應各段落。學者說法出自：黃德寬主編、清華大學出土文獻研究與保護中心編：《清華大學藏戰國竹簡・拾貳》，頁 115。王勇：〈清華簡《參不韋》釋讀小議八則〉，武漢大學簡帛網，2023 年 6 月 19 日，http://m.bsm.org.cn/?chujian/9070.html。**怡璇按**：整理者沒有特別解釋「唯順」特指何者，依照〈參不韋〉簡 5「用五則唯稱，行五行唯順，聽五音唯均，顯五色唯文，食五味唯和」文句，「唯順」是對「五行」的要求無疑。

15 **怡璇按**：整理者原讀為「赴」，依程浩之說讀為「謀」，相關字形考釋參本章第 2 則。黃德寬主編、清華大學出土文獻研究與保護中心編：《清華大學藏戰國竹簡・拾貳》，頁 112。程浩：〈清華簡第十二輯整理報告拾遺〉，《出土文獻》2022 年第 4 期，頁 26-27。

16 整理者將「尚」釋為「上」，簡文「尚音古筆」即「上音古律」，指遠古遺留下來的音律。網友「tuonan」（王凱博）與張新俊皆將「尚」讀為「常」，張新俊另將「古」讀為「故」。學者說法出自：黃德寬主編、清華大學出土文獻研究與保護中心編：《清華大學藏戰國竹簡・拾貳》，頁 116。tuonan：〈清華簡《參不

（唯）均。

五色：攸（啟），乃以立宰、攻（工）、賈。宰典句（后）之豪（家）配，四方【一五】之述（遂）。攻（工）朼（比）五色以為夒（文），安宅（宅）𠬪（及）戎事。賈攸（修）坏（市）僧賈（價）□☒【一六】朋。隹（唯）夒（文）。

五未（味）：攸（啟），乃以禹（稱）五愳（則）、五行、五音、五色之上下大少（小），以【一七】班為之䞤（流），民涅（程）有量有算〔6〕。隹（唯）和。

攸（啟），乃愳（則）貝（視）隹（唯）盟（明），乃耴（聽）隹（唯）皇〔7〕，乃言隹（唯）【一八】章。乃秉愳（則）不韋（違），共（拱）[17]𦥑（符）[18]不㢈（遲），走趣（趨）以幾（幾）〔8〕，骨柰（節）隹（唯）譄（諧），参（三）末隹（唯）齊[19]，異=（翼翼）䚺=（祇祇），天之【一九】命是俵（依）。攸（啟），亓（其）才（在）天愳（則），天乃敘之不韋（違），保〈尿（尸）〉遉璋（章）之，司幾

韋〉初讀〉98 樓，武漢大學簡帛論壇網，2022 年 12 月 6 日。張新俊：〈清華簡《參不韋》字詞釋讀三則〉，《簡牘學與出土文獻研究》第 4 輯（北京：商務印書館，2024 年），頁 14-18。怡璇按：本句為「典尚旁古律」，首字為「典」，表示「以……為典範」，故從整理者之說為宜。

[17] 怡璇按：程浩將「共」讀為「拱」，可從。程浩：〈清華簡第十二輯整理報告拾遺〉，《出土文獻》2022 年第 4 期，頁 27-28。

[18] 怡璇按：「𦥑」字，〈參不韋〉有三例：（簡 19）、（簡 91）、（簡 100），學者對此字的討論眾多，蔡一峰將此字形讀為「符」，簡文「拱符」猶言「秉符」、「執符」，「共符」有「秉持法度」一類的意思，此說合理可從。蔡一峰：〈釋清華簡《參不韋》的「符」字〉，《第二屆古文字與出土文獻青年學者西湖論壇論文集》（杭州：中國美術學院主辦，2023 年 5 月 26-27 日），頁 189-196。蔡一峰：〈清華簡《參不韋》新見「符」字考釋〉，《中山大學學報（社會科學版）》2023 年第 6 期，頁 118-123。

[19] 整理者認為「三末」指「目、耳、口」，三者相對於「心」而言為「末」，並舉《清華陸·管仲》簡 3-4「從人之道，趾則心之本，手則心之枝，目、耳則心之末，口則心之竅。」為例。學者說法出自：黃德寬主編、清華大學出土文獻研究與保護中心編：《清華大學藏戰國竹簡·拾貳》，頁 117。

（幾）易（揚）之，不韋迲（將）之〔9〕。【二〇】攼（啟），乃一末亓（其）戠（識）丨（章），二末同（通）²⁰達於四方，三末辞（嗣）逡（後）亓（其）長。攼（啟），乃圗（圖）【二一】亓（其）達，乃事亓（其）有贊（發），乃悥（憂）亓（其）雙（廢）。隹（唯）皮（彼）不宜：唯（雖）山，攼（啟）乃朋（馮）之〔10〕；唯（雖）【二二】睪（澤），朕（騰）之；戎庶，克之；佻（盜）戔（竊），²¹旻（得）之。攼（啟），不韋（違）盟（明）悳（德），天弗乍（作）夭（妖）【二三】羊（祥）兇則²²。【二四～】

（三）疑難字詞考釋

〔1〕夭（虐）甬（用）

　　整理者指出與「夭」字類似寫法的形體見於戰國燕系文字，將本處的「夭」讀為「妖」，將「甬」讀為「用」，但簡文句義無說。²³網友「海天遊蹤」（蘇建洲師）指出此「夭」字形已見於〈廼命一〉簡6、〈攝命〉簡2，可參鄔可晶的〈讀《清華大學藏戰國竹簡（玖）》札記〉一文。²⁴網友「gefei」（王凱博）將「夭甬」

---

20 怡璇按：網友「子居」將「同」讀為「通」。學者說法出自：子居：〈清華簡十二《參不韋》解析（二）〉，先秦史論壇網，2023年1月6日。
21 整理者將「戔」讀為「殘」，網友「質量復位」則讀為「竊」。羅雲君認為「盜」指偷盜之人，「殘」指犯有傷人罪行之人。學者說法出自：黃德寬主編、清華大學出土文獻研究與保護中心編：《清華大學藏戰國竹簡・拾貳》，頁117。質量復位：〈清華簡《參不韋》初讀〉33樓，武漢大學簡帛論壇網，2022年12月1日。羅雲君：《清華簡《參不韋》整理與研究》，頁77。怡璇按：「盜殘」文義較不好，讀為「竊」為優，「盜竊」指盜竊之人即可。「隹（唯）皮（彼）不宜：唯（雖）山，攼（啟）乃朋（馮）之；唯（雖）睪（澤），朕（騰）之；戎庶，克之；佻（盜）戔（竊），旻（得）之。」本句簡文斷句相關討論見本章第10則。
22 怡璇按：「兇則」見第一章註13相關說明。
23 黃德寬主編、清華大學出土文獻研究與保護中心編：《清華大學藏戰國竹簡・拾貳》，頁114。
24 海天遊蹤：〈清華簡《參不韋》初讀〉51樓，武漢大學簡帛論壇網，2022年12月4日。蘇建洲：〈論清

讀為「囂訟」,〈參不韋〉後文的「夭鬸」讀為「囂譁」,後又放棄此說（網名改為「tuonan」）,改讀為「妖誦」。[25]羅雲君亦讀為「妖誦」,並解釋為「怪異的詩歌」。[26]網友「ee」（單育辰）改斷句為「士修邦之寇盜、相亂不周、妖甬（用）、訛言、【8】妖亂之禁。司寇修殘賊、殺伐、仇讎、間諜及水火。」[27]

怡璇按：本處斷句從網友「ee」之說。所論字相關字形如下：

本簡「夭」	燕國文字	〈攝命〉2	〈廼命一〉6
（字形）	（字形）	（字形）	（字形）

〈攝命〉簡 2 辭例為「余以橫于四方,宏乂亡（字形）」,鄔可晶認為〈攝命〉此字即為「訞」,「（字形）」形體的「（筆畫）」類曲筆加飾點變成「（筆畫）」是屬齊系文字的書寫特徵,因此認為〈攝命〉的底本可能源自齊地。[28]〈攝命〉是否源於齊系底本我們暫且不論,〈參不韋〉共 15 例「夭」字未見此飾點,應可確定〈參不韋〉的「夭」形與齊系文字無關,但此字是否與燕系相關亦無法確定。此種彎曲字形的「夭」另見〈廼命一〉的「（字形）」（簡 6）,筆者認為此種形體的「夭」形,應是在楚國的「夭」字形體之一,只是較為少見,不一定為燕國或是齊系的字形特色。（〈參不韋〉字體特色見本書「前言」）

「gefei」將「夭甬」讀為「囂訟」,但簡文為「事（士）攸（修）邦之洝（寇）俷（盜）,相鬸（亂）不周,夭（妖）甬（用）、䛼（訛）言」,此處指國家狀況,與「喧囂」無關,而後此網友改讀為「妖誦」,引用《漢書》：「古之大夫,服儒衣,誦不祥之辭,作妖言欲亂制度,不道。」為例,推測應是將「妖誦」解釋為「妖言」一類的詞義,但「誦」無法解釋為「言」的字義,而「誦」雖然可以如羅雲君的意見解釋為「詩歌」,但此處特指「怪異的詩歌」,詞義與簡文前後文不相合。鄔可晶於〈讀《清華大學藏戰國竹簡（玖）》札記〉文中引用《論衡・實

華簡《攝命》「伯攝」的身份及相關問題〉,《首屆出土文獻語言文字研究國際學術研討會論文集》（彰化：彰化師範大學國文學系、成功大學中國文學系、臺灣出土文獻研讀會主辦,2022 年 12 月 17-18 日）,頁 252-253,註 183。蘇建洲：〈論清華簡《攝命》「伯攝」的身份及相關問題〉,《漢學研究》41 卷 4 期,頁 109-153。

[25] gefei：〈清華簡《參不韋》初讀〉50 樓,武漢大學簡帛論壇網,2022 年 12 月 3 日。tuonan：〈清華簡《參不韋》初讀〉95 樓,武漢大學簡帛論壇網,2022 年 12 月 5 日。
[26] 羅雲君：《清華簡《參不韋》整理與研究》,頁 40-41。
[27] ee：〈清華簡《參不韋》初讀〉78 樓,武漢大學簡帛論壇網,2022 年 12 月 4 日。
[28] 鄔可晶：〈讀《清華大學藏戰國竹簡（玖）》札記〉,《簡帛》第二十三輯（上海：上海古籍出版社,2021 年）,頁 111。

知篇》「則夫僮謠者，妖也。」《論衡・訂鬼篇》曰「故童謠、詩歌為妖言。」鄔文以此考釋「妖」即具有「妖言」的意思，同理，以《論衡》的記載而言，「詩歌」即「妖言」，而本處簡文「夭甬」若解釋為「妖誦」，則「妖」與「誦」二字的字義重複。

簡 8-9「事（士）攸（修）邦之俍（寇）佻（盜）、相䛑（亂）不周、夭甬、訡（訐／迀）言，【八】夭（虐）䛑（亂）之欽（禁）。」中的「夭甬」一辭，就楚簡的字詞關係與傳世文獻的用例來看，解釋為「妖言」是較為合宜的，但「妖言」與「訐／迀言」辭義太近，蔡一峰指出〈參不韋〉此段落可與《清華玖・成人》簡 23-24 合觀「獄成有幾，日求厥審，非緩惟亟，訊屈于信，毋中夭（妖）辭，以安絅乃身。」其中的「妖辭」與〈參不韋〉本處的「訐／迀言」皆同「妖言」，[29]鄔可晶亦指「妖言」指「邪誕不經的言論」，《漢代的謠言》指出「『妖言』則有兩個特性，即『不詳（祥）』和『惑眾』」，[30]其中的「惑眾」與簡文「訐／迀言」重複，故而筆者雖亦認為簡文的「夭」讀為「妖」較合乎楚簡、傳世文獻的用字習慣，同時也是最直接的通假，但此說置於簡文中字／辭義重複，同時將「甬」讀「誦」亦無法解釋為「言」一類的意思，故不贊同將「夭」讀為「妖」。

陳劍師指出傳世文獻的「夭」與「虐」習習相關，如《山海經》中的「服之不夭」可能即是「服之不瘧」。[31]鄔可晶依據此論點，認為〈迺命一〉簡 5-6 的「而亦毋以我之安（晏）訋（辭）居處之為䛑告外之人」的「䛑」隸為「訞」，可能可以讀為「謔」或即讀為「妖」，但鄔文較傾向後說。鄔可晶認為〈迺命一〉的「訞」較不可讀為「謔」的原因是「楚文字中尚未見到『夭』通為『虐』的直接用例」，然而筆者認為〈參不韋〉簡 8 與簡 119「夭甬」的「夭」或可直接讀為「虐」，「甬」讀為「用」，古籍可見「夭（虐）甬（用）」，《左傳・隱公四年》：「夫州吁弒其君，而虐用其民」，「虐用」即「虐待」，簡文此處即指暴虐之人。若此，〈迺命一〉的「訞」讀為「謔」，本簡的「夭」字亦讀為「虐」，兩處的字例可對勘。

簡 8-9「事（士）攸（修）邦之俍（寇）佻（盜）、相䛑（亂）不周、夭（虐）甬（用）、訡（訐／迀）言，【八】夭（虐）䛑（亂）之欽（禁）。」中的「夭䛑（亂）」

---

[29] 蔡一峰：〈清華簡《兩中》研讀瑣記七則〉，《第二屆出土文獻語言文字學術研討會論文集》（彰化：臺灣出土文獻研讀會主辦，2025 年 4 月 25-26 日），頁 296。
[30] 呂宗力：《漢代的謠言》修訂版（成都：四川人民出版社，2023 年），頁 63-66。
[31] 陳劍：〈據出土文獻表「虐」「傲」等詞的用字情況說古書中幾處相關校讀問題〉，《出土文獻與古文字研究》第八輯（上海：上海古籍出版社，2019 年），頁 316-319。

亦讀為「虐亂」,「虐亂」為傳世文獻中的「亂虐」,如《左傳・襄公十三年》:「及其亂也,君子稱其功以加小人,小人伐其技以馮君子,是以上下無禮,亂虐並生。」「虐亂」即指「動亂和暴虐」,但此處的「暴虐」與前文重複,故「虐亂」為偏義複詞,特指「動亂」。「欽」讀「禁」,訓為法令,本簡文義為「士治邦職責為管理寇盜、作亂且不忠、暴虐、散播邪僻言論、動亂等法令。」

〈参不韋〉與「夭甬」相關辭例:簡116「毋甬（用）夭雚（昏）以自櫋（沮）」、簡119「夭雚（權）則𢿱（亂）」的「夭」亦皆讀為「虐」。（簡116考釋見本書第七章第6則）〈参不韋〉其餘各簡的「夭」字,如簡58的「夭（妖）羊（祥）兇央（殃）」、簡23-24、37、42、50、53、54、55、102、113的「夭（妖）羊（祥）」,皆是將「夭」讀為「妖」,一篇簡文中一字多用的例子十分常見,例如《清華拾・四告》的「義」可讀為「義」、「儀」、「宜」。[32]

〔2〕四蒿（郊）之辻（畮）、豪（稼）氂（犁）

整理者將「辻」讀為「赴」,並認為此處「氂」的「𣪘」旁省去「攴」旁,字形左部豎筆為「人」形之省訛,讀為「稑」。[33] 程浩以《上博五・孔子見季桓子》的「斯不辻」為例,文中指出李銳認為〈孔子見季桓子〉的「辻」應讀為「敏」,另引蘇建洲師曾補充「卜」與「敏」聲的通假例證,認為〈参不韋〉此處簡文則可讀為「畮」,〈参不韋〉另二例的「辻」皆讀為「謀」。[34] 網友「質量復位」指出文獻中未見「𣪘」與「𠷎」聲通假例證,「氂」或可讀為「犁」,訓為「耕」,文獻中有「耕稼」一詞,泛指「莊稼」。[35] 網友「gefei」（王凱博）認為「赴」應讀為「卜」,指「察視」。[36] 網友「海天遊蹤」（蘇建洲師）對「氂」形體提出兩種解釋,第一,《合集》31860中的「𣪘」皆是從來從攴,未見「攴」省「又」旁只剩棍棒形,有學者認為「丨」為「杖」的初文,但此說的可能性較低;第二,「丨」為「氂」的增添聲符。[37] 網友「王寧」認為「丨」為「細」的初文,本篇的「氂」加「丨（細）」為義符,是「毫氂」之「氂」的專字,並將「家氂」讀

---

[32] 趙國華:〈清華簡《四告》中一字形對應多詞現象探析〉,《殷都學刊》2022年第1期,頁87-88。
[33] 黃德寬主編、清華大學出土文獻研究與保護中心編:《清華大學藏戰國竹簡・拾貳》,頁114。
[34] 程浩:〈清華簡第十二輯整理報告拾遺〉,《出土文獻》2022年第4期,頁26-27。
[35] 質量復位:〈清華簡《参不韋》初讀〉30樓,武漢大學簡帛論壇網,2022年11月30日。
[36] gefei:〈清華簡《参不韋》初讀〉41樓,武漢大學簡帛論壇網,2022年12月2日。
[37] 海天遊蹤:〈清華簡《参不韋》初讀〉57樓,武漢大學簡帛論壇網,2022年12月4日。

為「家裡」。³⁸網名「汙天山」（侯乃峰）則將「辻」讀為「附」，指「依附、靠近四郊之稼穡事」。³⁹張新俊認為「辻」應改釋為「役」，訓為「役使」、「趨使」。⁴⁰羅雲君將「辻」讀為「卜」，訓為「選擇」，「豕」即「家」，指大夫所統治的政治區域，簡文「四郊之卜家犛」指選擇劃定四郊的田宅。⁴¹

怡璇按：〈參不韋〉簡10-11作：「司攻（工）政（正）臺（萬）民，乃攸（修）邦內之經緯鹹（城）臺（郭），瀫（濬）虛（污）行水，坌（及）四蒿（郊）之辻豕（稼）犛（犂）。」文義指司工治理萬民，整理國家中的城廓、道路、清理污水、治理河水等實體事蹟。學者對於「辻」字的通假各有異說，「辻」若讀為「赴」、「附」，全句文義不明。若「辻」讀為「卜」，訓為「察視」或是「選擇」，前者簡文文義則為「四郊之察視稼穡」，語法較怪，後者文義指「選擇劃定四郊的田宅」則有增字解經之嫌。

張新俊將〈參不韋〉中的「辻」與「役」相對應，「辻」字作：

（簡11）　（簡14）　（簡98）

其文所引用的「役」字作：

（《郭店·五行》簡45）　（《清華伍·湯在啻門》簡16）

（《清華陸·子產》簡14）

張文亦指出「辻」與「役」的形體有差異，最後將之解釋為「辻」是「役」的省形。筆者認為此二形的差別頗大，是否為「役」的省形較難證明。

「四蒿（郊）之辻豕（稼）犛（犂）」的「辻」字，程浩將「辻」與「敏」聲相通的說法很有啟發性，蘇建洲師的通假例證為：⁴²

---

³⁸ 王寧：〈清華簡《參不韋》初讀〉135樓，武漢大學簡帛論壇網，2022年12月10日。
³⁹ 汙天山：〈清華簡《參不韋》初讀〉166樓，武漢大學簡帛論壇網，2022年12月24日。
⁴⁰ 張新俊：〈清華簡《叁不韋》字詞釋讀三則〉，《第二屆簡牘學與出土文獻語言文字研究學術研討會論文集》（蘭州：西北師範大學，2023年8月4-7日），頁699-703。張新俊：〈清華簡《參不韋》字詞釋讀三則〉，《簡牘學與出土文獻研究》第4輯（北京：商務印書館，2024年），頁20-24。
⁴¹ 羅雲君：《清華簡《參不韋》整理與研究》，頁48。
⁴² 蘇建洲：〈上博八《王居》、《志書乃言》校讀〉27樓，復旦大學出土文獻與古文字研究中心網，2011年

《孔子見季桓子》22 ![字] 也應該是「辻」字，可讀為「敏」（明紐之部），卜是幫紐屋部。之侯二部本常見相通，故之屋相通是合理的，同時【卜與不】有通假例證（《聲素》第 3 頁），「不」正是之部，可見「辻」可讀為「敏」。簡文「壘（斯）不辻」，即「斯不敏」。

確定「卜」聲可讀為「敏」聲，且「斯不敏」文義合理，通假有成立的可能。若將「辻」釋為名詞，程浩將「卜」聲通「敏」聲，「敏」聲再讀為「畝」，其為輾轉通假，但若依此思路，「辻」為名詞，讀為「畮」，「畮」與「敏」皆從「每」聲，「畮」為「畝」的古文，《楚辭·離騷》「余既滋蘭之九畹兮，又樹蕙之百畮。」朱熹：「畮，古畝字。」[43]「畮」指「田地」。

簡文「四蒿（郊）之辻（畮）」，「四郊」指都城四周的地區，《周禮·秋官·遂士》：「遂士掌四郊。」鄭玄云：「謂杳里外至三百里也。」即指距王城百里以外至二百里地。[44] 馬楠亦指出：[45]

> 據《周禮·司徒》、《遂人》、《載師》、《縣師》諸官職文，百里曰郊，為六鄉，六卿分掌。……今試讀「郊閒」為「郊縣」（怡璇按：本處指曾姬無恤壺銘文與《包山》簡 103、115 簡文），系城邑及所轄鄉遂稍縣之泛稱。

故本處簡文的「四郊」指都城附近的田地。

「辻」字另出現於〈參不韋〉簡 14：「典卜筌（筮）以行戲（歲）事与（與）邦辻」、簡 97-98「再（稱）某之所□辻」，二簡的「辻」字從程浩之說，皆讀為「謀」。

「釐」字，〈參不韋〉中的兩個「釐」字作「![字]」（簡 11）、「![字]」（簡 12），「釐」字所從的「𠩺」旁減省攴旁的情況雖不常見，但仍有字例：

---

7 月 20 日，https://www.fdgwz.org.cn/Web/Show/1595。
43 〔宋〕朱熹：《朱子全書》第十九冊（合肥：安徽教育出版社，2002 年），頁 24。
44 〔漢〕鄭玄注，〔唐〕賈公彥疏，趙伯雄整理，王文錦審定；十三經整理委員會整理，李學勤主編：《十三經注疏·周禮注疏》（北京：北京大學出版社，1999 年），頁 930。
45 馬楠：〈清華簡第一冊補釋〉，《中國史研究》2011 年第 1 期，頁 96。

「」（釐鼎，《集成》2067.1）、「」（作釐伯簋，《集成》3588）、「」（雁侯再盨，《文物》98.9）、「」（陳肪簋蓋，《集成》4190），「」（釐戈，《中原文物》1999.3）

（《郭店・窮達以時》簡15）、（《清華壹・皇門》簡3）

文字形體從西周一直到戰國時期皆可見省略「攴」的「釐」字，然而確實未見省略攴旁僅剩棍棒的「丨」形，較為相似的字形可能是宜侯夨簋的「」形，但此字頗為殘泐，且此形為刁俊豪、黃靜靜的摹本，[46]已較難看出原形體是否確為「斄」。關於「丨」形，筆者贊同裘錫圭的考釋意見，認為即是「針」的初文，[47]而非「細」的初文，所論字從「丨」為「釐」的增添聲符。

文獻中未見「釐」讀為「嗇」的例證，整理者指出「釐，古音來母之部；穡，心母職部，韻部陰入對轉，音近可通」，心母與來母距離較遠，且如同學者所言二字的確無通假例證。「斄」聲是否可讀為「嗇」的確頗值得商榷，陳美蘭認為此字可讀為「萊」，指出：[48]

《周禮・地官・縣師》「縣師掌邦國都鄙、稍甸郊里之地域，而辨其夫家、人民、田萊之數，及其六畜車輦之稽。」鄭注：「萊，休不耕者。郊內謂之易，郊外謂之萊。」「稼萊」謂耕稼田萊，萊也有除草之義，《周禮・地官・山虞》：「若大田獵，則萊山田之野。」則「稼萊」也可能是動詞並列。

---

[46] 刁俊豪、黃靜靜：〈說宜侯夨簋銘文中的斄字〉，《簡帛》第二十七輯（上海：上海古籍出版社，2023年），頁9。
[47] 裘錫圭：〈釋郭店《緇衣》「出言有丨，黎民有𧩻」——兼說「丨」為「針」之初文〉，《裘錫圭學術文集・簡牘帛書卷》（上海：復旦大學出版社，2012年），頁389-394。
[48] 本小節於「第三十六屆中國文字學國際學術研討會」發表，陳美蘭為研討會評論人，此為會議意見（2025年5月3日）。賴怡璇：〈《清華拾貳・參不韋》「五形則」章試釋〉，《第三十六屆中國文字學國際學術研討會論文集》（臺南：國立臺南大學國語文學系、中國文字學會主辦，2025年5月2-3日），頁443-446。

並認為「辻」讀「謀」。陳說有其可能性，但因本文認為「辻」應解釋為「田地」之義，故認為此說於文義上較不適合。「質量復位」讀為「犁」，訓為「耕」，指出文獻中有「耕稼」一詞，泛指「莊稼」，此說可從，但因本文將「辻」讀為「畮」，解釋為「田地」，故本句改斷句為「四蒿（郊）之辻（畮）、𧰨（稼）𠫼（犁）。」

〈參不韋〉簡 10-11 作：「司攻（工）政（正）墓（萬）民，乃攸（修）邦內之經緯𩫏（城）章（郭），瀸（潛）虐（污）行水，孕（及）四蒿（郊）之辻（畮）、𧰨（稼）𠫼（犁）。」簡文義指司工治理萬民，修邦內的經緯道路與城郭，疏通水道使水流順暢，以及都城附近的田地與莊稼。

簡文「司攻（工）政（正）墓（萬）民，乃攸（修）邦內之經緯𩫏（城）章（郭），瀸（潛）虐（污）行水，孕（及）四蒿（郊）之辻（畮）、𧰨（稼）𠫼（犁）。」可與《清華柒・越公其事》簡30-31簡文互相對應：

> 王思〈惠〉邦遊民公（三）年，乃乍（作）五＝政＝（五政。五政）之初，王好蓐（農）工（功）。王親自醖（耕），又（有）厶（私）舊（穫）。王親涉洶（溝）淳（塘）𣵽（幽）塗（途），日睧（省）蓐（農）【三〇】事以勸恖（勉）蓐（農）夫。

二篇簡文皆實指農務的重要性，同時〈越公其事〉的國君可以親自耕種，由此可見農地與城都距離不遠，也可印證本簡「四蒿（郊）之辻（畮）、𧰨（稼）𠫼（犁）」特指都城附近的土地為田地以及用於莊稼的解釋。

〔3〕徒戎

簡文「陞（登）徒政（正）四蒿（郊）之閈（比）孕（及）徒戎。佳（唯）訓（順）。」網友「激流震川2.0」認為司徒應不掌管「戎」，故將「戎」讀為「農」，但「徒農」一詞難以解釋，又認為「徒戎」或可讀「徒眾」。[49]網友「質量復位」認為「戎」如字讀亦可，「徒」亦可訓為「兵卒」，而司徒可掌師旅。[50]

怡璇按：網友「質量復位」認為司徒可掌管師旅的例證為《國語・周語上》：

---

[49] 激流震川2.0：〈清華簡《參不韋》初讀〉16樓，武漢大學簡帛論壇網，2022年11月26日。
[50] 質量復位：〈清華簡《參不韋》初讀〉17樓，武漢大學簡帛論壇網，2022年11月27日。

「司徒協旅。」此處〈周語上〉的完整文句是：

> 宣王既喪南國之師，乃料民於太原。仲山父諫曰：「民不可料也！夫古者不料民而知其少多，司民協孤終，司商協民姓，司徒協旅，司寇協奸，牧協職，工協革，場協入，廩協出，是則少多、死生、出入、往來者皆可知也。於是乎又審之以事，王治農於籍，蒐於農隙，耨穫亦於籍，獮於既烝，狩於畢時，是皆習民數者也，又何料焉？」

本處對話的重點為「料民」，也就是清點人口數，「司徒協旅」為司徒清點、掌握可以徵調的兵員，[51]因此〈周語上〉的「司徒」並非「質量復位」所言的可以掌管軍旅之事。

網友「激流震川 2.0」將「戎」讀為「農」合乎楚簡用字習慣，但「徒農」一詞確實難以解釋，而「激流震川 2.0」文中又懷疑「徒戎」可讀「徒眾」，「徒眾」可解釋為「百姓」，「戎」與「眾」韻部皆為冬韻，聲紐皆為舌面音，音理可通，只是二字於傳世文獻、楚簡皆為常見字，但未見通假例證。

本處簡文「陞（登）徒政（正）四蒿（郊）之閟（比）及（及）徒戎。唯訓（順）」中的「閟」字，筆者贊同網友「哇那」讀為「比」，訓為「周代戶籍編制的基本單位」，[52]《周禮・地官・大司徒》：「令五家為比」，因此簡文「四蒿（郊）之閟（比）」就是統計四郊之地的家庭數。簡文中「比」與「徒戎」間為連詞「及」，連詞「及」字的前、後字字義應差異不大。司徒之官為地官之長，管土地、人口、賦稅等，並非掌管兵事，因此「徒戎」應不可解釋為軍旅之事，但從《國語・周語上》：「司徒協旅。」給予辭義解釋的啟發，「徒」與「戎」皆可解釋為「士兵」、「兵卒」等義。「政（正）四蒿（郊）之閟（比）及（及）徒戎」中的「政」讀為「正」，「正」有「確定」義，羅雲君將「政」如字讀訓為「徵發徭役」，[53]不可從。

本簡即指登徒之官清點四郊（國土）四方的家庭數與士卒數，文義與〈周語上〉的「司徒協旅」類似，劉釗師、陳聰指出「典籍載『司徒』為地官之長，管土地、人口、賦稅等，類似後世的戶部」，簡文與傳世文獻中的「左徒」為執掌

---

[51] 徐元誥撰；王樹民、沈長雲點校：《國語集解》，頁 24。鄔國義，胡果文，李曉路：《國語譯注》（上海：上海古籍出版社，2017 年），頁 22。
[52] 哇那：〈清華簡《參不韋》初讀〉134 樓，武漢大學簡帛論壇網，2022 年 12 月 10 日。
[53] 羅雲君：《清華簡《參不韋》整理與研究》，頁 53。

內政外交的要員,[54]本處簡文「陞（登）徒政（正）四薾（郊）之閑（比）孕（及）徒戎」中的「登徒」可見兩個職官的關係。簡文後文的「唯順」,整理者解釋為「司徒主掌民事,主政四郊國人馴順」,[55]辭義與我們對「陞（登）徒政（正）四薾（郊）之閑（比）孕（及）徒戎」的解釋相符。

〔4〕𢔏（彝）𣪘（器）

整理者依據文例將「𢔏」釋為「彝」,指出此字與上博簡〈容成氏〉簡 18 的「𢔏」字形近,並認為「𢔏」為「彝」的訛體,但亦可能是「𢔏」字的形近而誤。[56]網友「子居」舉多例與〈容成氏〉簡 18「𢔏」字相似的字例,最後認為金文中即有从絲的字例,「彝」與「絲」二字的韻部接近,故「彝」可以从絲,且从絲的「彝」形於曾、楚國的金文可見,應是「彝」的一種字形。[57]

怡璇按：金文的「彝」字眾多,形體多變,本處簡文的「𢔏」字作「⿰」,〈容成氏〉的「𢔏」字作「⿰」。《清華簡》有幾例較特別的「彝」字：

《清華壹・皇門》簡 7「⿰」（△1）

《清華參・周公之琴舞》簡 3「⿰」（⿰）58」（△2）

《清華伍・厚父》簡 6「⿰」（△3）

《清華伍・封許之命》簡 6「⿰」（△4）

《清華玖・攝命》簡 19「⿰」、簡 20「⿰」（△5）

《清華拾・四告》簡 26「⿰」、簡 27「⿰」、簡 28「⿰」、簡 29「⿰」、簡 35「⿰」、簡 37「⿰」（△6）

---

[54] 劉釗、陳聰:〈清華簡《參不韋》訓釋雜說〉,《簡牘學與出土文獻研究》第 2 輯,頁 38。
[55] 黃德寬主編、清華大學出土文獻研究與保護中心編:《清華大學藏戰國竹簡・拾貳》,頁 114。
[56] 黃德寬主編、清華大學出土文獻研究與保護中心編:《清華大學藏戰國竹簡・拾貳》,頁 115。
[57] 子居:〈清華簡十二《參不韋》解析（二）〉,先秦史論壇網,2023 年 1 月 6 日。
[58] 摹本出自韓勝偉:〈東周「彝」字形體考論〉,《中國文字》二○二一年夏季號 總第五期（臺北:萬卷樓圖書股份有限公司,2021 年）,頁 287。

對於△1字，郭永秉分析字形為：[59]

> 上从羊頭、中从二幺，下从又，右从犬。現在想到的可以聯繫的字形有二，一為鄭太子之孫與病方壺的 ![字] （所从尚非標準的『犬』形，與熊章鎛 ![字]字、王子午鼎 ![字]字稍似），一為競之定銅器的 ![字]（鬲）、![字]（豆）、![字]（簠）。競之定器下所从的『丌』形，大概是從兩手形訛變而來的。

由郭文所列舉的字形可見部份「彝」字即已从絲旁。

△2字形出自韓勝偉摹本，《清華大學藏戰國竹簡·參》的字形表作「![字]」，[60]黃傑首先提出此字右下有「絲」與「又」兩形，但如何釋讀仍待考。[61]網友「無語」則進一步認為此字應是「彝」字的變體，並將東周金文的「彝」字分為以下幾形：[62]

A：![字]（王鬲《集成》611）、![字]（曾子斁鼎，《集成》2757）

B：![字]（盦章鎛，《集成》85）

C：![字]（鄔子受鐘辛，《新收》511）

D1：![字]（曾姬無卹壺，《集成》9710）

D2：![字]（王子臣俎，《銘圖》06321）

---

[59] 復旦大學出土文獻與古文字研究中心研究生讀書會：〈清華簡《皇門》研讀札記〉評論區，2011年1月6日，https://www.fdgwz.org.cn/Web/Show/1345。
[60] 李學勤主編、清華大學出土文獻研究與保護中心編：《清華大學藏戰國竹簡·參》（上海：中西書局，2012年），頁209。
[61] 黃傑：〈再讀清華簡（叁）《周公之琴舞》筆記〉，武漢大學簡帛網，2013年1月14日，http://www.bsm.org.cn/show_article.php?id=1809。
[62] 無語：〈釋《周公之琴舞》中的「彝」字〉，武漢大學簡帛網，2013年1月16日，http://www.bsm.org.cn/show_article.php?id=1813。

D3：▨（蔡侯申盤，《集成》10171）

E：▨（競之定鬲甲，《文物》2008年1期81頁圖25）、▨（競之定鬲乙《銘圖》03016）、▨（《銘圖》03017）

相關的字形分類頗為清楚，A類為繼承甲骨字形的「彝」字，B類則是糸與所綁之物已分離，C類則從尸旁，D類從彳從彝，E類的右下則訛為丌形，左旁也比D類更進一步訛寫。

謝明文認為△2的「尸」旁是變形音化，此字即讀為「彝」，而△6形所從的彳旁，應是「彝」字表示金屬塊的兩小筆（▨）寫得與「彳」相近，進而訛寫為彳形。[63]

許可說明△3與△4字的文字來源，△3字形為甲金文中常見的「彝」字演變而來，而△4左從犬是較特別的字形，《古璽彙編》收錄的燕系璽印中有一字為「▨」（4116）[64]，△4所從的犬旁與璽印中的「彳」一樣，皆是屬於類化訛變。[65]

韓勝偉則指出△4所從的犬旁與「▨」（競之定豆，《銘圖》6150）等相關文字相似，應是西周晚期一些「彝」字中像反縛雙肢的筆畫簡化或省略，東周過後祭牲形體進一步訛變成「犬」形，△6的「▨」則是受到犬旁寫法的類化影響（怡璇按：△5的左旁應亦是受「犬」形的影響），△2的尸旁，《古文字譜系疏證》指出「戰國文字承襲兩周金文，糸旁或繁化為絲旁，人形或簡化為▨形」。[66]而從彳旁的△6，韓勝偉則贊同謝明文的說法。[67]

《清華簡》△1-6諸形，在文字演變上具有各自軌跡。古文字的「彝」字，字體變化甚多，詹鄞鑫指出「彝」字的構形為「『彝』字本象雙手進獻被砍掉頭

---

[63] 謝明文：〈讀《清華簡（參）》札記二則〉《簡帛》第十二輯（上海：上海世紀出版股份有限公司、上海古籍出版社，2016年），頁39-40。
[64] 故宮博物院編：《古璽彙編》（北京：文物出版社，1994年二刷），頁378。
[65] 許可：〈試論清華簡第五輯中的「彝」字及「夷吾」氏的由來〉，《出土文獻》第十二輯（上海：中西書局，2018年），頁142-143。
[66] 黃德寬主編：《古文字譜系疏證》（北京：商務印書館，2007年），頁3040。
[67] 韓勝偉：〈東周「彝」字形體考論〉，《中國文字》二〇二一年夏季號 總第五期，頁283-305。

顱的反縛兩手的俘馘之形，它的本義很可能就是屠殺俘虜作為犧牲而獻祭祖宗。」[68]而與「🔲」左旁从人旁，與之較為相關的字形為《清華參・周公之琴舞》的「🔲」字（上引△2 類）、🔲（邾子受鐘辛，《新收》511），此二字从尸旁，對於「彝」字从尸旁的原因，郭永秉認為「此字從字形上仍可看出與傳統『彝』字的傳承關係，所謂『尸』旁實際只是『人』旁的變形」，[69]若此，則「🔲」左旁應是繼承甲骨文時期中「人」形的「彝」字的存古字形，其象徵綁繩的絲形亦保留下來。此種一個文字但卻僅有一個偏旁或部件存古的情況，郭永秉曾指出「老」字於《清華貳・繫年》簡 76 作「🔲」，下方从匕，是直接承繼早期古文字象長髮披散的拄棍老人之形而來，原本作豎筆或「├」形的棍杖之形訛變為「匕」。[70]

《清華伍・封許之命》簡 6「🔲」（△4）、🔲（競之定鬲甲）二字的右旁與「🔲」右旁相關，常見的「彝」字作「🔲」（作父乙鼎，《集成》2007），下方从廾形，但到了春秋戰國時期的「彝」字則寫作丌、土或一橫筆的字形。

綜上所述，「🔲」應為「彝」字的一個變體，與〈容成氏〉的「🔲」無關，但亦是楚簡首次从土的「彝」字。

〔5〕睪（挈）悳（則）

簡文為「帀（師）睪（挈）悳（則）定句（后）之悳（德）」，整理者指出「睪」為「親」的異體，疑為「暴」的訛寫，讀為「表」，訓為「表則」，以則為標準。[71]網友「tuonan」（王凱博）則認為「睪」應讀為「睨」，「睨」為「察視」的意思。[72]網友「子居」則讀為「申」，「申則」指「申法」、「申型」。[73]

---

[68] 詹鄞鑫：〈釋甲骨文「彝」字〉，《華夏考：詹鄞鑫文字訓詁論集》（北京：中華書局，2006 年），頁 227-237。
[69] 郭永秉：〈晉侯豬形尊銘文商榷〉，《古文字與古文獻論集續編》（上海：上海古籍出版社，2015 年），頁 181。
[70] 郭永秉：〈清華簡《繫年》抄寫時代之估測——兼從文字形體角度看戰國楚文字區域性特徵形成的複雜過程〉，《文史》2016 年第 3 期，頁 18。
[71] 黃德寬主編、清華大學出土文獻研究與保護中心編：《清華大學藏戰國竹簡・拾貳》，頁 116。
[72] tuonan：〈清華簡《參不韋》初讀〉79 樓，武漢大學簡帛論壇網，2022 年 12 月 5 日。
[73] 子居：〈清華簡十二《參不韋》解析（二）〉，先秦史論壇網，2023 年 1 月 6 日。

怡璇按：「晕」字作「▨」，本篇的「暴」字作「▨」（簡 79），字形確實頗為相似，且古文獻的「暴」與「表」亦相通，但將簡文的「表則」指「以則為標準」，文義頗為不順。「晕」若讀為「䁙」，「䁙」為明紐宵部，「晕」的辛聲為心紐真部，韻部甚遠，且「䁙」字未見於先秦文獻，僅見於字書，而戰國楚簡雖有「䁙」字，但其字義並非「視察」一類義。「tuonan」所舉的出土文獻例證：

〈芮良夫毖〉11-12：「……聖智勇力，必探其宅，以暴（䁙）其狀，身與【11】之語，以求其尚【12】。」

〈廼命一〉3：「䁙察寡鰥，用曰敬身相上，以恭民毋淫。」

〈芮良夫毖〉的「以暴其狀」中的「暴」字應依陳劍師之說讀為「貌」，「以貌其狀」指以描繪、形容、表現出其「狀」。[74]〈廼命一〉的「䁙察寡鰥」，鄔可晶亦將「䁙」讀為「貌」，指「察知、描繪那些鰥寡孤獨廢疾者的貌狀、境況」。[75]二說皆可從，可見「䁙」無法確定可訓為「察」。「子居」讀為「申」，但不論「▨」釋為從辛聲的「晕」，或是「暴」之訛寫，二字皆未見讀「申」的例證。

簡文「帀（師）▨慭（則）定句（后）之惪（德）」，「▨」於楚簡中常見釋為「親」，但此說無法通讀簡文。筆者認為此字隸為「晕」，從辛聲可讀為「挈」，如「駻」可讀為「挈」，見《周禮·地官·草人》：「駻剛用牛。」鄭注：「故書駻為挈。杜子春云：『挈讀為駻。』」[76]「挈」字的賓語常見是實體物，例如《戰國策·張儀為秦連橫說韓王》「左挈人頭，右挾生虜」，但仍可見少數以非實體物品為賓語的辭例，例如《韓非子·八說》「無思無慮，挈前言而責後功」。

本處的「晕（挈）則」的「挈」解釋為「衡量」一類的意思，如《大戴禮記·文王官人》「考之以觀其信，挈之以觀其知」中的「挈」即解釋為「量度」。[77]「帀（師）晕（挈）慭（則）定句（后）之惪（德）」指「師需衡量規章制度以規範君王之德行」，此句對比上文的「事（史）……秉䌸（法）慭（則）義（儀）豊（禮）」，同樣義指「史需秉持法律規範禮儀」。

---

[74] 陳劍：〈《清華簡（伍）》與舊說互證兩則〉，復旦大學出土文獻與古文字研究中心網，2015 年 4 月 14 日，https://www.fdgwz.org.cn/Web/Show/2494。

[75] 鄔可晶：〈出土《詩經》文獻所見異文選擇〉，《出土文獻與古文字研究》第十輯（上海：上海古籍出版社，2022 年），頁 157。

[76] 高亨編：《古字通假會典》（濟南：齊魯書社，1989 年），頁 100。

[77] 高明註：《大戴禮記今註今譯》（臺北：臺灣商務印書館股份有限公司，1977 年二版），頁 357。

〔6〕以班為之昫（流），民涅（程）有量有算

整理者斷句為「以班為之昫（斛）民涅（盈），有量有算」，將「班」解釋為「班次」，「昫」讀「斛」，指「平衡」，另指出「民涅」又見於簡45、48，作「民溫」，並將「涅」讀為「盈」。[78]賈連翔改讀為「以班為之昫（厚），民涅（盈）有量有算」，指出〈參不韋〉可見 21 例「民」，其中有三處（簡 19、45、48）的「民涅／溫（盈）」的格式，以及第四處簡 65 的「民以匡以自定」皆是被〈皇門〉的書手修改過的「民」字字形，並認為「民涅」的「民」應讀為「彌」，訓「遍、滿」，簡文的「彌盈」是被量、算的對象，而簡 65 的「民」亦讀「彌」訓為「終」。[79]網友「心包」則疑「涅」讀為「程」，解釋為「規則、標準」，或是專指「度量衡」。[80]網友「王寧」認為「涅」讀為「贏」，訓為「利」、「益」，或可引伸為「賴」的意思。[81]網友「wzy」指出沈培於「首屆出土文獻語文文字研究國際學術研討會」中認為从涅之字皆應讀為「逞」（怡璇按：應為「首屆出土文獻語言文字研究國際學術研討會」，回查原文，未見此說法），故認為此處的「昫民涅」，則可理解為「治民逞」。[82]

怡璇按：筆者贊同賈連翔的斷句為「以班為之昫，民涅有量有算」，前句表示以「班」作為「昫」。「班」從整理者之說解釋為「班次」，或進一步指「等次」較為精準。「昫」從句聲，整理者與賈連翔分別讀為「斛」與「厚」，於通假層次上皆沒問題，但「斛」為「量穀物時用器具使穀物與斗斛平齊」的工具，無法解釋為「平衡」的意思，而若讀為「厚」，「以班為之厚」的文義不明。

「昫」可讀為「流」，白於藍將《北大漢簡（肆）・妄稽》簡 22「兆（眺）目昫折，蟻（蛾）犂（眉）睞（連）管（娟）」的「昫折」讀為「流睞」，相似文句見《文選・張平子〈南都賦〉》：「微眺流睞，蛾眉連卷。」[83]簡文「以班為之昫（流）」的「流」解釋為「擇」，《詩・周南・關雎》：「參差荇菜，左右流之。」

---

[78] 黃德寬主編、清華大學出土文獻研究與保護中心編：《清華大學藏戰國竹簡・拾貳》，頁 116。
[79] 賈連翔：〈跳出文本讀文本：據書手特點釋讀《參不韋》的幾處疑難文句〉，《出土文獻》2022 年第 4 期（上海：中西書局，2022 年），頁 23-24。
[80] 心包：〈清華簡《參不韋》初讀〉72 樓，武漢大學簡帛論壇網，2022 年 12 月 4 日。
[81] 王寧：〈清華簡《參不韋》初讀〉132 樓，武漢大學簡帛論壇網，2022 年 12 月 10 日。
[82] wzy：〈清華簡《參不韋》初讀〉164 樓，武漢大學簡帛論壇網，2022 年 12 月 17 日。沈培：〈說清華簡《五紀》中關於占卜的一段話〉，《首屆出土文獻語言文字研究國際學術研討會論文集》（彰化：彰化師範大學國文學系、成功大學中國文學系、臺灣出土文獻研讀會主辦，2022 年 12 月 17-18 日），頁 1-9。
[83] 白於藍：《簡帛古書通假字大系》（福州：福建人民出版社，2017 年），頁 260。

王先謙《詩三家義集疏》:「魯說曰:『流,擇也。』」[84]「以班為之流」指「用等次作為選擇、評量的標準」。

「民淫有量有算」一句,賈連翔所指的四例「民」作:

![簡19]	![簡45]	![簡48]	![簡65]
簡19	簡45	簡48	簡65

〈參不韋〉常見的「民」字如:、等形,以上四例確實與〈參不韋〉其他17例的「民」字不同,賈連翔認為上列表格中的「民」字為《清華壹・皇門》書手所校改,可從。

本段簡文改為:

> 五未(味):攺(啟),乃以爯(稱)五惻(則)、五行、五音、五色之上下大少(小),以班為之赋(流),民淫有量有算。隹(唯)和。

「五則」、「五行」等簡文說明官員的職責,雖然皆指安家利國,但其重點在「國君」如何治國,而非「人民」如何獲利,文義亦與「民生」無關,因此「民淫」不可指「民贏」。賈連翔所認為的〈參不韋〉中三例「民(彌)淫/溫」的上、下辭例為:

> 簡17-18:以班為之赋(流),民淫有量有算

> 簡44-45:秉唇(辰)之四正,民溫以成歲(歲),萁(期)乃或迟(起)。

> 簡47-48:乃上隹(唯)天,司幾監攵,民溫(盈)而沚(省)之。

但簡47-48由筆者改斷句為「乃上隹(唯)天,司幾監攵(兆)民,溫(盈)而沚(省)之。」「兆民」指百姓(見本書第一章第7則、第四章第4則),故簡47-48不在此列。

賈連翔把「民淫」讀為「彌盈」,認為本簡的「彌盈有量有算」是指彌盈為被有量有算的對象、簡44-45的「彌盈」指天體運行滿一周,二說皆無強力的證

---

[84] 〔清〕王先謙:《詩三家義集疏》(北京:中華書局,1987年),頁11。

據,且亦難知何為「彌盈」。

簡文中「有量有算」的「量」可解釋為「商酌」,《禮記・少儀》:「事君者,量而後入,不入而後量。」鄭玄注:「量,量其事意合成否。」[85]而「算」解釋為「謀劃」,《孫子・計》:「夫未戰而廟算勝者,得算多也。未戰而廟算不勝者,得算少也。」梅堯臣注:「多算,故未戰而廟謀先勝;少算,故未戰而廟謀不勝。是不可無算矣。」[86]因此簡文的「有量有算」指「有商量、斟酌且有謀劃」。

「民淫」為「有量有算」的主語,「淫」讀為「程」,指「典範、法度」,如《呂氏春秋・慎行》:「為義者則不然,始而相與,久而相信,卒而相親,後世以為法程。」高誘注:「程,度也。」[87]〈參不韋〉簡 17-18 為:

> 攺（啟）,乃以爯（稱）五則（則）、五行、五音、五色之上下大少（小）,以班為之朐（流）,民淫（程）有量有算。隹（唯）和。

可見「以班為之朐（流）,民淫（程）有量有算」二句的主語為「啟」,是參不韋讓啟去思考的事情,因此本段可解釋為:「啟啊!你應該要好好權衡五則、五則、五音與五色的上下大小,並且以等次作為選擇標準,而人民的典範、法規亦需好好地斟酌與謀畫,皆需以『和』依歸。」

簡 44-45「秉脣（辰）之四正,民濫以成歲（歲）,碁（期）乃或迟（起）。」與簡 47-48 的「乃上隹（唯）天,司幾監牧（兆）民,濫而迣（省）之」的「濫」字皆依整理者讀為「盈」。[88]

〔7〕乃耵（聽）隹（唯）皇

整理者指出「盟（明）」、「皇」、「章」為韻,陽部。[89]網友「但夢逍遙」將

---

[85] 〔漢〕鄭玄注,〔唐〕孔穎達疏,龔抗雲整理,王文錦審定;十三經整理委員會整理,李學勤主編:《十三經注疏・禮記正義》（北京:北京大學出版社,1999年）,頁1024。
[86] 〔春秋〕孫武撰;〔三國〕曹操等注;楊丙安校理:《十一家注孫子校理》（北京:中華書局,1999年）,頁20。
[87] 張玉春等:《呂氏春秋譯注》（哈爾濱:黑龍江人民出版社,2004年）,頁717。
[88] **怡璇按**:「民濫」相關考釋見本書第四章註1。
[89] 黃德寬主編、清華大學出土文獻研究與保護中心編:《清華大學藏戰國竹簡・拾貳》,頁117。

「皇」讀為「廣」。[90]網友「子居」認為「聽唯皇」可與《詩・周頌・執競》「鐘鼓喤喤，磬筦將將。」毛傳：「喤喤，和也。」的「鐘鳴聲」比較。[91]

怡璇按：簡文「乃惡（則）見（視）隹（唯）盟（明），乃耵（聽）隹（唯）皇，乃言隹（唯）章」，整理者沒有特別的解釋，僅表示三句押韻。「但夢逍遙」與「子居」對於「皇」的解釋，與簡文中「明」和「章」二字字義較難以對應。

〈參不韋〉簡文與「乃耵（聽）隹（唯）皇」相關的文句：

簡 90-91：乃見（視）不盟（明），乃耵（聽）不皇，乃言不章。

簡 99-100：乃某之惡（則），見（視）隹（唯）盟（明），耵（聽）隹（唯）皇，言隹（唯）章。

古籍中，「聽」一般是與「聰」搭配，例如《論語・季氏》：「視思明，聽思聰」、《禮記・雜記下》：「視不明，聽不聰」，但簡文中的「聽」皆與「皇」搭配，「皇」字或如字讀，解釋為「大」，「皇」可訓為「大、美」一類的詞，如《詩・周頌・載見》：「思皇多祜」，朱熹《詩集傳》：「皇，大也，美也。」[92]而「聽」、「聲」於文獻中可與「大」字搭配，如《荀子・王霸》：「故人之情，口好味，而臭味莫美焉；<u>耳好聲，而聲樂莫大焉</u>；目好色，而文章致繁，婦女莫眾焉。」又如〈參不韋〉簡 91「共舞不歎（皇）」的「歎」字，蔡一峰指出常見於春秋金文「龢鳴且歎（皇）」（楚大師鄧訢慎鐘，《銘圖》15511；楚大師鄧子訢慎鎛，《銘續》1045等），「皇」古有「大」、「美」、「盛」、「正」等常用義相應。[93]

本段為「五刑則」的具體表現，賈連翔認為是在說明帝王應如何體察民情，其方法即是「需要依當君王的『視明』、『聽皇』、『言章』。」[94] 鮑彥東、薛孟佳所言「做到『視明』、『聽皇』、『言章』以使得刑罰適當，是『五刑則』的一個具體方面。」[95]筆者認為簡文此處並非「要求他人」，而是「啟」的「自我要求」，

---

[90] 但夢逍遙：〈清華簡《參不韋》初讀〉15 樓，武漢大學簡帛論壇網，2022 年 11 月 26 日。
[91] 子居：〈清華簡十二《參不韋》解析（二）〉，先秦史論壇網，2023 年 1 月 6 日。
[92] 〔宋〕朱熹：《朱子全書》第一冊，頁 734。
[93] 蔡一峰：〈釋清華簡《參不韋》的「符」字〉，《第二屆古文字與出土文獻青年學者西湖論壇論文集》，頁 196。蔡一峰：〈清華簡《參不韋》新見「符」字考釋〉，《中山大學學報（社會科學版）》2023 年第 6 期，頁 118-123。
[94] 賈連翔：〈清華簡《參不韋》的禱祀及有關思想問題〉，《文物》2022 第 9 期，頁 61。
[95] 鮑彥東、薛孟佳：〈清華簡《參不韋》與《洪範》合證〉，武漢大學簡帛網，2022 年 10 月 18 日，http://m.bsm.org.cn/?chujian/8813.html。

「欣（啟），炅（視）隹（唯）盟（明），乃耴（聽）隹（唯）皇，乃言隹（唯）章⁹⁶」而後才會是「乃秉悳（則）不韋（違）」，為君要依照「視明」、「聽皇」與「言章」的標準，並且不違背以上這些準則，才可為一位好君王。因此此三句話應解釋為「啟啊，你為君的準則是所見者要清明，所聽者要宏大，所言者要彰明」，如此才可為一個好君主。

〔8〕走趣（趨）以畿（幾）

整理者指出「畿」於楚簡中多作「旮」與「期」同義，認為本處的「走趨以畿」與簡 91 的「走趨不行」相對。⁹⁷網友「tuonan」（王凱博）認為「畿」訓為「法」，與〈五紀〉「進退以我（儀）」可對勘。⁹⁸網友「王寧」指出「畿」即「期」義，「走趨以期」指奔走事務按期完成。⁹⁹

怡璇按：「tuonan」將「畿」讀為「幾」，訓為「法」，引用的例證為：

> 《五紀》「進退以我（儀）」，「儀」即律、法……《小爾雅·廣詁》：「幾，法也。」《詩·小雅·楚茨》「卜爾百福，如幾如式」。《禮記·緇衣》「君子言有物而行有格也」，鄭玄注：「格，舊法也。」

文中未細說「法」解釋為何義，但依其例證應是指「法式」一類的意思，「行趣以幾」指進退有據。依據《小爾雅·廣詁》一書來看，「幾」雖可解釋為「法」，但《小爾雅》此處的「法」不是指「法式」，而是指「法禁」，《小爾雅集釋》一書中將「幾，法也」一句有著詳細的說明：¹⁰⁰

> 《周禮·大司徒》「六曰去幾」注：「幾謂呵禁。」亦取禁義。
>
> 「幾」與「畿」通。〈大學〉「邦畿千里」，《釋文》云：「畿本作『幾』。」《周禮·大司馬》注云：「畿猶限也。」《釋名》：「法，逼也。」逼正使有

---

⁹⁶ 網友「子居」指出「言唯章」一句可參看《詩經·小雅·都人士》：「其容不改，出言有章。」子居：〈清華簡十二《參不韋》解析（二）〉，先秦史論壇網，2023 年 1 月 6 日。
⁹⁷ 黃德寬主編、清華大學出土文獻研究與保護中心編：《清華大學藏戰國竹簡·拾貳》，頁 117。
⁹⁸ tuonan：〈清華簡《參不韋》初讀〉64 樓，武漢大學簡帛論壇網，2022 年 12 月 4 日。
⁹⁹ 王寧：〈清華簡《參不韋》初讀〉137 樓，武漢大學簡帛論壇網，2022 年 12 月 11 日。
¹⁰⁰ 遲鐸集釋：《小爾雅集釋》（北京：中華書局，2008 年），頁 31-32。

所限也。《詩》傳云：「程，法也。」《一切經音義》云：「程猶限也。」程謂之法，亦謂之限，猶幾謂之限，亦謂之法矣。

網友「至木齋」指出《小爾雅》「幾，法也。」此處亦指「法禁」，如章炳麟《訄書·學變》：「孔融已不平於酒幾，又著論駁肉刑。」這裡的「酒幾」，就是酒禁，即禁酒的法令。[101] 可見「幾」可訓為「法」，但學者引用的「法」字例證皆並非「法式」一類的意思，而是「法禁」，而此訓詁不適用於簡文的「走趣以幾」一句。

裘錫圭〈釋戰國楚簡中的「𠙻」字〉一文將「𠙻」理解為「期」，[102] 已是學界的共識，而本簡的「幾」字應即可釋為楚簡中的「𠙻」，解釋為「期」。〈參不韋〉本句的前後文句為「乃秉悬（則）不韋（違），共（拱）䍃（符）不屖（遲），走趣（趨）以畿（幾），骨柰（節）隹（唯）譬（諧）」，前二句指秉持法則不違背、秉持法度不怠慢。[103]

「走」與「趨」皆有「快速」之義，兩字於《說文》中為互訓字，「走趨」可訓為「奔跑」或「前往」的意思，如《漢書·金日磾傳》「何羅見日磾色變，走趨臥內欲入。」但簡文此處不太適合此種解釋。

「走趨」可訓為「奔走」，但「奔走」一辭在西周金文具有「勤勉效力」的字義：（以下銘文以通行字表示）

　　召啟進事，奔走事皇辟君。（召圜器，《集成》10360）

　　敏朝夕入諫，享奔走，畏天威。（大盂鼎，《集成》2837）

蔣書紅於《金文動詞性義項集註》一書中指出「奔走」用於「勤勉效力」者共七例。[104] 高佑仁指出本簡的「走趨」可與嚴倉楚墓竹簡簡1有「走逞（趨）於邦，

---

[101] 至木齋：〈《說文解字》第 774 課：細說「幾」字，在現代，它簡化成了「几」，這真的好嗎？〉，個人圖書館：千萬人在用的知識管理與分享平台，2024 年 3 月 13 日，http://www.360doc.com/content/24/0313/08/52981219_1117010463.shtml。

[102] 裘錫圭：〈釋戰國楚簡中的「𠙻」字〉，《裘錫圭學術文集·簡牘帛書卷》（上海：復旦大學出版社，2012年），頁 456-464。

[103] 怡璇按：「不屖（遲）」，整理者於簡 8 的「唯固不屖（遲）」解釋為「不怠慢」，此處從此解釋。黃德寬主編、清華大學出土文獻研究與保護中心編：《清華大學藏戰國竹簡·拾貳》，頁 113-114。

[104] 蔣書紅：《金文動詞性義項集註》（廣州：暨南大學出版社，2019 年），頁 241-242。

出入侍王」對勘，高佑仁認為嚴倉簡的「走趨於邦」指為國家奔走效勞。[105]簡文此處可延續銘文的辭義，亦可表示「行事」，「走趨」的辭義演變由單一的「奔走」，辭義演變為「行事」。

簡文「走趨以期」表示「行事按期完成」亦可引伸為奮力工作並按期完成，與簡91的「走趨不行」亦可對勘。

[9] 不韋迗（將）之

網名「tuonan」（王凱博）將「將」解釋為「大」。[106]

怡璇按：簡20「攷（啟），亓（其）才（在）天㥯（則），天乃敘之不韋（違），保〈尿（尸）〉臺璋（章）之，司幾（幾）昜（揚）之，不韋迗（將）之」，其中的「章」、「揚」、「將」皆應為動詞，「章」解釋為「彰顯」，「揚」解釋為「傳播」或「顯揚」一類的意思，如《淮南子·覽冥訓》：「不彰其功，不揚其聲。」高誘注：「彰、揚皆明也。」[107]

「將」與「章、揚」的意思接近，但參不韋是將天則轉達給啟的人（神），因此「將」與「章、揚」的解釋仍應有細微差異。「將」可解釋為「施行」，如《書·胤征》：「今予以爾有眾，奉將天罰。」孔傳：「將，行也。奉王命行王誅，謂殺涵淫之身，立其賢子弟。」[108]簡20「攷（啟），亓（其）才（在）天㥯（則），天乃敘之不韋（違），保〈尿（尸）〉臺璋（章）之，司幾（幾）昜（揚）之，不韋迗（將）之」，指天則傳給參不違之後，尸臺彰顯它、司幾傳播它、不韋施行它，故最後由參不韋負責將天則傳達給予民間國王—啟。

---

[105] 此意見為高佑仁告知（2025年3月30日），另參高佑仁：〈嚴倉楚墓竹簡校讀札記〉，《第三十六屆中國文字學國際學術研討會論文集》（臺南：國立臺南大學國語文學系、中國文字學會主辦，2025年5月2-3日），頁412-413。
[106] tuonan：〈清華簡《參不韋》初讀〉77樓，武漢大學簡帛論壇網，2022年12月4日。
[107] 何寧：《淮南子集釋》（北京：中華書局，1998年），頁485。
[108] 〔漢〕孔安國撰，廖名春、陳明整理，呂紹剛審定；十三經整理委員會整理，李學勤主編：《十三經注疏·尚書正義》（北京：北京大學出版社，1999年），頁185。

〔10〕唯（雖）山，攴（啟）乃朋（馮）之

　　整理者將簡 22-23 斷句為「隹（唯）皮（彼）不宜，唯（雖）山，攴（啟），乃朋（崩）之，唯（雖）罤（澤），朕（騰）之，戎庶克之，佻（盜）戔（殘）曼（得）之」,「朋」讀為「崩」。[109]程浩斷句為「雖山攴乃崩之」，並認為「攴」應為「殷」的訛寫，讀為「湮」，指「沉陷」，「唯山殷（湮）乃崩之」指高山也會「沉陷、崩塌」。[110]網友「ee」（單育辰）將「朋」讀為「陵」或「凌」，解釋為「越」。[111]網友「shanshan」將「朋」讀為「乘」。[112]網友「好好學習」則將「朋」讀為「馮」。[113]網友「質量復位」贊同讀為「馮」的說法，並進一步解釋為「登」。[114]網友「北齋」亦贊同讀「馮」的意見。[115]網友「為學」認為應是讀為「崩」，故認為本句指「如果不宜，則高山崩塌，川澤湧出，敗於戎敵，竊於盜賊。」[116]

　　怡璇按：程浩以為楚簡中的「啟」與「殷」已近乎同形字，故認為此處應是「殷」字的訛寫。甲骨文的「殷」字作「⿰」（《合集》15733），于省吾認為「古文殷字象人內腑有疾病，用按摩器以治之。」[117]陳斯鵬師進一步闡釋為「字取象於對人之腹身的撫摩，本當即有撫摩之義，引申之則可有安撫之義。」[118]蘇建洲師指出春秋金文的「殷」字作「⿰」（⿸）（宋公欒簠，《集成》4589），其所從的「𠂤」旁已經訛變接近「戶」形了，與「聖」字所從的「耳」旁、「肩」字上部偏旁的演變相同，為集團類化。[119]楚簡中「殷」與「啟」的訛寫情況，如李零於〈讀《楚系簡帛文字編》〉文中已將《包山》簡原隸為「𢻻」（如：簡186⿰）的字形改隸為「𣪊」。[120]楚簡的「啟」與「殷」分別作：

---

[109] 黃德寬主編、清華大學出土文獻研究與保護中心編：《清華大學藏戰國竹簡・拾貳》，頁 117。
[110] 程浩：〈清華簡第十二輯整理報告拾遺〉，《出土文獻》2022 年第 4 期，頁 28。
[111] ee：〈清華簡《參不韋》初讀〉20 樓，武漢大學簡帛論壇網，2022 年 11 月 29 日。
[112] shanshan：〈清華簡《參不韋》初讀〉22 樓，武漢大學簡帛論壇網，2022 年 11 月 29 日。
[113] 好好學習：〈清華簡《參不韋》初讀〉23 樓，武漢大學簡帛論壇網，2022 年 11 月 29 日。
[114] 質量復位：〈清華簡《參不韋》初讀〉24 樓，武漢大學簡帛論壇網，2022 年 11 月 29 日。
[115] 北齋：〈清華簡《參不韋》初讀〉198 樓，武漢大學簡帛論壇網，2023 年 8 月 31 日。
[116] 為學：〈清華簡《參不韋》初讀〉199 樓，武漢大學簡帛論壇網，2023 年 11 月 7 日。
[117] 于省吾：《甲骨文字釋林》（北京：中華書局，1979 年），頁 322。
[118] 陳斯鵬：〈唐叔虞方鼎銘文新解〉，《古文字學論稿》（合肥：安徽大學出版社，2008 年），頁 184。
[119] 蘇建洲：〈戰國文字「殷」字補釋〉，復旦大學出土文獻與古文字研究中心網站，2011 年 6 月 30 日，https://www.fdgwz.org.cn/Web/Show/1574。
[120] 李零：〈讀《楚系簡帛文字編》〉，《出土文獻研究》第五集（北京：科學出版社，1999 年），頁 160。

《清華參‧芮良夫毖》簡 14「熒（熒）戠（仇）![字]（攷）邦（國）」

《清華貳‧繫年》簡 13「乃埶（設）三監于![字]（殷）」

以上兩例辭例確定且「攷」與「殷」字形一致，可確定於戰國楚簡的「攷」與「殷」為同形字。因此，由楚簡字形而言，本簡的「![字]」字，只能依據辭例判斷應釋為「攷」或「殷」。

「![字]」若釋為「殷」讀為「湮」，「䵃」聲讀為「殷」有通假例證，如《安大一‧詩經》簡 32「䵃（殷）亓（其）䨈（靁）矣」，[121]但「湮」字的解釋難以放在此處的簡文中。「湮」字字義為《說文》的「沒也」、《爾雅‧釋詁》的「沉落也。」相關文獻例證如《國語‧周語下》：「絕後無主，湮替隸圉。」韋昭注：「湮，沒也。」[122]簡文本句主語為「山」，「山」確實可以「沉陷」，但難以「沉落」。

筆者認為「![字]」仍隸為「啟」為宜，整理者斷句為：

> 隹（唯）皮（彼）不宜，唯（雖）山，攷（啟），乃朋（崩）之，唯（雖）睪（澤），朕（騰）之，戎庶克之，佻（盜）𢼸（殘）旻（得）之

陳美蘭斷句為：[123]

> 唯彼不義：雖山，啟乃馮之；雖澤，騰之；戎庶，克之；盜竊，得之。

陳美蘭並指出「唯彼不義」為那些不義之事，二說的斷句相近，但陳美蘭斷句使文義較為清晰，且筆者贊同「啟」與「乃馮之」連讀，故從陳說。

「朋」字，〈參不韋〉簡 21-23：

> 攷（啟），乃圖（圖）亓（其）達，乃事亓（其）有贊（發），乃惡（憂）亓（其）雙（廢）。隹（唯）皮（彼）不宜：唯（雖）山，攷（啟）乃朋之；唯（雖）睪（澤），朕（騰）之；戎庶，克之；佻（盜）𢼸（竊），旻

---

[121] 通假例證可參程燕：〈談楚文字中的「䵃」字〉，《安徽大學學報（哲學社會科學版）》2017 年第 5 期，頁 91-93。

[122] 徐元誥撰；王樹民、沈長雲點校：《國語集解》，頁 98。

[123] 陳美蘭私下給與筆者意見。（2025 年 2 月 1 日）

（得）之。

網友「北齋」認為簡 22-23 應是指「這句話的大意是，有不善的東西，即使是山，也應當去登臨，即使是水，也應該渡過，有戎敵就去打敗他們，有盜賊就去抓捕他們。」網友「ee」等人應亦是如此理解，故將「朋」改讀為「陵」或「凌」、「乘」、「馮」等說法。整理者與網友「為學」應皆認為文義是「如果不宜，則高山崩塌，川澤湧出，敗於戎敵，竊於盜賊。」故將「朋」讀為「崩」。

簡 21-22 的「敀（啟），乃圖（圖）亓（其）達，乃事亓（其）有賮（發），乃惠（憂）亓（其）雙（廢）。」此段文句是參不韋讓啟思考事情的發展以及擔憂事情無法推動該進行的舉措，若以此句而言，本句所接的「朋之」、「騰之」、「克之」等文句，應釋為「面對困難時應如何」的解釋為宜。筆者認為「朋」讀為「馮」是較好的解釋，「朋」與「馮」同為並紐蒸部字，《包山》簡 260 上「一俚（憑）几」中从朋的「俚」即讀為馮聲的「憑」字。《荀子・宥坐》：「數仞之牆而民不踰也，百仞之山而豎子馮而游焉」，「馮」訓為「登」，[124]可見「馮」可與「山」作詞語搭配。

簡 21-22「隹（唯）皮（彼）不宜：唯（雖）山，敀（啟）乃朋（馮）之；唯（雖）睪（澤），朕（騰）之」[125]中的「雖」訓為假設語氣的「縱然」，而「宜」字，網友「ee」（單育辰）將全篇的「宜」字皆讀為「義」。[126]但「宜」讀本字即可，訓為「義」，《國語・晉語四》：「守天之聚，將施於宜，宜而不施，聚必有闕。」韋昭注：「宜，義也。」[127]不需改讀為「義」。簡 21-22 指若他人行不義之事，身為國君的啟，縱然遇到大山也應登臨它，遇到大澤也要騰渡它。

---

[124] 李滌生：《荀子集釋》（臺北：臺灣學生書局，1979 年），頁 644。
[125] 整理者原在「澤」之後斷句，今日改為「唯（雖）睪（澤）朕（騰）之」。黃德寬主編、清華大學出土文獻研究與保護中心編：《清華大學藏戰國竹簡・拾貳》，頁 117。
[126] ee：〈清華簡《參不韋》初讀〉40 樓，武漢大學簡帛論壇網，2022 年 12 月 2 日。
[127] 徐元誥撰；王樹民、沈長雲點校：《國語集解》（北京：中華書局，2002 年），頁 329。

第三章 「天罰」章

（一）章旨

　　本章命名為「天罰」，第二章內容為參不韋解釋何為「五刑則」，帝王若遵從五刑則的規範，國家政治便可清明，而第三章則說明治理國家需恩威並施，故簡文記有一百二十五罰。天罰的對象是官吏與平民，若他們有不宜的舉措，或是官吏專制、行不法之事，皆可進行處罰，除此之外亦可處罰所有不協調之事，如此才可使萬民不會放縱自己、不敬上天。啟身為帝王的使命，則需觀察天命、順應天命，以此治理國家。

　　本章結尾強調，刑罰的目的並不是以暴治民，而是為了「教眾」，懲罰那些不好的、不順天道之人，國家才不會有妖祥之事，因此簡文表明治國不可只以德立民，適當的刑罰實為重要的治國手段。

（二）釋文

　　參不韋曰：攺（啟），天慭（則）不遠，才（在）乃身。五慭（則）曰中，五【二四】行曰放、五音曰從，五色曰臭（衡），五未（味）曰圅。¹攺（啟），乃蘢（能）盟（明）〔1〕【二五】自禹（稱）自立

---

¹ 整理者對於「五慭（則）曰中，五行曰放、五音曰從，五色曰臭（衡），五未（味）曰圅（藏）。」一句未有詳細解釋，但認為「從」讀為「縱」，「圅」讀為「藏」。王勇認為五則、五行、五音、五色、五味皆具有「位置」含義，當皆描述其各得其序、各得其所其宜之義，「放」讀為「方」，「從」如字讀，「衡」訓為「平」，「圅」讀為「將」，解釋為「率」。羅雲君認為「藏」為「隱藏」之「藏」。學者說法出自：黃德寬主編、清華大學出土文獻研究與保護中心編：《清華大學藏戰國竹簡・拾貳》（上海：中西書局，2022年），頁118-119。王勇：〈清華簡《參不韋》釋讀小議八則〉，武漢大學簡帛網，2023年6月19日，http://m.bsm.org.cn/?chujian/9070.html。羅雲君：《清華簡《參不韋》整理與研究》（長春：東北師範大學博士論文，2024年），頁81。怡璇按：「五則曰中」與「五色曰衡」皆無疑問，「從」字，同王勇所言「則知五音有序不紊」，高佑仁指出「從」可能訓為「順」，指「和順、安順」，如《左傳・昭公五年》：「昭子即位，朝其家眾，曰：『豎牛禍叔孫氏，使亂大從。』」陸德明釋文引服虔曰：「使亂大和順之道也。」楊伯峻注：「從，順也。」（高佑仁私下來信，2025年1月7日）筆者認為二說皆可從。而「放」與「圅」

（位），進迻〈退〉〔2〕右（左）右付（俯）卬（仰），乃還（營）緐（煩）乃柰（節）〔3〕，以乍（作）刑㥁（則）。【二六】攺（啟），五刑㥁＝（則，則）五柰（節），為廿有五刑＝（刑；刑）五逗（屬），為百有廿五罥（罰）²〔4〕。

參【二七】不韋曰：攺（啟），自乃頭（頂／顛）³以𠭍（及）乃末指，乃百有廿有五柰（節），隹（唯）【二八】天之刑則，以𠭍（及）乃百有廿有五事。攺（啟），乃与（與）百有廿【二九】有五刑㱿（諧）還（營）⁴。

攺（啟），乃秉民之中，以㪥（詰）不宜、剚（專）忘（妄）、罥（罰）不【三〇】周（調）。〔5〕乃蕉（勸）秉㥁（則），思（使）⁵毋隓（墮），罥（罰）兇㥁（則）⁶，思（使）毋緹（盈），思（使）𧶜（萬）

如何解釋，還需更多的資料才可論證。
² 「罥」字，整理者分析為从网从刑會意。石小力指出〈參不韋〉簡文中有「刑罥」連用，因此「罥」不會是「刑」字，只能為「罰」，二種懲罰的差異性為：「刑」是肉刑、死刑，而「罰」是金錢贖罪，輕於「刑」，而簡文的「罥」字分析為从网从言从刀會意更合適，簡 33 的「天罰」則指「上天的誅罰」。學者說法出自：黃德寬主編、清華大學出土文獻研究與保護中心編：《清華大學藏戰國竹簡・拾貳》，頁 119。石小力：〈據《參不韋》說「罰」字的一種異體〉，《出土文獻》2022 年第 4 期（上海：中西書局，2022 年），頁 29-33。**怡璇按**：石小力之說可從。
³ 整理者認為「頭」為「頂」字異體。網友「潘燈」認為此字从正聲，可讀為「顛」，亦指頭頂。學者說法出自：黃德寬主編、清華大學出土文獻研究與保護中心編：《清華大學藏戰國竹簡・拾貳》，頁 119。潘燈：〈清華簡《參不韋》初讀〉9 樓，武漢大學簡帛論壇網，2022 年 10 月 19 日。**怡璇按**：就聲韻以及字義而言，二說皆有可能。
⁴ **怡璇按**：「還」讀為「營」字的相關說明參考程浩：〈清華簡第十二輯整理報告拾遺〉，《出土文獻》2022 年第 4 期（上海：中西書局，2022 年），頁 27，相關說明見本書第二章註 12。
⁵ 整理者將〈參不韋〉的「思」皆讀為「使」（簡 32 計三例，簡 92 一例）。夏含夷認為「甶／思」有時有動詞的用法，表示「希望」，也有副詞的作用，而「使」作動詞時常常都是「致使」或「派遣」的意思，有時也有「讓」的含義，而〈參不韋〉的「思」不需讀為「使」。學者說法出自：夏含夷：〈想要與致使：四論周代「甶／思」字用法和意思〉，《古文字與中華文明國際學術研討會論壇論文集》（北京：清華大學主辦，清華大學出土文獻研究與保護中心、古文字工程秘書處承辦，2023 年 10 月 21-22 日），頁 15-39。**怡璇按**：筆者認為將「思」讀為「使」於語意上還是精準一些。
⁶ 網友「tuonan」（王凱博）將本篇簡文的「兇」改讀為「訩」，訓為「謹亂」。學者說法出自：tuonan：〈清華簡《參不韋》初讀〉77 樓，武漢大學簡帛論壇網，2022 年 12 月 4 日。**怡璇按**：簡文中的「兇」讀如字，訓為「惡」即可，相關說明參考本書第一章註 13。

民毋弖（縱）〔6〕【三一】弗敬，弖（縱）乃羁（罰）。

參不韋曰：攷（啟），乃監天羁（罰），日月之弖（僭）[7]，日月【三二】受央（殃）。攷（啟），**而不翻（聞）天之司馬豐留（隆）之旳（徇）於幾之易（揚）**〔7〕、羁（罰）百神、山【三三】川、滐（溪）浴（谷）、百芔（草）木之不周（調）。攷（啟），而不翻（聞）而先且（祖）白（伯）鯀不巳（俟）帝命[8]，【三四】而不疯（葬）。攷（啟），而臾（視）而丂（考）父白（伯）鼉（禹）象帝命，而䥯（緘）才（在）**鍐（愜）商（當／章）**〔8〕。攷（啟），不見皮（彼）【三五】山之朋（崩），土之登[9]，高離（岸）為冊（淵），罙（深）冊（淵）為陵。

參不韋曰：攷（啟），象天慇（則）【三六】以乍（作）刑，以開（辟）夭（妖）羊（祥）兇才（災）[10]。攷（啟），高下西東南[11]北墊

---

[7] 怡璇按：「弖」相關考釋見本章第 6 則。
[8] 整理者將「巳」讀為「已」。程浩和網友「枕松」皆改讀為「俟」。簡文此處為「鯀」的傳說事蹟，程浩指出《山海經‧海內經》「洪水滔天，鯀竊帝之息壤以堙洪水，不待帝命。帝命祝融殺鯀於羽郊。鯀复（腹）生禹。」中「不待帝命」與簡文的「不巳（俟）帝命」對應。網友「子居」則將「巳」讀為「待」。學者說法出自：黃德寬主編、清華大學出土文獻研究與保護中心編：《清華大學藏戰國竹簡‧拾貳》，頁 120。程浩：〈清華簡《參不韋》中的夏代史事〉，《文物》2022 年第 9 期，頁 65-66。枕松：〈清華簡《參不韋》初讀〉25 樓，武漢大學簡帛論壇網，2022 年 11 月 29 日。子居：〈清華簡十二《參不韋》解析（三）〉，先秦史論壇網，2023 年 2 月 4 日，http://www.360doc.com/content/23/0204/21/34614342_1066215816.shtml。**怡璇按**：「巳」是邪紐之部，「待」為定紐之部，韻部相同但聲紐較遠。程浩之說可與傳世文獻對應、契合，故贊同將「巳」讀為「俟」。
[9] **怡璇按**：「土之崩」與「土之登」為對文，「登」解釋為「高、增加」一類義。
[10] 整理者將「開」讀為「辟」，指「治理」。網友「哇那」則解釋為「辟除、攘除」。網友「子居」讀為「避」。學者說法出自：黃德寬主編、清華大學出土文獻研究與保護中心編：《清華大學藏戰國竹簡‧拾貳》，頁 121。哇那：〈清華簡《參不韋》初讀〉134 樓，武漢大學簡帛論壇網，2022 年 12 月 10 日。子居：〈清華簡十二《參不韋》解析（三）〉，先秦史論壇網，2023 年 2 月 4 日。**怡璇按**：「開」若訓為「治理」，全句指治理妖祥兇災，但一般「治理」對象為政治、災害一類的事項，「治理」的受詞可指「兇災」但不會使用於「妖祥」這類超自然現象。「子居」讀為「避」，但「妖祥兇災」可能可以預防但很難完全閃避，且「閃避」的行為不符合全文的宗旨。「辟」字解釋為「辟除、攘除」較符合文義。
[11] **怡璇按**：〈參不韋〉的「南」字作「﹝圖﹞」（簡 37）、「﹝圖﹞」（簡 88），網友「海天遊蹤」（蘇建洲師）認為此形的上方與「𠂉」旁相近。學者說法出自：海天遊蹤：〈清華簡《參不韋》初讀〉84 樓，武漢大學簡帛論壇網，2022 年 12 月 5 日。

（險）埸（易），向（尚）有利宜〔9〕，【三七】勿（物）有亓（其）慇（則），天亡（無）尚（常）刑=（刑，刑）或弜（剛）或悉（柔），或桱〈䋪（輕）〉或豖（重），或緩或亟（急）[12]。攼（啟），【三八】乃爯（稱）[13]而邑曁（及）而豸（家），以乍（作）刑慇（則）。

参不韋曰：攼（啟），民秉兇𨈥（亂）之慇（則）。【三九】攼（啟），乃弗迷（速）罰（罰），亓（其）才（在）天慇（則），是胃（謂）𢇍（絕）行[14]。攼（啟），㓣（節）慇（則）五陞（懲），刑罰（罰）五【四〇】陞（懲）[15]，才（在）慇（則）是胃（謂）兵〈戒？〉民〔10〕，才（在）悳（德）是胃（謂）㪉（教）眾。攼（啟），爯（**稱**）**罰（罰）毋桱（枉）**〔11〕，隹（唯）刑隹（唯）【四一】川（順）才（茲）天慇（則）。風雨寒㬏（暑）夭（妖）[16]羊（祥）才（災）罰（罰）

---

[12] 整理者將「亟」，讀為「急」，並指出剛柔、輕重、緩急兩兩相對。網友「tuonan」（王凱博）指出「亟」如字讀即可，訓為「急」。學者說法出自：黃德寬主編、清華大學出土文獻研究與保護中心編：《清華大學藏戰國竹簡・拾貳》，頁 121。tuonan：〈清華簡《参不韋》初讀〉64 樓，武漢大學簡帛論壇網，2022 年 12 月 4 日。**怡璇按**：「亟」直接訓為「急」沒有問題，如《詩・豳風・七月》：「亟其乘屋，其始播百穀。」鄭玄箋：「亟，急。」見〔漢〕毛亨撰，〔漢〕鄭玄箋，〔唐〕孔穎達疏，龔抗雲、李傳書、胡漸逵、肖永明、夏先培整理，劉家和審定，十三經整理委員會整理，李學勤主編：《十三經注疏・毛詩正義》（北京：北京大學出版社，1999 年），頁 505。

[13] 羅雲君指「稱」為「權衡、考量」等義。學者說法出自：羅雲君：《清華簡《参不韋》整理與研究》，頁 97。

[14] 整理者對此句的解釋，「迷」為「速」字異體，解釋為「招致」，「絕」指「滅」，「行」指「品行、德行」。網友「哇那」認為「行、次、節，與法、章意近」。網友「子居」將「速」解釋為「疾」，認為此句當是言萬民秉行兇則、亂則，若沒有快速予以處罰，這種情況在天則中稱為「絕行」，所以下文稱「寇盜、殘賊、殺伐則絕行」。王勇認為文中明言「其在天則」，故乃是就天則言之，行天則而不能及時行罰，「乃弗速罰」，則行天則就失去意義，猶如斷絕踐行天則，故稱「絕行」。學者說法出自：黃德寬主編、清華大學出土文獻研究與保護中心編：《清華大學藏戰國竹簡・拾貳》，頁 122。哇那：〈清華簡《参不韋》初讀〉134 樓，武漢大學簡帛論壇網，2022 年 12 月 10 日。子居：〈清華簡十二《参不韋》解析（三）〉，先秦史論壇網，2023 年 2 月 4 日。王勇：〈清華簡《参不韋》釋讀小議八則〉，武漢大學簡帛網，2023 年 6 月 19 日。**怡璇按**：整理者對於「速」字以及全句的理解較不通順，「子居」和王勇的文義理解較優。

[15] 整理者將「陞」讀為「徵」，又認為或可讀為「懲」。學者說法出自：黃德寬主編、清華大學出土文獻研究與保護中心編：《清華大學藏戰國竹簡・拾貳》，頁 122。**怡璇按**：後文言及「是胃（謂）兵民」，「陞」讀為「懲」為好。

[16] 「夭」字的相關考釋意見請見本書第二章第 1 則。

吉兇，隹（唯）乃刑罰（罰）是依。【四二～】

(三) 疑難字詞考釋

〔1〕𢛳（能）盟（明）

　　整理者隸作「𢛳」之字，但仍認為實乃「䑣」字，簡文讀為「欽」，訓為「敬慎」，「䑣明」意謂「敬慎黽勉」，「乃䑣明自稱自位」，意謂能敬慎黽勉而處位自稱。[17] 黃德寬對「䑣」有詳細的解釋，認為春秋以後从䑣的文字已經訛寫成與「能」相近的字形，戰國楚系文字「䑣」字演變為兩類，其一是訛寫成「能」形，其二是訛寫為从大从能的字形，因此認為本簡的「🐾」即應釋為「䑣」，簡文「䑣盟」讀為「翼明」或「欽明」，而「明」訓為「勉」。[18] 網友「王寧」認為「䑣」是「嬴」的本字，無法讀為「欽」，將此字解釋為「負」、「儋（擔）」義的「嬴」或「䑣」字的異體。[19] 網友「汗天山」（侯乃峰）認為「𢛳」即是「能」，「能明」即「賢明」的意思。[20] 網友「潘燈」認為此字與《葛陵》零簡 2 的「𢛳」字同，讀為「雄」，「熊盟」即「雄明」。[21] 網友「子居」則直接指出整理者將「明」解釋為「黽勉」是無法成立的。[22]

　　怡璇按：〈參不韋〉中「𢛳」字的相關辭例與字形為：

簡 25-26：乃 🐾 盟自爯（稱）自立（位）

簡 123-124：🐾 盟不𢓊（縱）[23]

---

[17] 黃德寬主編、清華大學出土文獻研究與保護中心編：《清華大學藏戰國竹簡·拾貳》，頁 119。
[18] 黃德寬：〈清華簡《三不韋》「䑣明」解——兼說金文中的「䠓明」〉，《出土文獻》2022 年第 4 期（上海：中西書局，2022 年），頁 1-15。
[19] 王寧：〈清華簡《參不韋》初讀〉137 樓，武漢大學簡帛論壇網，2022 年 12 月 11 日。
[20] 汗天山：〈清華簡《參不韋》初讀〉169 樓，武漢大學簡帛論壇網，2022 年 12 月 24 日。
[21] 潘燈：〈清華簡《參不韋》初讀〉177 樓，武漢大學簡帛論壇網，2022 年 12 月 24 日。
[22] 子居：〈清華簡十二《參不韋》解析（三）〉，先秦史論壇網，2023 年 2 月 4 日。
[23] **怡璇按**：「𢓊」字的相關考釋見本章第 6 則。

與之相關的字形見《葛陵》簡的甲三 35「㲋」、零 2「㲋」、零 71+零 137「㲋」與楚帛書「㲋」，黃德寬認為這些字形皆是由「羸」演變成「黿」的字例。對於這些字形，裘錫圭認為：[24]

> 新蔡葛陵楚簡發表之後，大家看到，楚先祖名「穴熊」，在簡中既有寫作「穴酓」的，也有寫作「穴黿」的（怡璇按：葛陵簡甲三 35 辭例即作「穴㲋」）。這就完全證實了帛書「黿」字應該釋讀為「熊」……「黿」字上端過去被認作「大」的部份，是由「㇏」一類筆形變來的，並非真正的「大」字。

因《葛陵》簡的辭例十分確定，由此推之確定「㲋」可讀為「熊」。黃德寬另指出《清華拾・四時》簡 41「乃明春乃又（有）水熊（㲋）作。」與《清華柒・晉文公入於晉》簡 6-7「為日月之旂師以舊（久），為熊（㲋）旂大夫出」的「黿」字皆釋讀為「熊」無誤。

黃德寬指出「『羸』字甲骨文中就已經出現，金文从『羸』聲的『嬴』字也較常見。」甲骨文與金文字形分別引用《新甲骨文編》與《新見金文字編》，[25] 字形如下：

㲋（《合集》21187）、㲋（《合集》21782）

㲋（嬴盤，通鑑 14523）

早期學者依甲、金文字形認為楚簡中的「㲋」（《包山》2.18）為「羸」字，例如袁金平認為「羸」字從殷商至秦漢小篆的字體演變為：[26]

---

[24] 裘錫圭：〈「東皇太一」與「大黿伏羲」〉，《裘錫圭學術文集・簡牘帛書卷》（上海：復旦大學出版社，2012 年），頁 556-557。

[25] 劉釗主編：《新甲骨文編》增訂本（福州：福建人民出版社，2014 年），頁 270。陳斯鵬，石小力，蘇清芳：《新見金文字編》（福州：福建人民出版社，2012 年），頁 349。

[26] 袁金平：《新蔡葛陵楚簡字詞研究》（合肥：安徽大學漢語言文字學博士論文，2007 年），頁 25。

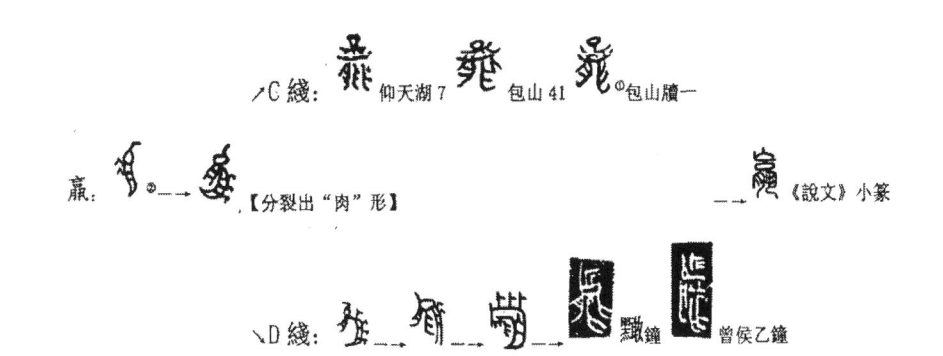

╱C 類：[圖] 仰天湖 7 [圖] 包山 41 [圖] 包山牘一

嬴：[圖]→[圖]【分裂出"肉"形】　　　　　　　　　[圖]→《說文》小篆

╲D 類：[圖]→[圖]→[圖]→[圖] 驫鐘　[圖] 曾侯乙鐘

上圖的 C 類楚簡字形，見於《安大一・詩經》簡 1「我古（姑）勻（酌）皮（彼）[圖]衡（觥）」，本句簡文對應傳世本《毛詩》「我姑酌彼兕觥」，辭例確定，徐在國以此字為基礎，將楚簡的系列相關字形皆改隸為「兕」，[27]此說也得到學者的贊同。[28]

〈參不韋〉的「[圖]」與「[圖]」二字屬於上引圖 D 類，但隸為「嬴」再轉讀為「熊」、「欽」等用法，仍較為曲折，同時「[圖]」與「[圖]」的字形來源可能亦非「[圖]」（《合集》21782）。關於此字的構形，筆者仍較贊同裘錫圭的考釋意見，裘錫圭相關考釋字形如下：

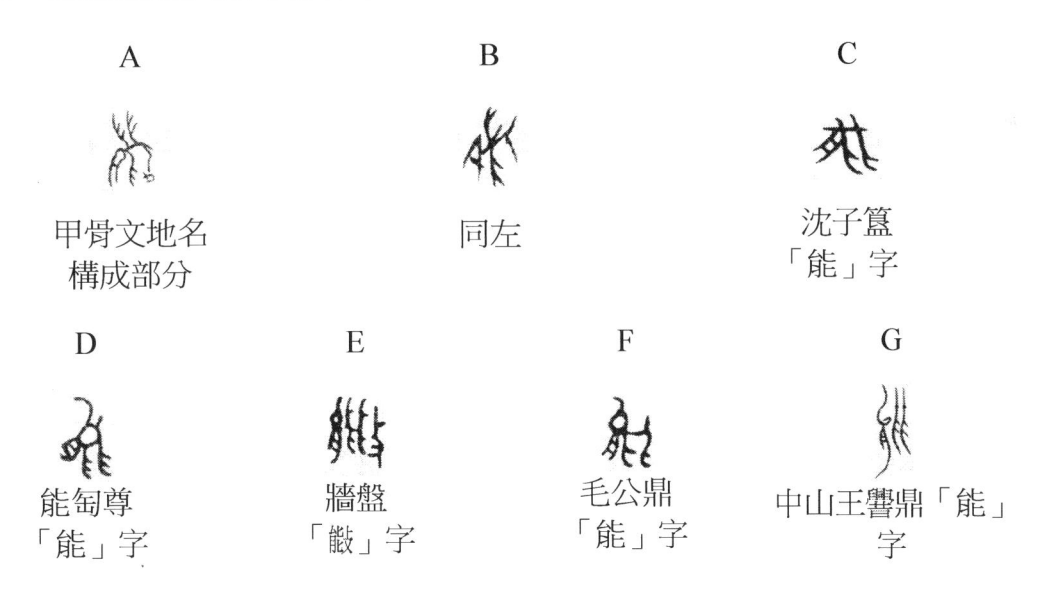

A　　　　　B　　　　　C

[圖]　　　[圖]　　　[圖]

甲骨文地名　　同左　　　沈子簋
構成部分　　　　　　　　「能」字

D　　　E　　　F　　　G

[圖]　　[圖]　　[圖]　　[圖]

能匋尊　　牆盤　　毛公鼎　　中山王嚳鼎「能」
「能」字　「毷」字　「能」字　　字

---

[27] 徐在國：〈談楚文字中的「兕」〉，《中原文化研究》2017 年第 5 期，頁 10-12。
[28] 如尉侯凱：〈《從政》箋釋一則〉，武漢大學簡帛網，2018 年 5 月 9 日，http://www.bsm.org.cn/show_article.php?id=3078。賴怡璇：〈《上博六・孔子見季桓子》「仁人之道與邪民之行」組字詞考釋〉，《第三十三屆中國文字學國際學術研討會論文集》（臺北：輔仁大學、中國文字學會主辦，2022 年 5 月 28-29 日），頁 528-531。季旭昇：〈兕字臆義〉，「騰訊會議」演講（鄭州：漢字文明傳承傳播與教育研究中心、鄭州大學漢字文明研究中心、鄭州大學文學院主辦，2022 年 11 月 5 日）。季旭昇：〈兕字臆義〉，《孔壁遺文二集》（新北市：花木蘭文化事業有限公司，2023 年），頁 1-10。

H	I	J	K
楚簡 「羆」字	葛陵簡 「𤎭」字	同左	楚帛書 「𤎭」字

裘文將以上字例隸為「𤎭」讀為「能」聲之字，此說文字隸定以及通假上都較為直接。

簡 25-26「乃𤎭盟自再（稱）自立（位）」與簡 123-124「𤎭盟不亙（縱）」中的「𤎭」字，「汙天山」讀為「能」，認為即是「賢能」的意思，「潘燈」則讀為「雄」，「熊盟」即「雄明」。筆者認為讀為「能」為優，饒宗頤即認為「𤎭」為「能」的繁體。[29]「盟」依整理者之說讀為「明」，可解釋為「通曉」，「能明」指「賢能通曉」。

〔2〕進遂〈退〉

簡文為「進遂〈退〉右（左）右付（俯）卬（仰）」，整理者認為「後」是「退」的訛字。[30]網友「不求甚解」指出土文獻中已多次見到「進後」的說法，並引用尉侯凱考釋「後」與「退」的文章作為論證說明。[31]尉侯凱認為〈參不韋〉此處的「後」並非訛字。[32]

怡璇按：尉侯凱的〈說「退」、「後」〉一文指出：[33]

「退」、「後」二字在形體上有一定的相似性（都從彳、從夊），但它們之間的差異也比較明顯（一從日，一從幺），二字互相訛混的可能性應該很小，而且它們的讀音也不相近，因此很難構成通假的關係，不過，「退」、

---

[29] 饒宗頤：〈楚帛書新證〉，《楚地出土文獻三種研究》（北京，中華書局，1993 年），頁 231。
[30] 黃德寬主編、清華大學出土文獻研究與保護中心編：《清華大學藏戰國竹簡·拾貳》，頁 118。
[31] 不求甚解：〈清華簡《參不韋》初讀〉123 樓，武漢大學簡帛論壇網，2022 年 12 月 9 日。
[32] 尉侯凱：〈也談安大簡《羔羊》中的「後人自公」〉，《簡帛》第二十六輯（上海：上海古籍出版社，2023 年），頁 73。
[33] 尉侯凱：〈說「退」、「後」〉，武漢大學簡帛網，2019 年 10 月 9 日，http://www.bsm.org.cn/show_article.php?id=3433。

「後」的本義卻很密切,《說文》:「復,卻也。一曰:行遲也。从彳,从日,从夂。𡲬,復或从內。退,古文从辵。」「後,遲也。从彳、幺、夂者,後也。遽,古文从從辵。」

馬敘倫認為「退」和「後」之間是有聲韻關係的,馬文指出「『後』為『退』之轉注字,『後』以『幺』得聲,玄聲真類,退聲脂類,脂真對轉也。」[34]馬敘倫對「轉注」的定義為我們現今的「通假」字,但「後」為匣紐侯部字,「退」是透紐微部字,聲韻關係應不是馬敘倫所言如此接近。

尉侯凱認為「退」可解釋為「後」,引《清華玖・治邦之道》簡14的「前退」解釋為「前後」、《郭店・五行》簡45-46「進,莫敢不進。後,莫敢不後。」、《上博八・王居》簡4「庶能進後人」為例,其中《安大一・詩經・羔羊》簡31-32文句為:

後人自公,委蛇委蛇。羔羊之裘,素絲五總。委蛇委蛇,後人自公。羔羊☐公後人。

簡文中的「後」於傳世本《毛詩》皆作「退」,整理者即認為二字的關係為「『後』蓋因形近被改寫作『退』」。[35]《安大一・詩經》簡文的三例「後」字作:▨(簡31)、▨(簡31)、▨(簡32,△1),前二字形皆是常見的「後」字,可以討論者為△1字形,陳劍師認為「其右上頭部與『幺』形對應者只作一重,跟『退』字古文『逞/逯』更為接近,尚可看出由『退』誤為『遽』之跡。」[36]

△1與前二字例的差異性不只是「幺」形僅做一重,究其筆畫右上形體已非幺形,字形與《清華拾・四告》簡21的「退」(▨)字十分接近。△1或即是書手在簡31寫了二次訛字之後,補回的正確字形。退一步說,△1亦釋為「後」字,尉侯凱認為「抄手為什麼會在一篇之內連續將其寫錯三次而不自知呢?」然而,楚簡的書手程度不一,一位書手一個字不斷寫訛是有例證的,李松儒指出「文字同形的現象往往是因書手的個人書寫特徵而造成的,多數的個體就成了整體的

---

[34] 馬敘倫:《說文解字六書疏證》卷之四(上海:上海書店,1985年),頁63。
[35] 安徽大學漢字發展與應用研究中心編;黃德寬、徐在國主編:《安徽大學藏戰國竹簡・一》(上海:中西書局,2019年),頁90。
[36] 陳劍:〈簡談安大簡中幾處攸關《詩》之原貌原義的文字錯訛〉,武漢大學簡帛網,2019年10月8日,http://www.bsm.org.cn/show_article.php?id=3429。陳劍:〈簡談安大簡中幾處攸關《詩》之原貌原義的文字錯訛〉,《中國文字》二〇一九年冬季號 總第二期(臺北:萬卷樓圖書股份有限公司,2019年),頁13。

特徵。……如〈凡物流形〉甲本簡 16、26 中『先』字均寫作『之』形。」[37]然而，即使如此，尉文所舉文獻例證甚多，高佑仁亦認為「後」與「退」有義近通用的可能性。[38]

本簡的「後」字作：「⬚」，字形與〈參不韋〉簡文其餘 9 例「後」字同形：

簡 21「三末辪（嗣）⬚（後）亓（其）長。」

簡 54「⬚（後）乃有慶。」

簡 58「⬚（後）乃亡。」

簡 95「自□□迬（往）𫎭（來）日之⬚（後）。」

簡 101-102「𨜢（及）乃辝（嗣）⬚（後），自上泟（省）之。」

簡 107「⬚（後）乃有央（殃）；亓（其）弗之与（與），⬚（後）乃亡（無）央（殃）。」

簡 108「⬚（後）而秉悳（德）。」

簡 121-122「⬚（後）辝（嗣）之央（殃）。」

〈參不韋〉本篇無「退」字，而上引 10 例「後」字形體一致。「退」與「遂」二字雖然右上有明顯差異，但字形偏旁佈局仍十分相似。李零已指出古文字的「退」與「後」寫法相近，二字常混淆，[39]傳世文獻中《韓非子・揚權》的「虛以靜後〈退〉，未嘗用己。」于省吾指出此處的「後」是「退」的訛字，「靜退」是古人諺語，如〈主道篇〉的「靜退以為寶」。[40]網友「海天遊蹤」（蘇建洲師）亦指出《安大一・詩經》中的「退食自公」為：[41]

「退食自公」，簡 31 作「後人自公」，後退相混如同北大《老子》「是以聖人後其身而【一三九】身先」，「後」，傳世本同，帛乙作「退」，帛甲作「芮」，亦讀為「退」。

---

[37] 李松儒：《戰國簡帛字迹研究：以上博簡為中心》（上海：上海古籍出版社，2015 年），頁 186。
[38] 此說為高佑仁私下寫信告知。（2015 年 1 月 7 日）。
[39] 李零：《人往低處走：《老子》天下第一》（北京：生活・讀書・新知三聯書店，2014 年），頁 44。
[40] 于省吾：《雙劍誃諸子新證》（北京：中華書局，1962 年），頁 277-278。
[41] 海天遊蹤：〈安大簡《詩經》初讀〉5 樓，2019 年 9 月 24 日，http://m.bsm.org.cn/forum/forum.php?mod=viewthread&tid=12687。

可見北大〈老子〉帛書甲篇中的「退」寫作「芮」，若此，「後」與「退」仍為訛寫關係為宜，故本簡的「進遂」仍是「進退」的訛寫。

〔3〕乃還（營）綍（煩）乃㭉（節）

整理者將「綍」讀為「遍」，未說明字義。[42]網友「海天遊蹤」（蘇建洲師）認為應讀為「變」。[43]網友「tuonan」（王凱博）則讀「還綍」讀為「旋便」，指迴轉。[44]羅雲君將「綍」讀為「變」，「還變」指身體進、退、左、右、俯、仰的動作都依賴於關節的變化和恢復。[45]

怡璇按：「還」字，依程浩讀為「營」，此處指「度」、「治」一類的意思。[46]「綍」字，「海天遊蹤」（蘇建洲師）引張富海所言「『鞭』『辨』『辯』『偏』『便』諸字和『弁』『變』的上古聲母皆為雙唇塞音，至近，韻部並屬元部，但兩者的主要元音並不相同。」為證，[47]認為「綍」字不可讀為「遍」，依張富海的語音論點來看，整理者與「tuonan」的論點無法成立，而學者將「綍」讀為「變」，「還變」的語意亦不明，羅雲君將「還變」指「身體進、退、左、右、俯、仰的動作都依賴於關節的變化和恢復」的意見，但本處簡文與關節無關。

「綍」或可讀為「煩」，《上博簡》與《郭店簡》皆有〈緇衣〉篇，兩篇簡文對應《禮記·緇衣》，《郭店·緇衣》簡 18 的「民此以綍」與《上博一·緇衣》簡 10「民此以綍」中的「綍」字對應今傳本的「煩」，張光裕、陳偉等學者皆認為簡文的「綍」即讀為「煩」或「繁」。[48]本處簡文「乃還（營）綍（煩）乃㭉（節）」，「營」指「治理」，「煩」指「繁雜」或「繁多」，「節」指「法度」，如《禮記·樂記》：「好惡無節於內，知誘於外，不能反躬，天理滅矣。」鄭玄注：「節，

---

[42] 黃德寬主編、清華大學出土文獻研究與保護中心編：《清華大學藏戰國竹簡·拾貳》，頁118。
[43] 海天遊蹤：〈清華簡《參不韋》初讀〉51 樓，武漢大學簡帛論壇網，2022 年 12 月 4 日。
[44] tuonan：〈清華簡《參不韋》初讀〉82 樓，武漢大學簡帛論壇網，2022 年 12 月 5 日。
[45] 羅雲君：《清華簡《參不韋》整理與研究》，頁 83。
[46] **怡璇按**：相關說明參考程浩：〈清華簡第十二輯整理報告拾遺〉，《出土文獻》2022 年第 4 期，頁 27，與本書第二章註 12。
[47] 張富海：〈釋清華簡《湯在啻門》的「褊急」〉，《古文字與上古音論稿》（上海：上海古籍出版社，2021年），頁 120。
[48] 張光裕：〈緒言〉，《郭店楚簡研究　第一卷　文字編》（臺北：藝文印書館，1999 年），頁 13。陳偉：〈上博、郭店二本《緇衣》對讀〉，《上博館藏戰國楚竹書研究》（上海：上海書店出版社，2002 年），頁 420。

法度也。」⁴⁹簡文「乃……乃」的語法，《古代漢語虛詞詞典》指出使語句和諧、對稱，可隨上下文義靈活翻譯，⁵⁰因此簡文「乃還（營）絣（煩）乃泰（節）」即是指「治理眾多之事乃依照法度」。

〔4〕五刑悤=（則，則）五泰（節），為廿有五刑=（刑；刑）五逗（屬），為百有廿五罰（罰）

　　整理者斷句為「五刑悤=（則則）五泰（節）為廿有五刑=（刑，刑）五逗（屬）為百有廿五罰（罰）」，並指出「逗」為另一書手所補。⁵¹賈連翔斷句為「五刑則，則五泰（節），為廿有五刑；刑五屬，為百有廿五罰。」⁵²網友「肖大心」（劉釗師）認為「文中『為』字用法類似『謂』。這段簡文是說『五刑則』每則分為五節，5×5 共 25 刑，每刑又再分五屬，25×5 共 125 罰。這段簡文雖然出現了相連的『刑』和『罰』，但是這裡的『刑』和『罰』是作為『五刑則』的分類標目出現的，似乎還不能視為真正『刑法』『刑罰』意義上的『刑罰』。」⁵³網友「子居」認為無法證明「逗」字是「另一書手所補」。⁵⁴

　　怡璇按：整理者未詳細說明「逗」字是另一位書手所補之因，但《清華簡》整理者之一的賈連翔於〈守正與變易之間：「同卷異寫」現象的發現與古書底本特色判定方法的反思〉一文中將〈參不韋〉列入因「續寫」而導致「同卷異寫」的類型，認為《清華壹‧皇門》的書手對〈參不韋〉的內容進行校讎的工作，並指出本處的「逗」即與〈皇門〉書手所寫的「逗」字相同。⁵⁵李松儒亦認為「逗」字為〈皇門〉書手所寫。⁵⁶

---

49 〔漢〕鄭玄注，〔唐〕孔穎達疏，龔抗雲整理，王文錦審定；十三經整理委員會整理，李學勤主編：《十三經注疏‧禮記正義》（北京：北京大學出版社，1999 年），頁 1083。
50 中國社會科學語言研究所古代漢語研究室編：《古代漢語虛詞詞典》（北京：商務印書館，1999 年），頁 382。
51 黃德寬主編、清華大學出土文獻研究與保護中心編：《清華大學藏戰國竹簡‧拾貳》，頁 119。
52 賈連翔：〈清華簡《參不韋》的禱祀及有關思想問題〉，《文物》2022 年第 9 期，頁 60。
53 肖大心：〈《參不韋》第一段試解（一）〉，復旦大學出土文獻與古文字研究中心網學術討論區，2022 年 12 月 11 日，http://www.fdgwz.org.cn/forum/forum.php?mod=viewthread&tid=25042。
54 子居：〈清華簡十二《參不韋》解析（三）〉，先秦史論壇網，2023 年 2 月 4 日。
55 賈連翔：〈守正與變易之間：「同卷異寫」現象的發現與古書底本特色判定方法的反思〉，《古文字與中華文明國際學術研討會論壇論文集》（北京：清華大學主辦，清華大學出土文獻研究與保護中心、古文字工程秘書處承辦，2023 年 10 月 21-22 日），頁 451-471。
56 李松儒：〈清華簡中的特殊書手群及相關問題研究〉，《首屆出土文獻語言文字研究國際學術研討會論文集》

本簡的「逗」字作「㦊」，〈皇門〉書手的「逗」字為「㦊」(《清華柒‧晉文公入於簡》簡1)，[57]李松儒認為此書手的書寫特徵是頓壓起筆，起筆時較用力，使每個筆畫的起筆處都形成明顯的頓壓痕跡，[58]「㦊」所從的辵旁確實有李松儒所指明的字跡特點，而簡 27 諸字如「亞」、「五」、「罰」等形體皆無此特徵，因此筆者贊同「逗」字是「另一書手所補」的意見。

整理者斷句為「五刑懇=（則則）五桼（節）為廿有五刑=（刑，刑）五逗（屬）為百有廿五罰（罰）」，賈連翔改斷句為「五刑則，則五桼（節），為廿有五刑；刑五屬，為百有廿五罰。」「肖大心」（劉釗師）進一步說明「這段簡文是說『五刑則』每則分為五節，5×5 共 25 刑，每刑又再分五屬，25×5 共 125 罰」，簡文的「逗」讀為「屬」，指「類別」，賈連翔與「肖大心」（劉釗師）的斷句以及理解應該是較精準的。「肖大心」另指出「文中『為』字用法類似『謂』」，筆者認為「為」字解釋為「是為」即可。本句簡文表示「五刑則，則有五法度（「節」訓為「法度」，見本章第 3 則），是為共二十五刑；刑有五種類別，是為百又廿五罰」。

〔5〕以叀（詰）不宜、剚（專）忘（妄）、罚（罰）不周（調）

網友「ee」（單育辰）指出此段文字是與道德有關的一種行為規範，並認為「宜」應讀為「義」。[59]網友「哇那」認為本篇的「不周」可能是「不調」的意思。[60]夏含夷將「以叀（詰）不宜、剚（專）忘（妄）、罚（罰）不周」解釋為「禁止（那些）不正常、（那些）專擅、（那些）狂妄，而刑罰那些不具備善行的人」。[61]

（彰化：彰化師範大學國文學系、成功大學中國文學系、臺灣出土文獻研讀會主辦，2022 年 12 月 17-18 日），頁 327。

[57] 李松儒認為〈皇門〉書手共書寫了〈皇門〉、〈鄭武夫人規孺子〉、〈鄭文公問太伯〉（甲、乙本）、〈子儀〉、〈子犯子儀〉、〈晉文公入於晉〉、〈趙簡子〉、〈越公其事〉、〈天下之道〉、〈八氣五味五祀五行之屬〉與〈虞夏殷周之治〉等 12 篇竹書。李松儒：〈清華簡中的特殊書手群及相關問題研究〉，《首屆出土文獻語言文字研究國際學術研討會論文集》，頁 327，註 4。

[58] 李松儒：〈清華七《子犯子餘》與《趙簡子》等篇字迹研究〉，《出土文獻》第十五輯（上海：中西書局，2019 年），頁 179-180。

[59] ee：〈清華簡《參不韋》初讀〉40 樓，武漢大學簡帛論壇網，2022 年 12 月 2 日。

[60] 哇那：〈清華簡《參不韋》初讀〉134 樓，武漢大學簡帛論壇網，2022 年 12 月 10 日。

[61] 夏含夷：〈想要與致使：四論周代「甶/思」字用法和意思〉，《古文字與中華文明國際學術研討會論壇論文集》，頁 39。

怡璇按:「哇那」認為「不周」指「不調」,「不調」解釋為不協調之義,「不調」應有主語,如同「哇那」所舉的例子「《淮南子・原道》『貴其周於數而合於時也』」,〈原道〉此句「周」的主詞為「數」,而本簡「罰不周」的「周」雖可讀為「調」,但「哇那」未指出本句的「調合」之物。

簡文「以叀（詰）不宜、剸（專）忘（妄）、刑（罰）不周（調）」出於簡30-31,此處的「不調」之事即是下文簡 33-34 的內容:

> 攺（啟）,而不䎽（聞）天之司馬豐留（隆）之昀（徇）於幾之易（揚）、刑（罰）百神、山川、漛（溪）浴（谷）、百芔（草）木之<u>不周</u>。

簡 33-34 的「不周」讀為「不調」,「不調」的主詞是指山川、溪谷、百草等自然萬物。以此推斷,本句簡 30-31「罰不周」的主詞可能是下文簡 33-34 的省略,主詞即指下文山川等萬物,故「周」讀「調」可從。「山川、溪谷、百草不調」的語句類似典籍常見的「陰陽不調」。

筆者贊同「ee」對於「不宜」的解釋,但「宜」本身即有「義」的意思,《國語・晉語四》:「守天之聚,將施於宜,宜而不施,聚必有闕。」韋昭注:「宜,義也。」[62]因此此處的「宜」不需通假為「義」。

「不宜」、「專妄」、「罰不周（調）」原以逗號分開,此三項為並列結構,改為頓號,而夏含夷對此句的翻譯不夠準確,本段是告誡「啟」整頓官吏與平民（整理者已將「詰」訓為「禁止、糾察」）[63],「專妄」指官吏專制與不法之事,「罰不調」指刑罰所有不協調之事。

〔6〕𢀜（縱）

整理者指出「𢀜」字見於《清華拾・四時》、戰國齊莒侯少子簠,可釋為「規」的異體,從「工」中加一「○」,與「巨」從斜曲畫不同,大概因「規矩」二字常連用,於是取「巨」字換讀「規」,並對字形略加改造,變中部曲畫為圖形符

---

[62] 徐元誥撰;王樹民、沈長雲點校:《國語集解》（北京:中華書局,2002 年）,頁 329。
[63] 黃德寬主編、清華大學出土文獻研究與保護中心編:《清華大學藏戰國竹簡・拾貳》,頁 119。

號，遂構成「規」字異形，簡文中皆讀為「懈」。[64]網友「質量復位」認為可釋為「玉」，同義換讀為「圭」，再讀為「解」或「懈」。[65]網友「紫竹道人」（鄔可晶）認為即是「塞、賽」、「展」、「堵」等字所從的「工*」形，楚文字中或變與「玉」同形，可能是古書中當「土坯磚」講的「墼」的初文。[66]網友「王寧」認為此字從「巨」當無疑義，戰國文字中「巨」字在「工」（矩之象形）上加個「S」形筆畫，正表示其句曲之意，古人稱弓之屈曲為「句」，張滿彎曲亦曰「句」，弓句曲則緊張，平直則鬆懈，它物可類比意會之，體現在文字上，是在「工（巨、矩）」形上加個「○（環）」會意，「環」者旋也，還復也，表示由句曲還復平直，所以此字就是鬆解（懈）之「解（懈）」的表意字，與「規」無關。[67]

怡璇按：〈參不韋〉的「亜」字共 12 例，字形作「亜」，相關辭例為：

簡 31-32：臺（萬）民毋亜弗敬，亜乃罰（罰）。（△1）

簡 32-33：日月之亜，日月受央（殃）。（△2）

簡 61：女（汝）乃逆天之命，䛊（亂）兇亜不用天愳（則）。（△3）

簡 80-81：盍（恪）才（哉）毋亜，毋吳（虞）唯訐（信）。（△4）

簡 92：思（使）旾（春）秌（秋）各（冬）叚（夏）寒㫺（暑）亜不以亓（其）寺（時）行。（△5）

簡 101：某不敢亜，乃某亜而䛊（亂）愳（則）。（△6）

簡 112：毋亜弗敬。（△7）

簡 112-113：旾（春）秌（秋）各（冬）叚（夏）寒㫺（暑）不亜。（△8）

簡 122：䆝（昏）有亜惪（德）。（△9）

簡 123-124：䏻（能）睪（明）不亜。（△10）

〈四時〉則有兩例：

---

[64] 黃德寬主編、清華大學出土文獻研究與保護中心編：《清華大學藏戰國竹簡·拾貳》，頁 119。
[65] 質量復位：〈清華簡《參不韋》初讀〉29 樓，武漢大學簡帛論壇網，2022 年 11 月 30 日。
[66] 紫竹道人：〈清華簡《參不韋》初讀〉70 樓，武漢大學簡帛論壇網，2022 年 12 月 4 日。
[67] 王寧：〈清華簡《參不韋》初讀〉148 樓，武漢大學簡帛論壇網，2022 年 12 月 12 日。

簡 2：亞凍

簡 4：四鉤皆亞

〈四時〉整理者認為據文例意思當與「解」相近。[68]筆者認為由以上辭例可以發現不論是〈四時〉或是〈參不韋〉的簡文，皆沒有一定要將「亞」讀為「解」聲的強烈證據。

筆者認為「亞」形與西周中期的「[圖]」（散簋，《集成》4099.2）中間偏旁基本一致，而此形即是陳劍師考釋的「亞」字。依據陳劍師的考釋意見，此字形的造字本義為「琮」這款玉器，此款玉器的特色是中間為空心，陳文指出此形是「玉琮大都作中圓、外四方之形」，如商代的竹宔父戊方彝「[圖]」（《集成》9878）中間正是作圓形狀，殷墟甲骨文如《懷特》362「亞」字作「[圖]」等，中間都正是作圓形的，另也有中間作方形的如「亞」字作「[圖]」（孟簋，《集成》4163），在殷代和西周金文或用作「寵」、「造」，在楚簡中可讀為「從」與「晉」、「宗」三類聲符。[69]

「亞」若為「亞」，則形體構件有一點需要說明，「琮」是中空的玉器（豆），因此我們可見的甲骨、金文皆是中間一個圓形或方形，未見中間一豎筆者，而「亞」中間的圓形部件中間是被豎筆貫穿，字形較不相合。但古文字演變本即有豎筆穿越中空部件的例子，如「臣」字，甲骨文作「[圖]」（《合集》616），郭沫若指出此字構形為「均象一豎目之形，人首俯則目豎」，[70]甲骨文的「臣」字中間眼睛部份為中空，有時加入一點作「[圖]」（《合集》27896），楚簡文字則豎畫皆貫穿中間部件作「[圖]」（《上博六・用曰》簡 13）、「[圖]」（《清華柒・越公其事》簡 35）。[71]又如「不」字，甲骨文作「[圖]」（《合集》6834 正），郭沫若指出「▽」象子房，「凵」象萼，「人」象花蕊之雄雌，[72]楚簡的「不」字最常見者為「[圖]」（《包山》2.61）形，但亦可見豎筆連貫而下的字形「[圖]」（《包山》2.242）、「[圖]」（《上博九・陳公治兵》簡 4）。除此之外，陳劍師亦已指出

---

[68] 黃德寬主編，清華大學出土文獻研究與保護中心編：《清華大學藏戰國竹簡・拾》（上海：中西書局，2020 年），頁 134。
[69] 陳劍：〈釋「琮」及相關諸字〉，《甲骨金文考釋論集》（北京：線裝書局，2007 年），頁 273-316。
[70] 郭沫若：〈釋臣宰〉，《郭沫若全集　考古編　第一卷》（北京：科學出版社，1982 年），頁 70。
[71] 「臣」字字例由田煒師提供。（2024 年 9 月 23 日）
[72] 郭沫若：〈釋祖妣〉，《郭沫若全集　考古編　第一卷》（北京：科學出版社，1982 年），頁 53。

「琮」這個玉器作「⬚」(《文物》2004 年第 4 期 43 頁圖一一四) 中間原從圓形，但上引孟簋的字形從方形（⬚），可見「玉琮」中間部件的形體會隨著字形演變而改動。

我們可以推論「亞」的文字演變為：

⬚（亞，商代金文）→ ⬚（亞，西周金文）→ 亞（亞，戰國楚簡）

若「亞」為「亞」字，那麼此形與陳劍師考釋的楚簡「⬚」（《葛陵》簡零 189）的關係則需要再討論。〈參不韋〉的字體不是傳統的楚文字，李松儒指出本篇部份文字具有齊系文字的特點，文中以「心」旁作「⬚」（忘，簡 30）為齊系形體例證，最後得出「〈參不韋〉書手群所書字跡不應歸入楚文字」的結論，並贊同單育辰的推測〈參不韋〉書手群所在的國家為魯，以及〈參不韋〉書手群所抄的篇章是楚人從魯國得到的文獻。[73] 同時趙平安亦指出〈參不韋〉字形有齊系特徵，並以「達」、「於」等字形為例。[74] 筆者於本書的「前言」部份討論〈參不韋〉的字形特徵，部份特殊字形雖非楚簡常見字形，但亦見於齊、晉等不同地區，甚至大部份皆是繼承甲、金文的存古字體，因此〈參不韋〉部份文字具有非楚文字特徵，但卻難以確切指出僅具齊系文字特徵。

整理者已指出「亞」亦出現在戰國齊國的莒侯少子簋（《集成》4152），作為偏旁見於《陶文圖錄》三・一六四・三等齊系文字資料中，可見「亞」字形可能與「⬚」的文字演變來源不同。「亞」即是存古字形，相關例證如「襄」字，楚文字的「襄」作「⬚」（《包山》2.103），但具有齊系文字特徵的《郭店・語叢二》簡 3 則作「⬚」，蘇建洲師指出後者字形為繼承甲骨、金文的存古文字，甲骨字形如「⬚」（瀼，《合集》28188），[75] 因此「亞」與「⬚」雖皆為楚簡文字，但表示同一文字是可能的。

---

[73] 李松儒：〈清華簡中的特殊書手群及相關問題研究〉，《首屆出土文獻語言文字研究國際學術研討會論文集》，頁 327-335。

[74] 趙平安：〈「達」字新證〉，《古文字與中華文明國際學術研討會論壇論文集》（北京：清華大學主辦，清華大學出土文獻研究與保護中心、古文字工程秘書處承辦，2023 年 10 月 21-22 日），頁 1080-1081。

[75] 蘇建洲：〈《郭店・語叢二》簡 3「襄」字考〉，復旦大學出土文獻與古文字研究中心網，2010 年 3 月 7 日，https://www.fdgwz.org.cn/Web/Show/1100，收入蘇建洲：〈《郭店・語叢二》簡 3「襄」字考（附論：

「🈀」繼承甲骨「🈀」、金文「🈀」的字體，而非常見的楚簡文字，此現象為文字的「存古」現象。「存古」文字指時代較晚的文字帶有早期文字的特點，與當代的文字形體不同，如郭永秉即指出《清華貳・繫年》的字形具有古老、正統的特色，戰國古書類楚簡的「古書語言」具有「存古」性，例如「老」字，〈繫年〉可見常見的楚文字形體「🈀」（簡 73），也可見承繼早期古文字象長髮披散的拄棍老人之形的「🈀」（簡 76）。[76] 趙平安也指出《清華拾・四告》的文字與甲骨文關係密切，例如簡 13 的「🈀用中型」的「🈀」字和甲骨文的「🈀」（《屯南》2408）酷似，並引用王子楊考釋甲骨文「🈀」的論證，指出此形從「⿱」（即鏟畚類挖土工具）從井，後世寫作「阱」，〈四告〉的「🈀」是甲骨文「🈀」寫法略微省簡的結果。[77] 網友「海天遊蹤」（蘇建洲師）亦指出〈參不韋〉簡 73、74 與 117 的「毀」字作「🈀」、「🈀」、「🈀」，形體皆從土，是繼承西周中期霸伯盂（《新收》893）的「毀」字，楚簡首見，為存古字形。[78] 〈參不韋〉的「異」字作「🈀」（簡 19），于夢欣認為其筆勢亦有甲骨文造字初形本義的「手形」意味。[79]

陳劍師指出「🈀」字形在楚簡中可讀為「從」與「朁」、「宗」三類聲符，「𡉈」於〈參不韋〉中可讀為「縱」與「僭」。「人事類」的△1、△3、△4、△6、△7、△9、△10 以及莒侯少子簋銘文「乃孝孫不𡉈」的「𡉈」皆讀為「縱」，解釋為「放縱」。「星相類」與「四時類」的「𡉈」則讀為「僭」，指「差失」，如《書・湯誥》：「天命弗僭，賁若草木，兆民允殖。」孔傳：「僭，差也。」[80] △2「日月之𡉈（僭）」意思約是文獻「日月之行」、「日月之運行」文句的相反義，指不依原定軌跡運行，天時大亂之義。四時類的△5「旾（春）䆃（秋）各（冬）畺（夏）寒昏（暑）𡉈（僭）不以亓（其）寺（時）行」和△8「旾（春）䆃（秋）各（冬）

《語叢一》90、《語叢二》44 兩個疑似「襄」字）〉，《楚文字論集》（臺北：萬卷樓圖書股份有限公司，2011 年），頁 105-118。

[76] 郭永秉：〈清華簡《繫年》抄寫時代之估測——兼從文字形體角度看戰國楚文字區域性特徵形成的複雜過程〉，《文史》2016 年第 3 期，頁 5-42。

[77] 趙平安：〈清華簡《四告》的文本形態及其意義〉，《文物》2020 年第 9 期，頁 73-74。王子楊：〈釋甲骨文中的「阱」字〉，《文史》2017 年第 2 期，頁 5-15。王子楊：〈釋甲骨文中的「阱」字〉，復旦大學出土文獻與古文字研究中心網，2019 年 10 月 21 日，https://www.fdgwz.org.cn/Web/Show/4470。

[78] 海天遊蹤：〈清華簡《參不韋》初讀〉51 樓，武漢大學簡帛論壇網，2022 年 12 月 4 日。

[79] 于夢欣：〈試說楚簡文字字形與時代劃分問題——以新蔡葛陵簡為例〉，《文史》2023 年第 4 期，頁 28-29。

[80] 〔漢〕孔安國撰，廖名春、陳明整理，呂紹剛審定；十三經整理委員會整理，李學勤主編：《十三經注疏・尚書正義》（北京：北京大學出版社，1999 年），頁 200-201。

虽（夏）寒昬（暑）不巠（僣）」，△5 指四時運行有所差失不依天時運行，△8
則是四時運行依時序無錯。〈四時〉的兩個辭例，應也讀為「僣」，亦與天時相關。

　　簡文辭例為：

人事類：

莒侯少子簋：「乃孝孫不巠（縱）」

〈參不韋〉簡 31-32：臺（萬）民毋巠（縱）弗敬，巠（縱）乃罰（罰）。（△1）

〈參不韋〉簡 61：女（汝）乃逆天之命，嚻（亂）兇巠（縱）不用天慭（則）。（△3）

〈參不韋〉簡 80-81：盇（恪）才（哉）毋巠（縱），毋吳（虞）唯訐（信）。（△4）

〈參不韋〉簡 101：某不敢巠（縱），乃某巠（縱）而嚻（亂）慭（則）。（△6）

〈參不韋〉簡 112：毋巠（縱）弗敬。（△7）

〈參不韋〉簡 122：瞿（昏）有巠（縱）惪（德）。（△9）

〈參不韋〉簡 123-124：㝅（能）罞（明）不巠（縱）。（△10）

星相類與四時類：

〈參不韋〉簡 32-33：日月之巠（僣），日月受央（殃）。（△2）

〈參不韋〉簡 92：思（使）旾（春）秌（秋）各（冬）虽（夏）寒昬（暑）巠（僣）不以亓（其）寺（時）行。（△5）

〈參不韋〉簡 112-113：旾（春）秌（秋）各（冬）虽（夏）寒昬（暑）不巠（僣）。（△8）

〈四時〉簡 2：巠（僣）凍。

〈四時〉簡 4：四鉤皆巠（僣）。

〈參不韋〉本處簡文的「䖏（萬）民毋㢴（縱）弗敬」仍有一點需解釋，「縱」一般對應的主語會是君王、貴族等上位的統治者，較少是指「萬民」，但仍是可以找到相關辭例，《商君書‧開塞》：「以義教，則民縱；民縱，則亂；亂，則民傷其所惡。」即是指人民放縱。[81]

〔7〕而不翻（聞）天之司馬豐留（隆）之昀（徇）於幾之昜（揚）

整理者認為「豐隆」為「雷神」，「昀」讀「徇」，指「巡行」，「幾」訓為「時」，此句言罰百神、山川、溪谷、百草木之不周。[82]網友「子居」對於「豐隆」有詳細的補充資料，將「昜」讀為「揚」，訓為「舉」。[83]王勇認為「幾」字或取「幾微」之「幾」，「陽」訓為「明」，「幾」之處微、處陰，其陽之時，是幾已發，簡文指司馬豐隆之巡行，正在發現這些「幾」，避免「幾之陽」，蓋以防微杜漸。[84]羅雲君認為「昜」讀本字，訓為「開」。[85]

怡璇按：此句全文為「攽（啟），而不翻（聞）天之司馬豐留（隆）之昀（徇）於幾之昜（揚）、羿（罰）百神、山川、淾（溪）浴（谷）、百芔（草）木之不周（調）。」中的「而不翻（聞）天之司馬豐留（隆）之昀（徇）於幾之昜」一句，與下文「而不翻（聞）而先且（祖）白（伯）鯀不已（已）帝命」為並列關係，皆是顯示某人做某些事情，因此「昀（徇）於幾之昜」的「於」字可解釋為「在」，「幾之昜」可能指具體的地方或是具體的時間、事件，而此處／時的雷神懲罰「百神」、「山川」、「溪谷」、「百草木」的不調和情況。

「幾」字的解釋，應同王勇所言「取『幾微』之『幾』」，指事情發生前的先兆，表示雷神洞察先機。「昜」字同「子居」所言讀「揚」，但解釋為「傳播」，如《淮南子‧覽冥訓》：「不彰其功，不揚其聲。」高誘注：「彰、揚皆明也。」[86]

簡文「攽（啟），而不翻（聞）天之司馬豐留（隆）之昀（徇）於幾之昜（揚）、

---

[81]〔戰國〕商鞅著，張覺譯注：《商君書全譯》（貴陽：貴州人民出版社，1993年），頁102-103。石磊譯注：《商君書》（北京：中華書局，2011年），頁72-73。
[82] 黃德寬主編、清華大學出土文獻研究與保護中心編：《清華大學藏戰國竹簡‧拾貳》，頁120。
[83] 子居：〈清華簡十二《參不韋》解析（三）〉，先秦史論壇網，2023年2月4日。
[84] 王勇：〈清華簡《參不韋》釋讀小議八則〉，武漢大學簡帛網，2023年6月19日。
[85] 羅雲君：《清華簡《參不韋》整理與研究》，頁90。
[86] 何寧：《淮南子集釋》（北京：中華書局，1998年），頁485。

𦉢（罰）百神、山川、溼（溪）浴（谷）、百芔（草）木之不周（調）。」表示上天的司馬雷神在巡行先兆後傳播（給眾生），處罰負責的百神、山川、溪谷與百草木等不協和之事，使天下事物回歸正位。

〔8〕圅（緘）才（在）柙（柙）商（當／章）

　　整理者將「圅」分析為从口、咸（咸）聲，「緘」字異形，「柙」即「柙」字，疑讀為「袷」，引《禮記・喪大記》「君襑衣襑衾」，鄭注：「襑，袷。」《玉篇》：「袷，同袷。」「商」疑讀為「裳」，「柙裳」指斂尸之物，簡文謂「伯殷象帝命，而緘在柙商」，疑指伯禹生能效法帝命，死則依古法喪葬之事。[87] 程浩將「圅」讀「緘」，有封緘、收斂的意思，「柙商」則為禹死後的容尸之具，亦疑「柙」可讀為「匣」，即斂尸之棺，「商」或讀為「腸」，即圍棺之椁，類似於戰國以後高級貴族墓葬流行的「黃腸題湊」，簡文是記述禹死後以匣為棺、堆木為椁的葬制。[88]

　　網友「王寧」認為「圅」是「殮」的或體，後放棄此說，並認為整理者與網友「哇那」讀為「緘」和「械」皆可，指「束棺的繩子」，另將「柙商」讀為「柙章（樟）」，指用良木做的棺材。[89] 網友「哇那」將「圅」讀為「械」。[90] 網友「汗天山」（侯乃峰）認為程浩將「商」讀為「腸」之說不合戰國的喪制，而「匣」指「斂尸的棺椁」，「商」讀為「嶂」，指「如屏障的山峰」，「緘在匣嶂」或是代指大禹死後以棺椁斂屍而埋葬於會稽山之事，簡文言「緘在匣嶂」，含有尊崇大禹及其喪葬之制的意味。[91] 網友「子居」贊成「柙」讀為「匣」的意見，但將「商」讀為「牆」。[92]

　　怡璇按：「圅」讀為「緘」可信，如同整理者所引《墨子・節葬》：「禹東教乎九夷，道死，葬會稽之山。衣衾三領，桐棺三寸，葛以緘之，絞之不合，通之不埳，土地之深，下毋及泉，上毋通臭。」由〈節葬〉內容可見於東周時期流傳夏禹的棺材是「葛以緘之」。

---

[87] 黃德寬主編、清華大學出土文獻研究與保護中心編：《清華大學藏戰國竹簡・拾貳》，頁 120-121。
[88] 程浩：〈清華簡《參不韋》中的夏代史事〉，《文物》2022 年第 9 期，頁 66。
[89] 王寧：〈清華簡《參不韋》初讀〉125、138 樓，武漢大學簡帛論壇網，2022 年 12 月 9、11 日。
[90] 哇那：〈清華簡《參不韋》初讀〉133 樓，武漢大學簡帛論壇網，2022 年 12 月 10 日。
[91] 汗天山：〈清華簡《參不韋》初讀〉167 樓，武漢大學簡帛論壇網，2022 年 12 月 24 日。
[92] 子居：〈清華簡十二《參不韋》解析（三）〉，先秦史論壇網，2023 年 2 月 4 日。

「柙」與「商」二字，「柙」應不可讀為「匭」，「匭」是放小東西的盛物器具，如《書・禹貢》：「包匭菁茅」，孔傳：「匭，匣也。」《正義》：「匣是匱之別名，匱之小者。菁茅所盛，不須大匱，故用匣也。」[93]因此「匭」字很難解釋為放置尸體的棺材。而整理者將「柙」再讀為「袷」，將「商」讀為「裳」，認為「柙裳」指斂尸之物，此說的推測意味較強。程浩將「商」讀為「腸」，「匭腸」是「以匭為棺、堆木為椁的葬制」，此說證據不足。「汗天山」將「商」讀為「嶂」，認為「緘在匭嶂」此句是代指大禹死後以棺椁斂屍而埋葬於會稽山之事，傳世文獻記載大禹死後葬於會稽山，但「嶂」是否能引申至此含義，未能證明。「王寧」將「商」讀「章（樟）」，指用良木做的棺材，但前文是用簡陋的繩子綑綁，後文卻是使用好的木材棺材，前後文義不連貫。「子居」將「商」讀為「牆」，兩個字的韻部雖然都是陽部，但「商」為審紐，「牆」為從紐，聲韻差距較遠。

學者已指出簡文的「聞而先祖伯鯀不俟帝命，而不葬」與「而視而考父伯禹象帝命，而緘在柙商」為對文，前句是鯀不等待帝命就私自行動，「不葬」一詞指沒有下葬，而與之對應的「緘在柙商」一句，文義應是指先父伯禹因為遵從帝命，因此有好好地下葬。《越絕書・外傳記地傳》：「以為禹葬以法度，不煩人眾。」其中的「葬以法度」或可與本句對應。

「商」可讀為「章」或「當」。若讀為「章」則解釋為「法度」，《清華拾肆・兩中》簡 50「濬（淘）元（其）又（有）商（章）」，整理者即將「商」讀為「章」，訓為「法度」。[94]「商」或讀為「當」，「商」聲可通「尚」聲，雖然兩聲的通假於楚簡中較為罕見，但仍是有例證，如《清華拾・四告》簡 20「隹（唯）尔（爾）俞秉天商（常）」，「商」讀為尚聲的「常」字，故〈參不韋〉本處簡文的「商」可讀為「當」，指「合宜、適當」。

「柙」為「柙」字，可讀為「愜」，「甲」聲與「夾」聲常通用，如《老子》七十二章「無狎其所居。」嚴遵本的「狎」作「挾」，何上本作「狹」，《周禮・夏官》：「則以并夾取之」，鄭注：「夾讀為甲。」[95]《顏氏家訓》「文章地理，必須愜當」，漢語有「愜當」一詞，但出現較晚，指「合宜」。

---

[93] 〔漢〕孔安國撰，廖名春、陳明整理，呂紹剛審定；十三經整理委員會整理，李學勤主編：《十三經注疏・尚書正義》，頁 150。
[94] 黃德寬主編、清華大學出土文獻研究與保護中心編：《清華大學藏戰國竹簡・拾肆》（上海：中西書局，2024 年），頁 144。
[95] 高亨編：《古字通假會典》（濟南：齊魯書社，1989 年），頁 697。

簡文「慹（惬）商（當）」二字皆有「滿足、合適」一類意思，前者如《戰國策·燕策二》：「望諸君乃使人獻書報燕王……先王以為惬其志，以臣為不頓命，故裂地而封之。」，「當」字解釋為「滿足」的辭例甚多，例不繁舉。「國（緘）才（在）慹（惬）商（當）」的「在」字為語助辭無義，如《孟子·梁惠王上》「惡在其為人父母也。」[96]

簡文「而艮（視）而丂（考）父白（伯）壆（禹）象帝命，而國（緘）才（在）慹（惬）商（當／章）」是指先父伯禹遵守帝命，最後得以合乎禮制（法度）地斂尸下葬，此句與前文的「先且（祖）白（伯）鯀不巳（矣）帝命，而不瘞（葬）」互為對應。

〔9〕向（尚）有利宜

「向」字的形體作「☒」，整理者將簡文「高下西東南北險易，向有利宜」解釋為「高下西東南北險易不同，各有其宜，不能膠柱鼓瑟、拘泥固化。」[97] 網友「tuonan」（王凱博）指出此字可看作「宀」裂開後向「^^」演變途中的一時逆回，因此呈現出「宀」與「^^」都出現並雜糅一起的狀態。[98] 張新俊認為此字應是「各」的誤書，簡文「各有利宜」文從字順。[99]

怡璇按：「向」字形體作「☒」，此字若隸為「各」，於詞義上較好，但楚簡的「各」字作「☒」（《清華柒·子犯子餘》簡 7），字形形體與「☒」差距甚大，且「各」與「向」皆為常見字，訛寫的可能性不高。整理者隸為「向」，「tuonan」為字形做了解釋，其文指出楚簡的「向」字有二形：从^^的「☒」（《清華拾壹·五紀》簡 55）與从宀的「☒」（《清華參·良臣》簡 5），而「tuonan」認為「☒」是這兩種字形的雜糅的確是一種思路。

此字若解釋為「向」，「向」於簡文中較難解釋，整理者亦是以「各有其宜」模糊帶過。「向」或可讀為「尚」，楚簡與傳世文獻皆有通假例證，《上博三·彭

---

[96] 俞敏監修，謝紀鋒編纂：《虛詞詁林》（哈爾濱：黑龍江人民出版社，1992 年），頁 177。
[97] 黃德寬主編、清華大學出土文獻研究與保護中心編：《清華大學藏戰國竹簡·拾貳》，頁 120-121。
[98] tuonan：〈清華簡《參不韋》初讀〉122 樓，武漢大學簡帛論壇網，2022 年 12 月 9 日。
[99] 張新俊：〈清華簡《叁不韋》字詞釋讀三則〉，《第二屆簡牘學與出土文獻語言文字研究學術研討會論文集》（蘭州：西北師範大學，2023 年 8 月 4-7 日），頁 698-699。張新俊：〈清華簡《參不韋》字詞釋讀三則〉，《簡牘學與出土文獻研究》第 4 輯（北京：商務印書館，2024 年），頁 18-20。

祖》簡 8「毋敀（逐）賵（富），毋叴（誇）叚（賢），毋向（尚）桓（樹）。」[100]《清華伍・封許之命》簡 2「向（尚）脣（純）畢（厥）悳（德）。」張富海曾將此二處的「向」分別讀為「鏡」和「竟」，並認為「向」與「尚」讀音不近。[101]但「向」字為審紐陽部，「尚」為禪紐陽部，韻部相同，聲紐旁轉，讀音很近，且傳世文獻即可見二字相通字例，如《呂氏春秋・先識覽・處方》：「向摯。」《通鑑外紀》作「尚摯」。[102]高佑仁則指出「《說文》『尚』字从『向』得聲，表示至少二字在漢代音韻非常接近。[103]因此我們認為「尚」與「向」應可通假。

簡文「高下西東南北險易，向（尚）有利宜」的「尚」解釋為「仍然」、「還」，[104]如《詩・大雅・蕩》：「雖無老成人，尚有典刑。」簡文此句即是指「高下西東南北險易不同，仍然有其利、宜之處」。

〔10〕兵〈戒？〉民

整理者認為「兵民」與「教眾」相關，而「兵」當為「戒」字，疑書手誤用，簡 94「自兵」之「兵」亦當為「戒」字之誤。[105]賈連翔認為「兵」屬常見字，但簡 41、94 兩例倘若如字釋讀則很難講通，並指出整理小組討論時王磊提出此兩例可能是「戒」字異體，即將「廾」上所從的「戈」換為近義義符「斤」，從而與「兵」字同形混訛，簡 41「戒民」與「教眾」相對應，簡 94「自戒」與「自慎」、「自質」並列，並認為作為義符的「戈」換作「斤」，符合戰國文字一般的異構邏輯。[106]網友「質量復位」指出簡 41「在則是謂兵〈戒〉民」，簡 94「自兵〈戒〉」，兩個「兵」應非訛寫，「兵」有「防」的意思，「兵民」即「防民」，「戒」

---

[100] 釋文參李綉玲撰寫，季旭昇校寫：〈〈彭祖〉譯釋〉，《《上海博物館藏戰國楚竹書（三）》（臺北：萬卷樓圖書股份有限公司，2005 年），頁 247。

[101] 張富海：〈讀清華簡《說命》小識〉，「簡帛文獻與古代史 學術研討會暨第二屆出土文獻青年學者論壇論文集」（上海：復旦大學歷史學系、復旦大學出土文獻與古文字研究中心主辦，2013 年 10 月 19-20 日），頁 73-74。張富海：〈清華簡字詞補釋三則〉，《古文字研究》第三十一輯（北京：中華書局，2016 年），頁 353-354。兩篇文章皆收入張富海：《古文字與上古音論稿》（上海：上海古籍出版社，2021 年）。

[102] 高亨編：《古字通假會典》，頁 296。

[103] 高佑仁：《《清華伍》書類文獻研究》（臺北：萬卷樓圖書股份有限公司，2018 年），頁 281-282。

[104] 何樂士、敖鏡浩、王克仲、麥梅翹、王海棻：《古代漢語虛詞通釋》（北京：北京出版社，1985 年），頁 477。

[105] 黃德寬主編、清華大學出土文獻研究與保護中心編：《清華大學藏戰國竹簡・拾貳》，頁 122。

[106] 賈連翔：〈跳出文本讀文本：據書手特點釋讀《參不韋》的幾處疑難文句〉，《出土文獻》2022 年第 4 期（上海：中西書局，2022 年），頁 18-19。

有防備的意思,「戒民」也就是防備民眾,「自兵」也就是「自防」。[107]

怡璇按:〈參不韋〉中有三個「兵」字:

簡11:虩(甲)☲戎事。

簡41:是胃(謂)☲民。

簡94:自☲自斳(慎)。

依據辭例,簡11的「☲」確定為「兵」字,而簡94的「自☲自斳(慎)」一辭,確實將「☲」釋為「戒」是比較好的,「自戒」與「自慎」頗能對應。但不論是「兵」或是「戒」皆為常見字,字形確實有相近之處,但是否為訛寫字形,或許可以再討論。

「兵」字罕見通假,且以「兵」為聲符的文字亦不多,「質量復位」認為「兵」有「防」的意思,本簡的「防民」文義尚可,但簡94的「自防」與「自慎」的對應仍是不太好,「自防」為自我防備,此詞義與簡94不太相關。

我們比較傾向整理者的訛寫之說,但因出土文獻眾多,而「兵」與「戒」都是常見字,皆未見訛寫例證,但不可否認的是此說文義較好,仍釋為訛寫為宜,希望未來能有更多平行例證可證明此說。

〔11〕再(稱)羾(罰)毋桯(枉)

整理者將「桯」解釋為从木,望省聲,讀為「枉」,解釋為「邪曲」。[108]網友「質量復位」將「桯」讀為「妄」,「妄」有「亂、隨意」的意思,簡文「稱罰毋妄」是說考量刑罰時不能太隨意,要有事實依據,並指出《上博一·緇衣》簡2「☲」字形,應即从「人」。[109]網友「潘燈」贊同讀為「枉」,認為其右下「介」形本為「㞷」形漸變而來,其演變軌跡大致為「㞷—人(氐)—介」,即由「㞷」

---

[107] 質量復位:〈清華簡《參不韋》初讀〉30樓,武漢大學簡帛論壇網,2022年11月30日。
[108] 黃德寬主編、清華大學出土文獻研究與保護中心編:《清華大學藏戰國竹簡·拾貳》,頁122。
[109] 質量復位:〈清華簡《參不韋》初讀〉46、184樓,武漢大學簡帛論壇網,2022年12月3、30日。

省為「人」，或訛變為「氏」，再在「人」的基礎上左右加飾筆形成「介」，因此認為〈參不韋〉的此字若嚴式隸定，應是由「木、亡、介」組成。[110]網友「王寧」認為此字即是「相望」之「望」的後出專字，《說文》：「介，畫也。从八从人。」段註「介、畍古今字。分介則必有閒，故介又訓閒」是有間隔的人相望之意，後來引申為「怨望」、「責望」之「望」，指兩個有間隙的人相仇視，故古書「望」也訓「怨」，但傳世典籍通用「望」，从「介」的字形沒流行而已。[111]

怡璇按：「桯」字作：

「𡉜」下方从王，「潘燈」認為演變軌跡是「王—人（氏）—介」。此字右下的「人」形的演變過程可見於《上博七·君人者何必安哉》甲簡 8 的「　年」、〈君人者何必安哉〉乙簡 7「　年」，學者對此字討論眾多，主要分為以下三說：整理者隸為「長」，「不長年」即延年不長。[112]董珊認為此字當分析為从「人」、「亡」聲，讀為「荒」。[113]沈之傑贊同董珊之說，將此字釋為「人」、「亡」聲，認為「𠂉」是占文「望」字，是兩邊木加羨畫）（的「　」。[114]筆者認為〈君人者何必安哉〉釋為「望」之說是正確的，高佑仁對此說進行字形補充，指出「望」亦可作「𡉜」，下方原从王，而與「　」最接近的形體為「　」（《郭店·語叢一》簡 1），二字的差異性僅是「人」旁與「壬」旁替換而已。[115]

然而，不論「　」或是「　」，右下應不是故意寫為「介」旁，筆者贊同《上海博物藏戰國楚竹書（一——五）文字編》所言「『人』旁側面兩筆當為飾筆」的看法。[116]相似文字演變例證如「虎」字作「　」（《包山》2.149），下方

---

[110] 潘燈：〈清華簡《參不韋》初讀〉185 樓，武漢大學簡帛論壇網，2023 年 1 月 14 日。
[111] 王寧：〈清華簡《參不韋》初讀〉186 樓，武漢大學簡帛論壇網，2023 年 1 月 19 日。
[112] 馬承源主編：《上海博物館藏戰國楚竹書（七）》（上海：上海古籍出版社，2008 年），頁 205。
[113] 董珊：〈讀《上博七》雜記（一）〉，復旦大學出土文獻與古文字研究中心網，2008 年 12 月 31 日，https://www.fdgwz.org.cn/Web/Show/585。
[114] 沈之傑：〈讀《上博七·君人者何必然哉》箚記一則〉，復旦大學出土文獻與古文字研究中心網，2009 年 1 月 2 日，https://www.fdgwz.org.cn/Web/Show/594。
[115] 高佑仁：〈也談《君人者何必安哉》的「望」字〉，復旦大學出土文獻與古文字研究中心網，2009 年 1 月 15 日，https://www.fdgwz.org.cn/Web/Show/659。
[116] 李守奎、曲冰、孫偉龍編著：《上海博物藏戰國楚竹書（一——五）文字編》（北京：作家出版社，2007 年），頁 398。

類似人形，但楚簡常作「󰀀」(《清華壹・祭公之顧命》簡14)、「󰀁」(《清華伍・湯處於湯丘》簡3)，「虎」字下方的人形部件皆形成類似「介」的部件，《清華拾壹・五紀》簡72另作「󰀂」，下方與「象」字同，可見)(的撇筆即是贅筆，並非「介」旁。因此「壬—人（氐）—介」的字形演變，以及認為有從「介」的「望」字等說法皆不夠準確，「󰀃」、「󰀄」下方皆是壬旁訛寫的人形，與「介」無關。

簡文「爯（稱）罰（罰）毋桯」的「桯」字，解釋為「邪曲」、「亂」皆不合適，筆者贊同「桯」讀為「枉」，應與「勿枉勿縱」的「枉」同義，指「冤陷」，此段簡文為：

> 攺（啟），爯（稱）罰（罰）毋桯（枉），隹（唯）刑隹（唯）川（順）才（茲）天悳（則）。

指啟啊，刑罰不可冤陷於人，刑罰需順應天則，故簡42言「隹（唯）乃刑罰（罰）是依」。

本章第6則與第四章第2則發表於《中國文字》期刊，詳見：〈試論《清華拾貳・參不韋》兩例存古文字〉，《中國文字》二〇二四年冬季號 總第十二期，臺北：萬卷樓圖書股份有限公司，2024年12月，頁225-240。

第四章 「上帝之則」章

（一）章旨

　　本章命名為「上帝之則」，開頭指出萬民需以上帝指示為依歸，只是上帝給與的「神」與「幾」皆是稍縱即逝、難以得見，故而需專心且用心才可窺見天機。本章多言「日月」等天象，啟與萬民除了「觀」上帝之則外，亦需「理解、隨順」日月（給予人類）的先兆與運行的規範，才可知天殃禍亂之由，而上帝亦會監看百姓的一言一行，進而降下賞、罰。

　　身為人君的啟需知天命並制定法則，順天則治，逆天則亂，但即使遵從法則，仍可能遇到禍事，只是此情景之下的禍事僅是暫時，最後將有餘慶。反之，若不遵從法則，則上天便會不斷降下妖兇禍殃之事，因此「秉天之則」（上帝之則）為人君之重責。本章最末以國家若遭逢饑荒則有內憂、國家若發生災癘可能會走向敗亡為誡，並以「田」和「大水」作為比喻，指出水田逢水會造成水患，而山田雖然缺水，但若遇上了大水亦會造成山地崩壞，用以告誡啟「過猶不及」皆是不好的。

　　本章以遵從上帝之則為開端，最後落實於治國之上，並以內憂、削疆等國之大事為例，說明遵從、理解上帝之則用以治國的重要性。

（二）釋文

　　參【四二】不韋曰：政（啟），乃蠆（萬）民象上帝之慇（則），日秉日月之幾輅（格），以還（營）於亓（其）【四三】慇（則）〔1〕，幾迷（速）女（如）瀺（麋），神迷（速）女（如）募（遽）〔2〕。政（啟），毋吳（虞）共（恭）客（恪），監天之幾輅（格）。政（啟），

秉脣（辰）【四四】之四正，民溫（盈）[1]以成哉（歲）[2]，萁（期）[3]乃或迟（起）。攺（啟），冐=（日月）星脣（辰），不韋（違）有成，民秉兇【四五】𤔲（亂）之悬=（則，則）亡（無）成[4]。攺（啟），乃吳（虞）曰：天央（殃）不至，以自弇（掩）盍（蓋），自匫（橐）匿[5]。攺（啟），乃【四六】宔（主）隹（唯）土，乃尿（尸）隹（唯）毫[6]，弗氒（橐）弗匿，敽（辨）薺（簡）[7]乃化（過）而𦎦（營）〔3〕之。乃上隹（唯）天，**司幾監**【四七】**牧（兆）民**[8]，**溋（盈）而泩（省）之**〔4〕。司中睍（視）中剠（罰），司命受剠（罰）命[9]，乃而

---

[1] 整理者將「溋」讀為「盈」。網友「王寧」讀為「贏」。學者說法出自：黃德寬主編、清華大學出土文獻研究與保護中心編：《清華大學藏戰國竹簡·拾貳》（上海：中西書局，2022 年），頁 123。王寧：〈清華簡《參不韋》初讀〉132 樓，武漢大學簡帛論壇網，2022 年 12 月 10 日。**怡璇按**：「王寧」認為「贏」有「利」的意思，「民贏」則是「民利」，但〈參不韋〉全篇簡文與「民利」沒有太大關聯性，將「民溋」解釋為人民得到滿足的「民盈」較優，不需特指「獲利」，另相關考釋可參本書第二章第 6 則。

[2] 「四正」與「成歲」，整理者指出相關辭例可見〈五紀〉簡 19-20「參聿（律）建神正向，悬（仁）為四正：東尤、南尤、西尤、北尤，豊（禮）、惎（愛）成。」與簡 21「取（陬）、若（如）、秉（痡）、余、咎（皋）、虘（且）、倉（相）、牐（壯）、玄、昜（陽）、古（辜）、奎（涂），十又（有）二成哉（歲）。」學者說法出自：黃德寬主編、清華大學出土文獻研究與保護中心編：《清華大學藏戰國竹簡·拾貳》，頁 123。

[3] 「萁」字，網友「哇那」認為即是〈四告〉「勿結勿旗（期）」的「期」，並指出網友「抱小」的〈釋清華簡《四告》篇中的一個同義複詞〉一文對此字有補說。學者說法出自：哇那：〈清華簡《參不韋》初讀〉134 樓，武漢大學簡帛論壇網，2022 年 12 月 10 日。抱小：〈釋清華簡《四告》篇中的一個同義複詞〉，復旦大學出土文獻與古文字研究中心網，2020 年 12 月 1 日，http://www.fdgwz.org.cn/Web/Show/4705。**怡璇按**：「抱小」文章認為「旗（期）」應訓為「終已」之義，此說可從。

[4] 網友「哇那」指出「不違有成」與「則無成」的「成」是「法、則」的意思。學者說法出自：哇那：〈清華簡《參不韋》初讀〉134 樓，武漢大學簡帛論壇網，2022 年 12 月 10 日。

[5] 整理者認為「囶」為「橐」的異體，訓為「藏」。賈連翔指出「橐」本義為盛物之袋，引申出「斂藏」義。網友「心包」認為「囶」與《清華捌·治邦之道》簡 1「乃斷奸閶匿」之「閶」同辭，「閶」應是「杜門」之「杜」的專字。學者說法出自：黃德寬主編、清華大學出土文獻研究與保護中心編：《清華大學藏戰國竹簡·拾貳》，頁 123。賈連翔：〈跳出文本讀文本：據書手特點釋讀《參不韋》的幾處疑難文句〉，《出土文獻》2022 年第 4 期，頁 17-18。心包：〈清華簡《參不韋》初讀〉67 樓，武漢大學簡帛論壇網，2022 年 12 月 4 日。**怡璇按**：「心包」認為「囶」即「閶」，此說較無依據，整理者與賈連翔的論點可從。

[6] 程浩指出「尸」為神主，並認為「毫」可讀為「氐」，為二十八宿的「氐宿」。羅雲君將「毫」讀為「質」。學者說法出自：程浩：〈清華簡《參不韋》中的夏代史事〉，《文物》2022 年第 9 期，頁 65。羅雲君：《清華簡《參不韋》整理與研究》（長春：東北師範大學博士論文，2024 年），頁 110。

[7] **怡璇按**：「敽（辨）薺（簡）」相關考釋請見本書第一章第 6 則。

[8] **怡璇按**：「司幾監牧（兆）民」的斷句與相關考釋請見本書第一章第 7 則，「兆民」指百姓，指司幾監看百姓萬民。

[9] 整理者指出從簡文來看，「司中」是「為主刑罰之神」，「司命」是「主生死之神」。學者說法出自：黃德

先且（祖）、王父=（父、父）敦（執）【四八】亓（其）盛（成）。

參不韋曰：攼（啟），乃䘑（亂）天之刑㥃（則），參（三）末不齊。攼（啟），天監隹（唯）【四九】明，隹（唯）天之蓹（孽）羊（祥），天乃乍（作）之或（惑）㥃（則）、夭（妖）羊（祥）、𢠵（戚）慐（憂）、兇才（災）。[10]攼（啟），乃尚（當）亓（其）㓞（節）之【五〇】化（過）而罰（罰）之，同行同㓞（節）[11]，下㓞（節）𢓊（及）上=㓞=（上節，上節）𢓊（及）下㓞（節），同恙（祥）異罰（罰，罰）或少（小）或【五一】大，或緩或亟（急）。攼（啟），句（后）不秉惪（德），罰（罰）不可弇（掩）也。

參不韋曰：攼（啟），秉㥃（則）弄（逢）【五二】天之夭（妖）羊（祥）兇央（殃）。攼（啟），女（汝）內女（汝）外，尚（當）亓（其）㓞（節）之方[12]，乃乍（作）刑㥃（則）。才（在）天㥃（則）

寬主編、清華大學出土文獻研究與保護中心編：《清華大學藏戰國竹簡・拾貳》，頁124。

[10] 整理者將簡49-50斷句為「攼（啟），天監隹（唯）明，隹（唯）天之蓹（孽）羊（祥），天乃乍（作）之，或㥃（則）夭（妖）羊（祥）𢠵（戚）慐（憂）兇才（災）」，並認為「或則，猶或乃、或至於，表示對行為結果的揣測」。網友「哇那」重新斷句為「啟，天監唯明，唯天之孽祥，天乃作之或（惑）則、妖祥、戚憂、兇災」，並將「或」讀為「惑」，訓為「惑亂」，本處「惑則」與簡23-24的「兇則」可類比。學者說法出自：黃德寬主編、清華大學出土文獻研究與保護中心編：《清華大學藏戰國竹簡・拾貳》，頁124。哇那：〈清華簡《參不韋》初讀〉134樓，武漢大學簡帛論壇網，2022年12月10日。**怡璇按**：整理者的意見較難解釋簡文文義，筆者贊同「哇那」的意見與斷句，但「哇那」將簡23-24的「兇則」的「兇」解釋為「擾亂」，本書第一章註13即指出「兇」訓為「惡」即可。

[11] 網友「哇那」認為簡40、108的「絕行」與此處的「同行同節」的「行」字，與「法、章」義近。學者說法出自：哇那：〈清華簡《參不韋》初讀〉134樓，武漢大學簡帛論壇網，2022年12月10日。

[12] 網友「魚在藻」認為「方」可訓為「法則」。網友「子居」訓為「端正」。羅雲君訓為「等」。學者說法出自：魚在藻：〈清華簡《參不韋》初讀〉59樓，武漢大學簡帛論壇網，2022年12月4日。子居：〈清華簡十二《參不韋》解析（四）〉，先秦史論壇網，2023年3月1日，http://www.360doc.com/content/23/0301/20/34614342_1070024448.shtml。羅雲君：《清華簡《參不韋》整理與研究》，頁123。**怡璇按**：「魚在藻」之說較好。

是【五三】胃（謂）易叞（讓），還（榮）¹³羊（祥）弗尚（當）。秉慇（則）從天之兇央（殃）夭（妖）羊（祥），遂（後）乃有慶。攺（啟），不【五四】秉慇（則）弄（逢）天之夭（妖）羊（祥）兇央（殃）〔5〕。攺（啟），天之羊（祥）罰（罰），五勿（物）¹⁴五乍（作）。攺（啟），卸（御）乖（乖／饑）乃有內慭（憂）〔6〕，【五五】御疫列（癘）乃苎（喪）朋（崩）〔7〕，睪（澤）田御水乃水覃（悍），陵田御覃（悍）乃遺（隤）〔8〕，御外伐（寇）乃【五六】謹（削）坴（封）疆，御䛧（亂）¹⁵乃茖（落）¹⁶。攺（啟），柰（節）罰（罰）五乍（作），民刑五亡（無）乍（作）。不秉慇（則）從天【五七】之夭（妖）祥（祥）兇央（殃），遂（後）乃亡，乍（作）罰（罰）。¹⁷【五八～】

---

¹³ 怡璇按：將「還」讀為「榮」，相關說明參考程浩：〈清華簡第十二輯整理報告拾遺〉，《出土文獻》2022年第4期，頁27，與本書第二章註12。

¹⁴ 「五物」實指何物不詳，整理者提出與《清華拾壹·五年》簡33「升雲五物」、簡107-108「黃帝乃具五犧五物，五器五物，五幣五物，五享五物，以賓于六合」中的「五物」對比，亦可能是「青」、「白」、「赤」、「黑」、「黃」等五色。網友「子居」認為「物」可讀為「類」，指「乖」、「疫癘」、「水旱」、「外寇」、「亂」五種情況。學者說法出自：黃德寬主編、清華大學出土文獻研究與保護中心編：《清華大學藏戰國竹簡·拾貳》，頁125-126。子居：〈清華簡十二《參不韋》解析（四）〉，先秦史論壇網，2023年3月1日。怡璇按：依據簡文內容而言，「子居」所言較為合宜，但「物」可訓為「類」，不需通假，如《周禮·地官·牧人》：「牧人，掌牧六牲而阜蕃其物。」，孫詒讓正義：「物猶言種類也。」。「乖」字具體的訓釋見本章第6則。

¹⁵ 怡璇按：整理者指出「亂，與『外寇』相對，指內亂」。學者說法出自：黃德寬主編、清華大學出土文獻研究與保護中心編：《清華大學藏戰國竹簡·拾貳》，頁126。

¹⁶ 怡璇按：整理者認為「外寇」指外來的敵寇，而「謹」讀「削」，「亂」與「外寇」相對，指內亂，「落」指「散落、衰落」，古書或作「露」。學者說法出自：黃德寬主編、清華大學出土文獻研究與保護中心編：《清華大學藏戰國竹簡·拾貳》，頁126。

¹⁷ 子居對此句的解釋為「『節罰五作』對應於前文的『節則五征，刑罰五征』，指行為不當導致的天罰，行為不當即失型，因此下言『民刑五無作』，這都屬於『不秉則』，對應於前文的『秉則從天』會『後有慶』，相應地『不秉則從天』則『後亡』。」學者說法出自：子居：〈清華簡十二《參不韋》解析（四）〉，先秦史論壇網，2023年3月1日。

（三）疑難字詞考釋

〔1〕日秉日月之幾輅（格），以還（營）於亓（其）恩（則）

整理者將「幾輅」讀為「機略」，指「要害、關鍵」，與「則」意近。[18]網友「tuonan」（王凱博）認為「幾輅」當改讀「幾格」，或作「略」，都是「法、則」的意思，與「秉民之中」意思一樣，並認為「日秉日月之幾輅」的第一個「日」也可能是涉下而衍的衍文。[19]網友「子居」認為「日秉日月之幾輅」的第一個「日」指「每一天」，「輅」為「路」的異體，「日月之幾輅」指日月往復所體現出的天道。[20]

怡璇按：「日秉日月之幾輅」的第一個「日」字解釋為「每一天」可從。〈參不韋〉出現三次「幾輅」：

簡43：日秉日月之幾輅。

簡44：監天之幾輅。

簡63：秉民之幾輅。

整理者解釋為「要害」、「關鍵」，但「要害」這一類的辭義不適合用於「日月」、「天」與「民」等主詞之後。

簡45-46「攺（啟），冒=（日月）星唇（辰），不韋（違）有成，民秉兇𠷎（亂）之恩=（則，則）亡（無）成。」表示人君啟需遵守「日月星辰」的規範，因此本簡「日秉日月之幾輅」的「輅」應讀為「格」，指「法式、規範」，如《禮記·緇衣》：「言有物而行有格也，是以生則不可奪志，死則不可奪名。」孫希旦集解：「有格則無踰矩之行。」[21]

「幾輅」之「幾」讀本字，指「先兆」，《易·繫辭下》：「幾者，動之微，吉

---

[18] 黃德寬主編、清華大學出土文獻研究與保護中心編：《清華大學藏戰國竹簡·拾貳》，頁123。
[19] tuonan：〈清華簡《參不韋》初讀〉64、75樓，武漢大學簡帛論壇網，2022年12月4日。
[20] 子居：〈清華簡十二《參不韋》解析（四）〉，先秦史論壇網，2023年3月1日。
[21] 〔清〕孫希旦撰，沈嘯寰、王星賢點校：《禮記集解》（北京：中華書局，1989年），頁1336。

之先見者也。」孔穎達疏:「幾,微也,是已動之微。動,謂心動、事動。初動之時,其理未著,唯纖微而已。」[22]〈參不韋〉簡3「秉百神之幾」之「幾」字,網友「子居」、劉釗師(網名「肖大心」)與陳聰皆如字讀,並將「幾」訓為「吉利先兆」。[23]筆者從之。[24]簡43「秉日月之幾輅(格)」解釋為「日月之先兆、規範」即是簡45-46中「不違有成」的「不違」之事。

簡文「幾格」二字分指兩件事,「幾」為事情的先兆,「格」是法式與規範,簡43-44「日秉日月之幾輅(格),以還(營)繫於亓(其)【四三】恩(則)」中的「還」從程浩之說讀為「營」,[25]「秉」訓為「順」,《逸周書‧謚法》:「秉,順也。」簡43-44指每日隨順日月(給予人類)的先兆與運行的規範,依其法則而治理。簡44「監天之幾輅(格)」指察看上天給予的先兆與規範、法式。

簡63「攺(啟),秉民之幾輅(格)」中「幾輅(格)」主詞雖然是「啟」,但「幾」與「格」的字義亦是指先兆與法式,「秉民之幾輅(格)」的「秉」為掌握的意思,全句句義為啟,需掌握百姓(事件)的先兆與(做事)法式,(了解之後)需秉中處理。

〔2〕幾逨(速)女(如)瀌(霳),神逨(速)女(如)募(邊)

「瀌」字,整理者隸作「湄」疑讀為「睨」,「募」讀為「顧」,「睨」與「顧」義近,對舉連用,「如睨」與「如顧」,大概指「機」與「神」稍縱即逝、難以得見之意。[26]賈連翔將此句讀為「機速如電,神速如化」,認為整理者所隸的「湄」為「神」字之訛,「募」讀為「化」,二句皆指天象變化十分疾速。[27]網友「紫竹道人」(鄔可晶)指出「湄」與「睨」聲韻皆不合,所謂「湄」之聲旁「眉」,疑

---

[22] 〔魏〕王弼注,〔唐〕孔穎達疏,李申、盧光明整理,呂紹剛審定,十三經整理委員會整理,李學勤主編:《十三經注疏‧周易正義》(北京:北京大學出版社,1999年),頁308。
[23] 肖大心:〈《參不韋》第一段試解(一)〉,復旦大學出土文獻與古文字研究中心網學術討論區,2022年12月11日。子居:〈清華簡十二《參不韋》解析(一)〉,先秦史論壇網,2022年12月18日。劉釗、陳聰:〈清華簡《參不韋》訓釋雜說〉,《簡牘學與出土文獻研究》第2輯,頁33。
[24] 怡璇按:「秉百神之幾」相關考釋參本書第一章第5則。
[25] 怡璇按:程浩讀為「營」,此處指「度」、「治」一類的意思,相關說明參考程浩:〈清華簡第十二輯整理報告拾遺〉,《出土文獻》2022年第4期(上海:中西書局,2022年),頁27,與本書第二章註12。
[26] 黃德寬主編、清華大學出土文獻研究與保護中心編:《清華大學藏戰國竹簡‧拾貳》(上海:中西書局,2022年),頁123。
[27] 賈連翔:〈跳出文本讀文本:據書手特點釋讀《參不韋》的幾處疑難文句〉,《出土文獻》2022年第4期,頁21-24。

為《說文》訓「目圍也」的「𥆟」字之訛寫,「𥆟」,簡文可讀為「眷顧」之「眷」,與下一句「顧」義近並舉。[28]網友「抱小」以「湄」字形體無誤的角度出發,將「湄」讀為「微」或「䁂」,「䁂」為「斜著眼看」,後文的「顧」為「回頭看」,合言之則為「顧䁂」,簡文言「如湄（微／䁂）」與「如顧」者,乃指「機」與「神」,如在顧䁂之間（更通俗地講：如在一瞥一顧之間）,稍縱即逝,也就是形容「機」與「神」之迅忽,難以得見之意。[29]網友「哇那」將「湄」讀為「䁂」。[30]網友「汗天山」（侯乃峰）較贊成「抱小」的意見,但也懷疑「湄」或可讀為「飛」,「如飛」即像飛一樣快速,形容非常疾速。[31]網友「子居」認為整理者將「湄」讀「睨」與將「𡪍」讀「顧」二說與簡文文義不合,「湄」讀為「麋」,「𡪍」讀「虡」,指因應君主行為的吉凶徵兆和天神賞罰皆非常快速。[32]

怡璇按：「澃」字作「🖼」,整理者隸為「湄」,而賈連翔認為「🖼」為「神」字之訛。「🖼」字的右下从目,與「神」的構形差異較大,並且賈文所舉的例證為「🖼」（簡106）、「🖼」（簡121）,與所論字皆不相似。

「🖼」字,「抱小」認為楚簡未見「眉」,但在《清華拾貳‧參不韋》之後公布的《清華拾參‧大夫食禮記》可見「眉」字,〈大夫食禮記〉簡7「所敢（厭）貴（饋）於夫=（大夫）與友者尻（處）其開（間）,亓（其）卿（鄉）廅（皆）東,北蠶（直）眉（楣）。」中的「眉」字作「🖼」,整理者指出讀為「楣」,《鄉射禮‧記》「堂則物當楣」,鄭注：「五架之屋也。正中曰棟,次曰楣,前曰庪。」北直楣謂南北當楣。[33]簡文辭例確定,可確定楚簡的「眉」字形體。除此字之外,網友「tuonan」（王凱博）於〈大夫食禮記〉公布之前已指出楚簡可見「眉」旁,其文認為《清華玖‧廼命》簡6「毋或🖼觀」、《清華拾‧四告》簡23-24「🖼康」與《清華拾‧四時》簡10「以疾五🖼」三字皆為从眉从皿。[34]「tuonan」指出此三例的論證過程於其博士後出站報告《出土文獻字詞考釋》中,但筆者目前未見此書,無法確知詳細的論證過程。但我們認為「tuonan」所指出的這三形確實與

---

[28] 紫竹道人：〈清華簡《參不韋》初讀〉70樓,武漢大學簡帛論壇網,2022年12月4日。
[29] 抱小：〈說《參不韋》之「幾（機）速如湄」〉,復旦大學出土文獻與古文字研究中心網,2022年12月8日,http://www.fdgwz.org.cn/Web/Show/10972。
[30] 哇那：〈清華簡《參不韋》初讀〉139樓,武漢大學簡帛論壇網,2022年12月11日。
[31] 汗天山：〈清華簡《參不韋》初讀〉168樓,武漢大學簡帛論壇網,2022年12月24日。
[32] 子居：〈清華簡十二《參不韋》解析（四）〉,先秦史論壇網,2023年3月1日。
[33] 黃德寬主編、清華大學出土文獻研究與保護中心編：《清華大學藏戰國竹簡‧拾參》,頁126。
[34] tuonan：〈清華簡《參不韋》初讀〉120樓,武漢大學簡帛論壇網,2022年12月9日。tuonan：〈清華十《四時》初讀〉46樓,武漢大學簡帛論壇網,2021年12月5日,http://www.bsm.org.cn/forum/forum.php?mod=viewthread&tid=12625&extra=&page=5。

甲骨文的「眉」字相仿，甲骨文如「[圖]」（《合集》3420）、「[圖]」（《合集》27931），因此將「[圖]」等三形隸從眉旁的可信度頗高。所論字「[圖]」的右旁，與「[圖]」和「[圖]」兩種構形類似，確實有隸從「眉」的可能。

「紫竹道人」疑為「𥃩」的訛寫。謝明文認為楚簡的「𥃩」（如「[圖]」（《包山》2.174）與金文的「𥃩」形寫法相同，而此形的初文是從一個目形，形體為「[圖]」（《清華貳・繫年》簡 90），並認為此形可讀為「曼、亘、軏、焉、袁、勻、旬、巽」等聲，同時假設「顲」應有異體「[圖]」形。[35]「[圖]」字，若將左下角的「八」與右旁的「頁」刪除，字形所從的「𥃩」作「[圖]」，此形即與「[圖]」右旁相仿，以此來看，「[圖]」確實亦有從「𥃩」的可能，但論證過程較為轉折與推測性較高。

簡文「幾迷（速）女（如）[圖]，神迷（速）女（如）夐」，整理者將「[圖]」隸作「湄」讀「睨」，學者皆已指出此說聲韻不合。整理者對本句的理解為「大概指『機』與『神』稍縱即逝、難以得見之意。」高佑仁指出本簡的「幾」應與本章第 1 則「日本日月之幾輅（格）」之「幾」相同，即指「先兆」，[36]可從。學者將「[圖]」字讀為「睠」、「眄」、「瞇」等意見皆不符合簡文文義，「眄」指「斜著眼看」、「瞇」指「眼瞼上下微閉」，簡文「幾迷（速）女（如）湄（眄／瞇）」指機之快速如同「斜著眼看物／瞇著眼看物」，實為不類。學者隸從𥃩讀為「睠」的說法，應是將「睠」訓為「回視」的意思，但如同「子居」評論整理者釋作的「睨」或「顧」的意見，其文認為這些釋讀意見皆與速度無關，讀為「睠」亦是如此。「汗天山」隸為「湄」讀為「飛」，「飛」的確是快速的形容詞，但「湄」與「飛」未見通假例證。

若以本簡辭例來看，「[圖]」與「夐」應是名詞。依字形來看，「[圖]」可隸作「𥃩」或「湄」，若將「[圖]」隸為「𥃩」，謝明文指出可讀為「曼、亘、軏、焉、袁、勻、旬、巽」等聲的文字，但都難以通讀簡文，而若隸為「湄」，「眉」可通「敫、米、未、麻」等聲符，[37]網友「子居」隸作「湄」讀為「麋」，聲韻可通。

甲骨文的「麋」字作「[圖]」（《合集》10372），學者認為是以「眉」來表音，[38]

---

[35] 謝明文：〈說「𥃩」及其相關之字〉，《饒宗頤國學院院刊》第三期 2016 年 5 月，頁 1-15。
[36] 高佑仁回覆筆者論文的意見。（2025 年 1 月 8 日）
[37] 高亨編：《古字通假會典》（濟南：齊魯書社，1989 年），頁 606-607。張儒、劉毓慶：《漢字通用聲素研究》（太原：山西古籍出版社，2002 年），頁 763-764。
[38] 參單育辰：〈甲骨文所見的動物之「麋」〉，《出土文獻》第四輯（上海：中西書局，2013 年），頁 108。單育辰：〈說「麋」〉，《甲骨文所見動物研究》（上海：上海古籍出版社，2020 年），頁 161-162。

李孝定則指出甲骨文中的「麋」从眉還有象形的成份，並認為《急就篇》云「貍兔飛鼯狼麋麐」，顏注：「麋似鹿而大，冬至則解角，目上有眉，因以為名也。」之說正確，指出其他獸類無眉而麋獨有故作字象之。[39] 單育辰贊同此說，並補充說明「麋」眼睛小，眼邊的眶下腺卻很顯著，象兩道黑眉毛一樣，故甲骨文加「眉」以會「麋」。[40]「麋」字甲骨文可見，其體大，長約 2 米，是中國特產的動物，[41] 因此戰國時期以「麋」這種動物作為比喻的喻依是沒問題的。甲骨文的「麋」從眉得聲，古籍中也可見「眉」與「麋」相通例證，如《荀子‧非相》：「面無須麋」，楊倞注：「麋，與眉同。」[42] 因此「子居」的釋讀是可能的，但我們在此提出一個猜想，「」字或即是「麋」的異體「𪎭」。

「𪎭」字亦見於單育辰〈說「麋」〉一文中，字形作「」（《合集》14755），卜辭作「癸□卜，賓貞：周（擒）犬徂𪎭？」單育辰對此字的解釋為：

> 「𪎭」應即「麋」之異體，因麋喜水，能游水，故又附加以水旁。古書亦訓有水岸的「湄」字，如《詩經‧秦風‧蒹葭》「在水之湄」，而《小雅‧巧言》則言「居河之麋」，不知是否與加上水旁的「𪎭」字有聯繫。第一條卜辭（怡璇按：即上引卜辭）的大概意思是，周這個人能捕獲名為徂的犬官所發現的麋嗎？

「」或即是「」的異體，相同的字形演變例證如上引謝明文〈說「䚇」及其相關之字〉一文，謝文中指出：〈繫年〉簡 90 的「」字形為「䚇」的初文，金文中亦可見「」（《集成》04153），而楚簡作「䚇」形的「」（《包山》2.174）為「䚇」的異體，如同「眉」可作从人形的「」（《合集》03197），亦可見省人形的「」（《合集》11689）。「」右旁的字形可能即是「麋」字，此類字形省略「鹿」身體的「𪎭」字異體，因此「」即是「」的異體，可隸為「瀓」。

「瀓」之所以从水从麋，則如同單文所言的造字原理：「『麋』之異體，因麋喜水，能游水，故又附加以水旁。」楚簡有「麋」字，作「」（《清華拾壹‧

---

[39] 李孝定：《甲骨文字集釋》卷十（臺北：中央研究院歷史語言研究所，1970 年），頁 3064。
[40] 單育辰：〈甲骨文所見的動物之「麋」〉，《出土文獻》第四輯（上海：中西書局，2013 年），頁 108-114。
　　單育辰：〈說「麋」〉，《甲骨文所見動物研究》（上海：上海古籍出版社，2020 年），頁 161-168。
[41] 李海霞：《漢語動物命名考釋》（成都：巴蜀書社，2005 年），頁 116。
[42] 〔清〕王先謙撰，沈嘯寰、王星賢點校：《荀子集解》（北京：中華書局，1988 年），頁 75。

五紀》簡67），字形从鹿米聲，若「󰀀」釋為从麎的「瀿」字，應與本書第三章第6則的「㲋」字相同，皆是比較少見的楚文字字形，同時也是繼承甲骨或金文的存古文字。簡文「幾迖（速）女（如）瀿（麎）」指先兆的速度如同麎（奔跑）一樣的快速。

「神迖（速）女（如）𦣞」，以楚簡的用字習慣來看，「𦣞」於楚簡中可讀為「顧」或「寡」或「化」，但這些文字的字義解釋放於本處簡文，皆不太合適。「子居」讀為「㹊」，「㹊」與「𦣞」皆為見紐魚部，但「㹊」這個動物較為罕見，古籍皆不太會使用罕見的動物作為喻依。「𦣞」或讀為「遽」，「遽」从豦聲，亦與「𦣞」為同聲同韻之字，「遽」為「驛馬」或「傳車」，指速度甚快的傳送資訊的工具，如《左傳・僖公三十三年》：「及滑，鄭商人弦高將市於周，遇之……且使遽告於鄭。」弦高派遣「遽」回報秦國將來犯的軍情給鄭國，傳送事態緊急的消息，文獻中使用「遽」才可快速到達目的地的，因此「神迖（速）女（如）𦣞（遽）」比喻速度很快是可能的。

「幾迖（速）女（如）瀿（麎），神迖（速）女（如）𦣞（遽）」，前者以動物「麎」比喻，後者以「驛馬」為喻，皆可算是動物，唯後者有特定的指稱而不是泛指「馬」，本處簡文文義仍為整理者所言的：指「幾」與「神」稍縱即逝、難以得見之義。〈參不韋〉本處記載為《清華伍・厚父》較為不同，〈厚父〉簡12「天龠（監）司民，厥（厥）徵（徵）女（如）厷（肱）之服于人。」高佑仁對此句的解釋為「上帝監看著司民，其徵驗就像我們操使雙臂般容易察覺」，[43]〈厚父〉認為上帝給百姓的先兆是容易辨別且易察覺的，但〈參不韋〉則認為此先兆需上位者用心覺察才可得見。

〔3〕罞（營）

整理者指出「罞」，从网，从昊，所从「昊」旁字形下部作「大」形，這種寫法的「昊」字還見於詛楚文，與楚簡常見的下部作「木」形者不同，所謂「木」形當由「大」形演變而來，類似演變如「樂」字下部本从「木」，在戰國文字中或演變作「大」形，簡文讀為「黽」，指「黽勉」。[44]網友「tuonan」（王凱博）將

---

[43] 高佑仁：《《清華伍》書類文獻研究》（臺北：萬卷樓圖書股份有限公司，2018年），頁172、242-248。
[44] 黃德寬主編、清華大學出土文獻研究與保護中心編：《清華大學藏戰國竹簡・拾貳》，頁123。

「冟」讀為「密」，指「安、寧」的意思，後又認為應讀為「眽」，指「省，視」。[45] 網友「王寧」認為此字當讀為「覭」，引用《說文》：「覭，小見也。」《正字通·見部》：「或曰暗處密窺曰覭。覭有微細難見義，故從冥。」故認為此處為「暗中監視、監督」義。[46]

怡璇按：本處簡文作「弗厇（橐）弗匿，敷（辨）𦰩（簡）乃化（過）而冟之」中的「敷（辨）𦰩（簡）」一詞，筆者於本書第一章第 6 則中認為此二字分別指「辨別」與「擇選」，故而本句簡文指「不斂藏不隱匿，辨別擇選後將渡過而『冟』」。「冟」字作「🗚」，〈參不韋〉簡 102 亦有此字，簡 102 辭例與字形為：

自上泩（省）之，自下冟（🗚）之

學者應是以簡 102 的辭例為依據，因此認為「省」與「冟」字義相仿，將「冟」讀為「省視」、「監視」一類義，故而「tuonan」刪去自己第一說讀為「密」、指「安、寧」的意見，後改讀為「省視」相關的「眽」字。〈參不韋〉簡 95 另有「昗」字，簡 95-96 辭例為「某所敢不昗（🗚）勱（勉）潜（措）乃心塱（腹）𠯁（及）乃四豊（體）」，三例簡文應一同討論。

學者對「🗚」形體的來源眾說紛紜，最新的論述為蘇建洲師整理「冥」字的形體來源，蘇建洲師將楚簡的「冥」字進行詳細的疏理，認為「🗚」和「🗚」是「眄」的表意字，「眄」與「瞑」聲音相近，「眄」亦有「目盲」之義，二字為同源詞。[47] 可備一說。

整理者將本篇出現的三例從昗之字皆讀為「冟」，雖然聲韻沒有問題，但於簡 102「自上泩（省）之，自下冟之」的辭例較不合宜。學者讀為「眽」的說法，認為解釋為「省、視」，以及讀為「覭」指「小見」等兩說，例證唯有《廣雅》：「眽、省，視也。」與《說文》：「覭，小見也。」等字書字例，未見實際的文獻用例，且「覭」字是否有「監視」一類義，仍屬字義引申而未見確切例證。

---

[45] tuonan：〈清華簡《參不韋》初讀〉86 樓，武漢大學簡帛論壇網，2022 年 12 月 5 日。tuonan：〈清華簡《參不韋》初讀〉130 樓，武漢大學簡帛論壇網，2022 年 12 月 10 日。
[46] 王寧：〈清華簡《參不韋》初讀〉131 樓，武漢大學簡帛論壇網，2022 年 12 月 10 日。
[47] 蘇建洲：〈楚文字中舊釋為「冥」之字再議〉，《古文字與出土文獻學術研討會》（北京：北京大學中國語言文學系、北京大學出土文獻與古代文明研究所，2023 年 11 月 18-19 日），頁 93-109。

簡 101-102：

> 某不敢[48]，乃某而，乃，自上洭（省）之，自下冥之

本處的「洭（省）」解釋為「視」、「看」的意思，表示某不敢放縱自己，若自我放縱將會五則皆亂，「乃，自上洭（省）之」全句更指後代子孫皆需察視上天意見。由此句推論，簡文「自下冥之」的「冥」或可讀為「營」，指「管理」，《安大一‧詩經》簡 9「南又（有）流（樛）木，葛藟（虆）槟（縈）之。」中的「槟」對應今本《毛詩》即「縈」，[49]因此「冥」聲讀為「熒」聲是沒問題的。簡文「及乃，自上洭（省）之，自下冥（營）之」指其後代向上省視上天旨義，向下治理百姓。

本處簡文「弗厇（橐）弗匿，敿（辨）薈（簡）乃化（過）而冥（營）之」的「冥」亦讀為「營」，文義指不斂藏不隱匿，辨別擇選後將渡過而經營治理它。有一點需說明，本書贊同程浩將〈參不韋〉的「還」讀為「營」，辭例如簡 11-12「還（營）坏（封）疆豕（稼）鼇（犂）。」[50]而此處我們以「冥」表示｛營｝，二者之間的用字習慣似有衝突。出土文獻在同一篇簡文中常見同詞異字現象，例如李松儒整理《清華貳‧繫年》的用字習慣，指出楚簡用字習慣分為「同一詞用多形表示，文字寫法差別較小」與「同一詞用多形表示，文字寫法差別較大」兩類，後者舉〈繫年〉中表示｛寘｝的「安置」、「設置」義的文字有「賓」與「是」兩字為例。[51]因此〈參不韋〉以「還」和「冥」聲字表示｛營｝的「治理」義仍是可能的。

簡 95-96 辭例「某所敢不冥勊（勉）湝（措）乃心腹（腹）乃四豊（體）」中的「冥」仍應讀為「黽」。楚簡亦常見同一篇簡文同字異詞的例證，甚至在同一支簡上也有此種情況，例如《上博七‧凡物流形》甲 16「智（知）四湝（海），至聖（聽）千里，達見百里。是古（故）聖人屍〈尻〉於其所」，簡文第

---

[48] 怡璇按：「![]」讀為「縱」，見本書第三章第 6 則。
[49] 安徽大學漢字發展與應用研究中心編；黃德寬、徐在國主編：《安徽大學藏戰國竹簡‧一》（上海：中西書局，2019 年），頁 77。
[50] 程浩：〈清華簡第十二輯整理報告拾遺〉，《出土文獻》2022 年第 4 期，頁 27，相關說明見本書第二章註 12。
[51] 李松儒：〈試析《繫年》中的一詞多形現象〉，《「出土文獻與學術新知」學術研討會暨出土文獻青年學者論壇論文集》（長春：吉林大學古籍研究所、出土文獻與中國古代文明研究協同創新中心主辦，2015 年 8 月 21-22 日），頁 81-98。

一個「聖」讀「聽」，第二個則讀本字。[52]「黽勉」一詞如整理者所言見於《詩‧谷風》：「黽勉同心，不宜有怒。」[53]隨州棗樹林春秋中晚期曾國墓 M169 所出的嬭加編鐘銘文為「㴱顝下屖」，網名「夏立秋」（郭理遠）將「㴱顝」（怡璇按：郭文即將「㴱」隸从「減」旁）二字讀為「黽勉」，並指出阜陽漢簡作「沕沒同心」，且認為「威」「蔑」「末」「勿」「昬」諸字聲韻關係密切，古文字中通用之例很多，故可通讀。[54]鄔可晶贊同此說，並認為「從聲音上說，鐘銘的『滅顝』與《爾雅‧釋詁》的『蠠沒』最合，應為一詞，『沕沒』、『黽勉』等皆其變體。」[55]可見「黽勉」一詞十分常見，亦用於曾、楚一帶，但鄔可晶認為「『沕沒』、『黽勉』等皆『滅顝』的變體」，似乎還未能證明。〈參不韋〉簡 95-96 的「某所敢不昃（黽）㪍（勉）湝（措）乃心𦣞（腹）㙺（及）乃四禮（體）」指某怎敢不心腹、四肢皆勤勉盡力。

〔4〕司幾監𠣘（兆）民，溫（盈）而泩（省）之

「𠣘」字，整理者原隸為「胶」，筆者於本書第一章第 7 則已從學者意見改隸為「𠣘」，並改讀為「兆」。

整理者對此處的斷句為「司幾監𠣘民溫（盈）而泩（省）之。」指出「泩」讀為「省」，指「省視」。[56]網友「tuonan」（王凱博）認為「泩」應讀為「靜」，指「安、寧」的意思，並認為「盈」與簡 111 的「溢戲」的「溢」（怡璇按：原文作「戲溢」，依簡文應是「溢戲」）相同，「盈」亦指「譁亂的意思」。[57]網友「翻滾的魚」（張文成）贊同「tuonan」將「民盈」釋為「不好的行為」的意見，但認為依據楚簡用字習慣，「溫」仍依整理者之說讀為「盈」，訓解意見引用《顏氏

---

[52] 陳偉武：〈一簡之內同字異用與異字同用〉，《愈愚齋磨牙二集：古文字與古文獻研究叢稿》（上海：中西書局，2018 年），頁 30-31。
[53] 黃德寬主編、清華大學出土文獻研究與保護中心編：《清華大學藏戰國竹簡‧拾貳》，頁 132。
[54] 夏立秋：〈嬭加編鐘銘文補釋〉，復旦大學出土文獻與古文字研究中心網，2019 年 8 月 9 日，https://www.fdgwz.org.cn/Web/Show/4453。郭理遠：〈嬭加編鐘銘文補釋〉，《中國文字》二〇一九年冬季號 總第二期（臺北：萬卷樓圖書股份有限公司，2019 年），頁 119-120。
[55] 鄔可晶：〈說「回」〉，《「古文字與出土文獻」青年學者論壇論文集》（長春：吉林大學古籍研究所、吉林大學中國古文字研究中心主辦，2019 年 9 月 21-23 日），頁 171，註 29。鄔可晶：〈說「回」〉，《中國文字》二〇一九年冬季號 總第二期（臺北：萬卷樓圖書股份有限公司，2019 年），頁 65，註 29。
[56] 黃德寬主編、清華大學出土文獻研究與保護中心編：《清華大學藏戰國竹簡‧拾貳》，頁 122。
[57] tuonan：〈清華簡《參不韋》初讀〉86 樓，武漢大學簡帛論壇網，2022 年 12 月 5 日。tuonan：〈清華簡《參不韋》初讀〉76 樓，武漢大學簡帛論壇網，2022 年 12 月 4 日。

家訓·止足》：「天地鬼神之道，皆惡滿盈。謙虛沖損，可以免害。」[58]網友「王寧」認為「民盈」的「盈」是「利」、「賴」義，但若「民盈」即是其他學者理解的「不好的行為」，則又相當於「溢」，從簡文用義上看就該是「詾」義，即「譁亂喧鬧爭訟」，類似今言「糾紛」。[59]網友「wzy」指出沈培於「首屆出土文獻語文文字研究國際學術研討會」中認為从㝵之字皆應讀為「逞」（怡璇按：應為「首屆出土文獻語言文字研究國際學術研討會」，回查原文，未見此說法），故認為此處的「𤉲民溫」，可理解為「治民逞」。[60]網友「子居」認為「民溫」即「民㜏」，前文「民㜏以成歲」中的「㳫」為「渻」字之省，字又作「洅」。[61]

怡璇按：本書第一章第 7 則將本句斷句為「司幾監𤉲（兆）民，溫而㳫之」，「兆民」指「百姓」，指司幾監看百姓萬民。

「溫而㳫之」一句文義不明，而「wzy」引用沈培說法，將「𤉲民溫」解釋為「治民逞」，此說仍是將「𤉲」釋為「肢（乂）」，才可能解釋為「治民逞」（因回查原文無此意見，故不知沈培原考釋過程），但「肢」應改隸為「𤉲」，故此說不可從。

筆者將本句簡文改斷句為「乃上隹（唯）天，司幾監𤉲（兆）民，溫而㳫之」，斷句與學者的意見皆不同。此句文義為神祇司幾看到兆民（百姓）的「溫」這種情況，而加以「㳫」（進行干涉），因此「溫」讀為「盈」即可，「㳫」亦是讀為「省」，但我們的解釋方向與整理者不相同。「盈」有「太過」、「過多」的意思，如《後漢書·馬援傳》：「致求盈餘，但自苦耳」，「省」則是動詞「減少、削減」的意思，如《史記·平津侯主父列傳》：「向使秦緩其刑罰，薄賦斂，省繇役」。

〈參不韋〉本簡「乃上隹（唯）天，司幾監𤉲（兆）民，溫（盈）而㳫（省）之」文義為：上天，司幾監看百姓，所得者過多並非好事，故將削減之。

---

[58] 翻滾的魚：〈清華簡《參不韋》初讀〉159 樓，武漢大學簡帛論壇網，2022 年 12 月 15 日。
[59] 王寧：〈清華簡《參不韋》初讀〉162 樓，武漢大學簡帛論壇網，2022 年 12 月 16 日。
[60] wzy：〈清華簡《參不韋》初讀〉164 樓，武漢大學簡帛論壇網，2022 年 12 月 17 日。沈培：〈說清華簡《五紀》中關於占卜的一段話〉，《首屆出土文獻語言文字研究國際學術研討會論文集》（彰化：彰化師範大學國文學系、成功大學中國文學系、臺灣出土文獻研讀會主辦，2022 年 12 月 17-18 日），頁 1-9。
[61] 子居：〈清華簡十二《參不韋》解析（四）〉，先秦史論壇網，2023 年 3 月 1 日。

〔5〕不秉悬（則）弄（逢）天之夭（妖）羊（祥）兇芺（殃）

網友「tuonan」（王凱博）將「弄」讀為「逢」，認為「逢」字字義應與前一句的「從」字相反，「逢」訓為「逆」，即「抵牾、違逆」之意。[62]網友「汗天山」（侯乃峰）認為「奉」亦讀為「逢」，但是訓為「遭逢」之義。[63]

怡璇按：簡 54-55：

> 秉悬（則）從天之兇央（殃）夭（妖）羊（祥），遂（後）乃有慶。攺（啟），不秉悬（則）弄（逢）天之夭（妖）羊（祥）兇芺（殃）。

此二句為對句，「從」字如「tuonan」所言訓為「順」，[64]前句「秉悬（則）從天之兇央（殃）夭（妖）羊（祥），遂（後）乃有慶」文義為「啟，若秉則順應上天的兇殃妖祥之後，最後仍會有餘慶」，因此學者認為前句的「從」與後句的「弄」是兩句話的差異所在。

然而，筆者認為兩句的差異在於「遂（後）乃有慶」一句，二句排列如下：

> <u>秉</u>悬（則）<u>從</u>天之兇央（殃）夭（妖）羊（祥），<u>遂（後）乃有慶</u>。
>
> <u>不秉</u>悬（則）<u>弄（逢）</u>天之夭（妖）羊（祥）兇芺（殃）。

簡 54-55 表示啟不論是「秉則」或「不秉則」皆有可能得到好、不好的結果，然而若是「秉則」，即使有災殃降臨，最後皆會化險為宜，若是「不秉則」則僅止於將遇到「妖殃」之事。簡 57-58 簡文更為詳細，文中指出「不秉悬（則）從天之夭（妖）羊（祥）兇央（殃），遂（後）乃亡」，可見「不秉則」的最後結局為「滅亡」。

「弄」從學者之說讀為「逢」，即是訓為「遭逢」之義，整理者將簡 52-58 分為一個段落，此段落相關的文句為：

> 攺（啟），秉悬（則）弄（逢）【五二】天之夭（妖）羊（祥）兇央（殃）。

---

[62] tuonan：〈清華簡《參不韋》初讀〉82 樓，武漢大學簡帛論壇網，2022 年 12 月 5 日。
[63] 汗天山：〈清華簡《參不韋》初讀〉170 樓，武漢大學簡帛論壇網，2022 年 12 月 24 日。
[64] tuonan：〈清華簡《參不韋》初讀〉82 樓，武漢大學簡帛論壇網，2022 年 12 月 5 日。

貳　〈參不韋〉通釋・第四章「上帝之則」章 ❖ 143

> 攸（啟），女（汝）內女（汝）外，尚（當）亓（其）䇂（節）之方，乃乍（作）刑惪（則）。……秉惪（則）從天之兇夬（殃）夭（妖）羊（祥），遂（後）乃有慶。攸（啟），不【五四】秉惪（則）弄（奉）天之夭（妖）羊（祥）兇夬（殃）。……不秉惪（則）從天【五七】之夭（妖）祥（祥）兇夬（殃），遂（後）乃亡，乍（作）䍦（罰）。【五八~】

首句即是「秉則奉天之夭祥兇殃」，雖是指「秉則」仍會遭逢「夭祥兇殃」之事，但後文的「當其節之方，乃作刑則」便是在說明，啟即使「秉則」仍會受到兇災，那麼便改「作刑則」，未來才會有所不同。

　　簡 52-58 為一段落，本段一直到「秉惪（則）從天之兇夬（殃）夭（妖）羊（祥），遂（後）乃有慶。攸（啟），不秉惪（則）弄（奉）天之夭（妖）羊（祥）兇夬（殃）」才是「秉則」與「不秉則」的差異結果，本段的結尾簡 57-58 便是清楚說明「不秉則」會造成「亡」的結局。

〔6〕卸（御）乖（乖／饑）乃有內𢝊（憂）

　　整理者指出「御」字指「禁止」、「治理」、「抵禦」等義，「乖」則引《說文》「乖，戾也」作為例證。[65] 網友「子居」認為整理者對於「御」字的解釋有問題，指出「理解『御』字『表示「禁止」、「治理」、「抵禦」等義。』那麼後面的『內憂』、『喪朋』、『水罕』、『潰』、『削封疆』、『落』就會很難解釋為什麼治理、防禦了還會如此」，因此將「御」改訓為「迎、逢、遇」，「乖」指「不和、相背離」義。[66] 張文成將本句中的「乃」解釋為「卻」、「反而」的語氣轉折義，對於「御」字的解釋傾向整理者之說，並認為解釋為「抵禦」、「禁止」義更為準確。[67]

怡璇按：簡 55-57 為一個小段落，簡文為：

> 攸（啟），卸（御）乖乃有內𢝊（憂），御疫列（癘）乃𦬒（喪）朋（崩），睪（澤）田御水乃水罕（旱），陵田御罕（旱）乃遺（潰），御外伇（寇）

---

[65] 黃德寬主編、清華大學出土文獻研究與保護中心編：《清華大學藏戰國竹簡・拾貳》，頁 126。
[66] 子居：〈清華簡十二《參不韋》解析（四）〉，先秦史論壇網，2023 年 3 月 1 日。
[67] 張文成：〈讀清華簡札記二則〉，《第二屆戰國文字研究青年學者論壇會議論文集》（合肥：安徽大學漢字發展與應用研究中心，2023 年 11 月 17-19 日），頁 309-310。

乃進（削）坺（封）疆，御亂（亂）乃莈（落）

首先需先理解「御」的字義，整理者解釋為「禁止」、「治理」、「抵禦」等義，但簡文文句的因果關係是：

因	果
御乖	內憂
御□瘴	喪朋
御水	水旱
御旱	潰
御外寇	削封疆
御亂	落

「御△」的結果皆是負面的，因此整理者將「御」的解釋為「禁止」、「治理」、「抵禦」等意見與簡文文義不合。張文成以「乃」作為「反而」的轉折語氣解釋整理者的意見，但此說較似老子的「絕聖棄智，民利百倍；絕仁棄義，民複孝慈；絕巧棄利，盜賊無有」的思想，與全文思想不合。「子居」將「御」解釋為「遇」一類義，是比較好的解釋，而「乃」字解釋為連詞「於是」即可。

「御」訓為「遇」，則「乖」可解釋為「戾」或是「相背離」的文義，但筆者認為「相背離」與後文的「瘴」、「水」、「旱」、「外寇」、「亂」等字具有細微差異，如「瘴」實指「疫病」、「水」和「旱」為水、旱災，「外寇」與「亂」為國外、內情勢混亂，以上文字皆是指具體事項或狀況，而「乖」若訓為「相背離」則字義不夠具體，且主語與賓語不明。若將「乖」訓為「戾」，可解釋為「暴戾」，但傳世文獻中的「暴戾」主語多為國君，如《荀子・儒效》：「殺管叔，虛殷國，而天下不稱戾焉。」《詩・小雅・頍弁序》：「幽王暴戾無親，不能宴樂同姓，親睦九族。」《呂氏春秋・慎大》：「桀為無道，暴戾頑貪。」本段的主語為「啟」，似乎較不合適，但《史記・伯夷列傳》記載：「盜蹠日殺不辜，肝人之肉，暴戾恣睢。」此為少數「暴戾」的主語為百姓的例證，故本簡的「御乖」仍可解釋為

遭遇暴戾之事。

　　此處筆者有一推論，本簡為楚簡首見的「乖」字，「乖」與「內憂」相對，「乖」或可通假為「饑」，兩字皆是見紐微部，音理可通。國君若無法治理人民，使人民出現饑荒，則國家政局不穩，歷史中即可見此情況，如《漢書・元帝紀》：「六月，關東饑，齊地人相食。」、《漢書・匡張孔馬傳》：「陰陽錯謬，歲比不登，天下空虛，百姓饑饉，父子分散，流離道路，以十萬數。而百官群職曠廢，姦軌放縱，盜賊並起，或攻官寺，殺長吏。」[68]皆可見饑荒的嚴重性，若事態嚴重便是國家的內憂。將「乖」讀為「饑」之後，則可與下文的「癘」、「水」、「旱」、「外寇」、「亂」五項事件相對應。本處的「乖」可能讀本字，訓為「乖戾」，亦可能讀為「饑」，指「饑荒」。

〔7〕御疫列（癘）乃芒（喪）朋（崩）

　　整理者疑「癘」字前一字為「殳」，並認為「喪朋」即《易》坤卦卦辭的「東北喪朋」。[69]網友「王寧」將「朋」讀為「崩」。[70]

　　怡璇按：「癘」的前一字作「」，明顯可見殳旁，雖然右上偏旁已漫漶不清，但筆者贊同整理者依辭例補為「殳」，讀「疫」。楚簡的「殳」作「」（《清華柒・越公其事》簡 28），而「」右上亦隱約有三條橫線的殘筆，同時就辭例來看，簡文的「疫癘」文從字順，且文獻可見「疫癘」一詞，如《論衡・命義》：「饑饉之歲，餓者滿道；溫氣疫癘，千戶滅門」，[71]此句與上文中的「卸（御）乖乃有內惡（憂），御疫列（癘）乃芒（喪）朋」可對應。

　　簡文「御疫列（癘）乃芒朋」中的「『御 X』乃『Y』」，辭例中的「Y」皆是較為直觀的災害（如後文的「陵田御覃（悍）乃遺（隤），御外伐（寇）乃逢（削）圭（封）疆」等），因此「芒朋」與《易經》中的「喪朋」無關。「芒朋」應是國家政治產生的一種狀態，「王寧」將「芒朋」讀為「喪崩」，先秦文獻未見「喪崩」，「崩」字較常用於帝王之死，但清代著作《潛書・充原》可見「邦國崩喪」一辭，

---

[68] 安平秋、張傳璽分史主編：《漢書》（上海：漢語大詞典出版社，2004 年），頁 113、1640。
[69] 黃德寬主編、清華大學出土文獻研究與保護中心編：《清華大學藏戰國竹簡・拾貳》，頁 126。
[70] 王寧：〈清華簡《參不韋》初讀〉137 樓，武漢大學簡帛論壇網，2022 年 12 月 11 日。
[71] 黃暉：《論衡校釋》（北京：中華書局，1990 年）頁 45。

只是時代較晚，從此書可知「崩喪」（喪崩）可以指國家敗亡，簡文「御疫癘乃喪崩」指「國家若發生災癘可能會走向敗亡」是可能的解釋方向，且〈參不韋〉簡文的「朋」多讀為「崩」，如簡35-36「欣（啟），不見皮（彼）山之朋（崩），土之登，高離（岸）為開（淵），罙（深）開（淵）為陵」，故從此說。

〔8〕睪（澤）田御水乃水䍐（悍），陵田御䍐（悍）乃遺（隤）

整理者認為「澤田」即「水田」，「水旱」簡文指「旱災」或「䍐」通「悍」，「水悍」即「水湍悍」，簡文疑指「澤田御水失敗」，「陵田」與「澤田」相對，指「山田」，古書或作「陂田」，「遺」讀為「隤」。[72] 網友「質量復位」與「翳堂」皆指出「遺」不是从「貴」發聲，因此「遺」不可讀為「隤」，「質量復位」認為簡文的「遺」或可如字讀，訓為「捨棄」，「陵田御旱乃遺」是說山田御旱而被丟棄，網友「翳堂」依據趙彤的意見，認為應讀為與「遺」同聲系的「隤」，二字亦為異文。[73]

網友「tuonan」（王凱博）認為「澤田御水乃水旱」的第二個「水」字為衍文。[74] 網友「翻滾的魚」（張文成）有兩個意見，第一，讀作「睪（澤）田御水乃水䍐（悍），陵田御䍐（旱）乃水遺（匱）」，後句的「遺」字之前少了「水」字，第二，讀作「睪（澤）田御水乃水䍐（悍），陵田御䍐（悍）乃遺（隤）」，並認為第二說較合理，另又認為同一句話中的「䍐」字有不同的讀法，可能性較低，故將兩個「䍐」皆讀為「悍」，前句表示水流之湍急，後句代指湍急的流水。[75] 網友「王寧」認為「澤田御水乃水旱」一句的「旱」為衍文。[76]

網友「子居」認為「水䍐」的「䍐」可讀為「患」，指「害」、「難」。[77] 張文成認為簡文的「澤田」與「陵田」是兩種對耕種時所需的水不同的田，即整理者認為的「水田」與「山田」，「澤田御水」即「澤田抵禦水災」之義，「水」表示「水災」，「䍐」即讀為「旱」，「遺」如字讀，訓為「墜落、流下」，簡文「澤田

---

[72] 黃德寬主編、清華大學出土文獻研究與保護中心編：《清華大學藏戰國竹簡·拾貳》，頁126。
[73] 質量復位：〈清華簡《參不韋》初讀〉30樓，武漢大學簡帛論壇網，2022年11月30日。翳堂：〈清華簡《參不韋》初讀〉52樓，武漢大學簡帛論壇網，2022年12月4日。
[74] tuonan：〈清華簡《參不韋》初讀〉75樓，武漢大學簡帛論壇網，2022年12月4日。
[75] 翻滾的魚：〈清華簡《參不韋》初讀〉93樓，武漢大學簡帛論壇網，2022年12月5日。
[76] 王寧：〈清華簡《參不韋》初讀〉137樓，武漢大學簡帛論壇網，2022年12月11日。
[77] 子居：〈清華簡十二《參不韋》解析（四）〉，先秦史論壇網，2023年3月1日。

御水乃水旱，陵田御旱乃遺」指澤田本想抵禦水災，但卻遇到旱災；陵田本想抵禦旱災，所以充分儲存水資源，最後反而水多而下流。[78]

怡璇按：整理者將「澤田」解釋為「水田」，「陵田」解釋為「山田」，應是較合理的解釋，也是兩種不同類型「田」的對比。

依據簡 55-57 的辭例為「『御 X』造成『Y』的結果」，如「御乖（乖／饑）」造成「內憂」，「御疫癘」導致「喪崩」，簡文「睪（澤）田御水乃水𦼱」便是「澤田御水」導致「水𦼱」，若將「𦼱」解釋為「旱」，則前、後文矛盾。「子居」讀為「患」，「旱」與「患」同為匣紐元部，但楚簡「患」字的用字習慣穩定，皆為「串」聲與「悆」字表示，故不從此說。

「翻滾的魚」將「𦼱」讀為「悍」，認為指水流湍急，《說苑・談叢》有句「水激則悍」，[79]顯示水流過多則是「悍」，簡文「睪（澤）田御水乃水𦼱（悍）」即指澤田逢水導致了大水激流。「水悍」之說可從，於《新唐書・薛平傳》中可見「疏道二十里，以釃水悍」，即指湍急的水勢，因此「𦼱」字之前的「水」字並非衍文。

「遺」字作「」，沈培依據《安大一・詩經》五處文字與今本《毛詩》的「送」字對應，確定以下字形應讀為「送」：

（簡 55）　　（簡 55）　　（簡 90）　　（簡 91）

（簡 91）

《清華拾參・大夫食禮》中的「」（簡 36）與「」（簡 37）二形，整理者亦依辭例讀為「送」，[80]沈培因而確定「遺」字形可讀為「遺」與「送」二字。[81]

---

[78] 張文成：〈讀清華簡札記二則〉，《第二屆戰國文字研究青年學者論壇會議論文集》，頁 310-313。

[79] 《說苑・談叢》「水激則悍，矢激則遠」，《說苑校證》指出「二句見《呂氏・去宥篇》、《淮南・兵畧篇》、《鶡冠子・世兵篇》、《史記・賈誼傳》」，可見水多而悍是先秦兩漢的常見語。〔漢〕劉向撰，向宗魯校證：《說苑校證》（北京：中華書局，1987 年），頁 397。

[80] 黃德寬主編、清華大學出土文獻研究與保護中心編：《清華大學藏戰國竹簡・拾參》（上海：中西書局，2023 年），頁 117。

[81] 沈培：〈古文字「遺」、「送」原本同形說〉，《古文字與出土文獻學術研討會論文集》（北京：北京大學中國語言文學系、北京大學出土文獻與古代文明研究所主辦，2023 年 11 月 18-19 日），頁 186-198。另可參陳劍：〈簡談安大簡中幾處攸關《詩》之原貌原義的文字錯訛〉，武漢大學簡帛網，2019 年 10 月 8 日，http://www.bsm.org.cn/show_article.php?id=3429。陳劍：〈簡談安大簡中幾處攸關《詩》之原貌原義的文字錯訛〉，《中國文字》二〇一九年冬季號 總第二期（臺北：萬卷樓圖書股份有限公司，2019 年），頁 11-18。

簡文「陵田御覃（悍）乃󰀀」，依「󰀀」字形仍應隸為「遺」為宜。整理者讀為「潰」，網友「質量復位」與「翳堂」皆指出「遺」不是從貴聲，依據趙彤考釋成果：[82]

> 金文「遺」作󰀀，並不從「貴」。楚簡中「遺」作󰀀，「貴」作󰀀、󰀀，「續」作󰀀。「遺」字的寫法與金文相合，明顯不從「貴」。

因此「遺」字不可讀為「潰」。「質量復位」讀為「遺」，解釋為「捨棄」，「山田御旱而被丟棄」的說法較難理解文義。

「翻滾的魚」（張文成）將此句讀為「陵田御覃（悍）乃遺」，我們贊同此處的「覃」讀為「悍」，張文成認為「遺」讀為本字，解釋為「墜落、流下」，全句指「陵田本想抵禦旱災，所以充分儲存水資源，最後反而水多而下流」。但「山田遇旱災」一事與「土地崩壞」的關聯性不高，張文成的解釋與一般事實不合。

「陵田御覃（悍）乃遺」一句，本章第6則已將「御」解釋為「遇」，而「覃」讀為「悍」（水流湍急），簡文指陵田逢大水於是「遺」，「翳堂」將「遺」讀為「隤」，解釋為「山地崩壞」，「山地遇大水」則土地崩壞是可能的，因此「遺」應讀為同是舌音微部的「隤」字，指山田遇到大水則或崩壞。先秦時期常患水難，《中國災害通史‧先秦卷》認為商代盤庚遷殷以前至少在商代所都之處發生過至少四次大水災，最後迫使統治者遷都。[83]古籍中亦可見山上水流甚大導致低洼地區災害者，如《管子‧霸形》記載「要宋田，夾塞兩川，使水不得東流，<u>東山之西，水深滅垷，四百里而後可田也。</u>」[84]《漢書‧五行志》：「文帝後三年秋，大雨，晝夜不絕三十五日，<u>藍田山水出</u>，流九百餘家。」[85]《災害與兩漢社會研究》一書整理了史書記載的兩漢水患，其中包含山中之水的「和帝永元十年五月，京師大水，<u>南山水流出至東郊</u>，壞人廬舍。」[86]可見「陵田御覃（悍）乃遺（隤）」簡文解釋為「山田遇到大水則或崩壞」應是可行的。

---

[82] 趙彤：〈利用古文字資料考訂幾個上古音問題〉，《語言研究的務實與創新——慶祝胡明揚教授八十華誕學術論文集》（北京：外語教學與研究出版社，2004年），頁401-402。趙彤：〈利用古文字資料考訂幾個上古音問題〉，復旦大學出土文獻與古文字研究中心網，2008年3月23日，http://fdgwz.org.cn/Web/Show/384。

[83] 劉繼剛：《中國災害通史‧先秦卷》（鄭州：鄭州大學出版社，2008年），頁26-29。

[84] 謝浩范、朱迎平譯注：《管子全譯》（貴陽：貴州人民出版社，1996年），頁346。

[85] 安平秋、張傳璽分史主編：《漢書》，頁610。

[86] 陳亞新：《災害與兩漢社會研究》（上海：上海人民出版社，2004年），頁24。

簡文「罩（澤）田御水乃水覃（悍），陵田御覃（悍）乃遺（隤）」二句是漸進式的文句，前句是水田逢水會造成大水激流（即指水患），而山田雖然缺水，但若遇上了大水亦會造成山地崩壞。兩句應是告誡啟「過猶不及」皆是不好的，也有可能是說明不要因為是自己擅長的事（澤田遇水）便掉以輕心，若此則會引起災害，也不要因為缺少東西便加強引流（陵田御悍），如此便會造成潰敗。

本章第 2 則與第三章第 6 則發表於《中國文字》期刊，詳見：〈試論《清華拾貳‧參不韋》兩例存古文字〉，《中國文字》二〇二四年冬季號 總第十二期，臺北：萬卷樓圖書股份有限公司，2024 年 12 月，頁 225-240。

第五章　「 天之章德 」章

（一）章旨

　　本章命名為「天之章德」，簡文為啟向參不韋祝禱，說明自己會秉持上天的刑則法度，以中正之道治理人民。但啟認為治國仍有難處，文中指出惡人何其多，若自己無法以中正之道治理人民，應該如何自處？參不韋則以「不逆天之命，秉天之章德」為綱領，回應啟的擔憂。

　　參不韋認為，即使人民對自己的錯誤有所掩蓋，但只要啟能夠秉持中道、制度治國，便不會有大問題，但若啟違背天命，放縱臣子作亂，那麼人民便也無法安居樂業。此章更從不同角度說明人民與國家安定的關鍵，共有「內基」、「外基」、「內逼」、「外逼」、「內罰」、「外罰」、「內憂」、「外憂」、「內毀」、「外毀」等等，詳細說明治國的概況。最後指出，也許治國難以盡如人意，也無法完全滿足百姓的期待，但君王只要好好地秉持自我品德，便不需要因無法滿足百姓而自我擯棄。

　　本章以啟的祈問為開頭，全章參不韋從各個角度的正、反面地說解如何治國，最末仍是勉勵啟身為人君，應順應天命、秉持德性，並認為啟若能做到如此已是足夠。參不韋認為治國需以國君德性為主，說明各種情況的利、害關係，但對於平民百姓的人性較不強求，似頗有儒家的「反求諸己」的意味。

（二）釋文

　　启（啟）¹乃州（祝），旨（祗）曰：參不韋〔1〕，乃象天之刑悥（則），秉【五八】民之中。民藆（穢）多，悥（則）兇、比𠷎（亂）〔2〕，不

---

¹ 怡璇按：整理者原將「啟」字之後斷讀，本處依網友「王寧」之說，將「啟」字與下句連讀。學者說法出自：黃德寬主編、清華大學出土文獻研究與保護中心編：《清華大學藏戰國竹簡・拾貳》（上海：中西書局，2022 年），頁 126。王寧：〈清華簡《參不韋》初讀〉137 樓，武漢大學簡帛論壇網，2022 年 12 月 11 日。

以亓（其）請（情），乃忑（恐）不旻（得）亓（其）中。

參不韋曰：【五九】攺（啟），乃不逆天之命，秉天之章悳（德）。攺（啟），薑（萬）民唯自弇（掩）盍（蓋），自宅（橐）²匿。攺（啟），【六〇】乃朮（必）旻（得）亓（其）中，用章乃刺（烈）³。攺（啟），女（汝）乃逆天之命，嚻（亂）兇亞（縱）⁴不用天慦（則）。薑（萬）民【六一】隹（唯）自歔（辨）自荅（簡）⁵，以請（情）告。攺（啟），乃弗訐（信），用不旻（得）亓（其）中，乃弄（奉）**不刑不古（辜）〔3〕**。攺（啟），罰（罰）亓（其）【六二】不𦣞（辜）⁶乃茖（落），𦣞（辜）而不罰（罰）乃朋（崩）。攺（啟），乃秉民之幾輅（格）⁷，隹（唯）女（汝）中，天慦（則）隹（唯）【六三】長，隹（唯）夊（終）不夊⁸（終），隹（唯）乃攺（啟）。

參不韋曰：攺（啟），秉慦（則）毋比，悳（德）巳（似）山，女（汝）乃𠕎（淵），毋自臺（高）【六四】也。悳（德）巳（似）𠕎

---

² 怡璇按：「氏」聲之字的討論，參見本書第四章註5。
³ 「用章乃刺」，整理者將「刺」讀為「烈」，訓為「業」。網友「子居」認為應訓為「明」。學者說法出自：黃德寬主編、清華大學出土文獻研究與保護中心編：《清華大學藏戰國竹簡‧拾貳》（上海：中西書局，2022年），頁127。子居：〈清華簡十二《參不韋》解析（四）〉，先秦史論壇網，2023年3月1日，http://www.360doc.com/content/23/0301/20/34614342_1070024448.shtml。怡璇按：「子居」將此句解釋為「秉持上天的章則，即使萬民自匿，君主仍必能得其中正，以彰顯其明」，此說可從。
⁴ 怡璇按：「亞」字的考釋意見見本書第三章第6則。
⁵ 怡璇按：「歔」讀為「辨」，「荅」讀為「簡」，相關考釋見本書第一章第6則。
⁶ 網友「紫竹道人」（鄔可晶）認為本處的「𦣞」即讀為「由」。學者說法出自：紫竹道人：〈清華簡《參不韋》初讀〉73樓，武漢大學簡帛論壇網，2022年12月4日。怡璇按：此字仍讀為「辜」為宜，相關考釋見本章第3則。
⁷ 整理者將「幾輅」讀為「機略」，指要害、關鍵。學者說法出自：黃德寬主編、清華大學出土文獻研究與保護中心編：《清華大學藏戰國竹簡‧拾貳》，頁123。怡璇按：本書統一將〈參不韋〉簡文的此二字讀為「幾格」，相關考釋見本書第四章第1則。
⁸ 怡璇按：整理者指出「不夊」二字為小字，乃後補。黃德寬主編、清華大學出土文獻研究與保護中心編：《清華大學藏戰國竹簡‧拾貳》，頁127。

（淵），女（汝）乃山，毋自窒（淫）也。爯（稱）以五惪（德），和以五味，民以篗（匡）以自定【六五】也。

参不韋曰：攷（啟），挽（勉）惪（德）、挽（勉）宜[9]、挽（勉）灋（法）、挽（勉）長、挽（勉）固[10]，是胃（謂）內基。挽（勉）耶（聖）、【六六】挽（勉）惠、挽（勉）弜（強）、挽（勉）悉（柔）、挽（勉）和，是胃（謂）外基。[11]

参不韋曰：攷（啟），剴（冀）[12]淫（盈）、剴（冀）旻（得）、剴（冀）賠（富）、剴（冀）【六七】大、剴（冀）達而不宜[13]，是胃（謂）內副（逼）。**剴（冀）劇（戲）、剴（冀）溢、剴（冀）芌（華）、剴（冀）上、剴（冀）蜀（濁）**〔4〕，是胃（謂）外【六八】副（逼）。[14]

参不韋曰：攷（啟），不可上也而上之，是胃（謂）內朋（崩）。

---

[9] 網友「ee」（單育辰）將「宜」讀為「義」。學者說法出自：ee：〈清華簡《参不韋》初讀〉40樓，武漢大學簡帛論壇網，2022年12月2日。**怡璇按**：「宜」如字讀，訓為「義」，參本書第二章第10則、第三章第5則。

[10] **怡璇按**：「挽（勉）惪（德）、挽（勉）宜、挽（勉）灋（法）、挽（勉）長、挽（勉）固」，整理者原未斷句，本處加入頓號，下文「挽（勉）耶（聖）、挽（勉）惠、挽（勉）弜（強）、挽（勉）悉（柔）、挽（勉）和」、「剴（愷）淫（盈）、剴（愷）旻（得）、剴（愷）賠（富）、剴（愷）大、剴（愷）達」、「剴（愷）劇（戲）、剴（愷）溢、剴（愷）芌（華）、剴（愷）上、剴（愷）蜀（濁）」亦同。

[11] **怡璇按**：「內基」應是指啟對自己的基本要求，「外基」指治國或邦交的基本要求。

[12] 整理者將「剴」讀為「愷」，指「樂」。網友「激流震川2.0」認為應讀為「冀」，網友「ee」（單育辰）贊同讀為「冀」說，並補充《清華玖‧廼命一》簡11「剴其有竝命」中的「剴」即讀為「冀」，但認為亦可讀為「覬」。學者說法出自：黃德寬主編、清華大學出土文獻研究與保護中心編：《清華大學藏戰國竹簡‧拾貳》，頁128。激流震川2.0：〈清華簡《参不韋》初讀〉36樓，武漢大學簡帛論壇網，2022年12月2日。ee：〈清華簡《参不韋》初讀〉40樓，武漢大學簡帛論壇網，2022年12月2日。**怡璇按**：將「剴」讀為「冀」的文義較好。

[13] 網友「ee」（單育辰）將「宜」讀為「義」。學者說法出自：ee：〈清華簡《参不韋》初讀〉40樓，武漢大學簡帛論壇網，2022年12月2日。**怡璇按**：「宜」如字讀，訓為「義」，參本書第二章第10則、第三章第5則。

[14] 整理者認為「副」訓為「裂」或「析」，句意謂貪得務奢，財物榮華最終會離析散失。網友「ee」（單育辰）認為「副」沒有不好的意思，似應讀為「逼」，「逼迫」的意思。學者說法出自：黃德寬主編、清華大學出土文獻研究與保護中心編：《清華大學藏戰國竹簡‧拾貳》，頁128。ee：〈清華簡《参不韋》初讀〉40樓，武漢大學簡帛論壇網，2022年12月2日。**怡璇按**：「冀得」、「冀盈」等簡文未見離析的意思，且「內副」、「外副」是行為的總結，與「財物榮華最終會離析散失」無關，筆者認為讀為「逼」較好。

不可下也而下之，是胃（謂）【六九】外朋（崩）。[15]

参不韋曰：攷（啟），不可豖（邇）〔5〕也而豖（邇）之，是胃（謂）內罪（罰）。不可遠也而遠之，是胃（謂）外【七〇】罪（罰）。

攷（啟），智（知）亓（其）不宜[16]也，以有蒜（益）於亓（其）身而埅（徵）由[17]之，是胃（謂）內惡（憂）。智（知）亓（其）宜[18]【七一】也，以亡（無）蒜（益）於亓（其）身而弗埅（徵）由，是胃（謂）外惡（憂）。

攷（啟），智（知）亓（其）亡（無）辠（罪），以刜（害）〔6〕於亓（其）【七二】身而罪（罰）之，是胃（謂）不古（辜）[19]，內毀[20]。智（知）亓（其）有辠（罪）也，以有蒜（益）於身而弗罪（罰），【七三】是胃（謂）不刑，外毀。

---

[15] 網友「子居」將「上」訓為「升」，認為「上之」指拔擢，「下之」指降職。學者說法出自：子居：〈清華簡十二《參不韋》解析（四）〉，先秦史論壇網，2023 年 3 月 1 日。**怡璇按**：「上」與「下」為對立的，但本章的簡文與官職無關，因此此處不可訓為拔擢與降職。本段簡文較短，「上」與「下」指何義較難分辨，或即指「增添」與「減少」，即不可增加之事而再疊加，便會內崩，不可再減少之事而減之，則是外崩，與下文的「邇」與「遠」類似概念。

[16] 網友「ee」（單育辰）將「宜」讀為「義」。學者說法出自：ee：〈清華簡《參不韋》初讀〉40 樓，武漢大學簡帛論壇網，2022 年 12 月 2 日。**怡璇按**：「宜」如字讀，訓為「義」，參本書第二章第 10 則、第三章第 5 則。

[17] 整理者將「埅」讀為「徵」，「徵由」訓為「徵用」。網友「子居」認為「埅」讀為「升」，「升由」亦為「升用」。學者說法出自：黃德寬主編、清華大學出土文獻研究與保護中心編：《清華大學藏戰國竹簡·拾貳》，頁 128。子居：〈清華簡十二《參不韋》解析（四）〉，先秦史論壇網，2023 年 3 月 1 日。**怡璇按**：「埅」字，以楚簡的用字習慣而言，讀為「徵」或「升」皆可，但「徵用」一詞於《史記·儒林傳序》中可見，而「升用」需至明代的才得見，故仍從整理者之說。

[18] 網友「ee」（單育辰）將「宜」讀為「義」。學者說法出自：ee：〈清華簡《參不韋》初讀〉40 樓，武漢大學簡帛論壇網，2022 年 12 月 2 日。**怡璇按**：「宜」如字讀，訓為「義」，參本書第二章第 10 則、第三章第 5 則。

[19] 網友「紫竹道人」（鄔可晶）認為本處的「古」為「由」之訛。學者說法出自：紫竹道人：〈清華簡《參不韋》初讀〉73 樓，武漢大學簡帛論壇網，2022 年 12 月 4 日。**怡璇按**：此字仍讀為「辜」為宜，相關考釋見本章第 3 則。

[20] **怡璇按**：網友「海天遊蹤」（蘇建洲師）補充「毀」字的形體來源，文中指出簡 73、74、117 的「毀」字從臼從土從攴，從「土」旁與西周中期的霸伯盂的「毀」字相同，是目前楚簡中首見，屬存古的寫法。學者說法出自：海天遊蹤：〈清華簡《參不韋》初讀〉51 樓，武漢大學簡帛論壇網，2022 年 12 月 4 日。

攼（啟），智（知）丌（其）宜²¹也，唯（雖）亡（無）萳（益）於身而曾（增）曽（由）²²之，是胃（謂）【七四】外苹（屏）²³。

攼（啟），智（知）丌（其）不宜²⁴也，唯（雖）有萳（益）於丌（其）身而𠛬（罰）之，是敘（除）㦰（穢）²⁵章盟（明），【七五】才（茲）𠛬（罰）弗尚（常）〔7〕。

攼（啟），內有䛅（亂）悳（德），是胃（謂）外雚（昏）〔8〕。外有䛅（亂）悳（德），是胃（謂）內嚁（昏）。【七六】

参不韋曰：攼（啟），䦧（閒）頪（類）不旻（得），厇（宅）忞（願）不從〔9〕，句（后）秉悳（德），²⁶攼（啟），毋自絀（黜）也。攼（啟），乃曾（增）【七七】定曽（由）宜²⁷，是胃（謂）外緩（援），以自達也。攼（啟），央（殃）疾慼悥（憂）亡雙（廢），句（后）秉悳（德）。攼（啟），【七八】乃旨（稽）盟（糾）𠛬（罰）㣇（戮），是胃（謂）內罭（襄）〔10〕，以自敘²⁸也。【七九～】

---

²¹ 網友「ee」（單育辰）將「宜」讀為「義」。學者說法出自：ee：〈清華簡《参不韋》初讀〉40 樓，武漢大學簡帛論壇網，2022 年 12 月 2 日。怡璇按：「宜」如字讀，訓為「義」，參本書第二章第 10 則、第三章第 5 則。

²² 怡璇按：整理者指出「曾」讀為「增」，訓為「益」，「由」訓為「用」。學者說法出自：黃德寬主編、清華大學出土文獻研究與保護中心編：《清華大學藏戰國竹簡・拾貳》，頁 128。

²³ 整理者將「苹」讀為「屏」，指「屏障」。學者說法出自：黃德寬主編、清華大學出土文獻研究與保護中心編：《清華大學藏戰國竹簡・拾貳》，頁 128。

²⁴ 網友「ee」（單育辰）將「宜」讀為「義」。學者說法出自：ee：〈清華簡《参不韋》初讀〉40 樓，武漢大學簡帛論壇網，2022 年 12 月 2 日。怡璇按：「宜」如字讀，訓為「義」，參本書第二章第 10 則、第三章第 5 則。

²⁵ 怡璇按：「穢」字字義見本章第 2 則。

²⁶ 怡璇按：整理者此處原為句號，應作逗號。

²⁷ 網友「ee」（單育辰）將「宜」讀為「義」。學者說法出自：ee：〈清華簡《参不韋》初讀〉40 樓，武漢大學簡帛論壇網，2022 年 12 月 2 日。怡璇按：「宜」如字讀，訓為「義」，參本書第二章第 10 則、第三章第 5 則。

²⁸ 整理者指「自敘」讀「自除」。羅雲君認為「自敘」指讓自己井然有序。學者說法出自：黃德寬主編、清

（三）疑難字詞考釋

〔1〕攲（啟）乃州（祝），旨（祇）曰：參不韋

　　整理者將「州旨」讀為「疇咨」，指「咨詢」。[29]網友「質量復位」不贊同整理者意見，指出「旨」為舌根音，難以讀為齒音的「咨」，且兩字的聲系也未見通假例證，並將「旨」讀為「稽」，訓為「問」。[30]網友「子居」贊同「州」讀為「疇」，但認為應與「籌」同義，「旨」亦讀為「稽」但訓為「考」，「疇稽」指「考度」。[31]

　　怡璇按：簡文為「攲（啟）乃州旨曰：參不韋」，指啟向參不韋詢問意見，以一人類之姿求問神祇，「州旨」釋讀為「咨詢」與「考度」的意思皆不洽當。「質量復位」將「旨」讀為「稽」是楚簡常見的用字特徵，但「質量復位」指出：

> 《楚辭・卜居・序》：「乃往至太卜之家，稽問神明，決之蓍龜。」學者一般認為這裡的「稽」是「卜問」的意思，但由「卜問」引申為「詢問」也很自然。

此說有兩個問題，首先，「稽」是否可由「卜問」引申為「詢問」的意思還未能明確，其次，《楚辭》的文字是由「稽問」解釋為「卜問」，而簡文本處僅單一個「稽」字，「稽」是否可釋為「卜問」亦難以確定。而整理者的意見，「質量復位」已指出將「旨」讀為「咨」於音理和用字習慣上的問題。

　　簡文為「攲（啟）乃州旨曰：參不韋」，筆者認為斷句可改為「啟乃州，旨曰：參不韋」，其中的「州」讀為「祝」，雖然此類通假較為罕見，但「祝」與「州」皆是章紐覺部，當可互作通假，《左傳・隱公四年》：「衛州吁弒其君完。」而《穀梁傳》將「州吁」記為「祝吁」，《說文》：「䛆，讀若祝」，[32]段《注》亦指出「玉

華大學出土文獻研究與保護中心編：《清華大學藏戰國竹簡・拾貳》，頁129。羅雲君：《清華簡《參不韋》整理與研究》（長春：東北師範大學博士論文，2024年），頁157。
[29] 黃德寬主編、清華大學出土文獻研究與保護中心編：《清華大學藏戰國竹簡・拾貳》，頁126。
[30] 質量復位：〈清華簡《參不韋》初讀〉39樓，武漢大學簡帛論壇網，2022年12月2日。
[31] 子居：〈清華簡十二《參不韋》解析（四）〉，先秦史論壇網，2023年3月1日。
[32] 高亨編：《古字通假會典》（濟南：齊魯書社，1989年），頁783。

篇云：《說文》職又切，詛也。玄應六引曰：『祝』今作『呪』，說文作『詶』，『詛』也，之授切。今各本作『讀也』。」可見「祝」與「州」二字音、義皆近，林清源師認為「祝」與「詶」為異體字關係。³³二字關係密切。

「旨」讀為「祇」，「旨」聲與「氏」聲互通，古「渚、坻」通用，《說文》：「渚，坻或从水从耆。」³⁴簡文中「祇」訓為「敬」，如《詩‧商頌‧長發》：「昭假遲遲，上帝是祇。」「祇，敬也。」³⁵

「攴（啟）乃州（祝），旨（祇）曰：參不韋」，「祝」為祝禱、祈求之義，簡文指「啟於是祝禱，恭敬地說：參不韋啊！」

〔2〕民蘴（穢）多，慭（則）兇、比嚻（亂）

整理者斷句為「民蘴（穢）多慭（則）兇比嚻（亂）」，簡文文義無說。³⁶網友「tuonan」（王凱博）將「兇」讀為「訩」，訓作「譁亂」，「比」讀為「誁」，指「謬誤」。³⁷網友「子居」認為「民穢」可類比《國語‧魯語上》：「文王以文昭，武王去民之穢。」而「多」字下似當加逗號，「則凶」、「比亂」為並言，「凶」即「凶則」，「亂」即「亂則」。³⁸

怡璇按：「蘴」字，整理者讀為「穢」，未說明字義，「子居」將此句與《國語‧魯語上》的「武王去民之穢。」對比，但韋昭注指出《國語》此處解釋為：「穢，謂紂也。」³⁹《國語》此處文義與簡文不同，不可用為對比例證。

「民穢」相類的文句可見：

《文子‧道原》：「夫人從欲失性，動未嘗正也，以治國則亂，以治身則穢，

---

³³ 林清源：〈傳抄古文「示」部疏證十九則〉，《成大中文學報》第六十四期（2019年），頁101-103。林清源：〈傳抄古文「示」部疏證十九則〉，2020年10月10日，http://www.gwz.fudan.edu.cn/Web/Show/4657。
³⁴ 張儒、劉毓慶：《漢字通用聲素研究》（太原：山西古籍出版社，2002年），頁782-783。
³⁵ 〔漢〕毛亨撰，〔漢〕鄭玄箋，〔唐〕孔穎達疏，龔抗雲、李傳書、胡漸逵、肖永明、夏先培整理，劉家和審定，十三經整理委員會整理，李學勤主編：《十三經注疏‧毛詩正義》（北京：北京大學出版社，1999年），頁1455。
³⁶ 黃德寬主編、清華大學出土文獻研究與保護中心編：《清華大學藏戰國竹簡‧拾貳》，頁125。
³⁷ tuonan：〈清華簡《參不韋》初讀〉77樓，武漢大學簡帛論壇網，2022年12月4日。
³⁸ 子居：〈清華簡十二《參不韋》解析（四）〉，先秦史論壇網，2023年3月1日。
³⁹ 徐元誥撰；王樹民、沈長雲點校：《國語集解》（北京：中華書局，2002年），頁159。

故不聞道者，無以反其性，不通物者，不能清靜。原人之性無邪穢，久湛於物即易，易而忘其本即合於其若性。」

《韓非子・難三》：「明君使人無私，以詐而食者禁；力盡於事，歸利於上者必聞，聞者必賞；污穢為私者必知，知者必誅。」

上引文獻表示「穢」的意思是「惡人」或「人民作惡」，與本簡的「民穢」意思相同，不可單指「紂」，或是引申為帝王的「啟」。

「兇」字的訓讀，於本書第一章註 13 中已指出「詾」解釋為「讙亂」的疑問，本文認為「兇」讀本字，訓為「惡」即可。筆者贊同「子居」斷句為「民藂（穢）多，慇（則）兇、比嚻（亂）」，「則兇」即為「兇則」，〈參不韋〉簡 6、24、31 等常見「兇則」一詞。「比亂」應與「兇則」是相似概念，即為「民穢」的具象表現，「比」可訓為「結黨營私」，例如《論語・為政》「君子周而不比，小人比而不周。」[40]「亂」為作亂，「比亂」指人民結黨作亂。《清華拾肆・兩中》簡 14「而不濍（沈）于棠（黨）」一句為鄔可晶所釋，〈兩中〉簡文可解釋為「夏啟所倚賴的親信、黨羽。『兩中』希望啟『膺受天言』而不要耽溺於朋黨，這樣才能『以為下國王』。」[41]此說可與〈參不韋〉本處簡文對應。

簡 58-59「攺（啟）乃州（祝），旨（祗）曰：參不韋，乃象天之刑慇（則），秉民之中。民藂（穢）多，慇（則）兇、比嚻（亂），不以亓（其）請（情），乃志（恐）不夋（得）亓（其）中。」即是啟祝禱上天，恭敬地詢問：參不韋啊，我會秉持上天的刑則法度，以中正之道治理人民。但惡人不少，例如破壞法則之人、結黨作亂之人，沒有依其性情判斷，我害怕自己沒辦法如上天所願以中正之道治理人民啊！

〔3〕不刑不古（辜）

整理者指出「不刑」見簡 73-74 的「知其有罪也，以有益於身而弗罰，是謂

---

[40]〔魏〕何晏注，〔宋〕邢昺疏，十三經整理委員會整理，李學勤主編：《十三經注疏・論語注疏》（北京：北京大學出版社，1999 年），頁 19。

[41] 本句參鄔可晶：〈談談清華簡《兩中》的「濍」〉，復旦大學出土文獻與古文字研究中心網，2024 年 12 月 22 日，http://www.fdgwz.org.cn/Web/Show/11230。

不刑」,「不由」據下簡 72-73「知其無罪,以害於其身而罰之,是謂不古」可知「由」乃「古」字之訛。⁴²網友「紫竹道人」(鄔可晶)指出本篇被整理者視為「古(辜)」之訛的「由」、「冑」,皆非誤字,當讀為「由／迪」,乃「進用」之義。⁴³

怡璇按:楚簡的「由」作「🔲」(《清華壹・金縢》簡 6),「古」作「🔲」(《包山》簡 173),楚簡的「由」與「古」二字形體相近,常見訛寫字例,例如《上博一・緇衣》的「古」皆寫為「由」形,見簡 6-7「🔲〈古(故)〉長民者章志已(以)邵(詔)百眚(姓)」,李守奎、曲冰、孫偉龍編著的《上海博物藏戰國楚竹書(一——五)文字編》即指出「古」與「由」時有混譌。⁴⁴

陳偉指出「古」與「由」二字的差異性為:⁴⁵

> 古字上部十字交叉,橫劃長出;由字上部則只有一豎劃,或在豎劃中著一圓筆。雖然古文字的點、橫時有互作,但這兩字卻界限森然,一般未見交叉。

顏世鉉整理「古」與「由」的古文字字形之後,贊同陳偉辨別兩字的原則,但指出「由於『古』、『由』形近,在文字演變的過程中就容易造成混淆,以致產生不少例外的情形,尤以戰國文字為甚。所以處理此問題,首先就要掌握文字演變的時代性;其次也要注意其地域性,最好能以關係密切的文字材料來做比對。」⁴⁶張峰認為楚簡中「古」寫成「由」的情況只集中在幾篇或是幾個書手,同時提出二字的差異性:

> 第一,古下从口,由下从日;
>
> 第二,<u>在具備第一條的情況下</u>,上部所從的十字形中一橫畫長的是古,短的是由。

同時指出訛書是以「古」寫成「由」為主,但其實二字的訛書機率很小。⁴⁷

---

⁴² 黃德寬主編、清華大學出土文獻研究與保護中心編:《清華大學藏戰國竹簡・拾貳》,頁 127。
⁴³ 紫竹道人:〈清華簡《參不韋》初讀〉73 樓,武漢大學簡帛論壇網,2022 年 12 月 4 日。
⁴⁴ 李守奎、曲冰、孫偉龍編著:《上海博物藏戰國楚竹書(一——五)文字編》(北京:作家出版社,2007 年),頁 110。
⁴⁵ 陳偉:〈《鄂君啟節》之「鄂」地探討〉,《江漢考古》1986 年第 2 期,頁 90。
⁴⁶ 顏世鉉:〈包山楚簡釋地八則〉,《中國文字》新廿二期(臺北:藝文印書館,1997 年),頁 238-239。
⁴⁷ 張峰:《楚系簡帛文字訛書研究》(長春:吉林大學文學院博士論文,2012 年),頁 156-171。張峰:《楚文字訛書研究》(上海:上海古籍出版社,2016 年),頁 267-293。

本簡字形作「◌」，可以發現此字形完全符合張峰對於「由」字形體的定義，但同時我們需依據顏世鉉所說的文字的時代性等因素，以及張峰所言訛寫的情況多集中在幾個書手中的前提，才能確定此字形為「古」還是「由」。

賈連翔已整理的〈參不韋〉隸定從「古」或「由」的例子，[48]筆者依本書的新編釋文修改賈文表格中引用的文例，相關資料如下：

序號	隸定	字形	出處	文例
1	古1		簡 14-15	典尚音古聿（律）經（淫）
2	固1		簡 8	隹（唯）固不屖（遲）
3	固2		簡 66	俛（勉）固，是胃（謂）內基
4	古2		簡 62	乃弄（奉）不刑不古（辜）
5	古2		簡 72-73	智（知）亓（其）亡（無）辠（罪），以剡（害）於亓（其）身而罰（罰）之，是胃（謂）不古（辜）
6	古2		簡 118	啻（虐）、不古（辜）、不刑，則威（滅）光
7	由		簡 71	智（知）亓（其）不宜也，以有嗌（益）于亓（其）身而墜（徵）由之，是胃（謂）內慭（憂）
8	由		簡 72	智（知）亓（其）宜也，以亡（無）嗌（益）于亓（其）身而弗墜（徵）

---

[48] 賈連翔：〈跳出文本讀文本：據書手特點釋讀《參不韋》的幾處疑難文句〉，《出土文獻》2022 年第 4 期（上海：中西書局，2022 年），頁 19-21。

			由，是胃（謂）外惡（憂）
9	𢈑	簡 62-63	罰（罰）亓（其）不甴（辜）乃 落（落）
10		簡 63	甴（辜）而不罰（罰）乃朋（崩）
11	甴	簡 74-75	唯（雖）亡（無）蓀（益）於身 而曾（增）甴（由）之，是胃（謂） 外苹（屏）。
12		簡 77-78	乃曾（增）定甴（由）宜，是胃 （謂）外緩（援），以自達也

李松儒認為〈參不韋〉簡 20 前、後是不同書手所寫，並將簡 20 前的書手稱「A 書手」，簡 20 之後者稱「B 書手」。[49]

〈參不韋〉簡 66 的「固」字作「」，此形中間從日，上方的橫畫介於短與長之間，因偏旁制約的關係所以可以確定此形從古，此形體出自於李松儒定義的書手 B。

依據形體，表格中 9-12 字例應皆隸為「甴」，四字皆從「由」，7、8 字例的亦是「由」字，需討論的是例 4 的「古」、例 5 的「古」與例 6 的「古」，辭例皆為「不△」，三字下方從日，且皆出自書手 B，但從「」（簡 66）來看，B 書手已模糊「古」與「由」的形體，因此上述三形隸為「古」或「由」皆有可能。

表格中「古 2」的辭例皆是「不△」，整理者認為是「古」訛寫為「由」，讀為「辜」，〈參不韋〉整理者之一的賈連翔認為「不辜」即「無辜」，指無罪而獲罪，[50]「紫竹道人」則認為隸為「由」即可，讀為「由」或「迪」，指「進用」。

---

[49] 李松儒：〈清華簡中的特殊書手群及相關問題研究〉，《首屆出土文獻語言文字研究國際學術研討會論文集》（彰化：彰化師範大學國文學系、成功大學中國文學系、臺灣出土文獻研讀會主辦，2022 年 12 月 17-18 日），頁 327-335。

[50] 賈連翔：〈跳出文本讀文本：據書手特點釋讀《參不韋》的幾處疑難文句〉，《出土文獻》2022 年第 4 期，頁 20-21。

相關簡文如下：

> 簡 62：启（啟），乃弗訐（信），用不旻（得）亓（其）中，乃弄（奉）不刑不☐。
>
> 簡 73：智（知）亓（其）亡（無）辠（罪），以劍（害）于亓（其）身而罰（罰）之，是胃（謂）不☐，內毀。
>
> 簡 118：虐（虐）、不☐、不刑，則咸（滅）光。

簡 73 的辭例定義了「不△」的意思，簡 62 與簡 118「不△」與「不刑」連用，而「不刑」的定義為簡 72-73「智（知）亓（其）有辠（罪）也，以有恭（益）於身而弗罰（罰），是胃（謂）不刑」，「不刑」的辭義與「不△」相反，因此簡 62 與 73、118 釋為「古」讀為「辜」為宜，與「進用」的關係不大。

由以上三例「不古」的字例可見同一辭例、字形相同，但書手 B 的「古」字中間皆已从曰形，同時賈連翔與李松儒皆指出本篇簡文有校對人，但校對者皆未發現「古」與「由」字訛寫，可見在戰國楚文字時期，兩字的差異性已漸漸模糊。

〈參不韋〉的書手 B「古」、「由」二字不分，甚至連校對者亦無發現，當時二字可能已為同形字。筆者認為簡 62 的「☐」一字如同簡 66 的「☐」（固）所从的「古」旁，皆為「古」的異形，因此不需釋為訛字，直接隸為「古」即可，上表中的例 9、10 亦不需釋為訛字。

［4］劓（冀）劇（戲）、劓（冀）溢、劓（冀）芋（華）、劓（冀）上、劓（冀）蜀（濁）

整理者將「劇」讀為「戲」，「芋」讀為「華」，「蜀」讀為「獨」，句義謂若貪得務奢，財物榮華最終會離析散失。[51]網友「gefei」對應《清華拾壹・五紀》簡 1「奮洫〈溢〉于上，𦥯（謹）其有中，戲其有德，以乘亂天紀」一句，認為

---

51 黃德寬主編、清華大學出土文獻研究與保護中心編：《清華大學藏戰國竹簡・拾貳》，頁 128。

本簡的「華」應讀為「嘩／譁」,指「混亂」,「上」同「乘亂」之「乘」,是「侵犯、陵犯」之意,「蜀」讀為「濁」,亦是「亂、混亂」的意思,同時認為「溢」與「詢」有關。[52]羅雲君將「芋」讀為「譁」,訓為「喧嘩」,「上」指「提升官爵」。[53]

怡璇按:簡 67-68:

啟(啟),勥(冀)浧(盈)、勥(冀)昃(得)、勥(冀)賄(富)、勥(冀)大、勥(冀)達而不宜,是胃(謂)內副(偪)。勥(冀)劇(戲)、勥(冀)溢、勥(冀)芋(華)、勥(冀)上、勥(冀)蜀(濁),是胃(謂)外副(偪)。

簡文中「冀達而不宜」一句,確立本段為負面的行為。〈參不韋〉出現三例「劇」字,皆讀為「戲」,訓為「逸樂」一類的詞,與〈參不韋〉簡2「逸（泆／逸）斁（戲）」的「戲」同義。

「溢」,「gefei」認為與「詢」有關,類似「人議之多、盈、盛」的意思,但本簡為告誡「冀△」為外副行為,內副與外副的內容皆是個人行為,與「詢」字義有別。筆者認為「溢」讀本字即可,簡文訓為「奢侈無度」,如《孝經·諸侯》:「在上不驕,高而不危;制節謹度,滿而不溢。」李隆基注:「奢泰為溢」。[54]

「芋」,整理者指出「芋」多讀為「華」,「gefei」讀為「嘩／譁」,指「混亂」。但此說有疑問,「芋」若讀為「嘩／譁」,二字的字義皆指「喧嘩一類的吵雜聲而造成的喧鬧」,與「混亂」有別,而本簡簡文與言語的吵鬧無關,因此不應讀為「嘩／譁」。筆者贊同整理者讀為「華」,指「浮華、不實際」的意思。

「上」,整理者無說,「gefei」訓為「陵」,指「欺陵、欺犯」一類的意思,可從。

「蜀」,整理者讀為「獨」,「gefei」讀為「濁」,「gefei」文中認為此句的意思較似世事混亂,故引《呂氏春秋·振亂》「當今之世濁甚矣」,高誘注:「濁,亂也。」《楚辭·九辯》:「處濁世而顯榮兮,非余心之所樂。」文獻為證。然而,

---

[52] gefei:〈清華簡《參不韋》初讀〉44、54樓,武漢大學簡帛論壇網,2022年12月3-4日。
[53] 羅雲君:《清華簡《參不韋》整理與研究》,頁145。
[54] 〔唐〕李隆基注,〔宋〕邢昺疏,鄧洪波整理,錢遜審定,十三經整理委員會整理,李學勤主編:《十三經注疏·孝經注疏》(北京:北京大學出版社,1999年),頁9。

前文的「戲」、「溢」、「華」、「上」皆屬個人行為，而非世事狀態，故不可解釋為「亂」。整理者讀「獨」，文義較不明確。筆者亦認為「蜀」讀為「濁」，但訓為「貪鄙」，《楚辭・漁父》：「舉世皆濁，我獨清，眾人皆醉，我獨醒。」王逸注：「眾貪鄙也。」[55]

簡文「剴（冀）劇（戲）、剴（冀）溢、剴（冀）芊（華）、剴（冀）上、剴（冀）蜀（濁），是胃（謂）外副（逼）。」意思是：希望逸樂、奢侈無度、浮華、欺陵、貪鄙，此為外在的逼迫。

〔5〕𧱏（邇）

整理者指出「𧱏」讀為「邇」，與「遠」相對。[56]網友「子居」指出「𧱏」字又作「犾」形，西周金文習見，有時還與「𤔔」形訛混，《清華簡拾・四告》則作「𧱏」，《清華簡》其他各篇的「邇」則多作「逐」形或從「逐」形的字形。[57]

怡璇按：〈參不韋〉簡 70-71 作「攸（啟），不可𧱏（邇）也而𧱏（邇）之，是胃（謂）內𠛬（罰）。不可遠也而遠之，是胃（謂）外【七〇】𠛬（罰）」，簡文中有兩個「𧱏」字，字形作：「▨」與「▨」，依辭例，與下文的「遠」相對，讀為「邇」。

楚簡的「邇」字多作「逐」形，甲骨文則作「犾」。〈參不韋〉的「▨」字左旁从坴，裘錫圭已論證甲骨文的「犾」讀為「邇」，[58]「▨」字右旁从豕，鄔可晶整理「豕」與「邇」的語音關係，並認為「逐」應為「邇」字異體，[59]趙平安在鄔文的考釋基礎上，補充《清華柒・越公其事》等字例。[60]可知从豕之字讀為「邇」是沒問題的，郭永秉另指出「犾」變作「𧱏」可能是聲化的結果。[61]

---

[55] 崔富章、李大明主編：《楚辭集校集釋》（武漢：湖北教育出版社，2002 年），頁 2023。
[56] 黃德寬主編、清華大學出土文獻研究與保護中心編：《清華大學藏戰國竹簡・拾貳》，頁 128。
[57] 子居：〈清華簡十二《參不韋》解析（四）〉，先秦史論壇網，2023 年 3 月 1 日。
[58] 裘錫圭：〈釋殷墟甲骨文裏的「遠」「犾」（邇）及有關諸字〉，《裘錫圭學術文集・甲骨文卷》（上海：復旦大學出版社，2012 年），頁 167-176。
[59] 鄔可晶：〈釋上博楚簡中的所謂「逐」字〉，《簡帛研究 2012》（桂林：廣西師範大學出版社，2013 年），頁 20-33。
[60] 趙平安：〈試說「邇」的一種異體及其來源〉，《上古音與古文字研究的整合國際研討會論文集》（澳門、香港：澳門大學中國語言文學系、香港浸會大學饒宗頤國學院主辦，2017 年 7 月 15-17 日），頁 71-78。
[61] 鄔可晶：〈釋上博楚簡中的所謂「逐」字〉追記，《簡帛研究 2012》，頁 33。

郭永秉指出大克鼎「⟨img⟩」(《集成》2836)與番生簋「⟨img⟩」(《集成 4326》)即可見「豖」字。番生簋應隸為「豖」，與《清華拾·四告》簡 36「⟨img⟩」同形，此形亦見齊系古璽「⟨img⟩」(《璽彙》172)，[62]「豖」形應為「豖」的訛寫。

「豖」从豕，依鄔可晶的論證，「豕」為書母，「邇」為日母，「豕」可讀為「邇」，而假借為「邇」的「埶」字，也可以讀為「勢」、「設」等書母字，可知「豖」為一雙聲字，「犾」變作「豖」的確可能是聲化的結果，但似乎也無法排除「犬」、「豕」義近互用的現象，例如《清華貳·繫年》簡 93 作「莊公光率師以⟨img⟩(逐)欒盈」，此字為从豕的追逐之「逐」，而簡 122 又是楚簡常見的从犬的「逐」，簡文作「晉師⟨img⟩(达)之」，此種字形的差異原因，鄔可晶認為應是〈繫年〉為三晉底本。筆者以為與底本是否有關尚未可知，或許僅作為同詞異字的解釋較為合宜，「逐」本身即可表示{邇}與{逐}兩個詞，戰國時期「逐」字的用字習慣尚未完全區分。

〔6〕劊（害）

整理者認為「劊」為「害」的訛字，讀為「害」。[63]賈連翔指出〈參不韋〉的「害」旁上半部多訛為「魚」形，由此可證明簡文此處的「劊」即是「害」的訛字。[64]網友「質量復位」認為讀為「害」可信，但「劊」非訛字，《廣雅·釋詁二》中「劊，割也」，並認為「劊」可能就是「割魚」的「割」的專字。[65]

怡璇按：所論字作「⟨img⟩」，隸定為「劊」字無疑。本處簡文作「智（知）亓（其）亡（無）辠（罪），以⟨img⟩於亓（其）身而罰（罰）之」，將所論字解釋為「害」應是沒問題的，但字形是否為訛寫仍需討論。賈連翔已指出與本字相關字形為：

---

[62] 李家浩即認為古璽此字應讀為爾聲的「禰」字。故宮博物院編：《古璽彙編》(北京：文物出版社，1994 年)，頁 29。李家浩：〈南越王墓車馹虎節銘文考釋——戰國符節銘文研究之四〉，《容庚先生百年誕辰紀念文集》(廣州：廣東人民出版社，1998 年)，頁 670，註 3。
[63] 黃德寬主編、清華大學出土文獻研究與保護中心編：《清華大學藏戰國竹簡·拾貳》，頁 128。
[64] 賈連翔：〈跳出文本讀文本：據書手特點釋讀《參不韋》的幾處疑難文句〉，《出土文獻》2022 年第 4 期，頁 17。
[65] 質量復位：〈清華簡《參不韋》初讀〉115 樓，武漢大學簡帛論壇網，2022 年 12 月 8 日。

簡 5：「𢿃」作「📷」[66]

簡 99：「害」作「📷」

簡 121：「𡧛」作「📷」

本書於第一章第 8 則認為簡 5 的「📷」字的左旁並非「魚」的訛字，而是「〈參不韋〉書手在發現自己寫錯字時，直接在原字形筆畫上修改，導致『📷』形火形中間的『人』形部件墨跡較深。『📷』字左旁仍隸從『害』。」「📷」此字形體確實可見左上部件與「魚」字的形體相似，但於書寫過程中改作「害」旁應是此特殊字形的形成原由。

簡 99 與 121 的「害」字形體，相似字形見於《清華拾・四告》簡 19「📷」，〈參不韋〉與〈四告〉不是同一書手，但「害」字形體相似，可見此形即為「害」字，只是此種形體的「害」在目前所公布的楚簡中較為罕見。因此我們認為上引簡 5、99 和 121 皆非訛字，但本簡的「📷」是否為「割」的訛字仍需說明。

簡文「智（知）亓（其）亡（無）辠（罪），以剎於亓（其）身而羁（罰）之」對應下文「智（知）亓（其）有辠（罪）也，以有蓋（益）於身而弗羁（罰）」，「剎」對應「益」，故將「剎」字訓為「害」為優。「質量復位」認為「剎」非訛字，指出「剎」為見紐月部，「害」為匣紐月部，二字可通。就音理而言沒有問題，但「質量復位」的通假例證有一個問題，其文指出「出土文獻中可見『薺』與『薊』通假（《戰國時代各系文字間的用字差異現象研究》P39）」，筆者回核資料，文章指出此用字習慣為「燕文字用『薺』表示 {薊}，見燕璽『薺（薊）都司空』（《璽彙》82）」，[67] 可見此用字習慣為燕文字而非楚系特徵，但〈參不韋〉多字形體與燕系文字相仿（相關字形見本書「前言」），本簡使用燕系的用字習慣亦是可能的。

「質量復位」提出「古音『剎』『割』均屬見紐月部，『害』屬匣紐月部。……再者，《說文》云：『剎……讀如鍥。』而『鍥』『害』俱從丯聲。」一說，然而「害」的古音較為複雜，我們整理蔡一峰考釋「害」字的聲韻關係論點如下：[68]

---

[66] 怡璇按：此字的相關考釋見本書第一章第 8 則。
[67] 周波：《戰國時代各系文字間的用字差異現象研究》（北京：線裝書局，2013 年），頁 39。
[68] 蔡一峰：〈「害」字新證〉，《古漢語研究》2017 年第 1 期，頁 84-90。

「害」即从「害」聲之字可歸納為兩類：(1) 月部：就目前所見材料，西周金文「害」還未見借作傷害之{害}者（此類為「害1」）。(2) 魚部（此類為「害2」）。

「害1」和「害2」具有共同來源，「害」本屬閉口韻盍部字，後因某種條件分化為「害1」和「害2」兩讀。

「害1」很早就因音近假借用來表示{匄}、{介}和{曷}等詞，傷害義的{害}也應是承自「害1」而與「害2」無關。

最後的結語為：

「害」字本會器蓋相合、蓋合之意，古音本為盍部，後因假借和本身異化音變分別歧出月部和魚部兩讀，表{害}之「害」應承自已有的月部音而與魚部無涉。

筆者贊同此說，一字的字音不同來源代表不同的意思，相同例子又見裘錫圭考釋的「去」字，「去」字分為兩音，第一是「盍」字所從的去（象器蓋之形），為葉部，第二是表示「來去」的{去}，屬魚部。[69]

簡文「智（知）亓（其）亡（無）辠（罪），以剨（害）於亓（其）身而罰（罰）之」的「害」字為「傷害義」，也就是蔡一峰文中韻部為月部的「害1」，因此雖然楚簡已有「害」字，但就音理而言「剨」可讀為「害」。

〔7〕才（茲）荆（罰）弗尚（常）

整理者將「才」讀為「在」，並認為「尚」讀為「當」，或可讀為「常」或「賞」。[70]網友「激流震川 2.0」認為簡文「知其不宜，雖有益於其身而罰之」，則應該指處置不偏私，因此「尚」很可能讀為「黨」，是「偏私袒護」的意思，簡文「才罰弗尚（黨）」就對其做處罰不偏袒，而整理者「才」讀為「在」，但「在」

---

[69] 裘錫圭：〈說「去」「今」〉，《裘錫圭學術文集・金文及其他古文字卷》（上海：復旦大學出版社，2012年），頁 418-421。
[70] 黃德寬主編、清華大學出土文獻研究與保護中心編：《清華大學藏戰國竹簡・拾貳》，頁 128。

一般是介詞，介引時間、處所等對象，懷疑「才」或許讀為「裁」。[71]

怡璇按：「才」字，整理者讀為「在」，如同「激流震川 2.0」所言，「在」為介詞，一般用於介引時間、處所等對象。以及依據《古代漢語虛詞通釋》對於「在」字用法的整理，主要有兩類：（1）「在」常和它的賓語一起，用於動詞或形容詞前，表示動作行為進行的處所、時間、範圍或事物存在的位置，有時表示與事物的性質、狀態有關的方面；（2）「在」和它的賓語用於動詞或形容詞之後，表示與動作行為有關的對象、處所等。[72]因此就簡文義而言，「才」不可讀為「在」。

學者將「才」讀為「裁」於音理和音例上皆沒問題，但「裁罰」一詞較屬現代語彙，古漢語未見，學者所引的典籍例證為《韓非子·初見秦》：「唯大王裁其罪」，《晏子春秋·內篇·諫下》：「願相國察妾言以裁犯禁者」，兩例中的「裁」皆訓為「決斷」，但簡文為「唯（雖）有蒜（益）於亓（其）身而罰（罰）之，是敘（除）蔽（穢）章盟（明）」與「決斷罪罰」無關。「才」應讀為「茲」，二字通假常見，如《清華伍·封許之命》簡 8「圅童才（茲）惪（憂）」、《清華拾·四告》簡 37 埜（野）心槑（懋）則不隻（獲）才（茲）彝」，整理者皆將「才」讀為「茲」，[73]此處的「茲」訓為代詞「此」，或是連詞「則」，前者的「此罰」指這個罪罰，後者「茲罰不尚」指「則罰不尚」。

簡 75-76 作「敀（啟），智（知）亓（其）不宜也，唯（雖）有蒜（益）於亓（其）身而罰（罰）之，是敘（除）蔽（穢）章盟（明），才（茲）罰（罰）弗尚。」由簡文可知「智（知）亓（其）不宜也，唯（雖）有蒜（益）於亓（其）身而罰（罰）之，是敘（除）蔽（穢）章盟（明）」並非有益之事，依據〈參不韋〉的敘事體例，「才罰弗尚」為前文的總結，例如簡 68 的「是謂外副」、簡 69 的「是謂外崩」、簡 70 的「是謂外罰」等，因此「激流震川 2.0」將「尚」讀為「黨」，「才罰弗黨」指「處罰不偏袒」與〈參不韋〉體例不合。

整理者認為「尚」讀為「當」，或讀為「常」或「賞」等三說，上文已將「才」讀為「茲」，訓為代詞「此」或連詞「則」，「尚」應讀為「常」為優。簡文「敀（啟），

---

[71] 激流震川 2.0：〈清華簡《參不韋》初讀〉37 樓，武漢大學簡帛論壇網，2022 年 12 月 2 日。
[72] 何樂士、敖鏡浩、王克仲、麥梅翹、王海棻：《古代漢語虛詞通釋》（北京：北京出版社，1985 年），頁 763-765。另也可參中國社會科學院語言研究所古代漢語研究室編：《古代漢語虛詞詞典》（北京：商務印書館，1999 年），頁 805-807。
[73] 李學勤主編、清華大學出土文獻研究與保護中心編：《清華大學藏戰國竹簡·伍》（上海：中西書局，2015 年），頁 122。黃德寬主編，清華大學出土文獻研究與保護中心編：《清華大學藏戰國竹簡·拾》（上海：中西書局，2020 年），頁 120。

智（知）亓（其）不宜也，唯（雖）有蒜（益）於亓（其）身而罰（罰）之，是敘（除）蔵（穢）章盟（明），才（茲）罰（罰）弗尚（常）。」指參不韋告誡啟「知道何為不義之事，對其身有益之事但卻刑罰之，認為此為去除髒穢、章顯聖明，此／則刑罰異常」。

〔8〕外蘿（昏）

「蘿」字，整理者讀為「歡」。[74]網友「質量復位」認為「蘿」應讀為「嚾」，下文「內嚾」的「嚾」則如字讀，並認為「嚾」有喧囂、喧嘩的意思，與「亂」義近。[75]網友「汗天山」（侯乃峰）亦指出整理者讀為「歡」，應是訓為「歡樂」，但此說與簡文義不協，或可讀為「權」，訓釋為權勢（邦國政權）。[76]網友「潘燈」則將「蘿」讀為「患」。[77]

怡璇按：簡文作「攺（啟），內有齵（亂）悳（德），是胃（謂）外蘿。外有齵（亂）悳（德），是胃（謂）內嚾」，如「汗天山」所言，整理者將「蘿」讀為「歡」的字義與〈參不韋〉全文不合。「汗天山」將「蘿」讀為「權」，於後文的「外有亂德，是謂內權」文義不合。「潘燈」讀為「患」，其例證為「《古字通假字典》頁158、頁159列出『睆與患』『莞與蘿』『梡與患』互通，可知典籍中蘿與患音可通。」此為輾轉通假，音理、音例例證不足。

「質量復位」將「蘿」與「嚾」皆讀為「嚾」，指「喧嘩」一類的意思，並引伸認為「喧嘩」與「亂」義近，然而兩者文義不同，「嚾」與「亂」有別，其文引用網友「gefei」的說明，我們轉引如下：[78]

> 第一、「讙」，喧嘩、嘩亂不安靜，與亂、擾亂自然很近。比如「譁／嘩」、「呶／恢」、「讓／攘」、「譊／擾」、「譟／躁」，都是可與「讙」平行比證的例子。

---

[74] 黃德寬主編、清華大學出土文獻研究與保護中心編：《清華大學藏戰國竹簡·拾貳》，頁128。
[75] 質量復位：〈清華簡《參不韋》初讀〉39樓，武漢大學簡帛論壇網，2022年12月2日。
[76] 汗天山：〈清華簡《參不韋》初讀〉171樓，武漢大學簡帛論壇網，2022年12月24日。
[77] 潘燈：〈清華簡《參不韋》初讀〉175樓，武漢大學簡帛論壇網，2022年12月24日。
[78] gefei：〈清華簡《參不韋》初讀〉26樓，武漢大學簡帛論壇網，2022年11月30日。gefei：〈清華簡《參不韋》初讀〉44樓，武漢大學簡帛論壇網，2022年12月3日。

第二、《說文》：「譁，讙也。」《孫子兵法・軍爭》：「以治待亂，以靜待譁。」一本作「譁」。「治」、「靜」近，「譁／譁」與「亂」亦近。清華簡《湯在啻門》簡16「政譁／譁亂而無常」，亦可參。

第三、《說文》：「吰，讙聲也。」《廣雅》：「恞，亂也。」《疏證》：「恞者，《說文》：『恞，亂也。』《大雅・民勞》篇『以謹昏恞』，毛《傳》云：『昏恞，大亂也。』鄭《箋》云：『猶讙譊也。』《小雅・賓之初筵》篇『載號載吰』，毛《傳》云：『號呼，讙吰也。』吰與恞亦同義。」

第四、《廣雅》：「讙，讓也。」《疏證》：「凡人相責讓則其聲誼譁，故因謂讓為誼，猶今人謂誼呼為讓也。」（又作「嚷」。）《淮南子・兵略》「故至於攘天下」，高誘注：「攘，亂。」《集韻》：「攘，擾也。」

第五、《廣雅》：「譟、讙、譊、嗃、囂，鳴也。」（「譊」又作「嘵」。）《爾雅》「詾，訟也」郭璞注「言詾譊」，邢昺《疏》：「譊，即讙譊。」《釋文》：「譊，即讙字。」「撓」訓擾、亂，至為多見，不必舉例。

第六、《淮南子・精神訓》：「是故五色亂目，使目不明；王聲譁耳（怡璇按：應為「五聲譁耳」），使耳不聰；五味亂口，使口爽傷；趣舍滑心，使行飛揚。」《莊子・天地篇》中相似的一段話，作「五聲亂耳，使耳不聽」，「譁」即亂。

以上例證有幾個問題，第一，「讙」指喧譁，但與「亂」、「擾亂」字／詞義不相近，而其文所舉的「譁／譁」等例，較難明白為何以與「讙」為平行比證。第二，文中引用《孫子兵法・軍爭》：「以治待亂，以靜待譁。」與《清華伍・湯在啻門》簡16的「政譁」與「譁亂」為例，前者認為「治」與「靜」對應，故「亂」應與「譁」對應，但〈軍爭〉文句應是「治」與「亂」對比，「靜」與「譁」對比，如同李筌指出「伺敵之變，因而乘之。」賈林：「以我之整治，待敵之撓亂；以我之清淨，待敵之誼譁，此治心也。」[79]「以治待亂」與「以靜待譁」為排比句，但「亂」與「譁」不能對應，而〈湯在啻門〉簡16簡文為「政低䚻（亂）以亡（無）棠（常）」，「低」字，整理者讀為「禍」，[80]王寧則讀為「譁亂」，「譁亂」

---

[79] 〔春秋〕孫武撰；〔三國〕曹操等注；楊丙安校理：《十一家注孫子校理》（北京：中華書局，1999年），頁151。
[80] 李學勤主編、清華大學出土文獻研究與保護中心編：《清華大學藏戰國竹簡・伍》（上海：中西書局，

謂意見不一致而爭訟紛亂不定。[81]此處的「忱」字是否讀為「嘩」尚未成為定論，但依據王寧的解釋，此處的「嘩」指「爭訟、紛爭」，而非「亂」。

第三，其文指出「《說文》：『吪，謹聲也。』《廣雅》：『恘，亂也。』」《說文》為音訓，謂「吪」讀為「謹聲」，與「恘」的字義無關。第四，《廣雅》：「謹，讓也。」《疏證》亦是將「讓」訓為「誼」，而後引用的《淮南子・兵略》「故至於攘天下」，高誘注：「攘，亂。」「攘」與「讓」聲符相同，但非同一字，故「讓，亂」與「讓」無關，「攘」與「讓」為聲韻關係而非字義相近。

第五，文中引用《廣雅》：「譟、謹、譊、嗃、嚚，鳴也」為例，並認為其中的「譊」即「謹」字，此二字僅是在「鳴」這個字義上有相同的訓釋，不表示「譊」等於「謹」，故「撓」可訓為「擾」、「亂」的字義，不等同「謹」亦可訓為此義。第六，《淮南子・精神訓》：「玉聲譁耳，使耳不聰」一句的「譁耳」即「五聲嘩亂耳朵」，重點仍為「喧亂」之義。[82]

綜上所論，筆者認為簡文的「雚」與「嚾」雖可讀為「嘩」，但「嘩」字無法訓為「亂」，僅表示「喧嘩」義，而「喧嘩」義不適用於簡文中。

簡文「攸（啟），內有𠧪（亂）悳（德），是胃（謂）外雚。外有𠧪（亂）悳（德），是胃（謂）內嚾」，「雚」與「嚾」或讀為「昏」，二字通假字例如《詩・大雅・民勞》：「以謹惛恘。」《周禮・大司徒》引作「謹」。[83]「昏」即「昏聵」的意思，《呂氏春秋・孟夏・誣徒》：「昏於小利，惑於嗜欲。」高誘注：「昏，迷；惑，悖。」[84]「外雚（昏）」與「內嚾（昏）」分別指若朝廷[85]政治不好，鄉野國人便會昏亂，若鄉野亂德，則亦會影響至朝廷昏亂，顯示一國的政治不分朝廷內與外，皆是唇齒相依。[86]

2015 年），頁 147。

[81] 王寧：〈讀《湯在啻門》散札〉，復旦大學出土文獻與古文字研究中心網，2015 年 5 月 6 日，http://fdgwz.org.cn/Web/Show/2513#_ednref12。

[82] 〔漢〕劉安等原著，許匡一譯注：《淮南子全譯》（貴陽：貴州人民出版社，1995 年），頁 373。

[83] 張儒、劉毓慶：《漢字通用聲素研究》（太原：山西古籍出版社，2002 年），頁 969-970。

[84] 許維遹：《呂氏春秋集釋》卷四（北京：北京中國書店，1985 年），頁 14。

[85] 網友「子居」將「內」指朝廷，「外」指「鄉野」，可從。子居：〈清華簡十二《參不韋》解析（五）〉，先秦史論壇網，2023 年 3 月 25 日。

[86] **怡璇按**：本書第 7 章第 3 則亦將「雚（昏）亓（其）有中」的「雚」讀為「昏」。

〔9〕鬮（閭）穎（類）不旻（得），厇（宅）忢（願）不從

整理者將此句斷句為「鬮（呂）穎（律）不旻（得），厇（度）忢（願）不從」，認為「鬮」為「閭」的異體字，此處讀為「呂」，「穎」為「類」的古體，讀為「律」，「呂律」指六呂六律。[87]王勇認為斷句應是「啟，鬮穎不得，度願，不從后秉德」，「鬮」即讀為「閭」，簡文「閭類」即指「閭閻、閭黨之小民」，「度願」作「託怨」，「閭類不得，託怨」指小民不得所求而託於怨言，此其常態，其與「后秉德」無直接關係，故謂「不從后秉德」。[88]網友「子居」認為傳世文獻中未見「呂律」一詞，因此認為「類」應讀為「率」，簡文「閭率」即「閭長」，「不得」則讀為「不德」，「厇」讀為「橐」，「忢」解釋為「偷」，「橐忢」理解為藏匿苟且，「橐忢不從」理解為不容忍放任藏匿苟且之行。[89]

怡璇按：整理者的簡 77-79 簡文作：

> 參不韋曰：攸（啟），鬮（呂）穎（律）不旻（得），厇（度）忢（願）不從，句（后）秉悳（德），[90]攸（啟），毋自絀（黜）也。攸（啟），乃曾（增）【七七】定㫓（由）宜，是胃（謂）外緩（援），以自達也。攸（啟），央（殃）疾感惪（憂）亡雙（廢），句（后）秉悳（德）。攸（啟），【七八】乃旨（稽）亞（鬥）罰（罰）戮（戮），是胃（謂）內叡（襄），以自敘也。

本段應是在說明下位者與上位者（啟）的差異性，故當上、下在信念上有所別時，參不韋告誡啟應該把握的治國原則。

整理者的簡 77-78 釋文為「攸（啟），鬮（呂）穎（律）不旻（得），厇（度）忢（願）不從，句（后）秉悳（德），攸（啟），毋自絀（黜）也。」本處亦是參不韋對啟的告誡，不論是「后秉德」與「毋自絀也」皆與音律的關係不大，因此「鬮穎」應不是六呂六律的意思。

「不旻（得）」可訓為「得不到」或是「不可」兩種意思，[91]簡文「鬮穎不旻

---

[87] 黃德寬主編、清華大學出土文獻研究與保護中心編：《清華大學藏戰國竹簡・拾貳》，頁 129。
[88] 王勇：〈清華簡《參不韋》釋讀小議八則〉，武漢大學簡帛網，2023 年 6 月 19 日，http://m.bsm.org.cn/?chujian/9070.html。
[89] 子居：〈清華簡十二《參不韋》解析（五）〉，先秦史論壇網，2023 年 3 月 25 日。
[90] 怡璇按：整理者此處原為句號，應作逗號。
[91] 漢語大詞典編輯委員會、漢語大詞典編纂處：《漢語大詞典》（上海：上海辭書出版社，1986 年），頁

（得），㐻恧不從」對應後文文字為「后秉德」與「毋自紲」，顯示「闌頪」二字或指某物、某事，故參不韋才表示即使發生「闌頪不旻（得），㐻恧不從」的事件，但君王也需秉持德行同時不自紲。因此將「闌頪」讀為「閭類」與「閭長」的詞義不合宜。

整理者指出「闌」為「閭」的異體字，筆者贊同此說，「閭」一般指門戶、民戶聚居的里巷等地，但應可引伸為代指一般百姓，《廣韻‧魚韻》：「閭，閭閻。」「閭閻」即指平民，如《史記‧李斯列傳論》：「李斯以閭閻歷諸侯，入事秦。」

「頪」字作「」，「頪」从米、頁，學者對此字的訓讀有「律」、「類」與「率」三說，以戰國楚簡的用字習慣來看，讀為「類」較直接，而與「率」字聲韻距離較遠。但「頪」亦可能讀「律」，唯楚簡的「律」皆以「聿」字（或偏旁）表示，就用字習慣而來較不適合。「類」與「律」字聲韻相同且字義相近，「律」可指「法令、規則」，而「類」亦有相似字義，如《荀子‧非十二子》：「案往舊造說，謂之五行，甚僻違而無類。」王先謙《集解》引王念孫曰：「類者，法也。言邪僻而無法也。」[92]傳世文獻亦可見二字通用，例如《禮記‧樂記》「律小大之稱」，《史記‧樂書》則將「律」作「類」，[93] 因此「頪」讀為「類」或「律」皆有可能的，但依據楚簡的用字習慣，「頪」讀為「類」較好，「類」指「法則、榜樣」，《楚辭‧九章‧懷沙》：「明告君子，吾將以為類兮。」中的「類」即指「榜樣」。[94]

整理者斷句為「闌頪不旻（得），㐻（度）恧（願）不從」，王勇改為「啟，闌頪不得，度願，不從后秉德」。王勇更改後指出「不從后秉德」指「即『閭類不得，託怨』，言小民不得所求而託於怨言，此其常態，其與『后秉德』無直接關係，故謂『不從后秉德』。」然而，此解釋無法說明「不從后秉德」一句的意思，因此筆者認為整理者的斷句是正確的，並認為此二句為排比句。

「㐻恧不從」，整理者讀為「㐻（度）恧（願）不從」，但未解釋句義，文義不明。王勇將「度願」作「託怨」，指「託於怨言」，此說有增字解經之嫌，「怨」無法增字解釋為「怨言」。「子居」解釋「㐻恧」為「橐忨」，指「藏匿苟且」，「忨」可訓為「偷」，「橐」字無說，「橐」在「子居」的語境之下應是指「藏匿」的意

442-443。
[92] 〔清〕王先謙撰，沈嘯寰、王星賢點校：《荀子集解》（北京：中華書局，1988年），頁94。
[93] 〔清〕王先謙撰，沈嘯寰、王星賢點校：《荀子集解》，頁94。
[94] 崔富章、李大明主編：《楚辭集校集釋》，頁1629-1632。

思，但「橐忨」二字無法理解為「藏匿苟且」。

筆者認為「氏」可讀為「宅」，二字本為異體，訓為「住所」，與上文的「閭」相同，皆代指「百姓」。簡文的「願」訓為「希望」、「期望」。

簡 77-78 為「攺（啟），閵（閭）粗（類）不旻（得），氏（宅）忎（願）不從，句（后）秉悳（德），攺（啟），毋自絀（黜）也」指「啟啊，百姓的榜樣不一定能完成，百姓的期望無法完全滿足，君王只能好好地秉持自我品德，啟啊，不可以（因無法滿足百姓）而自我擯棄啊[95]！」

〔10〕旨（稽）䛥（糾）刑（罰）䉳（戮），是胃（謂）內㝵（襄）

整理者將「旨」讀為「稽」，訓為「止」，並指出本處的「䛥」字在常見字形上多了二「口」形，此處讀為「鬭」，「㝵」讀為「攘」。[96] 網友「ee」（單育辰）認為「稽」應是「考察」的意思，另指出「䛥」讀為「鬭」語義不諧，應讀為「誅」，訓為「罰」。[97] 網友「tuonan」（王凱博）認為「䛥」字加上叩形的原因為《周禮·地官·司虣》「禁其鬭囂者與其虣亂者」一句，「鬭」與「囂」字義相似，故加上叩形。[98] 網友「汗天山」（侯乃峰）認為「旨䛥」當讀為「稽逗」，「稽」為「留止」之義，「逗」亦是「逗留、留止」的意思。[99] 網友「潘燈」認為「旨䛥」或可讀「詣鬭」，指「去戰鬥」，「罰戮」當讀「伐戮」，簡文「旨（詣）䛥（鬭）罰（伐）戮，是胃（謂）內攘，以自敘也。」全句謂「去戰鬥伐戮，止息內亂，以自除也」。[100]

怡璇按：「䛥」字作「󰀀」，楚簡的「䛥」形作「󰀁」（《清華伍·封許之命》簡 7）、「󰀂」（涇，《清華伍·湯在啻門》簡 14）、「󰀃」（瓠，《清華拾·病方》簡 1）等，相關字形考釋可參考陳劍師〈據天回簡「筎」形補說「兜」字源流〉一文。[101]

---

[95] 怡璇按：整理者原將「絀」讀為「黜」，訓為「摒退」。我們贊成整理者的通假，但訓為「擯棄」較佳。黃德寬主編、清華大學出土文獻研究與保護中心編：《清華大學藏戰國竹簡·拾貳》，頁 129。
[96] 黃德寬主編、清華大學出土文獻研究與保護中心編：《清華大學藏戰國竹簡·拾貳》，頁 129。
[97] ee：〈清華簡《參不韋》初讀〉21 樓，武漢大學簡帛論壇網，2022 年 11 月 29 日。ee：〈清華簡《參不韋》初讀〉127 樓，武漢大學簡帛論壇網，2022 年 12 月 9 日。
[98] tuonan：〈清華簡《參不韋》初讀〉118 樓，武漢大學簡帛論壇網，2022 年 12 月 8 日。
[99] 汗天山：〈清華簡《參不韋》初讀〉172 樓，武漢大學簡帛論壇網，2022 年 12 月 24 日。
[100] 潘燈：〈清華簡《參不韋》初讀〉178 樓，武漢大學簡帛論壇網，2022 年 12 月 24 日。
[101] 陳劍：〈據天回簡「筎」形補說「兜」字源流〉，《中國簡帛學國際論壇 二〇二三 新出土戰國秦漢簡牘

「盟」為一象形字，[102]李家浩指出「盟」字下從豆，象器身，上從卯，象環耳，[103]「盟」字可見於華母鏓「󰀀」，[104]網友「曹金華」指出隨州文峰塔墓地出土的痘多壺亦有一字作「󰀀」，即是從盟。[105]高佑仁指出「󰀀」字下方贅加「廾」旁，與「盟」字仍有別。[106]本簡的「󰀀」字下方有三個口形，「tuonan」認為「󰀀」下方的兩個口形部件為「吅」，與「囂」字所從的吅有關。

「󰀀」與「󰀀」二字的增繁部件可視為同一情況，「󰀀」字下方所從的兩個口形的形體概念與「󰀀」的廾形相同，皆是累贅偏旁，無義。「󰀀」下方二口形為增繁同形部件，如「辟」字原從一○作「󰀀」（大盂鼎，《集成》2837），楚簡常見從兩個○形的字形，如「󰀀」（《清華貳‧繫年》簡5），後者屬增添無義偏旁。「󰀀」下方的廾形亦並非「盟」字的偏旁，為增添無義部件，「󰀀」的廾形如《古文字構形學》中指出從収與否是繁簡的差別，見「󰀀」與「󰀀」。[107]「󰀀」與「󰀀」二字皆是「盟」字，皆為「盟」字增繁形體。

「盟」字，整理者讀為「䚣」，此說如同「ee」所言，字義與簡文不諧。「ee」讀為「誅」，訓為「罰」，但本句為「旨盟罪戮」，此句已有「罰」字。「汗天山」讀為「逗」指「逗留、留止」，此訓解與後文的「罪戮」無關，此處的「罪」字依石小力的意見，即是「罰」字，[108]屬〈參不韋〉全篇統一的用字習慣，「潘燈」改讀為「伐」是不需要的。

簡文「旨盟罪戮」的「旨」字讀為「稽」，訓為「治理」，《尚書‧梓材》：「若

文獻研究論文集》（武漢：武漢大學簡帛研究中心、芝加哥大學顧立雅中國古文字學中心、香港浸會大學饒宗頤國學院，2023年10月24-25日），頁297-299。
[102] 丁福保編纂：《說文解字詁林》（北京：中華書局，1988年），頁13510。
[103] 李家浩：〈談古代的酒器鏓〉，《古文字研究》第24輯（北京：中華書局，2002年），頁454-458。
[104] 李家浩：〈談古代的酒器鏓〉，《古文字研究》第24輯，頁454-458。蘇建洲：〈《封許之命》研讀札記（一）〉，復旦大學出土文獻與古文字研究中心網，2015年4月18日，https://www.fdgwz.org.cn/Web/Show/2500，蘇建洲：〈清華簡第五冊字詞考釋〉，《出土文獻》第七輯（上海：中西書局，2015年），頁150。
[105] 曹金華：〈《封許之命》研讀札記（一）〉6樓，復旦大學出土文獻與古文字研究中心網，2015年4月18日，https://www.fdgwz.org.cn/Web/Show/2500。
[106] 高佑仁：《《清華伍》書類文獻研究》（臺北：萬卷樓圖書股份有限公司，2018年），頁489。
[107] 劉釗：《古文字構形學》（福州：福建人民出版社，2006年），頁340。
[108] 石小力：〈據《參不韋》說「罰」字的一種異體〉，《出土文獻》2022年第4期（上海：中西書局，2022年），頁29-33。

稽田,既勤敷菑。」蔡沈集傳:「稽,治也。」[109]「稽」與「罰」的詞彙搭配如《潛夫論・考績》:「賞罰稽而赦贖數也」。「䛐」的意思應與「稽」相近,用以治理「罪戮」之事,此字或可讀為「糾」,「䛐」為定紐侯部,「糾」為見紐幽部,韻部相近,定紐與見紐可通,例如劉釗師認為金文的「堂」从「京」,釋為疊加聲符,「堂」為定紐陽部,「京」是見紐陽部,古見系音與舌音常通轉,故「堂」疊加「京」字為聲符。[110]傳世文獻中「丩」聲可與「䛐(兜)」聲通假,《尚書・舜典》:「放驩兜於崇山。」「驩兜」於《孫臏兵法・見威王》中作「謹收」。[111]「糾」訓為「督察」,《周禮・秋官・大司寇》:「以五刑糾萬民。」鄭玄注:「糾猶察異之。」[112]

〈參不韋〉簡 78-79 為「攼(啟),旨(稽)䛐(糾)罪(罰)戮,是胃(謂)內嬰,以自敘也。」文義指「啟啊,你要治理督察刑罰與殺戮(死刑)的事項,這是內嬰。」依此文義,「嬰」不應讀為「攘」,應讀為「襄」,訓為「完成」,「內襄」即是完成國內的治理,以達到「自敘」的階段。

---

[109] 宗福邦、陳世鐃、蕭海波主編:《故訓匯纂》(北京:商務印書館,2003 年),頁 1634。
[110] 劉釗:《古文字構形學》,頁 86。
[111] 張儒、劉毓慶:《漢字通用聲素研究(太原:山西古籍出版社,2002 年), 頁 153。
[112] 〔漢〕鄭玄注,〔唐〕賈公彥疏,趙伯雄整理,王文錦審定;十三經整理委員會整理,李學勤主編:《十三經注疏・周禮注疏》(北京:北京大學出版社,1999 年),頁 903。

第六章 「啟告天」章

（一）章旨

　　本章命名為「啟告天」，前三段為參不韋對啟的告誡，首先指示啟要好好祭禳日月星辰等自然之物，其次是不可隨意放縱自己，做事皆需以「誠信」為本，同時以上天的「五刑則」為依歸，若沒有遵行五刑則，上天便會降下懲罰，啟聽訓之後便向上天祭禱。簡 89-94 為啟的「告罪之辭」，簡 94-102 則是啟向上天的「質誓之辭」，「質誓之辭」部份內容與第一、二章重合，此誓辭或為啟對參不韋教誨的回應。

（二）釋文

　　參不韋曰：改（啟），天監乃惪（德），暴（表）【七九】乃悬（則），与（與）日月星䢉（辰）、風雨寒昬（暑）、才（災）疾吉兇䭯（諧）還（縈）[1]。

　　參不韋曰：改（啟），盇（恪）【八〇】才（哉）毋𡉚（縱）[2]，毋吴（虞）唯訐（信）。改（啟），乃秉天之五＝刑＝悬＝（五刑則，五刑則）隹（唯）天之恙（祥）惪（德），是胃（謂）募（寡）【八一】果眾，耑（短）乃長〔1〕，唯天之不韋（違）。

---

[1] 怡璇按：此處的「還」依程浩之說讀為「縈」。學者說法出自：程浩：〈清華簡第十二輯整理報告拾遺〉，《出土文獻》2022 年第 4 期（上海：中西書局，2022 年），頁 27。
[2] 怡璇按：「𡉚」字讀為「縱」，見本書第三章第 6 則，「恪哉毋縱」指需恭敬而不放縱。

貳　〈參不韋〉通釋・第六章「啟告天」章 ❖ 177

參不韋曰：叴（啟），不秉悳（德），有兇才（災）戚惥（憂）【八二】亡雙（廢）。叴（啟），女（汝）畫（建）³句（后），女（汝）大放。⁴叴（啟），乃敽（播）聝（聞）蟁（禹）氏（度），巫（及）卜箵（筮）以參⁵，乃悳（德）【八三】毋吳（虞）。乃告於而⁶先高且（祖）之秉悳（德），巫（及）乃啻（嫡）王父＝（父，父）之秉宜⁷。乃【八四】告上監敄（兆）民，秉悳（德）司幾〔２〕。乃告於下尿（尸）竃，

---

³ 網友「子居」指出簡 83、94 的「畫」字寫法與簡 7、108 不同。學者說法出自：子居：〈清華簡十二《參不韋》解析（六）〉，先秦史論壇網，2023 年 4 月 29 日，http://www.360doc.com/content/23/0429/20/34614342_1078653460.shtml。**怡璇按**：〈參不韋〉的「建」字有二種書寫風格，第一類：「」（簡 7）、「」（簡 7），第二類「」（簡 83）、「」（簡 97）、「」（簡 108），簡 83 與 97 的「建」字同形，而簡 108 雖然構形稍有不同，但可以發現第二類三例字形的「又」形起筆方式皆相仿，即為李松儒所言「書寫較謹慎，直鋒起起，運筆較平穩，筆畫粗細較均勻」的字形特徵，而第一類即是李松儒所分的書手 A，第二類為書手 B。李松儒：〈清華簡中的特殊書手群及相關問題研究〉，《首屆出土文獻語言文字研究國際學術研討會論文集》（彰化：彰化師範大學國文學系、成功大學中國文學系、臺灣出土文獻研讀會主辦，2022 年 12 月 17-18 日），頁 328。

⁴ 整理者於簡 7「乃以立畫（建）句（后）、大放」中指出「建后」與「大放」皆為君主。程浩以本簡的「女（汝）畫（建）句（后），女（汝）大放」為依據，補充此處即是參不韋稱啟為「建后」與「大放」，可見二者皆是對君王的稱謂，並指出《尚書・堯典》「曰若稽古帝堯，曰放勳」，「放勳」多認為是堯的名或帝號，同時堯身邊亦有重臣號「放齊」，因此認為「大放」的「放」是高級統治者的專稱，「放勳」與「放齊」則是「職官+名」的稱謂方式。學者說法出自：黃德寬主編、清華大學出土文獻研究與保護中心編：《清華大學藏戰國竹簡・拾貳》（上海：中西書局，2022 年），頁 113。程浩：〈清華簡《參不韋》中的夏代史事〉，《文物》2022 年第 9 期，頁 65。**怡璇按**：依本處簡文「汝建后」與「汝大放」可確定此二名皆是指君王，但「放」是否為高級統治者的專稱，目前的資料恐較難證明此說。

⁵ 整理者指出「氏」讀為「宅」或「度」，「禹宅」猶「禹跡」，「禹度」即大禹治政的法則。網友「子居」認為「禹度」較能與後文的「卜筮」對應，認為「度」應訓為「杖」、「數」等意思，「禹度」可能是指推日類的占法。王勇將本句改斷為「啟乃敽（蓄）聝（問）、蟁（禹）氏（度）巫（及）卜箵（筮）以參」。羅雲君指出「播聞」指「廣泛聽取」，「參」指「檢驗」。學者說法出自：黃德寬主編、清華大學出土文獻研究與保護中心編：《清華大學藏戰國竹簡・拾貳》，頁 131。子居：〈清華簡十二《參不韋》解析（六）〉，先秦史論壇網，2023 年 4 月 29 日。王勇：〈清華簡《參不韋》釋讀小議八則〉，武漢大學簡帛網，2023 年 6 月 19 日，http://m.bsm.org.cn/?chujian/9070.html。羅雲君：《清華簡《參不韋》整理與研究》（長春：東北師範大學博士論文，2024 年），頁 165-166。**怡璇按**：簡文為「敽（播）聝（聞）蟁（禹）氏（度），巫（及）卜箵（筮）以參」，王勇更改本句斷句，但「啟乃蓄問」即是參不韋對啟所說的話，用語不應是「啟乃……」，且〈參不韋〉全篇對話中皆未見此種句子，故不贊同王勇的斷句以及對「敽聝」的改讀。筆者認為「氏」讀「度」較好，但「禹度」不需與「卜筮」掛勾，「播聞」表示「傳播」，因此「禹度」的「度」為「法度」、「規範」的意思，簡文指需傳播、繼承大禹（賢王）的法治，但也透過卜筮來檢驗此法是否適用（不可一味法古）。

⁶ **怡璇按**：此處的「爾」訓為「你的」。

⁷ 網友「ee」（單育辰）之說將「宜」讀為「義」。學者說法出自：ee：〈清華簡《參不韋》初讀〉40 樓，武漢大學簡帛論壇網，2022 年 12 月 2 日。**怡璇按**：「宜」如字讀，訓為「義」，參本書第二章第 10 則、第三章第 5 則。

秉宜[8]不踰（渝）[9]。乃告於【八五】天之不韋，司中矢昔（措）〔3〕。

启（啟），乃曼（冕）[10]壇，乃告曰：有某=（某，某）隹（唯）乃某，敢【八六】哀兌（說）戔（踐？）命冊告〔4〕，乃某重（主）先[11]智（知）味之故（苦）、甘、酓（酸）、截（鹹）[12]、辛，乃智（知）賵（富）、矢[13]、【八七】貧、薜（選／遷）〔5〕、裹（勞），乃智（知）西、東、南、北、中，乃智（知）娩（美）、好、亞（惡）、獸（醜）、佻[14]，乃智（知）高、下土【八八】之安不（否）〔6〕。某隹（唯）自利自均（厚），用不行天悳（則），[15]某不甬（用）五悳（則），不行五【八九】行，不耶（聽）五音，不璋（章）五色，不和五眛（味），乃見（視）不盟（明），乃耶（聽）不皇[16]，【九〇】乃言不章。秉悳

---

[8] 網友「ee」（單育辰）之說將「宜」讀為「義」。學者說法出自：ee：〈清華簡《參不韋》初讀〉40樓，武漢大學簡帛論壇網，2022年12月2日。**怡璇按**：「宜」如字讀，訓為「義」，參本書第二章第10則、第三章第5則。

[9] **怡璇按**：整理者將「踰」讀為「渝」，指「變改」。學者說法出自：黃德寬主編、清華大學出土文獻研究與保護中心編：《清華大學藏戰國竹簡·拾貳》，頁131。

[10] **怡璇按**：整理者將「曼」讀為「冕」，訓為「戴冠冕」，為動詞。學者說法出自：黃德寬主編、清華大學出土文獻研究與保護中心編：《清華大學藏戰國竹簡·拾貳》，頁131。

[11] **怡璇按**：整理者指出「重先」讀為「主先」，即「先主」，自稱其亡父或祖先。黃德寬主編、清華大學出土文獻研究與保護中心編：《清華大學藏戰國竹簡·拾貳》，頁131。

[12] **怡璇按**：「鹹」字相關字形考釋可參趙平安：〈清華簡《五紀》《參不韋》與齊「徙鹽之璽」〉，《復旦學報（社會科學版）》2024年第3期，頁85-89。

[13] 整理者將「矢」讀為「厎」，或訓為「大」。學者說法出自：黃德寬主編、清華大學出土文獻研究與保護中心編：《清華大學藏戰國竹簡·拾貳》，頁131。**怡璇按**：筆者認為訓為「大」為優，相關考釋見本章第3則。

[14] 整理者將「佻」讀為「盜」。網友「魚在藻」則認為「佻」讀本字即可，訓為「澆薄、輕佻」。網友「不求甚解」則以下文「高下土」為依據，認為簡87-89皆是指「種植」一事，將「佻」讀為「埌」。學者說法出自：黃德寬主編、清華大學出土文獻研究與保護中心編：《清華大學藏戰國竹簡·拾貳》，頁132。魚在藻：〈清華簡《參不韋》初讀〉35樓，武漢大學簡帛論壇網，2022年12月1日。不求甚解：〈清華簡《參不韋》初讀〉145樓，武漢大學簡帛論壇網，2022年12月11日。**怡璇按**：簡87-89與「種植」無關，相關論述見本章第6則。本句為「娩（美）、好、亞（惡）、獸（醜）」，此四字為人性（好、惡）與外表（美、醜），「盜」是一種行為，與此四字的關係較遠，「佻」字雖為個性，但與人性（好、惡）較為相關，只是在文字解釋上與「好、惡」仍有本質上的差異，因此將「佻」讀本字較讀為「盜」好。

[15] **怡璇按**：整理者原為句號，此處改為逗號。

[16] **怡璇按**：「皇」字的相關考釋可參本書第二章第7則。

（德）剚（專）忘（妄），共（拱）[17]䵼（符）[18]不斁（皇），走逪（趨）[19]不行[20]，乃自縈（營）自旁（謗），還(徵—承)【九一】祀不章〔7〕，䛕（亂）天之紀統（綱），思（使）旾（春）秌（秋）各（冬）昷（夏）寒昬（暑）𠃟（僭）[21]不以亓（其）寺（時）行。下有【九二】祟=（虢虢），上有皇=（皇皇），隹（唯）乃某逆天之惥（則），伻（逢）天之央（殃）。隹（唯）乃某告化（過）告遴（失），從天【九三】之戾。天有盟（明）惪（德），某用敢告□即求塦（復）[22]贖（贖），自兵〈戒〉[23]自䚒（慎）自𢆶（質）。【九四】某有某□句（后）乃與某，自□□逴（往）麳（來）日之遂（後），某所敢不昃（黽）[24]孨（勉）

---

[17] **怡璇按**：程浩將「共」讀為「拱」，可從。程浩：〈清華簡第十二輯整理報告拾遺〉，《出土文獻》2022年第4期，頁27-28。

[18] **怡璇按**：「䵼」字，筆者贊同蔡一峰將此字形讀為「符」，簡文「拱符」猶言「秉符」、「執符」，「共符」有「秉持法度」一類的意思。蔡一峰：〈釋清華簡《參不韋》的「符」字〉，《第二屆古文字與出土文獻青年學者西湖論壇論文集》（杭州：中國美術學院主辦，2023年5月26-27日），頁189-196。蔡一峰：〈清華簡《參不韋》新見「符」字考釋〉，《中山大學學報（社會科學版）》2023年第6期，頁118-123。

[19] 整理者將「逪」讀為「趨」。網友「質量復位」認為「逪」如字讀即可，「走逪」是同義連用。學者說法出自：黃德寬主編、清華大學出土文獻研究與保護中心編：《清華大學藏戰國竹簡·拾貳》，頁130。質量復位：〈清華簡《參不韋》初讀〉30樓，武漢大學簡帛論壇網，2022年11月30日。**怡璇按**：「走逪」二字讀為「走趨」，相關考釋參本書第二章第8則。

[20] 網友「tuonan」（王凱博）將「行」解釋為「行次、節次、次序」的意思，認為與上文「與走趣以幾」意思相反。學者說法出自：tuonan：〈清華簡《參不韋》初讀〉102樓，武漢大學簡帛論壇網，2022年12月7日。**怡璇按**：古籍中的「行」未見有「次序」、「節次」一類等「排序」的意思，此處的「不行」訓為「無法實行」一類意思即可。筆者於本書第二章第8則中將「走趣（趨）」引申為「行事」一類的意思，本簡的「走趨不行」指「行事無法完成」。

[21] **怡璇按**：「𠃟」讀為「僭」，指差失，即四時不按原定軌跡、時間運行，相關考釋見本書第三章第6則。

[22] 整理者將「復」訓為「報」。網友「tuonan」（王凱博）認為應訓為「免除、赦免」。學者說法出自：黃德寬主編、清華大學出土文獻研究與保護中心編：《清華大學藏戰國竹簡·拾貳》，頁132。tuonan：〈清華簡《參不韋》初讀〉61樓，武漢大學簡帛論壇網，2022年12月4日。**怡璇按**：「tuonan」的解釋較合簡文文義。

[23] **怡璇按**：整理者與賈連翔皆將「兵」釋為「戒」的訛寫，「兵」與「戒」皆為楚簡的常見字，訛寫的機率較低，但以文義來說是較好的解釋，可參本書第三章第10則。學者說法出自：黃德寬主編、清華大學出土文獻研究與保護中心編：《清華大學藏戰國竹簡·拾貳》，頁132。賈連翔：〈跳出文本讀文本：據書手特點釋讀《參不韋》的幾處疑難文句〉，《出土文獻》2022年第4期（上海：中西書局，2022年），頁18-19。

[24] **怡璇按**：筆者贊同整理者將「昃」讀為「黽」，相關論述見本書第四章3則。

【九五】潛（措）乃心膴（腹）逯（及）乃四僼（體），勿盍（蓋）勿匿，以共²⁵攸（修）某邦之社禝（稷），逯（及）上【九六】下、外內、大少（小）。乃某邦之畫（建）句（后）、大放、七昪（承）、百有司、臺（萬）民，甬（稱）某之【九七】所□辻（謀）²⁶。乃某所敢不章天之刑，盟（明）天之慐（則），甬（用）五悳（德）隹（唯）甬（稱），行五行【九八】隹（唯）川（順），耵（聽）五音隹（唯）均，嘼（憲）²⁷五色隹（唯）夒（文），酓（食）五味（味）隹（唯）和。乃某之慐（則），臮（視）【九九】隹（唯）盟（明），耵（聽）隹（唯）皇²⁸，言隹（唯）章。秉悳（德）不韋（違），共（拱）²⁹鼻（符）³⁰不屄〈屖（遲）〉〔8〕，徒（走）趎（趨）以幾，異＝（翼翼）【一〇〇】䯝＝（祇祇），天之命是依。某不敢𡈼（縱），乃某𡈼（縱）而鬧（亂）慐（則），³¹逯（及）乃𦎧（嗣）遂（後），自上【一〇一】

---

²⁵ 整理者對於「共」字未有說明，網友「哇那」認為「共」與「修」的意思應相近，訓為「執」，但亦可能是讀為「恭」。學者說法出自：哇那：〈清華簡《參不韋》初讀〉134 樓，武漢大學簡帛論壇網，2022 年 12 月 10 日。**怡璇按**：「共」可解釋為「共同、一起」的意思，簡 94「某有某□句（后）乃與某」，雖然中間缺一字，但可知簡文此部份的主語為二人以上，因此將「共」訓為「一起」即可。

²⁶ **怡璇按**：整理者將「辻」讀為「赴」，筆者贊同程浩為「謀」，相關論述見本書第二章第 2 則。學者說法出自：黃德寬主編、清華大學出土文獻研究與保護中心編：《清華大學藏戰國竹簡・拾貳》，頁 131。程浩：〈清華簡第十二輯整理報告拾遺〉，《出土文獻》2022 年第 4 期（上海：中西書局，2022 年），頁 26-27。

²⁷ **怡璇按**：「嘼」字的相關考釋見本書第一章第 8 則與第五章第 6 則。

²⁸ **怡璇按**：「皇」字的相關考釋見本書第二章第 7 則。

²⁹ **怡璇按**：程浩將「共」讀為「拱」，可從。學者說法出自：程浩：〈清華簡第十二輯整理報告拾遺〉，《出土文獻》2022 年第 4 期，頁 27-28。

³⁰ **怡璇按**：「鼻」字，筆者贊成蔡一峰將此字形讀為「符」，簡文「拱符」猶言「秉符」、「執符」，「共符」有「秉持法度」一類的意思。蔡一峰：〈釋清華簡《參不韋》的「符」字〉，《第二屆古文字與出土文獻青年學者西湖論壇論文集》，頁 189-196。蔡一峰：〈清華簡《參不韋》新見「符」字考釋〉，《中山大學學報（社會科學版）》2023 年第 6 期，頁 118-123。

³¹ **怡璇按**：本簡的「𡈼」皆讀為「縱」，相關考釋見本書第三章第 6 則。

洰（省）之，自下冥（營）³²之。【一〇二～】

（三）疑難字詞考釋

〔1〕是胃（謂）募（寡）果眾，耑（短）乃長，

「募（寡）果眾，耑（短）乃長」一句，整理者將「果」訓為「克」、「能」，指出此句謂寡而能眾，短而能長。³³網友「子居」認為此處的「乃」字與常用的無義助詞不同，此字顯示本段是被改動後的結果。³⁴

怡璇按：簡 80-82 講解為君之道，若啟克守君德，則可以一御萬人，「子居」對本段的解釋較為複雜。整理者引用文獻說明「果」訓為「能」，其例證見於《國語・晉語二》「是之不果奉」，韋注：「果，克也。」《孟子・梁惠王下》「君是以不果來也」，趙注：「果，能也。」此說可從，只是簡文「募（寡）果眾，耑（短）乃長」中的「果」與「乃」位於同樣的辭彙位子，但整理者未詳細說明「乃」字的訓釋。

整理者將「果」訓為「能」，而「乃」亦可訓為「能」。《上博五・季康子問於孔子》簡 11「難民能多」的「能」字，李銳疑讀為「乃」，³⁵高榮鴻認為「能」、「乃」同為泥紐之部，例可通假，且「乃」作副詞用，表示動作行為具備一定的條件之後才發生、出現的，可譯為「才」、「才能」、「就」、「這才」，故將「能」讀為「乃」。³⁶《上博九・舉治王天下》簡 31-32「百洲（川）既道（導），天下能亟（恆／極）」中的「能」字，王瑜楨讀為「乃」。³⁷蔡偉認為「乃」與「能」字義相通，其文指出「乃」與「能」可作為對文：

---

³² **怡璇按**：「冥」字讀「營」，相關考釋見本書第四章第 3 則。
³³ 黃德寬主編、清華大學出土文獻研究與保護中心編：《清華大學藏戰國竹簡・拾貳》，頁 130。
³⁴ 子居：〈清華簡十二《參不韋》解析（六）〉，先秦史論壇網，2023 年 4 月 29 日。
³⁵ 李銳：〈讀《季康子問於孔子》箚記〉，孔子 2000 網，2006 年 2 月 26 日，http://www.confucius2000.com/admin/list.asp?id=2272。
³⁶ 高榮鴻：《上博楚簡論語類文獻疏證》（臺中：國立中興大學中國文學系博士論文，2013 年），頁 218，註 664。
³⁷ 季旭昇、高佑仁主編：《《上海博物館藏戰國楚竹書（九）》讀本》（臺北：萬卷樓圖書股份有限公司，2017 年），頁 190。

《上博九・舉治王天下》中「民乃盡力」與「天下能恆／極」。

《後漢書・荀爽傳》：「鳥則雄者鳴鴝，雌能順服；獸則牡為唱導，牝乃相從。」

因此「乃」即與「能」同訓。38筆者贊同蔡偉之說，如同本簡「寡（寡）果眾，耑（短）乃長」亦為對文，「果」訓為「能」，而「乃」與「能」常見對文，可見「乃」為「能」字義相當，「果」與「乃」二字皆可從整理者解釋為「此句謂寡而能眾，短而能長」。〈季康子問於孔子〉簡 11「難民能多」、〈舉治王天下〉簡 31-32「百洲（川）既道（導），天下能亟（恆／極）」中的「能」字皆不用改讀為「乃」，「能」與「乃」二字字義相通。

〔2〕乃告上監㣆（兆）民，秉惪（德）司幾

整理者認為「司幾」可能是掌管四時之神，39網友「王寧」認為可能是掌管「約期」之神，40網友「tuonan」（王凱博）則認為「司幾」的「幾」有「法」的意思。41

怡璇按：「㣆（兆）民」的「㣆（兆）」字作「」，此字依網友「翻滾的魚」（張文成）改隸，42相關考釋見本書第一章第 7 則。本簡「乃告上監㣆（兆）民，秉惪（德）司幾」，筆者認為「㣆（兆）」字之後可補「民」字，全句指上天或司幾監看百姓萬民，與簡文有關的辭例為：

簡 3 ：嵤㣆（兆）侌（陰）昜（陽）

簡 48：乃上隹（唯）天，司幾監㣆（兆）民，溋（盈）而泲（省）之。43

簡 84-85 ：乃告上監㣆（兆）民，秉惪（德）司幾。

---

38 蔡偉：〈釋「百𠙻旨身鯔鯌」〉，復旦大學出土文獻與古文字研究中心網，2013 年 1 月 14 日，https://fdgwz.org.cn/Web/Show/1993。
39 黃德寬主編、清華大學出土文獻研究與保護中心編：《清華大學藏戰國竹簡・拾貳》，頁 117。
40 王寧：〈清華簡《參不韋》初讀〉137 樓，武漢大學簡帛論壇網，2022 年 12 月 11 日。
41 tuonan：〈清華簡《參不韋》初讀〉85 樓，武漢大學簡帛論壇網，2022 年 12 月 5 日。
42 翻滾的魚：〈清華簡《參不韋》初讀〉31 樓，武漢大學簡帛論壇網，2022 年 11 月 30 日。張文成：〈《參不韋》札記一則〉，武漢大學簡帛網，2022 年 12 月 3 日，http://m.bsm.org.cn/?chujian/8869.html。
43 **怡璇按**：本簡的相關考釋見本書第四章第 4 則。

簡 48 的「乃上隹（唯）天，司幾監𤘅（兆）民」與簡 84-85 的「乃告上監𤘅（兆）民，秉悳（德）司幾」句式相同，簡 85 的「上」即為簡 48 的「天」，皆指「上天」、「天帝」，前者如《書‧西伯戡黎》：「嗚呼，乃罪多參在上。」孔傳：「言汝罪惡眾多，參列於上天。」[44] 後者如《上博一‧孔子詩論》簡 7「又（有）命自天，命此文王」，指文王有德，上天賜天命予文王，此句可對勘《毛詩序‧大雅‧大明》：「〈大明〉，文王有明德，故天復命武王也。」[45]

簡 48 的「乃上隹（唯）天，司幾監𤘅（兆）民」與簡 84-85 的「乃告上監𤘅（兆）民，秉悳（德）司幾」的差異為「監看」百姓的神祇有別，簡 48 的主語為「司幾」，簡 85 則為「上」（上帝），皆實指某一位神祇監看百姓的句式：「神祇+監+兆民」，類似語句另見簡 2「帝監有滯（洪）」，因此筆者依據相關辭例將簡 85 補為「乃告上監𤘅（兆）民」，「兆民」可解釋為「百姓」，如《書‧呂刑》：「一人有慶，兆民賴之。」即是此訓釋。傳世文獻中常見上天監看百姓，可見於：

《尚書‧大明》：「天監在下，有命既集。」

《尚書‧高宗肜日》：「惟天監下民，典厥義。」

《忠經‧證應章》：「惟天監人，善惡必應」

「天監下民」的文句與本簡的「上監𤘅（兆）民」基本相合，因此筆者將「𤘅」讀為「兆」，後文補「民」字。

「司幾」（見簡 47、85、103、109）於〈參不韋〉中可作「司畿（幾）」（簡 20），其中簡 103 與 109 為「上司幾」。「司幾」地位甚高，〈參不韋〉簡文敘述「司幾」掌管的職務與地位：

簡 20：旂（啟），亓（其）才（在）天㦪（則），天乃敘之不韋（違），保〈㞋（尸）〉𢧢璋（章）之，司畿（幾）昜（揚）之，不韋䢔（將）之。

簡 48：乃上隹（唯）天，司幾監𤘅（兆）民，溫（盈）而泩（省）之。

簡 84-85：乃告上監𤘅（兆）民，秉悳（德）司幾。乃告於下㞋（尸）𢧢，秉

---

[44] 〔漢〕孔安國撰，廖名春、陳明整理，呂紹剛審定；十三經整理委員會整理，李學勤主編：《十三經注疏‧尚書正義》（北京：北京大學出版社，1999 年），頁 260。

[45] 鄭玉珊撰寫，季旭昇訂改：〈〈孔子詩論〉譯釋〉，季旭昇主編；陳霖慶，鄭玉珊，鄒濬智合選：《《上海博物館藏戰國楚竹書（一）》讀本》（北京：北京大學出版社，2009 年），頁 27。

宜不牏（渝）。

簡103：七舁（承）乃告於上司幾、下厬（尸）叀，朁（及）而先高俎（祖）。

簡109-110：七舁（承）乃立於上司幾之壇，百有司乃立於保〈厬（尸）〉叀之壇，臺（萬）民乃立於而王父=（父、父）之立（位），以乍（作）刑悥（則）。

由簡20可確定「司幾」是天則的宣揚大使，承擔天則的為「尸叀」、「司幾」與「不韋」三位神祇，而簡48與85的釋文經過我們考釋，「司幾」是可與「天帝」相提並論、共同監看百姓的神祇，簡103與簡109-110則是「司幾」與夏代祖先並立，可見地位之尊貴。

「司幾」可與「上帝」並列，見其地位甚高，「王寧」認為「司幾」是掌管「約期」之神，此說可能性低。網友「tuonan」則認為「司幾」的「幾」有「法」的意思，但以上引〈參不韋〉簡文而言，「司幾」所掌管之事與「法」無關。

筆者較贊同整理者認為「（上）司畿／幾」為掌簡四時之神，首先「幾」可訓為「時」，〈參不韋〉簡33「而不龢（聞）天之司馬豐留（隆）之昀（徇）於幾之昜（揚）」的「幾」字，整理者即訓為「時」。[46]其次，裘錫圭已於〈釋戰國楚簡中的「昌」字〉中詳細說明「幾」與「期」字的關聯性，如《墨子・尚同中》：「春秋祭祀，不敢失時幾。」俞樾《諸子平議・九・墨子一》：「幾者，期也。」《左傳・定公元年》：「子家子不見叔孫，易幾而哭（哭指哭魯昭公）。」楊伯峻注據沈欽韓說，認為「易幾」之「幾」亦應訓「期」。[47]而「期」本身即可解釋為「一周年」的意思，一年分四時，此說雖為引申說明，但楚帛書可見先秦時期的四時崇拜，劉信芳指出：[48]

> 楚帛書中，伏羲、女媧之「四子」亦即炎帝時代之「四神」。……帛書中記「四子」之功績有如下數端：
>
> 其一，禳除兇厲，斬殺猛獸。

---

[46] 黃德寬主編、清華大學出土文獻研究與保護中心編：《清華大學藏戰國竹簡・拾貳》，頁120。
[47] 裘錫圭：〈釋戰國楚簡中的「昌」字〉，《裘錫圭學術文集・簡牘帛書卷》（上海：復旦大學出版社，2012年），頁462。
[48] 劉信芳：《出土簡帛宗教神話文獻研究》（合肥：安徽大學出版社，2014年），頁8-9。

其二，建立城垣。

其三，創制舟車。

其四，劃分四季。帛書云：「四神相弋（代），乃步以為歲，是隹（惟）四寺（時）。」

其五，確定節令之分至。帛書記載炎帝命令「四神」下降，使「奠四極」，此「四極」謂據天象，輔以晷，定夏至點、冬至點、春分點、秋分點。四季的認識是很原始的時間概念。

帛書之「四神」可以理解為《尚書‧堯典》四仲中星之司神羲仲、羲叔、和仲、和叔，但帛書對其功績記載得更豐富、更具體。帛書之「四子」、「四神」、「四時」三位一體，「四時」是時間概念，「四子」、「四神」是「四時」的人格化和神化。

由楚帛書的記載可見劃分「四時」的神祇，幾乎可算是訂定秩序之神，確實可與至上神「上帝」並列描述，且職能可互相協助。

《清華拾肆‧兩中》亦十分強調四時的重要，例如在〈兩中〉簡 49-50 中，夏啟向兩中詢問四時行事：

> 啟或言曰：皇天不渝，而上帝固向，統＝（沇沇）四維，浚（洵）其有商（章），春夏秋冬，各即（次）其行，吾不知天事，尚告我四尚（常）。

而神祇亦詳細回答四時運行的法則以及所宜之事，圭中向之介紹春三月所做之事的細節，包含草木、百神、對應的四神以及「上帝監民」的時間等等，石小力亦就此部份製作對應表：[49]

四時	草木	百神	四神	帝位	焉會	帝監民	天干
春	皆生	服御	句余芒	玄天	德祀齋宿犧牲	朝	甲乙
夏	方實	服御	陸融	朱天	兇失	宵	丙丁

---

[49] 石小力：〈清華簡《兩中》的治政思想與夏初歷史〉，《文物》2024 年第 10 期，頁 78。

四時	草木	百神	四神	帝位	焉會	帝監民	天干
秋	方落	服御	蓐收	黃天	不辜害刑	晝	庚辛
冬	無光	服御	玄冥	黑陽	亂質眚奸齊明	夕	壬癸

由兩篇簡文皆可見四時的重要性，故〈參不韋〉中「司幾」解釋為職管四時之神，與上帝皆可以監看百姓，應是沒問題的。

簡 48「乃上隹（唯）天，司幾監牧（兆）民」為「司幾」監民，但簡 84-85「乃告上監牧（兆）民，秉悳（德）司幾。」中的「司幾」不是名詞神祇，而是實指司幾的職能，簡 84-85 全文應是指「上帝」監民，秉持德性職掌時序（使人民風調雨順）。

〔3〕司中矢昔（措）

整理者將「矢」讀為「側」，指「不中，不正」，「昔」讀為「措」，簡文「側措」意謂「措置偏頗不中正」，但整理者又認為「矢」可直接釋為「大」，「大昔」即「大作」。[50] 網友「子居」認為先秦文獻未見「側措」一詞，故認為「矢」釋為「大」為優，「大昔」為「大索」。[51] 羅雲君將「昔」讀為「錯」，指「錯誤、乖謬」。[52]

怡璇按：簡 85-86：

乃告於下屍（尸）䰠，秉宜不瑜（渝）。

乃告於天之不韋，司中矢昔。

兩句為排比句，「秉義不渝」與「司中矢昔」互相對應。「司中矢昔」的「司中」

---

[50] 黃德寬主編、清華大學出土文獻研究與保護中心編：《清華大學藏戰國竹簡・拾貳》，頁 131。
[51] 子居：〈清華簡十二《參不韋》解析（六）〉，先秦史論壇網，2023 年 4 月 29 日。
[52] 羅雲君：《清華簡《參不韋》整理與研究》，頁 168。

類似簡 3 的「帝乃命參不韋嬰（揆）天之中」的「揆天之中」,而「中」為「中道」,整理者將「矢昔」指「措置偏頗不中正」文義較不順。「子居」將「大昔」讀為「大索」,引《史記・秦始皇本紀》為例:

> 大索,逐客,李斯上書說,乃止逐客令。……為盜所驚。求弗得,乃令天下大索十日。……武士擊殺盜,關中大索二十日。」《史記・留侯世家》:「秦皇帝大怒,大索天下,求賊甚急。」

但文獻中的「大索」指四處搜尋,〈秦始皇本紀〉中的「大索」與簡文文義無關。羅雲君讀為「司中側錯」,指掌管正確的傾覆謬誤的,此說文義不明。

「矢」字見於簡 86「司中矢昔」與簡 87「乃智（知）賵（富）、矢、貧、𤯄、袋（勞）」,整理者將簡 87 的「矢」讀為「仄」,指「卑微」,但亦認為可能釋「大」,與前一字組成「富大」一詞,如同簡 67-68 的「愷富愷大」。[53]筆者認為整理者將簡 87 的「富矢」與簡 67-68 的「愷（冀）[54]富、愷（冀）大」對應甚為貼合,因此把「矢」訓為「大」較為直接,而簡 86 的「矢昔」亦訓為「大昔」較符合用字習慣。

然而,雖然簡 87 的「富矢」與「愷（冀）富、愷（冀）大」相同,卻不需將「富矢」組成「富大」一詞,簡 87-88:

> 乃某重（主）先智（知）味之故（苦）、甘、櫿（酸）、𪗱（鹹）、辛,乃智（知）賵（富）、矢、貧、𤯄（選／遷）[55]、袋（勞）,乃智（知）西、東、南、北、中,乃智（知）娩（美）、好、亞（惡）、猷（醜）、佻。

簡文為排比句,第一句的「苦」、「甘」、「酸」、「鹹」、「辛」為五味,第三句的「西」、「東」、「南」、「北」、「中」亦為五方位,第四句的「美」、「好」、「惡」、「醜」、「佻」亦各為五種面貌,因此第二句的「富」、「矢」、「貧」、「𤯄」、「勞」亦是五種人生樣態,整理者皆無斷句,筆者將簡文的五種類型以頓號斷開,簡 87-88 的「矢」訓為「大」,指「善」,《禮記・禮運》「是謂大假」,「大假」即「善福」。[56]

---

[53] 黃德寬主編、清華大學出土文獻研究與保護中心編:《清華大學藏戰國竹簡・拾貳》,頁 131。
[54] 怡璇按:「愷」讀為「冀」,見本書第五章註 12。
[55] 怡璇按:「𤯄」字的訓讀見本章第 5 則。
[56] 宗福邦、陳世鐃、蕭海波主編:《故訓匯纂》(北京:商務印書館,2003 年),頁 466。

簡文「矢昔」的「昔」字，同整理者之說讀為「措」，訓為「施用」，《易·繫辭上》：「推而行之謂之通，舉而錯之天下之民謂之事業。」高亨注：「『錯』借為『措』。措，施也。取道與器施之於天下之民，是謂之事業。」[57]「大措」指「重用」。

簡 84-86「乃告上監牧（兆）民，秉悳（德）司幾。乃告於下厡（尸）虘，秉宜不歈（渝）。乃告於天之不韋，司中矢昔（措）」，簡文文義指：「於是祈告上天照看百姓，秉持德性司管四時。於是祈告下尸虘，秉持道德不改變。於是祈告天之不韋，司管中道施以重用。」以上三項，皆是祈告上天神祇能佑助夏代昌盛且人和順遂。

〔4〕截（踐？）命冊告

「截」字，整理者有二說，第一是讀為「截」，同時引用《清華拾·四告》簡 26 的「曾孫滿拜手稽首，敢截告」的「截」字，認為是引申為「直接、坦誠」的意思，第二讀為「諓」，指「善言」。[58]網友「ee」（單育辰）讀為「詰」，訓為「詰責」。[59]網友「子居」則讀為「祭」。[60]

怡璇按：簡文作「敢哀兌（說）截命冊告」，傳世文獻中未見「冊告」，但《葛陵》楚簡有以下辭例：

甲三 267：䰩佚占之曰：吉。冊告自文王以就聲桓王⃞

甲三 137：舉禱佩玉各觖璜，冊告自文王以就聲桓王，各束錦珈璧。

陳偉指出「冊告」即古書中的「策告」，冊告與策告是將對神靈的祝辭寫在簡策上宣讀。[61]《清華壹·金縢》簡 2-3「史乃冊祝告先王」一句，馮勝君指出即是指「把祭禱內容書寫在冊書上，並進行祝告的行為」。[62]可見「冊告」是對上天

---

[57] 高亨：《周易大傳今注》（濟南：齊魯書社，1979 年），頁 543。
[58] 黃德寬主編、清華大學出土文獻研究與保護中心編：《清華大學藏戰國竹簡·拾貳》，頁 131。
[59] ee：〈清華簡《參不韋》初讀〉40 樓，武漢大學簡帛論壇網，2022 年 12 月 2 日。
[60] 子居：〈清華簡十二《參不韋》解析（六）〉，先秦史論壇網，2023 年 4 月 29 日。
[61] 陳偉：〈新蔡楚簡零釋〉，《華學》第六輯（北京：紫禁城出版社，2003 年），頁 96。
[62] 馮勝君：《清華簡《尚書》類文獻箋釋》（上海：上海古籍出版社，2022 年），頁 157。

的禱告，且如同賈連翔所言，〈參不韋〉簡 89-94 是向上天的「告罪之辭」，內容多為負面，而簡 94-102 為「質誓之辭」，內容以正面為主，[63]祝告的內容並不存在「詰責」內容，因此「訐」讀「詰」與簡文文義較不相符。

整理者讀為「截」與「諓」的意見，其文將「截」引申為「直接、坦誠」，此說較難證明，而文中認為「諓」指「善言」，「子居」已指出應解釋為「巧言」而非「善言」，故不合簡文文義。「子居」讀為「祭」，引用文獻為《禮記・檀弓》：「明日，祔于祖父。」鄭玄注：「祭告于其祖之廟。」「子居」認為文獻的「祭告」即簡文的「祭命」，此說於簡文義上較好，但「訐」字雖可讀為「察」，如《清華拾參・畏天用身》簡 8「訐（察）雚（觀）逐（遹）」，〈畏天用身〉的整理者指出「訐」讀為「察」，指「察觀、審視、察看」。[64]卻未見「訐」讀為「祭」之例，楚簡的「祭」字多作「〘」（《清華拾壹・五紀》簡 50），較為特別的「祭」字為《清華壹・祭公》的「〘」（簡 1），但皆非「訐」讀「祭」的例證。

「訐命」應是用以形容「冊告」時的狀態，「訐」字作「〘」，楚簡多讀為「察、戔、竊」等聲符之字[65]，「訐」疑讀為「踐」，解釋為「履行」的意思，「訐（踐）命冊告」疑指履行身為帝王的職責以「冊告」上天。

〔5〕寚（選／遷）

整理者認為「寚」字是从宀，鼎（具）聲，讀為「寘」。[66]

怡璇按：「寚」字作「〘」，整理者隸定作从宀鼎聲，但又指出「鼎」即「具」。「鼎」字，郭沫若考釋函皇父簋文字指出：[67]

> 古从鼎作之字後多誤為貝，而古从貝之 字亦閒有誤為鼎者。如具字本从貝从収，馭卣作〘，舀鼎作〘，即其明證，而本器作〘，則从鼎，後出杕

---

[63] 賈連翔：〈清華簡《參不韋》的禱祀及有關思想問題〉，《文物》2022 年第 9 期，頁 60-63。
[64] 黃德寬主編、清華大學出土文獻研究與保護中心編：《清華大學藏戰國竹簡・拾參》（上海：中西書局，2023 年），頁 145。
[65] 參劉洪濤：〈談古文字中用作「察、淺、竊」之字的考釋〉，《古文字研究》第 30 輯（北京：中華書局，2014 年），頁 315-319。
[66] 黃德寬主編、清華大學出土文獻研究與保護中心編：《清華大學藏戰國竹簡・拾貳》，頁 132。
[67] 郭沫若：《兩周金文辭大系》（北京：科學出版社，1957 年），頁 131-132。

氏壺有䵼字，所從算下之具，亦从鼎，凡此均形近而譌者。

季旭昇師認為金文中的「具」从「鼎」的字例不算少，而西周晚期的函皇父簋、駒父盨蓋以及春秋早期的曾子斿鼎所从的「䵼」很明確應該釋為「具」，而若从廾从貝無法會意出「共置」的意義，因此甲骨文中的「䵼」字从廾持鼎可以釋為「準備食物，供給賓客」之意。[68]

甲骨文與金文相關字形作：

![鼎] （《合集》22153）

![具] （𠦪伯簋，《集成》3615） ![具] （駒父盨蓋，《集成》4464）

![具] （函皇父簋，《集成》4141.1） ![具] （曾子斿鼎，《集成》2757）

《金文編》將以上金文字形置於「具」字條下，[69]林澐指出「具」字从貝，而上引金文字形从鼎，字形為手捧鼎，即《說文》訓為「具食」的「籑」字初文，讀如「算」，或體作「饌」，曾子斿鼎讀為「民䵼（選）是饗」，駒父盨讀為「䵼（巽）逆王命」。[70]《古文字譜系疏證》亦將以上字形置於「䵼」字條下，指出「从収，从鼎，會具食之意。籑字初文。甲骨文的『![字]伐』，疑讀為『篡伐』」。[71]畢秀潔的《商代金文全編》的「序」中指出：[72]

> 據「鼎」作偏旁逐漸有訛从「貝」者，而「貝」作偏旁幾乎沒有訛从「鼎」者，便可肯定「具」字從商代金文到《說文》小篆結體，都是以从「貝」為構形特徵的，這不但說明甲骨文裡的![字]絕不可能是「具」，即西周晚期函皇父簋、駒父盨蓋上的諸从「鼎」从「廾」的形體乃至春秋早期曾子斿鼎

---

[68] 季旭昇：《說文新證》（臺北：藝文印書館股份有限公司，2014年），頁175-176。
[69] 容庚編著，張振林、馬國權摹補：《金文編》（北京：中華書局，1985年），頁162。
[70] 林澐：〈新版《金文編》正文部分釋字商榷〉，《中國古文字研究會第八屆年會論文集》，1990年，頁2，第34條。
[71] 黃德寬主編：《古文字譜系疏證》（北京：商務印書館，2007年），頁2774。
[72] 畢秀潔編：〈序〉，《商代金文全編》（北京：作家出版社，2012年），頁二-三。

上的从「鼎」从「廾」的形體也都不會是「具」。

所論字作「📷」，整理者隸為「𩫖」可從，但此字下方或為「簋」字初文，而非「具」，因此不可讀為「簋」。

簡文的「𩫖」字，筆者認為此字通假有二說，但二說皆訓為「放逐」的意思。第一，「𩫖」為「簋」的初文，或體作「饌」，「𩫖」可讀為「巽」聲的「選」，如上引林澐所言「曾子斿鼎讀為『民巽（選）是饗』」，「選」可訓為「放逐」。「選」字字義與「遣」字息息相關，傳世文獻如《左傳‧昭公元年》：「秦后子有寵於桓，如二君於景。其母曰：『弗去，懼選。』癸卯，鍼適晉。」楊伯峻注：「《說文》：『選，遣也。』段《注》引此《傳》為證。」[73]出土文獻中亦可見二字的關係，袁金平認為《清華貳‧繫年》簡 17-18「周成王、成公既遷殷民於洛邑，……以作周厚屏，乃先建衛叔封於康丘，以侯殷之餘民。」中的「先」字依李天虹之說讀為「選」，[74]而〈繫年〉簡文的「先（選）建衛叔」與曾侯與編鐘「遣命南公」可對應，「選」與「遣」應是記錄同一個詞。[75]因此「選」可解釋為「遣」的「放逐」義。

第二，「𩫖」可讀為「遷」，陳劍師指出《葛陵》甲三 11+24 的「䍙」字作「📷」，乙四 31 作「📷」，此種以「䍙」為聲符的字形，可以讀為「簋」或「饌」，如春秋曾孟嬭諫盆（《集成》10332.1）：「曾孟嬭（芈）諫作📷盆，其眉壽用之。」即讀為「饌／簋盆」。[76]「遷」亦可訓為「放逐、流放」，《書‧皋陶謨》：「何憂乎驩兜？何遷乎有苗？」孔傳：「禹言有苗、驩兜之徒，其姦如此，堯畏其亂政，故遷放之。」[77]「遷」亦可解釋為「離散」，《國語‧晉語四》：「義以導利，利以阜姓，姓利相更，成而不遷。」韋昭注：「遷，離散也。」[78]

簡 87-88「乃某重（主）先智（知）味之故（苦）、甘、檜（酸）、𦥑（鹹）、

---

[73] 楊伯峻：《春秋左傳注（修訂本）》（北京：中華書局，1995 年），頁 1214。

[74] 李天虹：〈小議《繫年》「先建」〉，武漢大學簡帛網，2012 年 6 月 14 日，http://www.bsm.org.cn/show_article.php?id=1710。

[75] 怡璇按：袁金平將「選」讀為「遣」，心紐和溪紐雖然有通假例證，但畢竟兩聲距離甚遠，故仍將「選」訓為「遣」為宜。袁金平：〈曾侯與編鐘銘「遣命南公」補議〉，中國文字學會第九屆學術年會議程主辦、中國文字學會承辦：《中國文字學會第九屆學術年會論文集》（貴陽：貴州師範大學，2017 年 8 月 19-20 日），頁 895-900。

[76] 陳劍：〈楚簡「䍙」字試解〉，《戰國竹書論集》（上海：上海古籍出版社，2013 年），頁 360。

[77] 〔漢〕孔安國撰，廖名春、陳明整理，呂紹剛審定；十三經整理委員會整理，李學勤主編：《十三經注疏‧尚書正義》（北京：北京大學出版社，1999 年），頁 104。

[78] 徐元誥撰；王樹民、沈長雲點校：《國語集解》（北京：中華書局，2002 年），頁 337-338。

辛，乃智（知）膃（富）、矢、貧、䨟（選／遷）、袈（勞），乃智（知）西、東、南、北、中，乃智（知）娧（美）、好、亞（惡）、猷（醜）、佻」，簡文義指先主知味有苦、甘、酸、鹹、辛五味，且知（人有）富有、美善、貧困、放逐（離散）、勞苦等事，亦知（方位）有西、東、南、北、中五方，且知（人生有）有美、好、惡、醜、佻等事。

〔6〕高、下土之安不（否）

整理者指出「高下土」指「土田高下等次」。[79]網友「不求甚解」以「高下土」這句話為依據，認為簡87-88「乃某重（主）先智（知）味之故（苦）、甘、楢（酸）、戯（鹹）、辛，乃智（知）膃（富）、矢、貧、䨟（選／遷）、袈（勞），乃智（知）西、東、南、北、中，乃智（知）娧（美）、好、亞（惡）、猷（醜）、佻」等句皆是指「種植」之事。[80]網友「哇那」將「安」讀為「浽」，指「土壤卑濕」，「不」讀為「坏」，指「土地結塊、板結」。[81]

怡璇按：簡 87-89：

乃某重（主）先智（知）味之故（苦）、甘、楢（酸）、戯（鹹）、辛，

乃智（知）膃（富）、矢、貧、䨟（選／遷）、袈（勞），

乃智（知）西、東、南、北、中，

乃智（知）娧（美）、好、亞（惡）、猷（醜）、佻，

乃智（知）高下土之安不（否）。

簡文共五句排比句，除第一句以「乃某主先」作為主語開題之外，其餘（含最後一句「高下土之安不」）皆是「乃智（知）」開頭，由此可知「乃智（知）高下土之安不」不是前四句的總結語，同時簡文前四句與「種植」無關。

網友「子居」反駁整理者的論述，指出整理者引用的「《禹貢》九州言田土

---

[79] 黃德寬主編、清華大學出土文獻研究與保護中心編：《清華大學藏戰國竹簡・拾貳》，頁132。
[80] 不求甚解：〈清華簡《參不韋》初讀〉145樓，武漢大學簡帛論壇網，2022年12月11日。
[81] 哇那：〈清華簡《參不韋》初讀〉149樓，武漢大學簡帛論壇網，2022年12月12日。

九等，如「冀州田中中」者……《漢書敘傳》『坤作墜勢，高下九則』，劉德曰『九則，九州土田上中下九等也』，馬融曰『土地有高下』，鄭玄曰『田著高下之等者，當為水害備也』。」文句有誤，「子居」引孔穎達《尚書・禹貢》的注疏「『鄭玄云：「田著高下之等者，當為水害備也」，則鄭謂地形高下為九等也。王肅云：「言其土地各有肥瘠」，則肅定其肥瘠以為九等也。如鄭之義，高處地瘠，出物既少，不得為上。如肅之義，肥處地下，水害所傷，出物既少，不得為上。故孔云：「高下肥瘠」，共相參對，以為九等。』」證明整理者之說有誤。[82] 由「子居」的引文可知《尚書・禹貢》中的「田土九等」是指土地的肥瘠之分，並非指「土地有高下等次」，故不從整理者之說。

「哇那」將「安」讀為「浨」，引用《九店》簡47「汙安」讀為「窊浨」為例，解釋為「土壤卑濕」，此種解釋應是「窊浨」一辭的辭義。然而〈參不韋〉簡文為「乃智（知）高下土之安不」，簡文僅見「安」字，若將「安」讀作「浨」，「浨」單字解釋並沒有「土壤卑濕」的字義。「哇那」另將「不」讀為「坯」，指「土地結塊、板結」，但此為「坯」字的引申解釋，則有增字解經之嫌。

〈參不韋〉全篇共124支簡，簡文罕見談論「田土」之事，唯見簡55-57作：

> 攺（啟），卸（御）乖（乖／饑）乃有內慐（憂），御疫列（癘）乃芒（喪）朋（崩），罜（澤）田御水乃水霋（悍），陵田御霋（悍）乃遺（隤），御外㝎（寇）乃逪（削）坄（封）疆，御𪙊（亂）乃荅（落）。

此段亦是排比句，同時以「澤田」和「陵田」為比喻，整理者認為「澤田」即「水田」，「陵田」與「澤田」相對，指「山田」。[83] 本書第四章指出「罜（澤）田御水乃水霋（悍），陵田御霋（悍）乃遺（隤）」二句是漸進式的文句，前句是水田逢水會造成大水激流（即指水患），而山田雖然缺水，但若遇上大水亦會造成山地崩壞。兩句簡文應是告誡啟「過猶不及」皆是不好的，也有可能是說明不要因為是自己擅長的事（澤田遇水）便掉以輕心，若此則會引起水患，也不要因為缺少東西便加強引流（陵田御悍），如此便會造成潰敗。（相關考釋見本書第四章第8則）以此見之，筆者認為〈參不韋〉即使是說明「田土」之事，簡文中亦有其引申的言外之意，而非單單指出「田土」的狀況。

---

[82] 子居：清華簡十二《參不韋》解析（六）〉，先秦史論壇網，2023年4月29日。
[83] 黃德寬主編、清華大學出土文獻研究與保護中心編：《清華大學藏戰國竹簡・拾貳》，頁126。

簡文本處的「高下土」並非指土地的等次，語意當為「高處、下處之土」，指高處山地與平地土壤，「下土」一詞見於傳世文獻，《漢語大詞典》指出「下土」可指「大地」、「四方、天下」、「人間」、「偏遠的地方」、「低洼之地」、「入土」等，[84] 簡文此處的「高、下土」或可補充《漢語大詞典》的辭例收錄。「高、下土」即指「普天之下的國土大地」，與上段所引「睪（澤）田御水乃水罩（悍），陵田御罩（悍）乃遺（隤）」的「澤田」、「陵田」概念相同，皆是用為比喻的借代用法。

簡文「乃智（知）高、下土之安不（否）」的「不」從整理者之說讀為「否」，本句簡文指（先王）乃知國土大地是否平安。[85]

〔7〕 䢍（徵—承）祀不章

整理者將「䢍」讀為「徵」，指「招致」。[86]網友「質量復位」認為「徵」字與一般訓為「征召」與「招致」有別，「䢍」或讀為「登」，簡文「登祀」指「奉祀、祭祀」，「登祀不章」指祭祀之禮不明確。[87]網友「ee」（單育辰）認為「䢍」應讀為「烝」或「登」或「蒸」。[88]網友「tuonan」（王凱博）認為「章」即「章、法、程」的意思。[89]

怡璇按：「ee」指出金文中有「烝祀」一詞，如《集成》2837「有柴（烝）祀無敢擾」，《集成》9734「寅祗丞（烝）祀。」但「烝祀」指冬天的祭祀，《禮記・王制》「天子、諸侯宗廟之祭：春曰礿，夏曰禘，秋曰嘗，冬曰烝。」邢文指出「冬祭之『烝』也與冬至節有關。」[90]簡文「䢍祀不章」不應單指冬日的「烝祀」，故「䢍」不可讀為「烝」或「蒸」。「質量復位」讀為「登」，但「登祀」一詞遲至宋代才首見，於戰國時期是否有此辭彙用法，較難證明。整理者將「䢍」讀為「徵」是較合用字習慣的，但「質量復位」已指出「徵」無法訓為「招致」

---

[84] 漢語大詞典編輯委員會、漢語大詞典編纂處：《漢語大詞典》卷1（上海：漢語大詞典出版社，1986年），頁306-307。
[85] 筆者此說完成後，羅雲君的博論意見亦相似，羅文指出「高下土即高高低低的土地，代指疆域內的各地也即天下。」羅雲君：《清華簡《參不韋》整理與研究》，頁172。
[86] 黃德寬主編、清華大學出土文獻研究與保護中心編：《清華大學藏戰國竹簡・拾貳》，頁132。
[87] 質量復位：〈清華簡《參不韋》初讀〉46樓，武漢大學簡帛論壇網，2022年12月3日。
[88] ee：〈清華簡《參不韋》初讀〉127樓，武漢大學簡帛論壇網，2022年12月9日。
[89] tuonan：〈清華簡《參不韋》初讀〉130樓，武漢大學簡帛論壇網，2022年12月10日。
[90] 邢文：〈清華簡《程寤》釋文所見祭禮問題〉，武漢大學簡帛網，2011年1月9日，http://www.bsm.org.cn/show_article.php?id=1374。

的意思。

「邎」字作「◇」，楚簡的此類从「◇」的形體多讀為「升」或「徵」，前者如《清華拾參・大夫食禮記》簡 5-6「所敓（屬）貴（饋）於夫=（大夫）與所敓（屬）饋於瞀（友）者乃◇（升）」，後者如《清華玖・成人》簡 1「邺（越）◇（徵）峕（前）罰醬（愆）」。但不論將「邎」讀為「升」或「徵」皆難以通讀簡文。

《清華壹・程寤》簡 2-3：

> 敝（幣）告宗方（祊）李（社）禝（稷），忎（祈）于六末山川，攻于商神，脽（望）承占于明堂。

鄔可晶將「脽（望）承」的「承」讀為「徵」，指出从「拯」聲的字可讀為「懲」，「承」讀為「徵」語音上也沒有問題，[91] 若「承」可讀為「徵」，則本簡的「◇」字亦可讀為「承」。古籍有「承祀」一詞，表示「承奉、主持祭祀」，如《詩・魯頌・閟宮》：「龍旂承祀，六轡耳耳。」[92]〈參不韋〉簡文 91-92 相關文句為「秉悳（德）剸（專）忘（妄）」、「圝（亂）天之紀統（綱）」，前二字皆是「動詞＋名詞」的組合，而本處的「邎（承）祀不章」的「邎（承）祀」亦是相同語法。

「邎（承）祀不章」的「不章」一詞，「tuonan」認為「章」即「章、法、程」的意思，但此說較不貼合簡文。筆者認為「不章」的「章」應解釋為「盛」，如《易・姤》：「天地相遇，品物咸章也。」高亨注：「章，盛也。」[93] 古人對於祭祀十分慎重，《左傳・成公十三年》「國之大事，在祀與戎」，於祭品中，有六畜的犧牲、也有糧食五穀的「粢盛」、用酒種類、供獻玉帛等等，祭品、禮節相關的繁複，[94]《清華貳・繫年》簡 1 記載武王伐紂的理由之一為「昔周武王監觀商王之不龏（恭）帝=（禘帝）[95]，禋祀不寅（寅）」，皆可見古人對祭祀的重視，甚至可作為推翻前王朝的理由。簡文「邎（承）祀不章」指主持祭祀卻不盛大（此

---

91 鄔可晶：〈談談清華簡《程寤》的「望承」〉，《出土文獻》第十輯（上海：中西書局，2017 年），頁 114-115。
92 〔漢〕毛亨撰，〔漢〕鄭玄箋，〔唐〕孔穎達疏，龔抗雲、李傳書、胡漸逵、肖永明、夏先培整理，劉家和審定，十三經整理委員會整理，李學勤主編：《十三經注疏・毛詩正義》（北京：北京大學出版社，1999 年），頁 1412-1415。
93 高亨：《周易大傳今注》（濟南：齊魯書社，1979 年），頁 376。
94 相關資料可見詹鄞鑫：《神靈與祭祀──中國傳統宗教綜論》，南京：江蘇古籍出版社，1992 年。
95 「帝=（禘帝）」的考釋參賴怡璇：《戰國楚簡周武王相關文獻疏證》（臺中：國立中興大學中國文學系博士論文，2016 年），頁 208-211。

處的「章」訓為「盛」,可指祭品、祭祀規模等)。

〈參不韋〉簡107有一字形與本處的「邅」字形相近,簡106-107辭例作「是胃(謂)趣(趨)禍[圖]殃」,此簡的「[圖]」應為本簡「邅」的異體字,亦可讀為「承」,訓為「接受、承受」的意思,「趨禍承殃」指接近災禍承受殃害。

〔8〕不㞟〈屖(遲)〉

整理者認為「㞟」為「屖」的訛字,對應簡19讀為「遲」。[96]網友「質量復位」認為「㞟」不是訛字,「㞟」是「尸」的繁體,而「尸」與「夷」字相通,簡19的「屖」亦可讀為「夷」,訓為「傲慢」,並認為「屖」與「㞟」二字表示同一個詞。[97]

怡璇按:本簡的「㞟」字作「[圖]」,簡19的「屖」作「[圖]」,二字皆不是楚簡的罕見字,但二字形體相近且兩處的辭例皆為「共(拱)鼻不△」,故整理者將「㞟」釋為「屖」的訛字有其道理。

古書類楚簡的「㞟」見以下辭例:

《上博六・平王問鄭壽》簡1「訊之於㞟(尸)宙(廟)」。

《上博六・天子建州》甲/乙簡3「豊(禮)之於㞟(尸)宙(廟)也」。

《清華壹・楚居》簡5「思(懼)亓(其)宔(主),夜而內㞟(尸)」。

《清華拾貳・參不韋》簡47「乃㞟(尸)隹(唯)憲」。

《清華拾貳・參不韋》簡85「乃告於下㞟(尸)憲」。

《清華拾貳・參不韋》簡103「下㞟(尸)憲」。

《清華拾貳・參不韋》簡103-104「百有司乃告於㞟(尸)憲」。

《安大一・詩經》簡27「䈞(孰)亓(其)㞟(尸)」。

---

[96] 黃德寬主編、清華大學出土文獻研究與保護中心編:《清華大學藏戰國竹簡・拾貳》,頁133。
[97] 質量復位:〈清華簡《參不韋》初讀〉189樓,武漢大學簡帛論壇網,2023年3月11日。

《上博六・天子建州》與《安大一・詩經》的整理者皆指出「屍」為「尸」之繁體，同時《安大一・詩經》簡 27 辭例對應今本《毛詩》為「誰其尸之」，可見「屍」與「尸」的關係。[98]同時由以上辭例可見古書類楚簡的用字習慣罕見將「屍」讀為「夷」。

「質量復位」引用鄔可晶考釋的「歔（胡）遲」與「叚屍」皆讀為「胡夷」的意見，[99]因此將簡 19 的「屍」讀為「夷」，訓為「傲慢」。「質量復位」所引的文例是「《荀子・脩身》：『容貌、態度、進退、趨行，由禮則雅，不由禮則夷固僻違，庸眾而野。』楊倞注：『夷，倨也。』《後漢書・郭泰傳》：『（茅容）耕於野，時與等輩避雨樹下，眾皆夷踞相對，容獨危坐愈恭。』」引文中《荀子》的「夷固」即《後漢書》的「夷踞」，「夷踞」指「伸兩足箕踞而坐，古人視作倨傲無禮之態。」《漢語大詞典》對此文本有詳細的說明：[100]

《論語・憲問》：「原壤夷俟。」何晏集解引馬融曰：「夷，踞。俟，待也。」劉寶楠正義引焦循補疏：「夷俟即踞肆。」

由此可知「質量復位」引用的「楊倞注：『夷，倨也。』」的「倨」字應是「踞」字之誤，而非「倨傲」之義。「質量復位」之說不可從。

楚文字的「屍」多讀為「尸」，但「尸」於簡文「共（拱）鼻不△」難以通讀，故本處從整理者釋為「屍」字訛寫，讀為「遲」為宜。

---

[98] 馬承源主編：《上海博物館藏戰國楚竹書（六）》（上海：上海古籍出版社，2007 年），頁 314。安徽大學漢字發展與應用研究中心編；黃德寬、徐在國主編：《安徽大學藏戰國竹簡・一》（上海：中西書局，2019 年），頁 87。
[99] 鄔可晶：〈說「回」〉，《「古文字與出土文獻」青年學者論壇論文集》（長春：吉林大學古籍研究所、吉林大學中國古文字研究中心主辦，2019 年 9 月 21-23 日），頁 171，註 29。鄔可晶：〈說「回」〉，《中國文字》二〇一九年冬季號 總第二期（臺北：萬卷樓圖書股份有限公司，2019 年），頁 65，註 29。
[100] 漢語大詞典編輯委員會、漢語大詞典編纂處：《漢語大詞典》卷 2（上海：上海辭書出版社，1986 年），頁 1498。

第七章 「天之明德」章

（一）章旨

　　本章為〈參不韋〉最後一章，命名為「天之明德」。「天之明德」章表明若夏啟不依從天命，上天則會降下不祥，由第七章的內容可將〈參不韋〉定調為上天不一定認可啟為帝王，但仍願意教導與輔佐之，故〈參不韋〉全篇首章以「有洪氏」這位負面例子的結局為始，指稱啟若不敬天道則將造成災殃。此種上天擔憂夏啟能力而降下神祇或能人輔佐的講述方式，與《清華伍・厚父》簡2「啟隹（惟）后，帝亦弗肞啟之經惪（德）少，命咎（皋）繇（繇）下為之卿事」相同。

　　「天之明德」章主要說明為君者需秉持德行，若無德行上天便會降下災殃，甚至指出國君即使一開始未能秉德而得到災禍，但只要知錯能改，上天將會重新降福，並再次以有洪氏為例，說明國君無德的下場。全篇末句以「能明不縱，天弗作祥」強調君王若能賢能通達且不放縱，上天便不會降下災異，告誡夏啟需秉持天德以治國，以此作為〈參不韋〉全文總結。

（二）釋文

　　參不韋曰：旣（啟），女（如）有禾（妖）羊（祥）兇才（災），各再（稱）乃立（位）【一〇二】乃告。七昇（承）乃告於上司幾、下屍（尸）曁，盈（及）而先高俎（祖）、王父=（父、父）。百有司【一〇三】乃告於屍（尸）曁，盈（及）乃先高俎（祖）、王父=（父、父）。薑（萬）民乃告於而先高俎（祖），盈（及）而【一〇四】王父=（父、父）。

參不韋曰：攺（啟），句（后）秉惪（德），隹（唯）丞（及）〔1〕上帝五差（佐）[1]，紀統（綱）日月星唇（辰）、百【一〇五】神、山川、深（溪）浴（谷），是胃（謂）章盟（明）。不秉惪（德），非亓（其）所丞（及）而丞（及）之，是胃（謂）趣（趨）[2]禍【一〇六】遉（徵—承）央（殃）[3]。攺（啟），与（舉）不秉惪（德）〔2〕，遂（後）乃有央（殃）；亓（其）弗之与（舉），遂（後）乃亡（無）央（殃）；亓（其）与（舉）不秉惪（德），【一〇七】遂（後）而秉惪（德），天弗乍（作）羊（祥）[4]。

攺（啟），既告。攺（啟），女（汝）畫（建）句（后）、大放。攺（啟），乃立於司中之【一〇八】壇，以乍（作）刑悬（則）。七昇（承）乃立於上司幾之壇，百有司乃立於保〈尿（尸）〉彙之【一〇九】壇，臺（萬）民乃立於而王父=（父、父）之立（位），以乍（作）刑悬（則）。

參不韋曰：攺（啟），隹（唯）昔方有【一一〇】洀（洪）[5]，溢

---

[1] 整理者指出「五佐」見於天星觀卜筮簡「五差（佐）各一䍙」，為輔佐上帝的五位神靈，是楚人祭禱的對象。學者說法出自：黃德寬主編、清華大學出土文獻研究與保護中心編：《清華大學藏戰國竹簡・拾貳》（上海：中西書局，2022 年），頁 134。

[2] 整理者將「趣」讀為「趨」。網友「質量復位」指出「趣」如字讀即可，「趣」即可訓為「趨向」，如《詩・大雅・棫樸》：「濟濟辟王，左右趣之。」學者說法出自：黃德寬主編、清華大學出土文獻研究與保護中心編：《清華大學藏戰國竹簡・拾貳》（上海：中西書局，2022 年），頁 134。質量復位：〈清華簡《參不韋》初讀〉33 樓，武漢大學簡帛論壇網，2022 年 12 月 1 日。**怡璇按**：「質量復位」之說可從。

[3] 「徵殃」一詞，整理者舉《左傳・昭公三十二年》「無徵怨于百姓」，杜注：「徵，召也。」為例。學者說法出自：黃德寬主編、清華大學出土文獻研究與保護中心編：《清華大學藏戰國竹簡・拾貳》，頁 134。**怡璇按**：「徵」讀為「承」，相關考釋見本書第六章第 7 則。

[4] **怡璇按**：此處的「祥」指凶災、妖異，如《左傳・昭公十八年》「鄭之未災也，里析告子產曰：『將有大祥，民震動，國幾亡。』」杜預注：「祥，變異之氣。」〔周〕左丘明撰，〔晉〕杜預注，〔唐〕孔穎達正義，浦衛忠、龔抗雲、于振波、胡遂、陳咏明整理，楊向奎審定；十三經整理委員會整理，李學勤主編：《十三經注疏・春秋左傳正義》（北京：北京大學出版社，1999 年），頁 1373。

[5] **怡璇按**：「有洪」的相關討論見本書第一章註 1。

劇（戲），高（矯）亓（其）有水，權（昏）亓（其）有中〔3〕，曼（漫）達（泆／逸）[6]，乃齓（亂）紀統（綱），莫訐（信）[7]惠（德）。乃乍（作）惠（德）之五蘪（昏），【一一一】九蘪（昏）之參，以交（徼）天之不羊（祥）〔4〕。

參不韋曰：攼（啟），□[8]監[9]天懇（則），毋𨈭（縱）弗敬，㫺（春）秌（秋）【一一二】各（冬）量（夏）寒㬉（暑）不𨈭（僭）。[10]攼（啟），不（丕）隹（唯）天之惠（德）。攼（啟），日月星唇（辰）、靁（雷）霆、天（妖）羊（祥）、風雨，不遻（失）【一一三】亓（其）寺（時）。攼（啟），不（丕）隹（唯）天之敓（規）〔5〕。啟，天則[11]勿（物）各有尚（常），各有利。弜（剛）矛（柔）反易，緩亟（急）異章，乍（作）悉（柔）【一一四】而利者（諸）弜（剛），乍（作）弜（剛）

---

[6] 怡璇按：「達」字可讀為「泆／逸」，見本書第一章第 3 則。
[7] 「訐」字，整理者讀為「申」，訓為「重」。網友「魚在藻」則讀為「信」，訓為「敬」，簡文「莫信德」指沒有誰敬信德。學者說法出自：黃德寬主編、清華大學出土文獻研究與保護中心編：《清華大學藏戰國竹簡·拾貳》，頁 134。魚在藻:〈清華簡《參不韋》初讀〉32 樓，武漢大學簡帛論壇網，2022 年 12 月 1 日。**怡璇按**：「魚在藻」將「訐」讀為「信」較合楚簡的用字習慣，且文義通順，故從此說。
[8] 此字作「▆」，整理者認為此字左从水，右旁疑似「眉」，讀為「靡」，訓為「無」，另一說認為是「演」字之訛。網友「無痕」（蔡一峰）認為此字从水从脏，釋為「涎」，讀為「誕」。網友「潘燈」則認為可能是「渭」讀「謂」，或認為右旁从矛。學者說法出自：黃德寬主編、清華大學出土文獻研究與保護中心編：《清華大學藏戰國竹簡·拾貳》，頁 135。無痕:〈清華簡《參不韋》初讀〉99 樓，武漢大學簡帛論壇網，2022 年 12 月 6 日。潘燈:〈清華簡《參不韋》初讀〉107、108 樓，武漢大學簡帛論壇網，2022 年 12 月 7 日。**怡璇按**：此字右旁不清，仍作未釋字。
[9] 整理者將「監」讀為「濫」，訓為「僭亂」。網友「tuonan」（王凱博）、「無痕」（蔡一峰）皆認為如字讀即可。學者說法出自：黃德寬主編、清華大學出土文獻研究與保護中心編：《清華大學藏戰國竹簡·拾貳》，頁 135。tuonan:〈清華簡《參不韋》初讀〉85 樓，武漢大學簡帛論壇網，2022 年 12 月 5 日。無痕:〈清華簡《參不韋》初讀〉99 樓，武漢大學簡帛論壇網，2022 年 12 月 6 日。**怡璇按**：「tuonan」與「無痕」之說可從。
[10] **怡璇按**：簡 112 與 113 的「𨈭」字相關考釋，見本書第三章第 6 則。
[11] 整理者指出「天則」二字是補字，網友「天亡」認為「天則」二字是多餘的，簡文「物各有當、各有利」與「天則」無關。學者說法出自：黃德寬主編、清華大學出土文獻研究與保護中心編：《清華大學藏戰國竹簡·拾貳》，頁 135。天亡:〈清華簡《參不韋》初讀〉192 樓，武漢大學簡帛論壇網，2023 年 4 月 24 日。**怡璇按**：「天則」二字文字間距較窄，釋為補字可從，簡文表示天則之下，物各有當且各有其利。

而利者（諸）忞（柔）。攺（啟），隹（唯）天之宜乃不藋（昏）。攺（啟），亓（其）溢遴（泆／逸）[12]，乃藋（昏）[13]。【一一五】

參不韋曰：攺（啟），毋甬（用）夭（虐）藋（昏）以自樆（沮）〔6〕。悳（德）之五藋（昏）[14]，百神弗喜（享）。九藋（昏）[15]之參，淫【一一六】緬（湎）康[16]則毀，敳（掘）浴（谷）甬（通）土大凥（居）則丘（咎）〔7〕，娙（嬌）媄亡（無）眚（省）朋替（友）則內惥（憂）〔8〕，敀（迫）息（疾）弅[17]【一一七】則乖，虗（虐）不古（辜）[18]不刑則威（滅）光[19]，宼（寇）佻（盜）俴（竊）[20]賊殺伐

---

[12] 怡璇按：「遴」字可讀為「泆／逸」，見本書第一章第 3 則。
[13] 怡璇按：簡 115 的兩個「藋」字皆讀為「昏」，訓為「昏亂」，相關考釋見本書第五章第 8 則與本章第 3、4、6 則。
[14] 怡璇按：此處的「藋」字考釋見本章第 4 則。
[15] 怡璇按：此處的「藋」字考釋見本章第 4 則。
[16] 「康」字，整理者原讀為「荒」，無說。劉釗師（網名「肖大心」）、陳聰認為如字讀即可，並舉《清華陸·鄭文公問太伯》乙「孚淫糸（嬌）于康」的「康」即指「康樂」，而《墨子·非樂上》亦有記載「啟乃淫溢康樂」，故「康」如字讀即可。學者說法出自：黃德寬主編、清華大學出土文獻研究與保護中心編：《清華大學藏戰國竹簡·拾貳》，頁 135。肖大心：〈《參不韋》第一段試解（一）〉，復旦大學出土文獻與古文字研究中心網學術討論區，2022 年 12 月 11 日，http://www.fdgwz.org.cn/forum/forum.php?mod=viewthread&tid=25042。劉釗、陳聰：〈清華簡《參不韋》訓釋雜說〉，《簡牘學與出土文獻研究》第 2 輯（北京：商務印書館，2023 年），頁 38-39。怡璇按：劉釗師、陳聰之說可從。
[17] 「弅」字，整理者讀為「變」。網友「海天遊蹤」（蘇建洲師）引用張富海的意見，指出此字不可讀為「變」，疑似讀為「褊」。網友「gefei」認為應讀為「切」。學者說法出自：黃德寬主編、清華大學出土文獻研究與保護中心編：《清華大學藏戰國竹簡·拾貳》，頁 135。海天遊蹤：〈清華簡《參不韋》初讀〉51 樓，武漢大學簡帛論壇網，2022 年 12 月 4 日。gefei：〈清華簡《參不韋》初讀〉56 樓，武漢大學簡帛論壇網，2022 年 12 月 4 日。怡璇按：「弅」為並紐元部，「切」是清紐質部，聲韻俱遠。「褊」可解釋為狹隘的意思，但與「迫」、「疾」的意思較不連貫，目前此字的釋讀尚無定論。
[18] 網友「紫竹道人」（鄔可晶）認為「不古」為「不由」的訛寫。學者說法出自：紫竹道人：〈清華簡《參不韋》初讀〉73 樓，武漢大學簡帛論壇網，2022 年 12 月 4 日。怡璇按：筆者認為「古」字非訛寫，相關考釋見本書第五章第 3 則。
[19] 整理者指出「滅光」指「滅滅光寵」。學者說法出自：黃德寬主編、清華大學出土文獻研究與保護中心編：《清華大學藏戰國竹簡·拾貳》，頁 136。怡璇按：宋華強研究《上博七·鄭子家喪》甲簡 4-5「我將必囟（使）子家毋以成名立（位）於上而威（滅）█於下」，將「威（滅）█」釋為「滅光」，文中指出古書有「滅光」之說，但見於較晚的文獻如《漢書·劉向傳》、《晉書·后妃傳上》等，〈參不韋〉的公布確定將「滅光」一辭上推至戰國時期。宋華強：〈鄭子家喪「滅光」試解〉，武漢大學簡帛網，2009 年 6 月 12 日，http://m.bsm.org.cn/?chujian/5281.html。
[20] 整理者將「俴」讀為「殘」。網友「質量復位」讀為「竊」。學者說法出自：黃德寬主編、清華大學出土文獻研究與保護中心編：《清華大學藏戰國竹簡·拾貳》，頁 136。質量復位：〈清華簡《參不韋》初讀〉

則鑾（絕）行，弜（強）虎〈虘（虐）〉敯（梗）²¹【一一八】則栥（竊）〔9〕，組（詐）考（巧）柔則惑，夭（虐）甬（用）²²、阣（訐／迂）言²³、夭（虐）蘁（昏）則蹈（亂）。

參不韋曰：攺（啟），【一一九】女（汝）不亙（極）²⁴天之命，以從²⁵乃悳（德），佳（唯）天之不羊（祥）。攺（啟），乃自則【一二〇】乃身，弗可返（復）庚（康）〔10〕。帝之命逆韋（違），命用不長。百神之兇夒（憲）²⁶，遂（後）䎽（嗣）之【一二一】央（殃）。

參不韋曰：攺（啟），乃毋既□□緬（湎），蘁（昏）有乓（縱）²⁷悳（德），乃曰弗可遺（追／渝）²⁸晉（悔），以【一二二】須天之央

33樓，武漢大學簡帛論壇網，2022年12月1日。**怡璇按**：讀為「竊」較合宜。

21 整理者將「弜」讀為「剛」，「虎」讀為「虐」，「敯」讀為「猛」。蔡一峰（網名「無痕」）指出「敯」即讀為「梗」訓為「猛」，而「弜」讀為「強」即可。學者說法出自：黃德寬主編、清華大學出土文獻研究與保護中心編：《清華大學藏戰國竹簡・拾貳》，頁136。無痕：〈清華簡《參不韋》初讀〉96樓，武漢大學簡帛論壇網，2022年12月6日。蔡一峰：〈說「更」——從清華簡《參不韋》「更」字談起〉，《古文字與上古音整合研究：慶賀白一平先生七秩晉五華誕國際學術研討會論文集》（杭州：西湖大學「藝術考古與歷史語言」來國龍研究所主辦，2024年3月9-10日），頁122-126。蔡一峰：〈說「更」——從清華簡《參不韋》「更」字談起〉，《古文獻研究》第十一輯（南京：鳳凰出版社，2024年），頁42-50。**怡璇按**：蔡一峰之說可從。

22 **怡璇按**：「夭」讀為「虐」，相關考釋見本書第二章第1則。

23 **怡璇按**：「阣」讀「訐」與「迂」，相關的學者意見見本書第二章註7。

24 整理者將「亙」釋為「亟」的訛形，訓為「敬」。網友「tuonan」（王凱博）認為應讀為「極」，訓為「則、效」，即是「依從」的意思。學者說法出自：黃德寬主編、清華大學出土文獻研究與保護中心編：《清華大學藏戰國竹簡・拾貳》，頁137。tuonan：〈清華簡《參不韋》初讀〉130樓，武漢大學簡帛論壇網，2022年12月10日。**怡璇按**：「亟」訓為「敬」的例證較少見，而「tuonan」將「極」訓為「則」之說可見於文獻中，如《詩・商頌・殷武》：「商邑翼翼，四方之極」，馬瑞辰《毛詩傳箋通釋》將「極」訓為「法」，意思與《漢書・匡衡傳》「京邑翼翼，四方之則」的「則」字同，故此處從「tuonan」意見。〔清〕馬瑞辰：《毛詩傳箋通釋》（北京：中華書局，1989年），頁1188。

25 網友「哇那」指出「從」訓為「依從」的意思。學者說法出自：哇那：〈清華簡《參不韋》初讀〉155樓，武漢大學簡帛論壇網，2022年12月14日。

26 整理者將「夒」讀為「顯」。網友「tuonan」（王凱博）認為讀「憲」即可，「憲」有「顯示」、「表示」的意思，並以《周禮・秋官・小司寇》：「乃宣布于四方，憲刑禁。」鄭玄注：「憲，表也。」為例。學者說法出自：黃德寬主編、清華大學出土文獻研究與保護中心編：《清華大學藏戰國竹簡・拾貳》，頁137。tuonan：〈清華簡《參不韋》初讀〉130樓，武漢大學簡帛論壇網，2022年12月10日。**怡璇按**：「tuonan」所引的《國語》例證具有說服力，故讀為「憲」即可，相關考釋可見本書第一章第8則。

27 **怡璇按**：「乓」字相關考釋，見本書第三章第6則。

28 簡122「遺」與簡123「遺」二字，整理者皆讀為「渝」，指「變改反悔」。劉釗師（網名「肖大心」）、陳

（殀）。天之㬎（明）悳（德），隹（唯）䜌（造）²⁹天之命，遺（追／渝）𢘇（悔）䇂（前）化（過），三〈气〉受天央（殀）。蘢（能）³⁰㬎（明）不【一二三】𢆶（縱）³¹，天弗乍（作）恙（祥）。【一二四】

（三）疑難字詞考釋

〔1〕𨒦（及）

本簡的「𨒦」字作「」，整理者隸為「𨒦」，無說。³²網友「ee」（單育辰）指出「除止形之外，其字上部從橫，中部應從口，下部從又，應是『事』的異體。此篇『事』字的寫法有好幾種，如簡 11、16 一種寫法，簡 13、15 一種寫法，簡 22、29 一種寫法，此形與簡 29 一形很近，但缺少最上的『中』形而已。」³³

怡璇按：〈參不韋〉的「事」字字形可細分為以下幾類：

聰認為應讀為「追」，古書「追悔」一詞見於《逸周書·諡法》「追悔前過曰思，柔質慈民曰惠」。學者說法出自：黃德寬主編、清華大學出土文獻研究與保護中心編：《清華大學藏戰國竹簡·拾貳》，頁 137。肖大心：〈《清華大學藏戰國竹簡》（拾貳）《三不違》研讀〉1 樓，復旦大學出土文獻與古文字研究中心網學術討論區，2022 年 12 月 1 日，http://www.fdgwz.org.cn/forum/forum.php?mod=viewthread&tid=25041&extra=page%3D1。劉釗、陳聰：〈清華簡《參不韋》訓釋雜說〉，《簡牘學與出土文獻研究》第 2 輯，頁 37。**怡璇按**：簡 122、123「遺」與「遺」二字讀為「追」或「渝」皆有可能，故二說暫且並存，而此字所從的「𢆶」聲相關之字，可參考陳哲《戰國秦漢聲符叢考》（廣州：中山大學中國語言文學系博士論文，2024 年），頁 13-37。

²⁹ 整理者將「䜌」讀「造」，訓為「就」。網友「不求甚解」認為應讀為「覺」，指「使人覺悟」。網友「哇那」贊同讀為「造」，但認為應訓為「逢迎、迎合」的意思。學者說法出自：黃德寬主編、清華大學出土文獻研究與保護中心編：《清華大學藏戰國竹簡·拾貳》，頁 137。不求甚解：〈清華簡《參不韋》初讀〉141 樓，武漢大學簡帛論壇網，2022 年 12 月 11 日。哇那：〈清華簡《參不韋》初讀〉155 樓，武漢大學簡帛論壇網，2022 年 12 月 14 日。**怡璇按**：「䜌」讀「造」，解釋為「就」或「逢迎」的意思接近，二說於文義上皆有可能。

³⁰ **怡璇按**：「蘢」字的相關考釋請見本書第三章第 1 則。

³¹ **怡璇按**：「𢆶」字相關考釋，見本書第三章第 6 則。

³² 黃德寬主編、清華大學出土文獻研究與保護中心編：《清華大學藏戰國竹簡·拾貳》，頁 133。

³³ ee：〈清華簡《參不韋》初讀〉40 樓，武漢大學簡帛論壇網，2022 年 12 月 2 日。

A、▨（簡 29）

B、▨（簡 22）

C、▨（簡 8）、▨（簡 16）

D、▨（簡 7）、▨（簡 11）

E、▨（簡 12）

F、▨（簡 13）、▨（簡 14）

G、▨（簡 13）、▨（簡 15）

于省吾指出甲骨文的「吏」與「事」均作「▨」，此形體的造字本義是在「▨」字豎劃的上端分作兩叉形，作為指事字的標誌，以別於「史」。[34]

A形保留了甲骨文「事」字的口形部件，但上方訛寫為中形，中形之下多一橫筆；B形在A形的基礎上，於口形部件中間增添一豎筆，B形的構形與甲骨文「▨」最為接近；C形的口形部件訛為曰形，上方訛為中；D形為上方的中多一撇筆；E形為上方的中的中間豎筆多一橫筆；F形則是中形的豎筆向下延伸，曰形訛為田形；G形最為特別，上方的中形訛為卌形，且於又形右上多一小橫筆畫。

黃一村將以上11形分為四類：[35]

a、▨（簡 7） ▨（簡 11）

b、▨（簡 8） ▨（簡 12） ▨（簡 13） ▨（簡 14）

▨（簡 16）

c、▨（簡 13） ▨（簡 15）

---

[34] 于省吾：〈釋古文字中附劃因聲指事字的一例〉，《甲骨文字釋林》（北京：中華書局，1979年），頁447。
[35] 黃一村：〈談談清華簡《參不韋》中的特殊文本特徵〉，《第二屆古文字與出土文獻青年學者西湖論壇論文集》（杭州：中國美術學院主辦，2023年5月26-27日），頁185-186。

d、■（簡22）　■（簡29）

黃一村認為 b 和 d 的字形與齊、燕文字接近，所舉字例為：

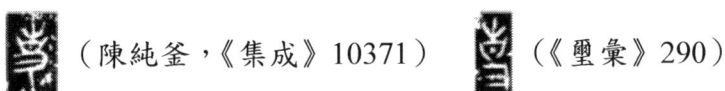

■（陳純釜，《集成》10371）　■（《璽彙》290）

■（《璽彙》1809）　■（燕侯載豆，西清29.42）

筆者認為〈參不韋〉的「事」字皆屬正常的形體訛寫現象，與國別無關，而黃一村分類的 b 形亦見於三晉文字「■」（侯馬一五六：二）、「■」（侯馬一五三：一）、「■」（《文物》1983.3，溫縣 T1 坎 1：1961）等，以及楚系文字的《清華玖·治政之道》「■」（簡34），此種形體的「事」或許不是常見的楚文字，但應是戰國流行的「事」字形體，而非具有他系的特徵文字。

「ee」認為「如簡 11、16 一種寫法，簡 13、15 一種寫法，簡 22、29 一種寫法，此形與簡 29 一形很近」，筆者與「ee」的分類不同，且簡 22 與簡 29 的形體仍有一豎筆的相異。所論字為「■」，此形與簡 29「■」差異仍大。就文義而言，「ee」將「■」隸為「事」，能較好解釋簡文，但字形形體差距過大，同時此字「■」與〈參不韋〉的「悉」字同形，如「■」（簡51）、「■」（簡96），故仍依整理者隸定為「悉」較合宜。

簡 105「悉（及）」字可解釋為「繼」，即指「延續」的意思，「及」訓為「繼」，如《荀子·儒效》「周公秉成王而及武王」、《後漢書·宋弘傳》「或相繼為公卿者」。[36]簡文「句（后）秉惪（德），佳（唯）悉（及）上帝五差（佐），紀統（綱）日月星唇（辰）、百神、山川、溪（溪）浴（谷），是胃（謂）章盟（明）。」指君王要秉持德行，承繼上帝五佐的理念，綱紀日月星辰、百神、山川、溪谷的規律，此乃章明。

---

[36] 宗福邦、陳世鐃、蕭海波主編：《故訓匯纂》（北京：商務印書館，2003年），頁305。

〔2〕与（舉）不秉悳（德）

簡 107-108 作「与（舉）不秉悳（德），遂（後）乃有央（殃）；亓（其）弗之与（舉），遂（後）乃亡（無）央（殃）；亓（其）与（舉）不秉悳（德），遂（後）而秉悳（德），天弗乍（作）羊（祥）。」整理者皆將「与」讀為「與」。[37]網友「不求甚解」認為此處的「與」不能訓為「如」，此處應為動詞的意思，「與」應解釋為「相當」。[38]網友「子居」認為此段的「与」蓋皆當讀為「舉」，訓為「行」，「舉不秉德」即不按天則行事。[39]

怡璇按：整理者將「与」讀為「與」，筆者未能理解整理者的全文訓釋。「不求甚解」認為全句的意思是：「疑『與不秉德』當理解為『像不秉德那種同類的行為』、『與不秉德相同的行為』或『跟不秉德相當的行為』」，但若「與」解釋為「相當」，則將簡文中的「與」字進行兩次訓解，「不求甚解」將文句理解為：

「<u>與</u>」不秉德：「<u>像</u>」不秉德那種「<u>同類</u>」的行為

「與」需重複解釋為「像」和「同類」，因此此說有增字解經之嫌。

「与（舉）不秉悳（德）」與「亓（其）与（舉）不秉悳（德）」二句的「与」，「子居」讀為「舉」是比較好的說法，「舉」可解釋為「言行」或「舉動」，前者如《禮記·雜記下》：「過而舉君之諱，則起。」鄭玄注：「舉，猶言也。」[40]後者如《國語·魯語上》：「君舉必書，書而不法，後嗣何觀？」韋昭注：「動則左史書之，言則右史書之。」[41]

簡文 107-108「与（舉）不秉悳（德），遂（後）乃有央（殃）；亓（其）弗之与（舉），遂（後）乃亡（無）央（殃）；亓（其）与（舉）不秉悳（德），遂（後）而秉悳（德），天弗乍（作）羊（祥）。」意思為行為若不秉持德行，未來則有災殃；若不再有這些舉動，未來則不會再有災殃；行為若不秉持德行，但後來依德

---

[37] 黃德寬主編、清華大學出土文獻研究與保護中心編：《清華大學藏戰國竹簡·拾貳》，頁 133-134。
[38] 不求甚解：〈清華簡《參不韋》初讀〉124 樓，武漢大學簡帛論壇網，2022 年 12 月 9 日。
[39] 子居：〈清華簡十二《參不韋》解析（六）〉，先秦史論壇網，2023 年 4 月 29 日，http://www.360doc.com/content/23/0429/20/34614342_1078653460.shtml。
[40] 〔漢〕鄭玄注，〔唐〕孔穎達疏，龔抗雲整理，王文錦審定；十三經整理委員會整理，李學勤主編：《十三經注疏·禮記正義》（北京：北京大學出版社，1999 年），頁 1227。
[41] 徐元誥撰；王樹民、沈長雲點校：《國語集解》（北京：中華書局，2002 年），頁 146。

行行事，則上天便不會再給與災禍。

〔3〕高（矯）亓（其）有水，權（昏）亓（其）有中

整理者指出「權其有中」於〈五紀〉中作「藿其有中」，「權」訓為「變」。[42] 網友「三難齋」引用《上博六・用曰》簡 13「心頯之既權，征民乃妯」，指出陳劍認為〈用曰〉此處的「權」應是「失去」、「淆亂」這方向的訓釋，而〈五紀〉和〈參不韋〉的「權」亦是這一類的意思。[43] 網友「gefei」將「水」讀為「準」，引用程少軒〈論左塚漆盤所見「水」字當讀為「準」〉一文為例，並認為〈五紀〉和〈參不韋〉的「權」應讀為「謹」，「高」應讀為「譟」、「嚣」和「躁」一類的意思。[44] 網友「子居」認為「中」指「中原」，「權」讀為「灌」。[45]

怡璇按：簡 110-112 作：

> 改（啟），隹（唯）昔方有滯（洪），溢劇（戲），高亓（其）有水，權亓（其）有中，曼（漫）遝（泆/逸），乃鬣（亂）紀紘（綱），莫訐（信）惪（德）。乃乍（作）惪（德）之五藿（昏），九藿（昏）之參，以交（徼）天之不羊（祥）。

本段簡文「有洪」為主詞，即是劉釗師（網名「肖大心」）、陳聰所說的「有洪」是三位一體的概念，既是洪水，又是共工之人，亦是共工部族。[46] 而「有洪」的事蹟為「溢劇（戲）」、「高亓（其）有水」、「權亓（其）有中」和「曼（漫）遝（泆）」，四者皆為負面行為，且最終導致「乃鬣（亂）紀紘（綱）」的結果。

「權亓（其）有中」與〈五紀〉簡 1「藿其有中，戲其有德，以乘亂天紀」對比，兩處簡文的「權」、「藿」字同義。〈五紀〉的整理者將「藿」讀為「權」，訓為「反常」。[47] 筆者認為「權／藿」應同陳劍師指出《上博六・用曰》簡 13「心

---

[42] 黃德寬主編、清華大學出土文獻研究與保護中心編：《清華大學藏戰國竹簡・拾貳》，頁 133-134。
[43] 三難齋：〈清華簡《參不韋》初讀〉19 樓，武漢大學簡帛論壇網，2022 年 11 月 27 日。
[44] gefei：〈清華簡《參不韋》初讀〉26 樓，武漢大學簡帛論壇網，2022 年 11 月 30 日。
[45] 子居：〈清華簡十二《參不韋》解析（七）〉，先秦史論壇網，2023 年 5 月 31 日，http://www.360doc.com/content/23/0531/19/34614342_1082891692.shtml。
[46] 肖大心：〈《參不韋》第一段試解（一）〉，復旦大學出土文獻與古文字研究中心網學術討論區，2022 年 12 月 11 日。劉釗、陳聰：〈清華簡《參不韋》訓釋雜說〉，《簡牘學與出土文獻研究》第 2 輯，頁 32。
[47] 黃德寬主編，清華大學出土文獻研究與保護中心編：《清華大學藏戰國竹簡・拾壹》（上海：中西書局，

頪之既懽，征民乃鼬（搖）」的「懽」字用法為「失去」、「淆亂」一類的解釋方向，[48]同時〈五紀〉簡1「蓳其有中，戲其有德」中可見兩句話為排比句，「有中」與「有德」是對應的，因此「蓳其」與「戲其」的意思亦相當，最後結果才會是簡文後文的「乘亂天紀」，然而「蓳」聲之字實難以訓為「失去」、「淆亂」此類字義。

「蓳」聲可讀為「昏」聲，「蓳」从吅聲，「吅」與「昏」皆為曉紐文部，《詩・大雅・民勞》：「以謹惛怓」[49]，《周禮・大司徒》引作「以謹讙恢。」[50]「昏」訓為「迷亂」，如《呂氏春秋・孟夏・誣徒》：「昏於小利，惑於嗜欲。」高誘注：「昏，迷。」[51]「蓳／懽（昏）其有中」指迷亂其中道。

「高亓（其）有水」，「gefei」將「水」讀為「準」，程少軒指出：[52]

> 「水」是書母微部字，「準」是章母文部字，二者聲母接近，韻部為陰陽對，音近可以相通。上引《周禮・考工記・鞄人》「鞄注則利準」以及《周禮・考工記・㮚氏》「權之然後準之」，鄭玄注皆云「故書準作水」。

楚簡中雖然目前尚未見「水」讀為「準」的例子，但此通假於音理和音例上是沒問題的。然而，「水」可直接訓為「準」，不需改讀，《清華拾肆・昭后》簡2「水監文武，為民父母」，整理者指出「水，《說文》：『準也。』《管子・水地》：『水者，萬物之準也。』水監文武，以文王、武王為準則。」[53]故本處的「水」訓為「準」即可。[54]

簡文「高其△△」的「高」字，應與後文的「懽（昏）亓（其）有中」之「昏」、〈五紀〉的「戲其有德」之「戲」字義類似，因此不可讀為「譟」、「嗃」和「躁」。

2021年），頁90。
[48] 陳劍：〈讀《上博（六）》短札五則〉，《戰國竹書論集》（上海：上海古籍出版社，2013年），頁228。
[49] 「惛」音為「昏」。〔漢〕毛亨撰，〔漢〕鄭玄箋，〔唐〕孔穎達疏，龔抗雲、李傳書、胡漸逵、肖永明、夏先培整理，劉家和審定，十三經整理委員會整理，李學勤主編：《十三經注疏・毛詩正義》（北京：北京大學出版社，1999年），頁1141。
[50] 張儒、劉毓慶：《漢字通用聲素研究》（太原：山西古籍出版社，2002年），頁969-970。
[51] 許維遹：《呂氏春秋集釋》卷四（北京：北京中國書店，1985年），頁14。
[52] 程少軒：〈論左塚漆盤所見「水」字當讀為「準」〉，《古文字研究》第三十三輯（北京：中華書局，2020年），頁236。
[53] 黃德寬主編、清華大學出土文獻研究與保護中心編：《清華大學藏戰國竹簡・拾肆》（上海：中西書局，2024年），頁93。
[54] 陳美蘭認為「奮溢其上」應是雙關語，既寫洪水作亂，又隱喻人事，「高其有水」如字讀，指「水勢高漲」。（2025年2月1日私下給與筆者意見）

「高」可能是違背一類的字義，高佑仁指出「高」字可讀為「驕」或「矯」，「驕」訓為「怠慢」或「輕視」，而「矯」可訓為「拂逆」、「違背」。[55]「高」聲讀為「喬」聲不論在傳世文獻或出土文獻皆可見通假例證，前者如《晏子春秋·內篇·問下》：「犒，魯國化而為一心。」《文選·勸進表》李注引「犒」作「矯」，[56]後者如《上博五·姑成家父》簡 8「公思（懼），乃命長魚鄩（矯）」。筆者認同本簡中的「高」讀為「矯」。

〈參不韋〉簡 111「高（矯）丌（其）有水，權（昏）丌（其）有中」意指違背其準則、迷亂其中道。

〔4〕乃乍（作）悳（德）之五雚（昏），九雚（昏）之參，以交（徼）天之不羊（祥）

整理者將「雚」讀為「權」，「德之五權」指「權變天之五刑則」。[57]賈連翔認為「雚」應讀為「懽」或「患」，指違背五刑則的禍患行為。[58]網友「ee」（單育辰）贊同賈連翔的意見，並將「交」讀為「邀」。[59]網友「魚在藻」將「交」訓為「止」。[60]網友「子居」將「雚」讀為「觀」，指「占示非常之義」，「德之五觀」可以理解為德行導致的五種非常現象，「九觀之參」則是九大類每類共三種德行所導致的非常現象，「交」讀為「效」訓為「見」。[61]羅雲君認為「交」如字讀，訓為「合」。[62]

怡璇按：簡 110-112 釋文作：

參不韋曰：攺（啟），隹（唯）昔方有【一一〇】滯（洪），溢劇（戲），高（矯）丌（其）有水，權（昏）丌（其）有中，曼（漫）遝（泆），乃䉵（亂）紀統（綱），莫訐（信）悳（德）。乃乍（作）悳（德）之五雚，【一一一】九雚之參，以交天之不羊（祥）。

---

[55] 高佑仁私下給與筆者意見（2025 年 2 月 15 日）。
[56] 高亨：《古字通假會典》（濟南：齊魯書社，1989 年），頁 787。
[57] 黃德寬主編、清華大學出土文獻研究與保護中心編：《清華大學藏戰國竹簡·拾貳》，頁 135。
[58] 賈連翔：〈清華簡《參不韋》的禱祀及有關思想問題〉，《文物》2022 年第 9 期，頁 60。
[59] ee：〈清華簡《參不韋》初讀〉40 樓，武漢大學簡帛論壇網，2022 年 12 月 2 日。
[60] 魚在藻：〈清華簡《參不韋》初讀〉59 樓，武漢大學簡帛論壇網，2022 年 12 月 4 日。
[61] 子居：〈清華簡十二《參不韋》解析（七）〉，先秦史論壇網，2023 年 5 月 31 日。
[62] 羅雲君：《清華簡《參不韋》整理與研究》（長春：東北師範大學博士論文，2024 年），頁 198。

本段的簡文內容為有洪破壞一切規範準則、迷亂其中道，最後禍亂綱紀，全族已沒有人敬信「德」了。簡文記述有洪不敬天道的行為，因此「乃作」的「乃」為連詞，訓為「而且」，下文的「乍（作）悳（德）之五蘿（權），【一一一】九蘿（權）之參，以交天之不羊（祥）。」應也是不詳之事，故「魚在藻」將「交」訓為「止」之說不可從。羅雲君將「交」訓為「合」，但認為「九權之參，以交天之不祥」指「驗證九種變化，和上天降下的不祥之兆對應」，其文引用的例證為《楚辭・九章・思美人》：『備以交交兮』王逸注：『交，合也。』；《禮記・月令》『虎始交』，鄭玄注：『交，猶合也』。」但兩篇文章中的「合」無法再引申為羅文中的「對應」意思。

「蘿」字，整理者讀為「權」，訓為「權變」，「子居」反駁此說，其文指出「權變本來就是臨時性的，如果會固定為可以計數的類型，就不叫權變了」，「子居」的反駁合理可從。「子居」讀為「觀」，但「觀」字並不可訓為「非常之事」，其文例證為：

《淮南子・修務》：「籌策得失，以觀禍福。」高誘注：「非常曰觀。」《穀梁傳・隱公五年》：「五年春，公觀魚於棠。《傳》曰：常事曰視，非常曰觀。禮，尊不親小事，卑不尸大功。魚，卑者之事也，公觀之，非正也。」

以上的「觀」字仍訓為「觀察」、「觀看」的意思，只是「非常之事」使用的動詞為「觀」。

賈連翔將「蘿」讀為「懽」或「患」，指違背五刑則的禍患行為，此說應是較好的解釋方向。筆者於第五章第8則與本章第3、6則皆將〈參不韋〉的「蘿」讀為「昏」：

簡76：啟（啟），內有䫉（亂）悳（德），是胃（謂）外蘿（昏）。外有䫉（亂）悳（德），是胃（謂）內蘿（昏）。

簡111-112：乃乍（作）悳（德）之五蘿（昏），九蘿（昏）之參，以交（徼）天之不羊（祥）。

簡111：權（昏）亓（其）有中。

簡115：啟（啟），隹（唯）天之宜乃不蘿（昏）。啟（啟），亓（其）溢遂（泆／逸），乃蘿（昏）。

簡 116：毋甬（用）天（虐）萑（昏）以自樓（沮）。

簡 119：天（虐）萑（昏）則𬧒（亂）。

本處簡 111-112 的「五萑」與「九萑」亦可讀為「五昏」、「九昏」，指違背五刑則的昏亂行為，可讓本篇用字習慣較為統一。

「交」不應改讀為「邀」，應改讀為「徼」，「交」讀為「徼」的例證可見《清華柒・越公其事》簡 19「以交（徼）求卡=（上下）吉羕（祥）。」「徼」訓為「招致」，簡文的「以交（徼）天之不羊（祥）」文句類同《國語・晉語四》：「以徼天禍」，皆是指因人禍而招致上天降下的不祥、災禍之事。相似文句亦可與《清華拾肆・兩中》簡 86「必求亓（其）靜（情），以交（徼）天之羕（祥）」，整理者即將「交」讀為「徼」，但訓為「求取」，[63]〈兩中〉「交」字對應前文「必求亓（其）靜（情）」的「求」字，訓為「求取」可從。

〔5〕不（丕）隹（唯）天之戔（規）

「戔」字，整理者讀為「表」，訓為「表率」。[64] 網友「ee」（單育辰）認為整理者之說在音韻上無依據，此字應讀為「衛」。[65] 網友「汗天山」（侯乃峰）讀為「惠」。[66] 網友「潘燈」將此句話與毛公鼎的「丕巩先王配命，畡天疾畏」對應，認為此字讀為「威」或「畏」。[67] 網友「王寧」贊成讀為「衛」，但訓為「嘉美」，「天之衛」即「天之美」。[68] 網友「子居」將「不」如字讀，「隹」讀為「違」或「摧」，而簡文的「天之戔」可讀為「天之制」或「天之臬」。[69] 程浩認為「戔」字是由「歲」字甲骨文「𣥂」（《花東》114）一類字形演變而來，故可讀為「規」，簡文「丕唯天之規」同〈五紀〉中的「於天如規」。[70]

---

[63] 黃德寬主編、清華大學出土文獻研究與保護中心編：《清華大學藏戰國竹簡・拾肆》（上海：中西書局，2024 年），頁 122。
[64] 黃德寬主編、清華大學出土文獻研究與保護中心編：《清華大學藏戰國竹簡・拾貳》，頁 135。
[65] ee：〈清華簡《參不韋》初讀〉21 樓，武漢大學簡帛論壇網，2022 年 11 月 29 日。
[66] 汗天山：〈清華簡《參不韋》初讀〉173 樓，武漢大學簡帛論壇網，2022 年 12 月 24 日。
[67] 潘燈：〈清華簡《參不韋》初讀〉176 樓，武漢大學簡帛論壇網，2022 年 12 月 24 日。
[68] 王寧：〈清華簡《參不韋》初讀〉180 樓，武漢大學簡帛論壇網，2022 年 12 月 27 日。
[69] 子居：〈清華簡十二《參不韋》解析（七）〉，先秦史論壇網，2023 年 5 月 31 日。
[70] 程浩：〈談談楚文字中「戔」的幾種用法〉，《復旦大學出土文獻與古文字研究中心成立 20 周年紀念大會暨出土文獻與古文字研究國際學術研討會論文集》（上海：復旦大學出土文獻與古文字研究中心主辦，2025 年 3 月 29-30 日），頁 2-8。程浩：〈談談楚文字中「戔」的幾種用法〉，《第三屆古文字與出土文獻

怡璇按：學者論述中提及陳劍師〈上博竹書《昭王與龔之脽》和《柬大王泊旱》讀後記〉一文，其文指出：[71]

> 「簪」字从日「伐」聲，「伐」又从戈「爻」聲，故可讀為「暴」。「暴」字上古音或歸入宵部，或歸入藥部，與「爻」或同部或為陰入對轉，從「駁」字从「爻」得聲可以看出其聲母也有密切關係。……有研究者認為用為「衛」的「伐」字實乃「歲」字之訛變（秦樺林：《釋「伐」、「𣪠」》，……），如其說可信，則「簪」字的聲符「伐」跟用為「衛」的「伐」字就是本來沒有關係的兩個字，因形體訛變而混同。

而程浩亦贊同「伐」與「歲」之間的形體演變關係。「ee」舉楚簡用例，認為「伐」字皆讀為「衛」，與「暴」字無關，贊同金俊秀於《〈上海博物館藏戰國楚竹書（四）〉疑難字研究》中將「簪」讀為「彗」的意見，[72]因此認為「伐」應讀為「衛」。

程浩文章指出楚簡的「伐」可讀為「衛」與「規」、「歲」、「彗」：

讀為「衛」：《上博三·周易》簡22「班車伐（衛），利有攸往。」

讀為「規」：《清華拾壹·五紀》簡90-91「簪（規）躬唯度，四幾組律」。

讀為「歲」：《清華拾肆·兩中》簡73「民驟傷耳目，是謂不章，其祟太𣪠（歲）。」

讀為「彗」：《上博四·昭王與聾之脽》簡9-10「楚邦之良臣所簪（彗）骨，各未有以憂其子」。

辭例通順。但筆者認為「伐」與「歲」的關係似乎還未能完全下定論。程浩所舉可確定讀為「歲」者為上引〈兩中〉辭例，字形作「」，然而此字可直接隸定為「歲」。楚簡的「歲」字作「」（《清華拾·司歲》簡13）、「」（《清華八·蘭賦》簡5），左下从月，而〈兩中〉的「」左下从日，二形僅有左下偏旁為「日」或「月」的差異，但古文字日、月本可互用，因此程浩文中認為可釋為「歲」

青年學者西湖論壇論文集》（浙江：中國美術學院主辦，2025年5月17-18日），頁67-72。
[71] 陳劍：〈上博竹書《昭王與龔之脽》和《柬大王泊旱》讀後記〉，《戰國竹書論集》（上海：上海古籍出版社，2013年），頁127，註4。
[72] 金俊秀：《〈上海博物館藏戰國楚竹書（四）〉疑難字研究》（臺北縣：花木蘭文化出版社，2008年），頁46-59。

的「㱿」形，即為从日旁的「歲」，與「癹」字無關。筆者仍贊成陳劍師所言「則『𣄴』字的聲符『癹』跟用為『衛』的『癹』字就是本來沒有關係的兩個字，因形體訛變而混同」的意見。

本簡簡文「不隹天之癹」，「汗天山」已指出「不隹天之癹」與簡 113 的「不（丕）隹（唯）天之悳（德）」對應，「癹」讀為「衛」與「規」皆可行，程浩將「規」解釋為「規矩」一類的意思，但若讀為「衛」可訓為「守衛」，相較而言讀為「規」較優。簡文的「不隹天之癹（規）」，「不」字同整理者之說讀為「丕」，「隹」字，〈參不韋〉（除本處之外）共有 56 例「隹」皆讀為「唯」，本簡應也不例外。〈參不韋〉簡文「啟，不（丕）隹（唯）天之癹（規）」指夏啟，天地之間有其既定的規矩、準則。

〔6〕毋甬（用）夭（虐）𦰩（昏）以自樝（沮）

整理者將「夭」讀為「妖」，「𦰩」讀為「讙」，「樝」為「檀」的異體，讀為「沮」，訓為「壞」。[73]網友「ee」（單育辰）認為此處的「𦰩」應讀為「謹」。[74]網友「gefei」將「甬夭𦰩」讀為「訟囂讙」，認為「訟囂讙」乃三字近義連文，下文「淫湎康」、「迫疾切」、「強禦猛」也都是三字連言、意義相近，可互相比證。[75]網友「tuonan」（王凱博）認為此處的「甬」應讀為「誦」。[76]網友「子居」將「樝」讀為「阻」，訓為「難」。[77]

怡璇按：「gefei」認為「甬夭𦰩」與下文的「淫緬康」和「敁息辥」相同，皆是指三件事，此意見推論雖然合理，但卻非必然，尤其是本句與另三句的格式不同：

本簡：毋甬夭𦰩以自樝

簡 116-117：淫緬康則毀

---

[73] 黃德寬主編、清華大學出土文獻研究與保護中心編：《清華大學藏戰國竹簡・拾貳》，頁 136。
[74] ee：〈清華簡《參不韋》初讀〉40 樓，武漢大學簡帛論壇網，2022 年 12 月 2 日。
[75] gefei：〈清華簡《參不韋》初讀〉65 樓，武漢大學簡帛論壇網，2022 年 12 月 4 日。
[76] tuonan：〈清華簡《參不韋》初讀〉95 樓，武漢大學簡帛論壇網，2022 年 12 月 5 日。
[77] 子居：〈清華簡十二《參不韋》解析（七）〉，先秦史論壇網，2023 年 5 月 31 日。

簡 117-118：敓息辡則乖

簡 118-119：弖虎〈唐〉歕則槡

由辭例可知後三句格式相同可互相比證，但本簡的「毋甬夭雚以自櫖」則與後三句語法不同。

簡 9 的「夭（虐）甬（用）」一詞，筆者於本書第二章第 1 則讀為「虐用」，「虐用」即「虐待」，簡 9「虐用」特指「暴虐之人」。本處簡文「毋甬夭雚以自櫖」中的「甬夭」並非簡 9「夭甬」的倒裝，但「夭」讀為「虐」仍是可行的，指「殘害、侵凌」，如《左傳·文公十五年》：「君子之不虐幼賤，畏于天命也。」中的「虐」即是此義。「雚」字，筆者於第五章第 8 則與本章第 3、4 則皆將「雚」讀為「昏」，此處亦是，可解釋為「昏亂」，《書·牧誓》「昏棄厥肆祀弗答。」孔穎達《正義》曰「昏暗者於事必亂，故『昏』為『亂』也。」[78]《左傳·昭公十四年》「己惡而掠美為昏」，杜預注「昏，亂也」，[79]可見傳世文獻中的「昏」可訓為「亂」。

「櫖」，學者讀為「沮」和「阻」。「子居」讀為「阻」，「自阻」於簡文中文義較不通。整理者讀為「沮」訓「壞」，筆者認為此說為宜。《韓非子·二柄》「妄舉，則事沮不勝」，此處的沮」亦訓為「壞」，《韓非子》此句可對應簡文：

簡文：「毋甬（用）夭（虐）雚（昏）以自櫖（沮）」

〈二柄〉：「妄舉，則事沮不勝」

《韓非子》指「妄舉」則「事沮」，簡文則是「虐昏」則「自沮」，因此「櫖」讀為「沮」較好。

「毋甬（用）夭（虐）雚（昏）以自櫖（沮）」的「以」字，解釋為介詞「為」，文意指參不韋告誡啟，不可殘害（百姓）、昏亂（國政）此為自我敗壞，「自我敗壞」可能指啟若無法好好治理國家、百姓，則是（啟）自我品德的虧敗。

---

[78] 〔漢〕孔安國撰，廖名春、陳明整理，呂紹剛審定；十三經整理委員會整理，李學勤主編：《十三經注疏·尚書正義》（北京：北京大學出版社，1999 年），頁 285。

[79] 〔周〕左丘明撰，〔晉〕杜預注，〔唐〕孔穎達正義，浦衛忠、龔抗雲、于振波、胡遂、陳咏明整理，楊向奎審定；十三經整理委員會整理，李學勤主編：《十三經注疏·春秋左傳正義》（北京：北京大學出版社，1999 年），頁 1338。

〔7〕𢻹（掘）浴（谷）甬（通）土大尻（居）則丘（咎）

　　整理者將「𢻹」字讀為「掘」，訓為「穿」，「丘」讀為「咎」，指「咎咎」。[80] 網友「tuonan」（王凱博）認為「丘」讀如字即可，訓為「墟、廢墟」，「大尻（居）」一詞可參考《清華陸‧子產》「子產不大宅域，不崇臺寢」，「甬土」的「甬」或可讀為「通」，訓為「徹」、「達」等有「破壞」義的文字。[81] 網友「天亡」認為「丘」字應分析為「北」與「=」等號，而「=」為停頓符號，簡文斷句為「掘谷、用土、大居、則北」。[82] 網友「子居」將「甬」讀為「壅」，「丘」指「廢墟」。[83]

　　怡璇按：簡 116-119 為排比句，相關簡文如下：

A、淫緬（湎）康則毀

B、𢻹（掘）浴（谷）甬（用）土大尻（居）則丘

C、媱（媱）媄亡（無）告（省）朋替（友）則內𢝊（憂）

D、敀（迫）息（疾）辡（變）則乖

E、虐（虐）不古（辜）不刑則威（滅）光

F、宼（寇）佻（盜）俴（殘）賊殺伐則𢁾（絕）行

G、弝（強）虎〈虐（虐）〉敿（梗）則㮐（竊）

H、組（詐）考（巧）柔則惑

I、夭（妖）甬（用）𧨄（誣）言夭（妖）雚（權）則𤔌（亂）

由以上簡文來看，「天亡」斷句為「掘谷、用土、大居、則北」有誤。簡文的「丘」字作「」，「天亡」認為下方的二橫為停頓符號。〈參不韋〉的停頓符號與文字相隔甚遠，如：

---

[80] 黃德寬主編、清華大學出土文獻研究與保護中心編：《清華大學藏戰國竹簡‧拾貳》，頁 136。
[81] tuonan：〈清華簡《參不韋》初讀〉85、187 樓，武漢大學簡帛論壇網，2022 年 12 月 5 日、2023 年 1 月 27 日。
[82] 天亡：〈清華簡《參不韋》初讀〉194 樓，武漢大學簡帛論壇網，2023 年 6 月 22 日。
[83] 子居：〈清華簡十二《參不韋》解析（七）〉，先秦史論壇網，2023 年 5 月 31 日。

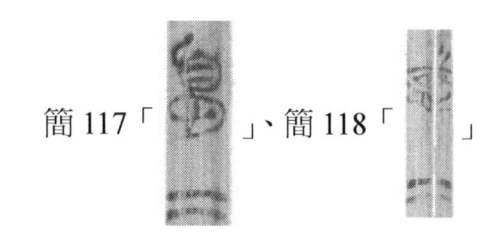

簡 117「　　」、簡 118「　　」

故而，將「丘」理解為「北」與「＝」的可能性不大。

「丘」字應該如何釋讀，由上引文的 A-I 的相關文句中，較難以看到訓釋的規律，但讀如字、訓為「墟」皆不合適，因 A-I 的「則△」中的「△」皆是人類會面臨的狀況，例如較明顯的「毀」、「內憂」、「惑」和「亂」等，故而訓為「廢墟」的文義較不好。整理者讀為「咎」，「丘」為溪紐之部，「咎」為群紐幽部，二字聲韻俱近，雖然楚簡未見兩字的通假，但依據 A-I 的格式，此說較優。

「甬土」的「甬」，「tuonan」讀為「通」，但「通」與其文認為的「徹」和「達」字義有別，「通」字未有「破壞」的意思。「子居」讀為「壅」，但「壅土」一詞的使用朝代已經到南朝、唐代了，時間較晚，且「壅土」指堆積的泥土，辭義與簡文不合。「甬」或仍讀為「通」，但指「開通」，「通土」辭義類似「通道」，「通道」一辭如《書·旅獒》：「惟克商，遂通道于九夷八蠻。」簡文「致（掘）浴（谷）甬（通）土大尻（居）則丘（咎）」指隨意挖土開通道路以及住於奢靡房子皆將有災禍。

〔8〕婬（媱）媕亡（無）眚（省）朋替（友）則內㥛（憂）

整理者認為「婬」是「媱」字的異體，將第二字「　　」隸為「媕」，並認為此字是「娥」的異體，但另有一說是隸為「媄」，此句指沉溺美色、忽視朋友則有內憂。[84]網友「哇那」認為「亡眚」的「亡」是「乍」的訛寫，「乍」讀為「作」，「眚」指過失。[85]網友「王寧」贊同「媕」為「媄」，而「內」讀「退」，「憂」字下讀。[86]網友「子居」認為「媱娥」指君王自己，「替」讀為「尤」訓為「責怪」，「無省」指不反省自己，「朋尤」則是怨責朋友。[87]

---

[84] 黃德寬主編、清華大學出土文獻研究與保護中心編：《清華大學藏戰國竹簡·拾貳》，頁 136。
[85] 哇那：〈清華簡《參不韋》初讀〉134 樓，武漢大學簡帛論壇網，2022 年 12 月 10 日。
[86] 王寧：〈清華簡《參不韋》初讀〉144 樓，武漢大學簡帛論壇網，2022 年 12 月 11 日。
[87] 子居：〈清華簡十二《參不韋》解析（七）〉，先秦史論壇網，2023 年 5 月 31 日。

怡璇按：整理者隸定的「孃」字作「☒」，整理者另指出亦可能隸為「媄」，金文與楚簡的「義」與「美」字如下表：

	義	美
金文	☒（癲鐘）	☒（美爵）、 ☒（陕，散氏盤）
楚簡	☒（《包山》2.99）、 ☒（《包山》2.250）、 ☒（《清華拾貳・參不韋》簡13）	☒（《上博九・史蒥問於夫子》簡7）

戰國楚簡多以散聲之字表示「美」，例如《安大一・詩經》簡72「亓=妝=（其美其美）女（如）玉」，而上表《上博九・史蒥問於夫子》簡7為特例，其辭例為「☒宮室」，筆者認為此字即是繼承甲骨文「☒」、「☒」等「美」字形體。[88]本處簡文「☒」右旁形體，與「美」形較為相近，楚簡的「義」字非罕見字，形體與此字不似，此字應隸為「媄」，亦為存古文字。（相關存古文字說明見本書「前言」）簡文「嬎媄」，整理者認為是指「沉溺美色」，可從。

「亡（無）眚（省）」，「哇那」認為「亡」是「乍」的訛字，楚簡中此二字確實常見訛寫例證，相關考釋可見張峰《楚文字訛書研究》，[89]但筆者認為簡文此處不需釋為訛字，即釋為「亡」字，「亡（無）眚（省）」如同「子居」所言「不會反省自己」。

「朋旮」，「子居」認為「旮」應讀為「尤」，「朋尤」即是怨責朋友，此說可與「無省」對應，暫從之。簡文「嬎（嬎）媄亡（無）眚（省）朋旮（友）則內

---

[88] 賴怡璇：〈〈史蒥問於夫子〉譯釋〉，季旭昇、高佑仁主編：《《上海博物館藏戰國楚竹書（九）》讀本》（臺北：萬卷樓圖書股份有限公司，2017年），頁263-264。
[89] 張峰：《楚文字訛書研究》（上海：上海古籍出版社，2016年），頁124-141。

惥（憂）」中的「憂」字不下讀，全句指若沉溺女色、不自省、怨責朋友眾多則有內憂。

〔9〕㮘（竊）

整理者將「㮘」讀為「恣」，訓為「縱」。[90] 網友「王寧」疑讀「死」或「欪」。[91] 網友「汗天山」（侯乃峰）認為讀「恣」訓為「縱」，屬「主觀」的不良行為，與前文的「毀」、「乖」等「客觀」的不良後果有別，「㮘」可能讀為「窒」或「躓」，皆指事情有障礙而進行得不順利。[92]

怡璇按：「㮘」字作「✦✦」，整理者指出此形的「㮁」與本篇的其他「㮁」形略有差異，相關字形如下：

✦（簡 19）、✦（簡 26）、✦（簡 27）、✦（簡 28）、✦（簡 40）、

✦（簡 50）、✦（簡 51）、✦（簡 51）、✦（簡 51）、✦（簡 51）、

✦（簡 53）、✦（簡 57）

〈參不韋〉的「㮁」字形體十分固定，戰國楚簡的「㮁」字亦皆作此形，如《清華陸・子產》簡 6「✦」、《清華柒・越公其事》簡 6「✦」（郲）、《清華拾壹・五紀》簡 31「✦」等。《說文》指出「㮁」字構形為「㮁如水滴而下」，戰國楚簡的「㮁」字其象「水滴」之形皆於「木」的外圍，而〈參不韋〉多數「㮁」字亦同，唯本簡的「✦✦」右旁「㮁」旁的水滴之形則是「木」的下方，形體較為特殊。「✦✦」的「㮁」旁形體構造與傳抄古文的「㮁」較為接近，如小篆作「✦」，傳抄古文作「✦」（汗簡）、「✦」（海 5.9），[93] 皆可見水滴之形書寫於木形下方。

---

[90] 黃德寬主編、清華大學出土文獻研究與保護中心編：《清華大學藏戰國竹簡・拾貳》，頁 136。
[91] 王寧：〈清華簡《參不韋》初讀〉144 樓，武漢大學簡帛論壇網，2022 年 12 月 11 日。
[92] 汗天山：〈清華簡《參不韋》初讀〉174 樓，武漢大學簡帛論壇網，2022 年 12 月 24 日。
[93] 徐在國編：《傳抄古文字編》（北京：線裝書局，2006 年），頁 610。

本處簡文為「弜（強）虎〈唬（虐）〉敲（梗）則槝」，如同「汗天山」所言，若將「槝」讀為「恣」，則字義與前文的「毀」、「乖」等「客觀」的不良後果有別，但筆者認為「王寧」讀為「死」的意見亦有相同問題。而學者將「槝」讀為「窒」和「躓」的意見，「槝」从桼聲，為清紐質部，「窒」和「躓」皆為端紐質部，韻部相同聲母較遠。

「槝」从桼聲或讀為「竊」，二字皆為清紐質部字，音理可通，此處的「竊」解釋為「危害」，如《呂氏春秋·辯土》：「夫四序參發，大圳小畝，為青魚胠，苗若直獵，地竊之也。既種而無行，耕而不長，則苗相竊也。」[94]簡文「弜（強）虎〈唬（虐）〉敲（梗）則槝（竊）」指「強虐猛則有危害」。

〔10〕遉（復）庚（康）

整理者將「遉」讀為「愎」，「庚」讀為「荒」，指「剛愎荒怠」。[95]網友「質量復位」指出「庚」讀為「康」，指逸樂、淫樂。[96]劉釗師（網名「肖大心」）、陳聰認為楚簡的「荒」字皆从「巟」、「忘」、「亡」等字表示，從不用「康」（怡璇按：即整理者所隸的「庚」字），此處即訓為「康樂」的「康」，而「遉」應讀為「復」，簡文的「啟，乃自則乃身，弗可復康」就是「三不違」告誡啟要以身作則，不要再耽於康樂的意思。[97]

怡璇按：「庚」字作「」，不應直接隸作「康」。劉釗師、陳聰對於「啟，乃自則乃身，弗可復康」簡文文義的理解，合理可從，其文中指出：

> 關於「啟」曾耽於康樂，典籍有明確記載，《墨子·非樂上》說：「于武觀曰：『啟乃淫溢康樂，野於飲食，將將銘，莧磬以力，湛濁於酒，渝食于野，萬舞翼翼，章聞於天，天用弗式。』故上者天鬼弗戒，下者萬民弗利。」

---

[94] 漢語大詞典編輯委員會、漢語大詞典編纂處：《漢語大詞典》卷8（上海：漢語大詞典出版社，1991年），頁489。
[95] 黃德寬主編、清華大學出土文獻研究與保護中心編：《清華大學藏戰國竹簡·拾貳》，頁137。
[96] 質量復位：〈清華簡《參不韋》初讀〉30樓，武漢大學簡帛論壇網，2022年11月30日。
[97] 肖大心：〈《清華大學藏戰國竹簡》（拾貳）《三不違》研讀〉3樓，復旦大學出土文獻與古文字研究中心網學術討論區，2022年12月1日，http://www.fdgwz.org.cn/forum/forum.php?mod=viewthread&tid=25041&extra=page%3D1。劉釗、陳聰：〈清華簡《參不韋》訓釋雜說〉，《簡牘學與出土文獻研究》第2輯，頁38-39。

文中說啟「淫溢康樂」，正可與簡文的「弗可復康」對觀。

啟在傳世文獻的記載中褒貶不一，正面形象如儒家的《孟子・萬章上》「舜之相堯，禹之相舜也，歷年多，施澤於民久。啟賢，能敬承繼禹之道」、《史記・夏本紀》「年之喪畢，益讓帝禹之子啟，而辟居箕山之陽。禹子啟賢，天下屬意焉」、《論衡・譴告》「舜之授禹，禹之傳啟，皆以人心效天意」等文獻皆指出啟為天意所選而成為帝王，同時是繼承舜、堯、禹之道的正統繼承者，但傳世文獻亦有同劉釗師、陳聰引文中《墨子》所言「啟乃淫溢康樂」之人的記載。

對於〈參不韋〉的思想流派，丁四新、申浪、于茀等學者透過內容的比對，皆指出〈參不韋〉即是陰陽家的文本，[98]楊衍與陳民鎮則認為本篇兼具陰陽家與儒家的思想，[99]李銳則認為此為《書》類文獻，屬於儒家思想。[100]目前傳世文獻未見陰陽家對於啟的見解。若將〈參不韋〉視為儒家思想來看，以《孟子》為首，多認為啟是繼承天意的仁君，但《上博二・容成氏》33-35A 中卻見：

> 矞（禹）又（有）子五人，不吕（以）元（其）子為逡（後），見咎（皋）各（陶）之𣜩（賢）也，而欲吕（以）為逡（後）。咎（皋）各（陶）乃五𣪠（讓）吕（以）天下之𣜩（賢）者，述（遂）爯（稱）疾不出而死。矞（禹）於是唇（乎）𣪠（讓）嗌（益），啟於是唇（乎）攻嗌（益）自取。☐啟王天下十又（有）六年〈世〉而傑（桀）复（作）。

將啟視為「攻嗌（益）自取」之人，對此，李存山認為「殺益自取」可能是較早對當時「傳說」的一種「原始」記述，與思想派別無關。[101]陳劍師贊同李存山意見，認為是「儒家經籍『對於一些歷史事件或古史傳說』『務存褒諱』、『隱沒者多』；而後世史書如《史記》又深受儒家經籍的影響，啟殺益這類『不雅馴』者同樣也就被捨棄而隱沒了。」[102]「啟」於傳世文獻與出土文獻的相關論述參本書的「試談戰國楚簡中夏啟繼位的文本特徵」一章。

---

[98] 丁四新：〈新出儒家簡牘文獻及其研究〉，《孔子研究》2023 年第 4 期，頁 115。申浪：〈清華簡《五紀》《參不韋》具有陰陽家思想特徵〉，《中國社會科學報》，2023 年 2 月 8 日。于茀：《簡帛書籍敘錄》（北京：社會科學文獻出版社，2024 年），頁 241-242。

[99] 楊衍、陳民鎮：〈從清華簡看陰陽家與儒家的交匯〉，《中國社會科學報》，2023 年 5 月 15 日。

[100] 李銳：〈《尚書》類文獻《參不韋》與夏啟繼位的合法性〉，《史學史研究》2023 年第 3 期，頁 109-113。

[101] 李存山：〈反思經史關係：從「啟攻益」說起〉，《中國社會科學》2003 年第 3 期，頁 75-85。

[102] 陳劍：〈上博楚簡《容成氏》與古史傳說〉，復旦大學出土文獻與古文字研究中心網，2003 年 11 月 15 日，https://fdgwz.org.cn/Web/Show/479。陳劍：〈上博楚簡《容成氏》與古史傳說〉，《戰國竹書論集》（上海：上海古籍出版社，2013 年），頁 71-72。

〈參不韋〉通篇多是參不韋告誡夏啟應如何成為好的君王，似是已得到天意承認的君主，但本處的「弗可復康」一句將參不韋的告誡變為「指正」，由此可反推《清華伍・厚父》簡1-3：

> 王若曰：厚父！䊷（朕）[103]䎽（聞）禹▢▢▢▢▢▢▢▢▢川，乃降之民，建頭（夏）邦。啟隹（惟）后，帝亦弗珢啟之經悳（德）少，命咎（皋）繇（繇）下為之卿事，茲咸又（佑）神，能𢔯（格）于上，智（知）天之畏（威）弋（哉），䎽（聞）民之若否，隹（惟）天乃永保頭（夏）邑。

其中的「帝亦弗珢啟之經悳（德）少，命咎（皋）繇（繇）下為之卿事」一句，整理者斷句為「帝亦弗珢（鞏）啟之經悳（德），少命咎（皋）繇（繇）下為之卿事」，認為「珢」為「鞏」之異體字，即「鞏」訓為「固」；「少」字隸為「少」，指「不久」。[104]簡文公布之後，學者陸續發表不見的意見，例如馬楠將「少」字上讀，「珢」讀為「邛」或「恐」。[105]王寧斷句為「啟隹（惟）后，帝亦弗鞏，啟之經德少，命咎繇下為之卿事（士）」，贊成「鞏」即「巩」字，但訓為「舉」、「抱」等意，於簡文中指「擁護」、「支持」，「經德少」也就是「德少」，「啟之經德少，命咎繇下為之卿事」指上帝的行為，上帝見啟缺少常德，故命咎繇（皋陶）下來作他的卿事輔佐他。[106]曹方向贊成「少」字上讀，「經德少」指「施行的德政不多」或「啟個人德行有待完善」，「珢」字訓釋則贊成整理者之說，全句簡文指啟為夏王，上帝擔心夏朝並未就此鞏固，因為夏啟既非天生盛德，也未能很好地推行德政，因此安排皋陶來輔佐夏啟。[107]高佑仁《《清華伍》書類文獻研究》一書已將諸家說法詳列並有相關評述，[108]可參看。

〈參不韋〉本處簡文「弗可復康」可與〈厚父〉「啟隹（惟）后，帝亦弗珢啟之經悳（德）少，命咎（皋）繇（繇）下為之卿事」對勘，〈厚父〉簡文將「少」字上讀，「珢」讀為「恐」，指「擔心」，曹方向解釋全句為「全句簡文指啟為夏

---

[103] 富祥：〈《厚父》簡1「朕」字臆說〉，武漢大學簡帛網，2015年4月28日，http://www.bsm.org.cn/show_article.php?id=2221。
[104] 李學勤主編、清華大學出土文獻研究與保護中心編：《清華大學藏戰國竹簡・伍》（上海：中西書局，2015年），頁111。
[105] 馬楠：〈清華簡第五冊補釋六則〉，《出土文獻》第六輯（上海：中西書局，2015年），頁225-226。
[106] 王寧：〈清華簡《厚父》句詁〉，復旦大學出土文獻與古文字研究中心網，2015年1月28日，https://fdgwz.org.cn/Web/Show/2439。
[107] 曹方向：〈讀清華簡《厚父》短札〉，武漢大學簡帛網，2015年4月11日，http://www.bsm.org.cn/show_article.php?id=2190。
[108] 高佑仁：《《清華伍》書類文獻研究》（臺北：萬卷樓圖書股份有限公司，2018年），頁60-71。

王,上帝擔心夏朝並未就此鞏固,因為夏啓既非天生盛德,也未能很好地推行德政,因此安排皋陶來輔佐夏啓。」應是較好的說法。

〈厚父〉文中的天帝擔心啟不是具備德行的好帝王,故派遣皋繇輔佐,而〈參不韋〉中的天帝擔心啟沉溺於康樂中,故派參不韋告誡、指導啟應如何成為明君,兩篇竹簡文章可互為對應。同時〈參不韋〉簡 107-108 記載:

> 攺(啟),与(舉)不秉惪(德),遂(後)乃有央(殃);亓(其)弗之与(舉),遂(後)乃亡(無)央(殃);亓(其)与(舉)不秉惪(德),遂(後)而秉惪(德),天弗乍(作)羊(祥)。

簡文指出即使夏啟曾有違德行犯下錯事,但只要知錯能改,上天亦不會再降下懲罰。由此可推論〈參不韋〉創作者即認為啟確實曾犯過有違德行之事,參不韋才會兩次舉負面「有洪」例證,作為啟的反面教材,兩篇楚簡文章呈現戰國時期夏啟的一種形像。

參　試談戰國楚簡中夏啟繼位的文本特徵

一、先秦兩漢傳世文獻中「夏啟」繼位的文本形像

　　司馬遷於《史記‧三代世表》記載「從禹至桀十七世。」[1]〈夏本紀〉對夏朝歷史與帝系具有詳細的描述，文中將啟列為夏代的第二位帝王。[2]夏啟是中國古代帝王史上承先啟後的重要人物，他的繼位標誌著禪讓制向世襲制的過渡，然而傳世文獻對於他的事蹟記載多有分歧。

　　《孟子‧萬章上》記載啟繼位乃因百姓擁護，強調其繼位合法性與民心所向：[3]

> 禹薦益於天，七年，禹崩，三年之喪畢，益避禹之子於箕山之陰。朝覲訟獄者不之益而之啟，曰：「吾君之子也。」謳歌者不謳歌益而謳歌啟，曰：「吾君之子也。」

凸顯禪讓與世襲交替中的民意支持。但《韓非子‧外儲說右下》則描繪啟以武力篡奪的形象為「古者禹死，將傳天下於益，啟之人因相與攻益而立啟」[4]，兩者形成鮮明對比。

　　文本內容代表原作者的思想與認知，揭示出文獻中思想分歧對歷史敘述的影響。余嘉錫《古書通例》中指出「若夫諸子短書，百家雜說，皆以立意為宗，不以敘事為主；意主於達，故譬喻以致其思；以之為賓，故附會以圓其說。」說明古史人物在不同文獻中具有全然不同面貌的原因，余嘉錫同時指出依托古人約有七種情況：[5]

---

[1] 吳樹平、馮曉林注譯：〈三代世表第一〉，《全注全譯史記》（天津：天津古籍出版社，1997年），頁429。
[2] 劉起釪注譯：〈夏本紀第二〉，《全注全譯史記》（天津：天津古籍出版社，1997年），頁29-63。
[3] 楊伯峻譯注：《孟子譯注》（北京：中華書局，1988年），頁221-222。
[4] 〔戰國〕韓非著，張覺等譯注：《韓非子譯注》（上海：上海古籍出版社，2016年），頁600。
[5] 余嘉錫：《古書通例》（上海：上海古籍出版社，1985年），頁77-91。

一曰：託之古人，以自尊其道也。

二曰：造為古事，以自飾其非也。

三曰：因憤世嫉俗，乃謬引古事以致其譏也。

四曰：心有愛憎，意有向背，則多溢美溢惡之言，敘事遂過其實也。

五曰：諸子著書，詞人作賦，義有奧衍，辭有往復，則設為故事以其義，假為問答以盡其辭，不必實有其人，亦不必真有此問也。

六曰：古人引書，唯於經史特為謹嚴，至于諸子用事，正如詩人運典，苟有助於文章，固不問其真偽也。

七曰：方士說鬼，文士好奇，無所用心，聊以快意，乃虛構異聞，造為小說也。

其中第六點可作為夏啟故事在不同文本中歧異性大的原因之一。戰國時期社會劇烈變動，各家學派多借古史人物傳遞自身理念，《淮南子·修務訓》云：「世俗之人，多尊古而賤今，故為道者，必託之於神農、黃帝而後能入說。」[6]因而不同書籍之下同一主角有截然不同的事蹟。作品底下的人物代表作者想傳達的思想，甚至亦可能表述作者認識的古史，誠如王國維所言「傳說與史實混而不分」，同時「傳說之中亦往往有史實為之素地」，[7]故依托之作是作者思想的載體，同時也記載了部份史實。

《史記·夏本紀》記載啟為夏代的第二位帝王，[8]其正處於禪讓制至世襲制的交叉口，夏啟的繼位過程在傳世資料中是截然不同的記載，例如和平繼位說：

《孟子·萬章上》：「昔者舜薦禹於天，十有七年，舜崩，三年之喪畢，禹避舜之子於陽城，天下之民從之，若堯崩之後不從堯之子而從舜也。禹薦益於天，七年，禹崩，三年之喪畢，益避禹之子於箕山之陰。朝覲訟獄者不之益而之啟，曰：『吾君之子也。』謳歌者不謳歌益而謳歌啟，曰：『吾君之子也。』……啟賢，能敬承繼禹之道。益之相禹也，歷年少，施澤於

---

[6] 何寧：《淮南子集釋》（北京：中華書局，1998年），頁1355。
[7] 王國維：《古史新證——王國維最後的講義》（北京：清華大學出版社，1994年），頁3。
[8] 劉起釪注譯：〈夏本紀第二〉，《全注全譯史記》，頁29-63。

民未久。舜、禹、益相去久遠，其子之賢不肖，皆天也。」[9]

《史記・夏本紀》：「十年，帝禹東巡狩，至于會稽而崩。以天下授益。三年之喪畢，益讓帝禹之子啟，而辟居箕山之陽。禹子啟賢，天下屬意焉。及禹崩，雖授益，益之佐禹日淺，天下未洽。故諸侯皆去益而朝啟，曰：『吾君帝禹之子也。』於是啟遂即天子之位，是為夏后帝啟。」[10]

《論衡・譴告》：「驗古以知今，知天以人。『受終于文祖』，不言受終于「天」，堯之心知天之意也。堯授之，天亦授之，百官臣子皆鄉與舜。舜之授禹，禹之傳啟，皆以人心效天意。」[11]

《吳越春秋・越王無余外傳》[12]的內容與《孟子》幾乎一致。然而傳世文獻亦有啟得帝位並不被上帝、百姓認可，而是依靠武力爭奪而來的描述：

《韓非子・外儲說右下》：「古者禹死，將傳天下於益，啟之人因相與攻益而立啟。……禹愛益而任天下於益，已而以啟人為吏。及老，而以啟為不足任天下，故故傳天下於益，而勢重盡在啟也。已而啟與友黨攻益而奪之天下，是禹名傳天下於益，而實令啟自取之也。」[13]

《古本竹書紀年・啟》：「益干啟位，啟殺之。」[14]

《戰國策・燕策・燕一》：「禹授益，而以啟為吏，及老而以啟為不足任天下，傳之益也，啟與支黨攻益而奪之天下，是禹名傳天下於益，其實令啟自取之。」[15]

《史記・燕昭公世家》[16]的內容與《戰國策・燕策》幾乎全同，啟殺益而得天下的過程，在各個不同的文獻資料中記載相似，《古本竹書紀年・啟》則直接書寫啟殺益後得帝位。不同的文獻內容反映作者或編纂者的立場，王國維的「傳說與史實混而不分」之說表明文獻記載既有真實成分，也具有作者的依托意義，文獻

---

[9] 楊伯峻譯注：《孟子譯注》（北京：中華書局，1988年），頁221-222。
[10] 韓兆琦譯注：《史記》（北京：中華書局，2010年），頁128。
[11] 黃暉：《論衡校釋》（北京：中華書局，1990年），頁647-648。
[12] 張覺校注：《吳越春秋》（長沙：岳麓書社，2006年），頁170-171。
[13] 〔戰國〕韓非著，張覺等譯注：《韓非子譯注》（上海：上海古籍出版社，2016年），頁600-601。
[14] 王國維撰；黃永年校點：《古本竹書紀年輯校》（沈陽：遼寧教育出版社，1997年），頁2。
[15] 諸祖耿編撰：《戰國策集注匯考：增補本》（南京：鳳凰出版社，2008年），頁1539。
[16] 韓兆琦譯注：《史記》（北京：中華書局，2010年），頁2713-2714。

中矛盾的描述正是古史傳說融入不同時代、學派需求的結果。

然而，即使是同一學派，依然會出現不同的內容，甚至即使是同一本書仍有截然相反的記載，例如《史記》的〈夏本紀〉載「禹子啟賢，天下屬意焉。」但〈燕昭公世家〉卻是「而以啟人為不足任乎天下，傳之於益。已而啟與交黨攻益，奪之。天下謂禹名傳天下於益，已而實令啟自取之。」[17]後者與《戰國策・燕策》文字與敘述皆相近，司馬遷《史記》取材豐富，包含《左傳》、《國語》以及《戰國策》等史書，[18]而〈燕昭公世家〉與《戰國策・燕策》基本相同，可能是同為燕國故事，司馬遷即取材於此書的原故。

文本的流傳有其不同的因素影響，世人今日得見戰國楚簡，可從而得知當戰國楚地流傳的文本對於夏啟繼位的描述，故本章以戰國楚簡的夏啟故事為基礎，討論同時同地的戰國楚地文本中夏啟形像與繼位傳說的文本特徵。

二、《上博二・容成氏》所記夏啟形像

〈容成氏〉與啟相關的內容為簡 33+34+35A：

> 鼃（禹）又（有）子五人，不吕（以）元（其）子為逡（後），見咎（皐）备（陶）之臤（賢）也，而欲吕（以）為逡（後）。咎（皐）备（陶）乃五叚（讓）吕（以）天下之臤（賢）者，述（遂）爯（稱）疾不出而死。鼃（禹）於是唇（乎）叚（讓）嗌（益），啟於是唇（乎）攻嗌（益）自取。☒ 啟王天下十又（有）六年〈世〉而傑（桀）复（作）。

陳劍師〈上博簡《容成氏》的拼合與編連問題〉一文在〈容成氏〉整理者的基礎上將簡文重新編聯，簡 35 分為 A 與 B 兩個部份，並指出與啟相關的帝系為「舜讓禹→禹時政事及製作→禹讓皐陶、益，啟攻益得帝位傳至桀→桀驕泰→湯攻桀」，其研究成果已得到學界的共識。[19]

---

[17] 韓兆琦譯注：《史記》，頁 2713-2714。
[18] 張大可、趙生群等著：《史記文獻與編纂學研究》（北京：華文出版社，2005 年），頁 86。
[19] 陳劍：〈上博簡《容成氏》的拼合與編連問題〉，簡帛研究網，2003 年 1 月 7 日（目前網站已關閉）。陳劍：〈上博簡《容成氏》的竹簡拼合與編連問題小議〉，《戰國竹書論集》（上海：上海古籍出版社，2013 年），頁 32-37。

〈容成氏〉簡文明確記載「禹於是乎讓益，啟於是乎攻益自取」，于凱、陳劍師等學者指出「啟攻益自取」一事即同《古本竹書紀年》之「益干啟位，啟殺之」，《戰國策・燕策一》、《韓非子・外儲說右下》等書籍，皆是記載啟益交攻的傳說，但與《孟子・萬章上》、《史記・夏本紀》的記載則與之不同。[20]學者對於此種記載的差異原因有各自理解，例如羅新慧認為〈容成氏〉開出另一個古史系統，藉由理想社會的描述論證禪讓的必要性，但部份內容與傳統的儒家思想相抵牾，並認為與傳世文獻相異的原因可能是不同文獻所記載的古代傳說資料各有所據、各有所本，諸子按其所需，將其納入自己的論說體系中。[21]而李存山較為具體的論述〈容成氏〉與儒家文獻差異原因，其文指出「儒家經籍『對於一些歷史事件或古史傳說』『務存褒諱』、『隱沒者多』；而後世史書如《史記》又深受儒家經籍的影響，啟殺益這類『不雅馴』者同樣也就被捨棄而隱沒了。」並認為《竹書紀年》的作者認為「啟殺益」是一個歷史事實，而〈容成氏〉的記載可能是較早的對當時「傳說」的一種「原始」記述。[22]李存山的論點得到陳劍師的贊同。[23]

〈容成氏〉是否為原始記載或是有自己的論說體系，我們可以從其他的楚簡得到解答。

三、《清華伍・厚父》所記夏啟形像

〈厚父〉與啟事蹟最密切相關的簡文為簡1-3：

王若曰：厚父！鈛（朕）[24]䎽（聞）禹□□□□□□□□□川，乃降之民，建嗣（夏）邦。啟隹（惟）后，<u>帝亦弗巩啟之經惠（德）少，命咎（皋）繇（陶）下為之卿事</u>，茲咸又（佑）神，能㚋（格）于上，智（知）天之

---

[20] 于凱：〈上博楚簡《容成氏》疏箚九則〉，《上博館藏戰國楚竹書研究續編》（上海：上海書店出版社，2004年），頁382。
[21] 羅新慧：〈《容成氏》、《唐虞之道》與戰國時期禪讓學說〉，《齊魯學刊》2003年第6期，頁104-107。
[22] 李存山：〈反思經史關係：從「啟攻益」說起〉，《中國社會科學》2003年第3期，頁75-85。
[23] 陳劍：〈上博楚簡《容成氏》與古史傳說〉，復旦大學出土文獻與古文字研究中心網，2003年11月15日，https://fdgwz.org.cn/Web/Show/479。陳劍：〈上博楚簡《容成氏》與古史傳說〉，《戰國竹書論集》，頁71-72。
[24] 富祥：〈《厚父》簡1「朕」字臆說〉，武漢大學簡帛網，2015年4月28日，http://www.bsm.org.cn/show_article.php?id=2221。

畏（威）弋（哉），齲（聞）民之若否，隹（惟）天乃永保顋（夏）邑。

〈厚父〉的全篇簡文與啟具有或深或淺的關係，例如簡 12-13：

民弋（式）克芍（敬）悳（德），母（毋）湛于酉（酒）。民曰隹（惟）酉（酒）甬（用）祋（肆）祀，亦隹（惟）酉（酒）甬（用）庚（康）樂。

簡文與《墨子‧非樂上》引「《武觀》曰：『<u>啟乃淫溢康樂，野于飲食，將將銘，莧磬以力，湛濁于酒，渝食于野，萬舞翼翼，章聞于大，天用弗式。</u>』」相近。關於〈厚父〉的書寫年代，李學勤、程浩等人認為本篇應為〈周書〉，李學勤進一步指出文中的「王」即為周武王。[25] 郭永秉則認為應置於〈夏書〉中。[26]

筆者認為依據〈參不韋〉的簡文，〈厚父〉簡 1-3 的斷句與文義應是指啟為夏王，上帝擔心夏朝國阼並未就此鞏固，因為夏啟既非天生盛德，也未能很好地推行德政，因此安排皋陶輔佐夏啟。

四、《清華拾貳‧參不韋》所記夏啟形像

〈參不韋〉全篇是參不韋告誡夏啟的執政之道，以「啟」、「參不韋」作為依托對象，敘述〈參不韋〉作者的治國理念。全篇看似上帝對於啟有很高的期望，但於簡 120-122 記載：

攺（啟），乃自則乃身，弗可返（復）庚（康）。帝之命逆韋（違），命用不長。百神之兌寰（憲），後（後）辝（嗣）之央（殃）

「攺（啟），乃自則乃身，弗可返庚」一句，劉釗師與陳聰將此處的「返」讀「復」，「庚」讀「康」，指「告誡啟要以身作則，不要再耽於康樂的意思」，[27] 若此說無

---

[25] 李學勤：〈清華簡《厚父》與《孟子》引《書》〉，《深圳大學學報（人文社會科學版）》2015 年第 3 期，頁 33-34。馬楠：〈清華簡第五冊補釋六則〉，《出土文獻》第六輯（上海：中西書局，2015 年），頁 225-226。程浩：〈清華簡《厚父》「周書」說〉，《出土文獻》第五輯（上海：中書西局，2014 年），頁 145-147。

[26] 郭永秉：〈論清華簡《厚父》應為《夏書》之一篇〉，《出土文獻》第七輯（上海：中西書局，2015 年），頁 119。

[27] 劉釗、陳聰：〈清華簡《參不韋》訓釋雜說〉，《簡牘學與出土文獻研究》第 2 輯（北京：商務印書館，2023 年），頁 38-39。

誤，即證明〈參不韋〉全篇是上帝擔心啟的德行有虧，故需請參不韋仔細教導。

〈參不韋〉的記載可推回上文〈厚父〉簡 1-3 文句，證明〈厚父〉中的天帝擔心啟不是具備德行的好帝王，故派遣皋繇輔佐，而〈參不韋〉中的天帝同樣擔心啟沉溺於康樂之中，故派參不韋告誡、指導啟應如何成為明君，兩篇文章可互為對應。〈參不韋〉簡 107-108 亦可與之合勘，其文載「攺（啟），与（舉）不秉悳（德），逡（後）乃有央（殃）；亓（其）弗之与（舉），逡（後）乃亡（無）央（殃）；亓（其）与（舉）不秉悳（德），逡（後）而秉悳（德），天弗乍（作）羊（祥）」，指出即使曾有違德行犯下錯事，但只要知錯能改，上天亦不會再降下懲罰，幾乎是實指啟曾做過違德之事，由此推估〈參不韋〉與〈厚父〉文章的立意以及對夏啟的認知。

五、《清華拾肆・兩中》所記夏啟形像

〈兩中〉正面記載夏啟即位的過程，簡 13-16：

> 句余亡（芒）乃言曰：昜（疇），后帝，尔（爾）朿（次）夲（格）庶由（冑），曰隹（唯）禾〈休〉若之用，則隹（唯）高昜（陽）之孫，而蠆（禹）之元子，乃隹（唯）栱=（主斗）亥之悳（德），髻=（祗祗）共（恭）戠（敬），而客（恪）事皇天，虔秉九悳（德），而不瀜（沈）于棠（黨）28，齊=（齊齊）隹（唯）志，紳（申）壅〈壴（崇）〉亓（其）又（有）皇，秉心大忘（宏），亓（其）能為下國王。帝曰：忞（優）舀（悠）哉（哉）乃牆（狀）。帝乃命大赤命啟于杸山之易（陽），曰：竉（恭）戠（肅）化蒹（益），乃弋（代）之為王。含（今）尔（爾）尚固秉天中，而秾（率）坒（從）五商（章），母（毋）毀九悳（德），是隹（唯）天尚（常）。

簡文詳細記載啟為上天欽點的下國王，石小力認為〈兩中〉的記載與《孟子》同，可能是受到戰國中期禪讓思想的影響。29 程浩指出〈兩中〉記載夏啟繼位的「天選」說借助中國古代「君權神授」這一政治倫理，進一步塑造夏啟得位的合法性，

---

28 本句參鄔可晶：〈談談清華簡《兩中》的「瀜」〉，復旦大學出土文獻與古文字研究中心網，2024 年 12 月 22 日，http://www.fdgwz.org.cn/Web/Show/11230。
29 石小力：〈清華簡《兩中》的治政思想與夏初歷史〉，《文物》2024 年第 10 期，頁 76-79。

在商周時期被大力鼓吹的天子「受命于天」之說，也借由本篇首次揭示了其具體過程。[30]夏啟在〈兩中〉簡文呈現的「天選」說，實指在戰國時期有部份思想認為夏啟是受到上天肯定並是指定繼任的君王形像。

六、戰國楚簡中「夏啟」繼位的文本特徵

20世紀，疑古浪潮興起，顧頡剛、童書業認為儒家文獻讓啟作為賢人，是為了要維持堯舜禹道德均等的原則，為儒家改造古史的手段，「啟」為神而非人類，《史記》的記載則是抄《孟子》的論點。[31]陳夢家則認為「夏世」即是「商世」，而「啟」即是「契」。[32]對於此派思想，李學勤和李零相繼指出疑古派將古史複雜的形成過程思考的太過簡單，古書流傳過程是流動性的，而非僅用「真」、「偽」二字判斷。[33]杜勇更是實指此說的缺點，其中一點「不同文獻性質或主題不同，取材亦必相異，兩相對比并無意義。」[34]而余嘉錫《古書通例》指出「古人引書，唯於經史特為謹嚴，至于諸子用事，正如詩人運典，苟有助於文章，固不問其真偽也。」[35]可見古書形成的複雜性以及作者取材的用意皆會影響「人物」於文本中的意義。

本文將戰國楚簡的「夏啟」故事獨立討論，戰國楚簡的內容本身佔有「時間」與「地點」的確定性，而這些因素造就現今可見獨特的「歷史記憶」與「文本特徵」。楚地傳承的文獻與今人所見的傳世典籍亦不完全相同，李學勤於研究《清華壹·金縢》時提及：[36]

> （〈金縢〉）簡文還有一個很特殊的地方，就是沒有傳世《尚書·金縢》中涉及占卜的文句，而《史記·魯世家》所引該篇是有那些內容的。由此看來，清華簡與傳世本《金縢》應分屬于不同的傳流系統。

---

[30] 程浩：〈清華簡《兩中》的夏啟繼位傳說〉，中國社會科學報國家社科基金專刊，2024年12月17日，http://www.nopss.gov.cn/n1/2024/1217/c458484-40383958.html。
[31] 顧頡剛、童書業：〈夏史三論〉，《古史辨》第七冊（下）（上海：上海古籍出版社，1982年），頁209-220。
[32] 陳夢家：〈商代的神話與巫術〉，《陳夢家學術論文集》（北京：中華書局，2016年），頁60-61。
[33] 李學勤：〈對古書的反思〉，《簡帛佚籍與學術史》（南昌：江西教育出版社，2001年），頁28-33。李零：〈出土發現與古書年代的再認識〉，《李零自選集》（桂林：廣西師範大學出版社，1998年），頁22-57。
[34] 杜勇：〈清華簡與夏史重建〉，《中原文化研究》2024年第2期，頁5-12。
[35] 余嘉錫：《古書通例》（上海：上海古籍出版社，1985年），頁77、86-88。
[36] 李學勤：〈清華簡九篇綜述〉，《文物》2010年第5期，頁54。李學勤：〈清華簡九篇綜述〉，《初識清華簡》（上海：中西書局，2013年），頁55。

劉國忠亦指出：[37]

> 清華簡中的許多典籍在傳抄的過程中，曾經由楚人做了加工甚至是改寫。清華簡各篇都是用楚國文字抄成，但其所依據的底本來源眾多，而這些文獻在楚國流傳過程中，往往會受到一定的加工。……清華簡《繫年》和《越公其事》常常稱越國國君為「越公」，卻稱吳國國君為吳王，非常顯眼。筆者此前在閱讀過程中，曾懷疑這裡的「越公」一詞是楚國人的一種特有稱謂，因為越國係為楚國所滅，所以楚人有意把越國國君改稱為「越公」。這一詞語本身帶有一定的貶斥意味，并特意與楚王相區別。

皆可見「戰國」「楚簡」因其時代與地域（國別）而造成的內容特殊性。

《清華簡》的來源不僅是楚地，劉國忠即指出〈傅說之命〉、〈尹至〉、〈晉文公入于晉〉等典籍顯然不會出自楚人之手。[38]〈厚父〉與〈參不韋〉、〈兩中〉皆出於《清華簡》，王永昌指出：[39]

> 在戰國時期的不同地域中形成了不同的特色，但由於這一時期百家爭鳴、思想活躍、文化繁榮，不同地域之間交流互動頻繁，隨之帶來不同文獻的廣泛流傳、不同地域文字之間的相互影響。根據我們的研究，多為經、史、子等古書類文獻的清華簡，其中絕大部分內容並非楚地自有文獻，很可能是從晉地傳入，即晉系文字書寫的文獻傳入楚地之後形成的楚文字抄本，這正是戰國時期不同地域之間文化交融、文獻流傳的真實反映。

而〈厚父〉與〈參不韋〉的字形亦非正統楚文字，趙平安對〈厚父〉和〈參不韋〉的字形皆有研究，認為〈厚父〉的字形具有「非楚文字特徵」、「突出的古體特徵」、「獨特的寫法」等特徵，[40]亦認為〈參不韋〉字形有齊系特徵，並以「達」、「於」等字形為例。[41]李松儒指出〈參不韋〉具有齊系文字的特點和燕系特徵的字形，

---

[37] 劉國忠：〈清華簡的文獻特色與墓主身份蠡測〉，原載於《光明日報》2021年10月30日第11版，今收入《簡帛有聲：出土簡帛的文獻學研究》（北京：清華大學出版社，2024年），頁60-61。
[38] 劉國忠：〈清華簡的文獻特色與墓主身份蠡測〉，《簡帛有聲：出土簡帛的文獻學研究》，頁60。
[39] 王永昌：《清華簡文字與晉系文字對比研究》（長春：吉林大學漢語言文字學博士論文，2018年），頁153、158。
[40] 趙平安：〈談談戰國文字中值得注意的一些現象——以清華簡《厚父》為例〉，《出土文獻與古文字研究》第6輯（上海：上海古籍出版社，2015年），頁303-309。
[41] 趙平安：〈「達」字新證〉，《古文字與中華文明國際學術研討會論壇論文集》（北京：清華大學主辦，清華大學出土文獻研究與保護中心、古文字工程秘書處承辦，2023年10月21-22日），頁1080-1081。

最後得出「〈參不韋〉書手群所書字迹不應歸入楚文字」的結論，並贊同單育辰的推測〈參不韋〉書手群所在的國家為魯，且〈參不韋〉書手群所抄的篇章是楚人從魯國得到的文獻。[42]本書「前言」則認為〈參不韋〉多處字例皆具存古特徵，由字體的存古性可推估〈參不韋〉文本來源應頗為古老。

〈容成氏〉對夏啟的用詞較為強烈，其中「禹於是乎讓益，啟於是乎攻益自取」一句，引起學界的關注，學者如于凱引用《史記·夏本紀》、《孟子·萬章上》、《竹書紀年》等文獻資料指出〈容成氏〉內容與《孟子》和《史記》有別，而與《竹書紀年》、《戰國策》相仿，[43]詹子慶指出〈容成氏〉的內容與戰國文獻的相關內容相仿，因此認為「啟攻益而自取」有一定的歷史依據，支持啟以武力奪位的說法。[44]李存山認為〈容成氏〉「啟於是乎攻益自取」與《竹書紀年》中的「益干啟位，啟殺之」有部份相似，但二者相差原因在於「《竹書紀年》作者的筆下，啟殺益是一個歷史事實，只能直書實錄，而『益干啟位』則滲入了作者的價值判斷，使用了『春秋筆法』。相比之下，《容成氏》的『禹於是乎讓益，啟於是乎攻益自取』可能是較早的對當時『傳說』的一種『原始』記述。」[45]李存山的說法十分具有啟發性，顯示〈容成氏〉此處的記載並無「價值」上的批判，僅是戰國時人的平實記述。

楊棟認為〈厚父〉簡 1-2 的記載顯示出土文獻證明啟是德薄或失德之人的傳說。[46]古育安指出〈厚父〉直接說天為禹降民之後「建夏邦，啟惟后」，沒有記載「讓禹」之事，《逸周書·嘗麥》的載提到啟子忘禹之命而作亂，亦未將責任歸於啟，因此認為西周時期的啟形象與禪讓無關，並指出〈舉治王天下〉中的啟與湯並列「二王」，可見戰國時期啟的正面形象。[47]李銳融合〈參不韋〉的內容與趙曉斌的研究，認為〈參不韋〉可能不只一篇，並認為由此來看，夏啟的繼位是沒有疑問的。[48]

古育安提及的《上博九·舉治王天下》相關簡文為簡 16-17：

---

[42] 李松儒：〈清華簡中的特殊書手群及相關問題研究〉，《首屆出土文獻語言文字研究國際學術研討會論文集》（彰化：彰化師範大學國文學系、成功大學中國文學系、臺灣出土文獻研讀會主辦，2022 年 12 月 17-18 日），頁 327-335。

[43] 于凱：〈上博楚簡《容成氏》疏箚九則〉，《上博館藏戰國楚竹書研究續編》，頁 381-382。

[44] 李學勤主編，詹子慶著：《夏史與夏代文明》（上海：上海科學技術文獻出版社，2007 年），頁 98。

[45] 李存山：〈反思經史關係：從「啟攻益」說起〉，《中國社會科學》2003 年第 3 期，頁 75-85。

[46] 楊棟：〈清華簡《厚父》所見夏代傳說〉，《民俗研究》2020 年第 1 期，頁 78-82。

[47] 古育安：《戰國時代的古史記憶——虞夏之際篇》（臺北：萬卷樓圖書股份有限公司，2019 年），頁 330-332。

[48] 李銳：〈《尚書》類文獻《參不韋》與夏啟繼位的合法性〉，《史學史研究》2023 年第 3 期，頁 109-113。

> 上（尚）父乃言曰：「夫先四帝、二王之道，□□□□，□□□□，□□□□，啟行五度（度），湯行三䢇（起）。」

鄔可晶指出「疑簡17下部殘去之字中，還有說舜和禹的兩句話；這樣一來，黃帝、堯、舜、禹、啟、湯，剛好湊成『夫先四帝二王』之數。」[49] 〈舉治王天下〉簡文較似上古帝王的背景訊息，但「啟行五度」應為正面敘事。王瑜楨認為「五度」為專有名詞，具體內容不可知。[50] 〈舉治王天下〉此處簡文或可與〈參不韋〉合觀，〈參不韋〉常見「五△」，如五行、五音、五色等，本處的「五度」或即是〈參不韋〉簡文常見的「五則」，石小力已指出〈參不韋〉的「五則」或指「五度」（但石小力文章未聯繫至〈舉治王天下〉簡文），而「五度」亦見〈五紀〉，[51]「度」與「則」皆可訓為「法度、規範」。

〈參不韋〉與〈厚父〉皆可見上天認為夏啟的經德少（德行有缺），或是可能有逸樂的行為，但並不認為啟不可擔任國君，而是應以此為誡而已。李銳認為可能周魯文獻皆是此類思想，並認為從出土資料來看夏啟的即位沒有疑問，雖然他德薄，但天帝一直幫助他。[52]〈兩中〉的公布進一步證明戰國楚地文獻對於夏啟即位的正統性並無疑問。

〈舉治王天下〉確切將啟和湯等聖君一同提及，筆者認為戰國楚簡對於夏啟的歷史定位頗為特別，較似一種平實的記載以及一位需要「教導」的君王，並將「啟」作為引言，論述作者本身的政治思想。[53]此種論述方式關係到〈參不韋〉的學派分類，對此學者有不同的意見。子居將本篇列為《書》類文獻，內容為陰陽家思想，以及接近法家的思想內容。[54]丁四新、申浪、于萌等人透過內容的比對，皆指出〈參不韋〉即是陰陽家的文本。[55]楊衍與陳民鎮則認為本篇兼具陰陽

---

[49] 鄔可晶：〈《上博（九）·舉治王天下》「文王訪之於尚父舉治」篇編連小議〉，《中國文字》新三十九期（臺北：藝文印書館股份有限公司，2013年），頁98。
[50] 王瑜楨撰寫，季旭昇改訂：〈〈舉治王天下〉譯釋〉，《《上海博物館藏戰國楚竹書（九）》讀本》（臺北：萬卷樓圖書股份有限公司，2017年），頁152-153。
[51] 石小力：〈清華簡《參不韋》概述〉，《文物》2022年第9期，頁53。
[52] 李銳：〈《尚書》類文獻《參不韋》與夏啟繼位的合法性〉，《史學史研究》2023年第3期，頁113。
[53] 羅雲君認為〈參不韋〉記載夏啟面臨的政治危機則引伸太過，本篇只是作者傳達的思想而已。羅雲君：《清華簡《參不韋》整理與研究》（長春：東北師範大學博士論文，2024年），頁293-294。
[54] 子居：〈清華簡十二《參不韋》解析（一）〉，先秦史論壇網，2022年12月18日，http://www.360doc.com/content/22/1218/14/34614342_1060696094.shtml。
[55] 丁四新：〈新出儒家簡牘文獻及其研究〉，《孔子研究》2023年第4期，頁115。申浪：〈清華簡《五紀》《參不韋》具有陰陽家思想特徵〉，《中國社會科學報》，2023年2月8日。于萌：《簡帛書籍敘錄》（北京：社會科學文獻出版社，2024年），頁241-242。

家與儒家的思想。⁵⁶李銳則認為此為《書》類文獻，屬於儒家思想。⁵⁷〈參不韋〉和〈兩中〉的性質十分接近，〈厚父〉亦同，筆者認為此三篇皆是儒家的「書類」文獻。

「書」類文獻，李零將「書」分為三類：作為文字的「書」（包含銘刻和書籍）、作為檔案的「書」（文書）與作為典籍的「書」（古書），並指出「思想性」較強的古書，則往往捨事而言理，重在議論，突出的是「語」而不是「事」。⁵⁸《郭店・性自命出》簡 16「《箸（書）》，又（有）為言之也」，裘錫圭指出「為」字讀去聲的「有為」意思是有特定目的或有用意，⁵⁹程浩進一步指出「書」的作成乃是為了特定目的而「言」，既突出了「書」的記言性質，又彰顯了它的教化功用。⁶⁰

〈厚父〉、〈參不韋〉與〈兩中〉皆是上述的此種「書」類文獻，此種記言性質文獻是作者依托的治世思想，程浩將〈參不韋〉的依托性質置於「虛擬情節，以事寓理」一類。⁶¹而以此來看〈容成氏〉、〈舉治王天下〉、〈厚父〉、〈參不韋〉與〈兩中〉等五篇與夏啟相關的戰國楚簡，筆者認為皆屬於平實（未有批判）的記載，但可細分為兩大類、三細項：

1、上帝認可的夏王：

（1）聖人之列：〈舉治王天下〉。

（2）上帝認可，但仍需教導：〈厚父〉、〈參不韋〉、〈兩中〉。

2、武力奪帝位：〈容成氏〉。

〈容成氏〉「禹於是乎讓益，啟於是乎攻益自取」記載較為特別，但筆者贊同李存山的「較早的對當時『傳說』的一種『原始』記述」之說，因此認為〈容成氏〉內容亦為「中性」記述，並沒有特別的褒貶。其餘四篇楚簡文獻，我們無法得知

---

56 楊衒、陳民鎮：〈從清華簡看陰陽家與儒家的交匯〉，《中國社會科學報》，2023 年 5 月 15 日。
57 李銳：〈《尚書》類文獻《參不韋》與夏啟繼位的合法性〉，《史學史研究》2023 年第 3 期，頁 109-113。
58 李零：《簡帛古書與學術源流》（北京：生活・讀書・新知三聯書店，2004 年），頁 39-51。
59 裘錫圭：〈從郭店簡《性自命出》的「室性者故也」說到《孟子》的「天下之言性也」章〉，《裘錫圭學術文集・簡牘帛書卷》（上海：復旦大學出版社，2012 年），頁 381。
60 程浩：《有為言之：先秦「書」類文獻的源與流》（北京：中華書局，2021 年），頁 5。
61 程浩：〈論清華簡中的「依托」之作〉，《古史系統與古史重建研討會論文集》（北京：北京師範大學歷史學院主辦，2022 年 10 月 29-30 日），頁 239-240。

〈厚父〉記載「啟隹（惟）后，帝亦弗巩（恐）啟之經悳（德）少，命咎（皋）䌛（繇）下為之卿事」中「經德少」為何事，亦不確定〈參不韋〉中「敀（啟），乃自則乃身，弗可遉（復）庚（康）」中的「耽於康樂」的經過，但我們可以推之人類國君的享樂是為上天可容忍之事，只要不違背「天則」即可。甚至依據〈參不韋〉簡文 107-108「敀（啟），与（舉）不秉悳（德），遙（後）乃有央（殃）；亓（其）弗之与（舉），遙（後）乃亡（無）央（殃）；亓（其）与（舉）不秉悳（德），遙（後）而秉悳（德），天弗乍（作）羊（祥）」，可知即使人君違背天則，但只要人君願意改正，對於上帝而言皆可再教導，繼續擔任人間帝王，如同〈厚父〉中上天派遣皋䌛輔佐之，〈參不韋〉中則是神祇參不韋詢詢善誘之。

〈舉治王天下〉將啟置於聖王之列，〈兩中〉直言夏啟為天神共同推選的人民帝王，〈參不韋〉與〈厚父〉中的夏啟可能是曾犯錯但願意改正，上天便給與改正機會。由四篇楚簡皆可證明在戰國時期流傳於楚地的夏啟形象，皆為受上帝認可的人間帝王，核心思想與儒家的《孟子‧萬章上》「啟賢，能敬承繼禹之道」較為接近。

肆　結語

《清華大學藏戰國竹簡・拾貳》於 2022 年公布，簡文內容豐富，依托參不韋闡述作者的治國觀點，內容與《清華拾壹・五紀》與《清華拾肆・兩中》可合觀。

一、〈參不韋〉職官職能與傳世文獻比較

〈參不韋〉內容涉及官制與職官內容，馬楠曾書寫初步討論，[1]羅雲君亦比較〈參不韋〉與《周禮》相關內容。[2]〈參不韋〉簡文中提及的職官與傳世文獻相關職能對照表：

五刑則	職官	職能	參不韋	傳世文獻
五則	建后	君王	總五則，秉中不營，唯固不遲。	《尚書・虞書・大禹謨》：「后克艱厥後，臣克艱厥臣。」《荀子・王制》：「全道德，致隆高，綦文理，一天下，振毫末，使天下莫不順比從服，天王之事也。」
	士	掌獄訟	修邦之伐寇盜、相亂不周、虐用、訐／迂言，虐亂之禁。	《尚書・虞書・舜典》：「帝曰：（皋陶）汝作士，五刑有服」《周禮》：「士師之職：掌國之五禁之法，以左右刑

---

[1] 馬楠：〈清華簡《參不韋》所見早期官制初探〉，《文物》2022 年第 9 期，頁 56-58。
[2] 羅雲君：《清華簡《參不韋》整理與研究》（長春：東北師範大學，2024 年），頁 257-258。

				罰。」
五行	司寇	掌刑獄、盜賊之事	修殘賊殺伐，仇讎間諜及水火。	《周禮》：「司寇斷獄弊訟，則以五刑之法詔刑罰，而以辨罪之輕重。」 《荀子·王制》：「扞急禁悍，防淫除邪，戮之以五刑，使暴悍以變，姦邪不作，司寇之事也。」 《荀子·宥坐》：「孔子為魯司寇，有父子訟者，孔子拘之，三月不別。」
	司工（空）	掌土木工程	正萬民，修邦內之經緯城郭，濬污行水，四郊之畮、稼犁。	《荀子·王制》：「脩隄梁，行水潦，安水臧，以時決塞，歲雖凶敗水旱，使民有所耘艾，司空之事也。」 《管子·立政》：「決水潦，通溝瀆，修障防，安水藏，使時水雖過度，無害于五穀。歲雖凶旱，有所秎穫，司空之事也。」 《韓詩外傳》：「司空主土……山陵崩竭，川谷不流，五穀不植，草木不茂，則責之司空。」
	司馬	掌軍役之事	展甲兵戎事，修四封之內經緯	《周禮》：「小司馬之職：掌，凡小祭祀、會同、饗

			術路,營封疆稼犁。	射、師田、喪紀,掌其事,如大司馬之法。」
				《周禮》:「中春教振旅,司馬以旗致民,平列陳,如戰之陳。」
				《墨子・迎敵祠》:「司馬視城,修卒伍,設守門。」
	登徒（左徒）	掌內政外交	正四郊之比及徒戎。	《史記・屈原賈生列傳》:「屈原者,名平,楚之同姓也。為楚懷王左徒。」
五音	祝	掌宗廟祭祀	修宗廟彝器,典祭祀犧牲,百執事之敬。	《周禮》:「大祝:掌六祝之辭,以事鬼神示,祈福祥,求永貞。」
				《國語・楚語下》:「從其時享,虔其宗、祝。」
	史	定歲時、卜筮	定歲之春秋冬夏,發晦朔,秉法則儀禮,典卜筮以行歲事與邦謀。	《周禮》:「大史:正歲年以序事,頒之于官府及都鄙,頒告朔于邦國。」
				《周禮》:「小史:掌邦國之志,奠系世,辨昭穆。若有事,則詔王之忌諱。大祭祀,讀禮法,史以書敘昭穆之俎簋。大喪、大賓客、大會同、大軍旅,佐大史。」
	師	樂官	摯則定后之	《周禮》:「大師:掌六

			德，典上音古律毋淫。	律、六同，以合陰陽之聲。」 《荀子·王制》：「修詩商，禁淫聲，以時順脩，使夷俗邪音不敢亂雅，大師之事也。」 《史記·殷本紀》：「（帝紂）於是使師涓作新淫聲、北里之舞、靡靡之樂。」
五色		宰	總管皇室內外事務	典后之家配，四方之遂。	《周禮》：「大宰之職：掌建邦之六典，以佐王治邦國。」 《荀子·王制》：「本政教，正法則，兼聽而時稽之，度其功勞，論其慶賞，以時慎脩，備載百吏勉盡，而眾庶不偷，冢宰之事也。」
	工	工匠之官	比五色以為文，安宅及戎事。	《左傳·隱公十一年》：「山有木，工則度之。」
	賈	掌商賈貿易	修市價價……。	《周禮》：「賈師：各掌其次之貨賄之治，辨其物而均平之，展其成而奠其賈，然後令市。」 《儀禮·聘禮》：「賈人西面坐，啟櫝，取圭垂繅，

| | | | | | 不起而授宰。」 |

由上表可知傳世文獻對於職官職能的記載本就不一，但〈參不韋〉中職官所擔任的職能，大部份皆能在不同的傳世文獻中得到對應。

〈參不韋〉記載的「左徒」的職能為「正四郊之比及徒戎」，本文贊同劉釗師與陳聰之說，將之釋為掌「內政外交」的要員，[3]「左徒」於傳世文獻中記載甚少，而〈參不韋〉簡文可補充此職官所負責的職能。

〈參不韋〉記載「史」的職能為：

> 定歲之春秋冬夏，發晦朔，秉法則儀禮，典卜筮以行歲事與邦謀。

職能性質與卜筮、四季、觀月象相關，《周禮》中有大史、小史，內容與除掌管文書，亦包含「正歲年以序事，頒之于官府及都鄙，頒告朔于邦國」與「大祭祀，讀禮法，史以書敘昭穆之俎簋。」〈參不韋〉簡文的記載較為不同，或許為楚地「史」的特殊職能，冀望未來能在楚簡中得到更多的印證。

二、《清華簡〈參不韋〉研究》成果舉隅

本書書名為《清華簡〈參不韋〉研究》，研究〈參不韋〉簡文內容，詳細考釋 65 條文字隸定訓讀與簡文文義，以及戰國楚簡的夏啟故事特徵，略舉本書部份研究成果如下：

（一）識別〈參不韋〉特殊文字來源

學者普遍認為〈參不韋〉文字具有齊、魯一系的特徵。本書根據相關字形，認為大部分字形屬於楚文字，但也有部分字形具有書手特徵，這些具有書手特徵的文字及非傳統楚文字的字形，主要繼承古體文字，並且大多為戰國各國之間流

---

[3] 劉釗、陳聰：〈清華簡《參不韋》訓釋雜說〉，《簡牘學與出土文獻研究》第 2 輯（北京：商務印書館，2023 年），頁 38。裘錫圭：〈談談隨縣曾侯乙墓的文字資料〉，《裘錫圭學術文集‧金文及其他古文字卷》（上海：復旦大學出版社，2012 年），頁 348。

傳的通用字形。這證明了儘管戰國時期各國文字雖各具特色，但國別間的文化交流非常頻繁，文字仍然保有一定程度的一致性。

（二）文字隸定

本書對於部份文字有新的隸定成果，例如：

1、簡 2「隹（唯）昔方有洈（洪）……以遊（泆／逸）戲（戲）自󰏻自䛊（亂）」中「󰏻」隸為「蔑」，讀為「伐」，全句指有洪氏放縱、淫荒且驕矜自傲、殘暴無道。

2、簡 31 的「巠」字作「󰏻」，本篇簡文共 12 例，本書認為此字的造字本義即是「琮」這款玉器，屬於存古文字。此字出現在〈參不韋〉中的辭例可分為「人事類」、「星相類」與「四時類」，「人事類」的簡文辭例皆讀為「縱」，「星相類」與「四時類」的「巠」則讀為「僭」，指「差失」，前者如〈參不韋〉簡 31-32「臺（萬）民毋巠（縱）弗敬，巠（縱）乃罰（罰）」，後者如〈參不韋〉簡 32-33「日月之巠（僭），日月受央（殃）」。

3、簡 44「幾迖（速）女（如）󰏻」中的「󰏻」，筆者隸為「灋」，此字即是甲骨文的「彔」，亦為存古文字，本簡讀為「麋」，簡文指先兆的速度如同麋（奔跑）一樣的快速。

（三）文字訓詁

本書的考釋方式為先列學者意見，而後舉例說明贊同或不贊成的理由，對於不贊成現有考釋成果的簡文，提出自己訓詁的意見，例如：

1、簡 2-4「帝乃命參不韋䌛（撲）天之中，秉百神之幾，歠（辨）䇶（簡）百堇（期），碞（感）牧（兆）侌（陰）昜（陽），不吳（虞）隹（唯）訐（信），以定帝之悳（德）」，本書贊同學者將「幾」訓為「先兆」、「歠」讀為「辨」、「䇶」讀為「簡」的意見。對於此句的新訓詁，筆者將「百堇」讀為「百期」，「碞」讀為「感」，「牧」讀為「兆」，全句指上帝命令參不韋審度天道，順應上天給與的

先兆，不可逆天而行，要辨別、擇選百時（就是順應、辨別天時、民時），感應、預示陰陽（天地）之萌兆，要誠信不欺騙，以匡定帝王的德行。

　　本條論點見於第一章 5-7 則，本書亦將與之相關簡文改釋如下：

簡 48：乃上隹（唯）天，司幾監牧（兆）民，溋（盈）而泩（省）之。

簡 84-85：乃告上監牧（兆）民，秉惪（德）司幾。

「兆民」指「百姓」，其中的「司幾」一詞，本書第六章第 2 則贊同「司幾」即指掌管四時之神的意見，「司幾」相關簡文為：

簡 20：攴（啟），亓（其）才（在）天慰（則），天乃敘之不韋（違），保〈尻（尸）〉虘璋（章）之，司畿（幾）昜（揚）之，不韋達（將）之。

簡 48：乃上隹（唯）天，司幾監牧（兆）民，溋（盈）而泩（省）之。

簡 84-85：乃告上監牧（兆）民，秉惪（德）司幾。乃告於下尻（尸）虘，秉宜不瑜（渝）。

簡 103：七丞（承）乃告於上司幾、下尻（尸）虘，坌（及）而先高俎（祖）。

簡 109-110：七丞（承）乃立於上司幾之壇，百有司乃立於保〈尻（尸）〉虘之壇，蓳（萬）民乃立於而王父=（父、父）之立（位），以乍（作）刑慰（則）。

簡 48「乃上隹（唯）天，司幾監牧（兆）民」為重要神祇的「司幾」監民。簡 84-85「乃告上監牧（兆）民，秉惪（德）司幾。」中的「司幾」實指司幾的職能，簡 84-85 全文應是指「上帝」監民，秉持德性職掌時序（使人民風調雨順）。由以上的考釋意見，皆可見〈參不韋〉強調「四時」的重要性。

　　2、簡 8「夭（虐）甬（用）」，「夭」字作「䒑」，相關字形為〈迺命一〉簡 5-6 的「𧈪」字，學者認為「𧈪」可能可讀為「謔」，我們依據此說將本簡的「䒑」字讀為「虐」，簡文「虐用」即「虐待」，此處即指暴虐之人。〈參不韋〉相關簡文為：簡 9「夭䦧（亂）」、簡 116「毋甬（用）夭䒑（昏）以自樏（泪）」、簡 119「夭䒑（權）則䦧（亂）」的「夭」皆讀為「虐」。

3、本書將〈參不韋〉中部份「藋」聲之字讀為「昏」，相關辭例如下：

簡 76：攸（啟），內有𤔔（亂）悳（德），是胃（謂）外藋（昏）。外有𤔔（亂）悳（德），是胃（謂）內嚾（昏）。

簡 111-112：乃乍（作）悳（德）之五藋（昏），九藋（昏）之參，以交（徼）天之不羊（祥）。

簡 111：藋（昏）亓（其）有中。

簡 115：攸（啟），隹（唯）天之宜乃不藋（昏）。攸（啟），亓（其）溢逸（泆／逸），乃藋（昏）。

簡 116：毋甬（用）夭（虐）藋（昏）以自樓（沮）。

簡 119：夭（虐）藋（昏）則𤔔（亂）。

〈參不韋〉簡文中的「昏」皆指「昏亂」，例如簡 76 的「外藋（昏）」與「內嚾（昏）」分別指若朝廷政治不好，鄉野國人便會昏亂，若鄉野亂德，則亦會影響至朝廷昏亂，顯示一國的政治不分朝廷內與外，皆是唇齒相依；簡 111-112 的「五藋」與「九藋」亦讀為「五昏」、「九昏」，指違背五刑則的昏亂行為。

4、簡 91-92「邍（徵—承）祀不章」中的「邍」字，依據學者將《清華壹・保訓》「朢（望）承」讀為「望徵」的考釋意見，本簡的「邍」亦可讀為「承」，「章」訓為「盛」，「承祀不章」指主持祭祀卻不盛大。簡 106-107 亦有相關字形，辭例作「是胃（謂）趣（趨）禍𢔛殃」，此簡的「𢔛」應為「邍」的異體字，亦可讀為「承」，訓為「接受、承受」的意思，「趨禍承殃」指接近災禍承受殃害。

5、簡 111「高（矯）亓（其）有水，藋（昏）亓（其）有中」一句中的「水」字，學者將之讀為「準」，筆者依據《清華拾肆・昭后》簡 2「水監文武，為民父母」，整理者指出「水，《說文》：『準也。』《管子・水地》：『水者，萬物之準也。』水監文武，以文王、武王為準則。」之說，認為「水」可直接訓為「準」，並將「高」讀為「矯」，「藋」讀為「昏」，簡文指違背其準則、迷亂其中道。

（四）戰國楚簡中夏啟繼位的文本特徵

　　本書依據〈容成氏〉、〈舉治王天下〉、〈厚父〉、〈參不韋〉與〈兩中〉記載的夏啟相關文字，認為夏啟在這些文本中屬於受上帝認可的人間帝王，即使夏啟可能是曾犯錯或是德行有缺，但若願意改正，上天便給與改正機會，唯〈容成氏〉屬為「中性」記述，並沒有特別的褒貶。整體而言，戰國楚簡的核心思想與儒家的《孟子‧萬章上》「啟賢，能敬承繼禹之道」較為接近。

三、〈參不韋〉研究未來展望

　　本書第貳部份「《清華簡〈參不韋〉研究》」共計考釋 65 則文字隸定、訓詁與文義通解，於各章的註腳中亦多有學者意見的補充說明，然部份簡文仍難以釋讀，例如第五章「內基」、「外基」等詞，希望在出土資料日漸增多的未來，能有機會破解〈參不韋〉全文內容。

　　〈參不韋〉公布之後，趙曉斌指出「參不韋」並非僅見於《清華簡》：[4]

> 筆者正在整理的棗紙簡《詩書之言（甲篇）》中亦見「三不韋」之名。簡 173、175 中有：「於三不韋曰女毋懲天之惪而保於天之又命■」。《詩書之言》分為四篇（篇名及順序皆今擬），內容是對詩、書類文獻的摘抄彙編，各篇旨趣分別與墨家思想「非命」、「非樂」、「天志」、「明鬼」相關。其中甲篇中多有與傳世本《墨子‧非命》上中下三篇中引「先王之書」對應者，「三不韋」即是其中一例。
>
> 《墨子‧非命中》：「有於三代不國有之曰女毋崇天之有命也命三不國亦言命之無也」。
>
> 《墨子‧非命中》「三代」之「代」應為衍文，「不國」之「國」當為「囗」字之訛。「囗」即「韋」。「三不囗」即棗紙簡之「三不韋」，亦即清華簡之「參不韋」。

---

[4] 趙曉斌：〈據清華簡《參不韋》校《墨子》一則〉，武漢大學簡帛網，2022 年 10 月 1 日，http://m.bsm.org.cn/?chujian/8802.html。

於《清華簡拾貳・參不韋》公布之前皆未見「參不韋」這個名稱，趙曉斌依據棗紙簡與〈參不韋〉將《墨子》文句改釋。目前棗紙簡尚未公布，冀能在〈詩書之言（甲篇）〉公布之後，可以了解到更多「參不韋」代表的思想、學派等資訊。

伍　參考文獻

一、古典文獻

〔周〕左丘明撰,〔晉〕杜　預注,〔唐〕孔穎達正義,浦衛忠、龔抗雲、于振波、胡遂、陳咏明整理,楊向奎審定；十三經整理委員會整理,李學勤主編：《十三經注疏·春秋左傳正義》,北京：北京大學出版社,1999年。

〔春秋〕孫　武撰；〔三國〕曹　操等注；楊丙安校理：《十一家注孫子校理》,北京：中華書局,1999年。

〔戰國〕商　鞅著,張　覺譯注：《商君書全譯》,貴陽：貴州人民出版社,1993年。

〔戰國〕韓　非著,張　覺等譯注：《韓非子譯注》,上海：上海古籍出版社,2016年。

〔漢〕孔安國撰,廖名春、陳　明整理,呂紹剛審定；十三經整理委員會整理,李學勤主編：《十三經注疏·尚書正義》,北京：北京大學出版社,1999年。

〔漢〕毛　亨撰,〔漢〕鄭　玄箋,〔唐〕孔穎達疏,龔抗雲、李傳書、胡漸逵、肖永明、夏先培整理,劉家和審定,十三經整理委員會整理,李學勤主編：《十三經注疏·毛詩正義》,北京：北京大學出版社,1999年。

〔漢〕趙　歧注,〔宋〕孫奭疏,廖名春、劉佑平整理,錢　遜審定,十三經整理委員會整理,李學勤主編：《十三經注疏·孟子注疏》,北京：北京大學出版社,1999年。

〔漢〕劉　向撰,向宗魯校證：《說苑校證》,北京：中華書局,1987年。

〔漢〕劉　安等原著,許匡一譯注：《淮南子全譯》,貴陽：貴州人民出版社,1995年。

〔漢〕鄭　玄注,〔唐〕孔穎達疏,龔抗雲整理,王文錦審定；十三經整理委員會整理,李學勤主編：《十三經注疏·禮記正義》,北京：北京大學出版社,1999年。

〔漢〕鄭　玄注,〔唐〕賈公彥疏,趙伯雄整理,王文錦審定；十三經整理委員會整理,李學勤主編：《十三經注疏·周禮注疏》,北京：北京大學出版社,1999年。

〔魏〕何　晏注，〔宋〕邢　昺疏，朱漢民整理，張豈之審定，十三經整理委員會整理，李學勤主編：《十三經注疏・論語注疏》，北京：北京大學出版社，1999年。

〔魏〕王　弼注，〔唐〕孔穎達疏，李　申、盧光明整理，呂紹剛審定，十三經整理委員會整理，李學勤主編：《十三經注疏・周易正義》，北京：北京大學出版社，1999年。

〔唐〕李隆基注，〔宋〕邢　昺疏，鄧洪波整理，錢　遜審定，十三經整理委員會整理，李學勤主編：《十三經注疏・孝經注疏》，北京：北京大學出版社，1999年。

〔宋〕朱　熹：《朱子全書》，合肥：安徽教育出版社，2002年。

〔清〕王引之：《經義述聞》，上海：上海書店，2012年。

〔清〕王先謙：《詩三家義集疏》，北京：中華書局，1987年。

〔清〕王先謙撰，沈嘯寰、王星賢點校：《荀子集解》，北京：中華書局，1988年。

〔清〕孫希旦撰，沈嘯寰、王星賢點校：《禮記集解》，北京：中華書局，1989年。

〔清〕馬瑞辰：《毛詩傳箋通釋》，北京：中華書局，1989年。

二、今人著作

（一）網路資料

ee：〈清華簡《參不韋》初讀〉20樓，武漢大學簡帛論壇網，2022年11月29日。
ee：〈清華簡《參不韋》初讀〉21樓，武漢大學簡帛論壇網，2022年11月29日。
ee：〈清華簡《參不韋》初讀〉40樓，武漢大學簡帛論壇網，2022年12月2日。
ee：〈清華簡《參不韋》初讀〉78樓，武漢大學簡帛論壇網，2022年12月4日。
ee：〈清華簡《參不韋》初讀〉127樓，武漢大學簡帛論壇網，2022年12月9日。
gefei：〈清華簡《參不韋》初讀〉26樓，武漢大學簡帛論壇網，2022年11月30日。
gefei：〈清華簡《參不韋》初讀〉41樓，武漢大學簡帛論壇網，2022年12月

2 日。

gefei：〈清華簡《參不韋》初讀〉43 樓，武漢大學簡帛論壇網，2022 年 12 月 3 日。

gefei：〈清華簡《參不韋》初讀〉44 樓，武漢大學簡帛論壇網，2022 年 12 月 3 日。

gefei：〈清華簡《參不韋》初讀〉47 樓，武漢大學簡帛論壇網，2022 年 12 月 3 日。

gefei：〈清華簡《參不韋》初讀〉50 樓，武漢大學簡帛論壇網，2022 年 12 月 3 日。

gefei：〈清華簡《參不韋》初讀〉53 樓，武漢大學簡帛論壇網，2022 年 12 月 4 日。

gefei：〈清華簡《參不韋》初讀〉54 樓，武漢大學簡帛論壇網，2022 年 12 月 4 日。

gefei：〈清華簡《參不韋》初讀〉56 樓，武漢大學簡帛論壇網，2022 年 12 月 4 日。

shanshan：〈清華簡《參不韋》初讀〉22 樓，武漢大學簡帛論壇網，2022 年 11 月 29 日。

tuonan：〈清華十《四時》初讀〉46 樓，武漢大學簡帛論壇網，2021 年 12 月 5 日，http://www.bsm.org.cn/forum/forum.php?mod=viewthread&tid=12625&extra=&page=5。

tuonan：〈清華簡《參不韋》初讀〉61 樓，武漢大學簡帛論壇網，2022 年 12 月 4 日。

tuonan：〈清華簡《參不韋》初讀〉62 樓，武漢大學簡帛論壇網，2022 年 12 月 4 日。

tuonan：〈清華簡《參不韋》初讀〉64 樓，武漢大學簡帛論壇網，2022 年 12 月 4 日。

tuonan：〈清華簡《參不韋》初讀〉66 樓，武漢大學簡帛論壇網，2022 年 12 月 4 日。

tuonan：〈清華簡《參不韋》初讀〉68 樓，武漢大學簡帛論壇網，2022 年 12 月 4 日。

tuonan：〈清華簡《參不韋》初讀〉71 樓，武漢大學簡帛論壇網，2022 年 12 月 4 日。

tuonan：〈清華簡《參不韋》初讀〉75 樓，武漢大學簡帛論壇網，2022 年 12 月 4 日。

tuonan：〈清華簡《參不韋》初讀〉76 樓，武漢大學簡帛論壇網，2022 年 12 月 4 日。

tuonan：〈清華簡《參不韋》初讀〉77 樓，武漢大學簡帛論壇網，2022 年 12 月 4 日。

tuonan：〈清華簡《參不韋》初讀〉79 樓，武漢大學簡帛論壇網，2022 年 12 月 5 日。

tuonan：〈清華簡《參不韋》初讀〉80 樓，武漢大學簡帛論壇網，2022 年 12 月 5 日。

tuonan：〈清華簡《參不韋》初讀〉82 樓，武漢大學簡帛論壇網，2022 年 12 月 5 日。

tuonan：〈清華簡《參不韋》初讀〉85 樓，武漢大學簡帛論壇網，2022 年 12 月 5 日。

tuonan：〈清華簡《參不韋》初讀〉86 樓，武漢大學簡帛論壇網，2022 年 12 月 5 日。

tuonan：〈清華簡《參不韋》初讀〉88 樓，武漢大學簡帛論壇網，2022 年 12 月 5 日。

tuonan：〈清華簡《參不韋》初讀〉91 樓，武漢大學簡帛論壇網，2022 年 12 月 5 日。

tuonan：〈清華簡《參不韋》初讀〉95 樓，武漢大學簡帛論壇網，2022 年 12 月 5 日。

tuonan：〈清華簡《參不韋》初讀〉98 樓，武漢大學簡帛論壇網，2022 年 12 月 6 日。

tuonan：〈清華簡《參不韋》初讀〉102 樓，武漢大學簡帛論壇網，2022 年 12 月 7 日。

tuonan：〈清華簡《參不韋》初讀〉105 樓，武漢大學簡帛論壇網，2022 年 12 月 7 日。

tuonan：〈清華簡《參不韋》初讀〉109 樓，武漢大學簡帛論壇網，2022 年 12 月 7 日。

tuonan：〈清華簡《參不韋》初讀〉111 樓，武漢大學簡帛論壇網，2022 年 12 月 8 日。

tuonan：〈清華簡《參不韋》初讀〉118 樓，武漢大學簡帛論壇網，2022 年 12 月 8 日。

tuonan：〈清華簡《參不韋》初讀〉120 樓，武漢大學簡帛論壇網，2022 年 12 月 9 日。

tuonan：〈清華簡《參不韋》初讀〉122 樓，武漢大學簡帛論壇網，2022 年 12 月 9 日。

tuonan：〈清華簡《參不韋》初讀〉129 樓，武漢大學簡帛論壇網，2022 年 12 月 10 日。

tuonan：〈清華簡《參不韋》初讀〉130 樓，武漢大學簡帛論壇網，2022 年 12 月 10 日。

tuonan：〈清華簡《參不韋》初讀〉187 樓，武漢大學簡帛論壇網，2023 年 1 月 27 日。

wzy：〈清華簡《參不韋》初讀〉158 樓，武漢大學簡帛論壇網，2022 年 12 月 15 日。

wzy：〈清華簡《參不韋》初讀〉164 樓，武漢大學簡帛論壇網，2022 年 12 月 17 日。

刁俊豪：〈清華簡《五紀》《叄不韋》「唯昔方有洪」再解〉，武漢大學簡帛網，2022 年 11 月 27 日，http://m.bsm.org.cn/?chujian/8861.html。

三難齋：〈清華簡《參不韋》初讀〉19 樓，武漢大學簡帛論壇網，2022 年 11 月 27 日。

凡國棟：〈釋〈鄭子家喪〉的「滅覆」〉，武漢大學簡帛網。2008 年 12 月 31 日，http://www.bsm.org.cn/show_article.php?id=923。

大衛大衛：〈清華簡《參不韋》初讀〉13 樓，武漢大學簡帛論壇網，2022 年 11 月 25 日。

子　居：〈清華簡《厚父》解析〉，清大網，2015 年 4 月 28 日，http://www.ctwx.tsinghua.edu.cn/publish/cetrp/6831/2015/20150428171432545304531/20150428171432545304531_.html。

子　居：〈清華簡十一〈五紀〉解析（之一）〉〉，中國先秦史網，2022 年 1 月 10 日，http://www.360doc.com/content/22/0110/00/34614342_1012596317.shtml。

子　居：〈清華簡十二《參不韋》解析（一）〉，先秦史論壇網，2022 年 12 月 18 日，http://www.360doc.com/content/22/1218/14/34614342_1060696094.shtml。

子　居：〈清華簡十二《參不韋》解析（二）〉，先秦史論壇網，2023 年 1 月 6 日，

子　居：〈清華簡十二《參不韋》解析（二）〉，先秦史論壇網，2023 年 1 月 6 日，http://www.360doc.com/content/23/0106/18/34614342_1062756466.shtml。

子　居：〈清華簡十二《參不韋》解析（三）〉，先秦史論壇網，2023 年 2 月 4 日，http://www.360doc.com/content/23/0204/21/34614342_1066215816.shtml。

子　居：〈清華簡十二《參不韋》解析（四）〉，先秦史論壇網，2023 年 3 月 1 日，http://www.360doc.com/content/23/0301/20/34614342_1070024448.shtml。

子　居：〈清華簡十二《參不韋》解析（六）〉，先秦史論壇網，2023 年 4 月 29 日，http://www.360doc.com/content/23/0429/20/34614342_1078653460.shtml。

不求甚解：〈清華簡《參不韋》初讀〉124 樓，武漢大學簡帛論壇網，2022 年 12 月 9 日。

不求甚解：〈清華簡《參不韋》初讀〉141 樓，武漢大學簡帛論壇網，2022 年 12 月 11 日。

不求甚解：〈清華簡《參不韋》初讀〉145 樓，武漢大學簡帛論壇網，2022 年 12 月 11 日。

天　亡：〈清華簡《參不韋》初讀〉192 樓，武漢大學簡帛論壇網，2023 年 4 月 24 日。

天　亡：〈清華簡《參不韋》初讀〉194 樓，武漢大學簡帛論壇網，2023 年 6 月 22 日。

心　包：〈清華簡《參不韋》初讀〉67 樓，武漢大學簡帛論壇網，2022 年 12 月 4 日。

心　包：〈清華簡《參不韋》初讀〉72 樓，武漢大學簡帛論壇網，2022 年 12 月 4 日。

文若水：〈清華簡《參不韋》初讀〉146 樓，武漢大學簡帛論壇網，2022 年 12 月 11 日。

王子楊：〈釋甲骨文中的「阱」字〉，復旦大學出土文獻與古文字研究中心網，2019 年 10 月 21 日，https://www.fdgwz.org.cn/Web/Show/4470。

王　勇：〈清華簡《參不韋》釋讀小議八則〉，武漢大學簡帛網，2023 年 6 月 19 日，http://m.bsm.org.cn/?chujian/9070.html。

王　寧：〈清華簡《厚父》句詁〉，復旦大學出土文獻與古文字研究中心網，2015 年 1 月 28 日，https://fdgwz.org.cn/Web/Show/2439。

王　寧：〈清華簡《參不韋》初讀〉49 樓，武漢大學簡帛論壇網，2022 年 12 月 3 日。

王　寧：〈清華簡《參不韋》初讀〉101 樓，武漢大學簡帛論壇網，2022 年 12 月

7日。

王　寧：〈清華簡《參不韋》初讀〉104樓，武漢大學簡帛論壇網，2022年12月7日。

王　寧：〈清華簡《參不韋》初讀〉125樓，武漢大學簡帛論壇網，2022年12月9日。

王　寧：〈清華簡《參不韋》初讀〉131樓，武漢大學簡帛論壇網，2022年12月10日。

王　寧：〈清華簡《參不韋》初讀〉132樓，武漢大學簡帛論壇網，2022年12月10日。

王　寧：〈清華簡《參不韋》初讀〉135樓，武漢大學簡帛論壇網，2022年12月10日。

王　寧：〈清華簡《參不韋》初讀〉137樓，武漢大學簡帛論壇網，2022年12月11日。

王　寧：〈清華簡《參不韋》初讀〉138樓，武漢大學簡帛論壇網，2022年12月11日。

王　寧：〈清華簡《參不韋》初讀〉144樓，武漢大學簡帛論壇網，2022年12月11日。

王　寧：〈清華簡《參不韋》初讀〉148樓，武漢大學簡帛論壇網，2022年12月12日。

王　寧：〈清華簡《參不韋》初讀〉156樓，武漢大學簡帛論壇網，2022年12月14日。

王　寧：〈清華簡《參不韋》初讀〉162樓，武漢大學簡帛論壇網，2022年12月16日。

王　寧：〈清華簡《參不韋》初讀〉180樓，武漢大學簡帛論壇網，2022年12月27日。

王　寧：〈清華簡《參不韋》初讀〉186樓，武漢大學簡帛論壇網，2023年1月19日。

王　寧：〈讀《湯在啻門》散札〉，復旦大學出土文獻與古文字研究中心網，2015年5月6日，http://fdgwz.org.cn/Web/Show/2513#_ednref12。

北　齋：〈清華簡《參不韋》初讀〉198樓，武漢大學簡帛論壇網，2023年8月31日。

好好學習：〈清華簡《參不韋》初讀〉11樓，武漢大學簡帛論壇網，2022年10

好好學習：〈清華簡《參不韋》初讀〉23 樓，武漢大學簡帛論壇網，2022 年 11 月 29 日。

汗天山：〈清華簡《參不韋》初讀〉166 樓，武漢大學簡帛論壇網，2022 年 12 月 24 日。

汗天山：〈清華簡《參不韋》初讀〉167 樓，武漢大學簡帛論壇網，2022 年 12 月 24 日。

汗天山：〈清華簡《參不韋》初讀〉168 樓，武漢大學簡帛論壇網，2022 年 12 月 24 日。

汗天山：〈清華簡《參不韋》初讀〉169 樓，武漢大學簡帛論壇網，2022 年 12 月 24 日。

汗天山：〈清華簡《參不韋》初讀〉170 樓，武漢大學簡帛論壇網，2022 年 12 月 24 日。

汗天山：〈清華簡《參不韋》初讀〉171 樓，武漢大學簡帛論壇網，2022 年 12 月 24 日。

汗天山：〈清華簡《參不韋》初讀〉172 樓，武漢大學簡帛論壇網，2022 年 12 月 24 日。

汗天山：〈清華簡《參不韋》初讀〉173 樓，武漢大學簡帛論壇網，2022 年 12 月 24 日。

汗天山：〈清華簡《參不韋》初讀〉174 樓，武漢大學簡帛論壇網，2022 年 12 月 24 日。

江勝信：〈驚世「清華簡」〉，文匯報，2016 年 10 月 9 日，https://www.tsinghua.edu.cn/info/1175/20102.htm。

至木齋：〈《說文解字》第 774 課：細說「幾」字，在現代，它簡化成了「几」，這真的好嗎？〉，個人圖書館：千萬人在用的知識管理與分享平台，2024 年 3 月 13 日，http://www.360doc.com/content/24/0313/08/52981219_1117010463.shtml。

但夢逍遙：〈清華簡《參不韋》初讀〉12 樓，武漢大學簡帛論壇網，2022 年 11 月 25 日。

但夢逍遙：〈清華簡《參不韋》初讀〉15 樓，武漢大學簡帛論壇網，2022 年 11 月 26 日。

宋華強：〈《鄭子家喪》「滅光」試解〉，武漢大學簡帛網，2009 年 6 月 12 日，

　　　　http://m.bsm.org.cn/?chujian/5281.html。
李　　銳：〈讀《季康子問於孔子》箚記〉，孔子 2000 網，2006 年 2 月 26 日，http://www.confucius2000.com/admin/list.asp?id=2272。
李天虹：〈小議《繫年》「先建」〉，武漢大學簡帛網，2012 年 6 月 14 日，http://www.bsm.org.cn/show_article.php?id=1710。
李松儒：〈上博八《王居》、《志書乃言》校讀〉30 樓，復旦大學出土文獻與古文字研究中心網，2011 年 7 月 23 日，https://www.fdgwz.org.cn/Web/Show/1595。
李然編：〈「清華簡」發現罕見先秦佚籍〉，新華網，2022 年 11 月 29 日，http://big5.news.cn/gate/big5/www.xinhuanet.com/culturepro/20221129/b87ce4267df14d3ba7113afbed7de80f/c.html。
沈之傑：〈讀《上博七·君人者何必然哉》箚記一則〉，復旦大學出土文獻與古文字研究中心網，2009 年 1 月 2 日，https://www.fdgwz.org.cn/Web/Show/594。
肖大心：〈《參不韋》第一段試解（一）〉，復旦大學出土文獻與古文字研究中心網學術討論區，2022 年 12 月 11 日，http://www.fdgwz.org.cn/forum/forum.php?mod=viewthread&tid=25042。
肖大心：〈《清華大學藏戰國竹簡》（拾貳）《三不違》研讀〉1 樓，復旦大學出土文獻與古文字研究中心網學術討論區，2022 年 12 月 1 日，http://www.fdgwz.org.cn/forum/forum.php?mod=viewthread&tid=25041&extra=page%3D1。
肖大心：〈《清華大學藏戰國竹簡》（拾貳）《三不違》研讀〉2 樓，復旦大學出土文獻與古文字研究中心網學術討論區，2022 年 12 月 1 日，http://www.fdgwz.org.cn/forum/forum.php?mod=viewthread&tid=25041&extra=page%3D1。
肖大心：〈《清華大學藏戰國竹簡》（拾貳）《三不違》研讀〉3 樓，復旦大學出土文獻與古文字研究中心網學術討論區，2022 年 12 月 1 日，http://www.fdgwz.org.cn/forum/forum.php?mod=viewthread&tid=25041&extra=page%3D1。
邢　　文：〈清華簡《程寤》釋文所見祭禮問題〉，武漢大學簡帛網，2011 年 1 月 9 日，http://www.bsm.org.cn/show_article.php?id=1374。
奈我何：〈清華五《厚父》初讀〉36 樓，武漢大學簡帛論壇，2015 年 4 月 20 日，http://m.bsm.org.cn/forum/forum.php?mod=viewthread&tid=3245&extra=&page=4。
奈我何：〈清華五《厚父》初讀〉73 樓，武漢大學簡帛論壇，2015 年 5 月 23 日，http://m.bsm.org.cn/forum/forum.php?mod=viewthread&tid=3245&extra=&pag

e=8。

孟蓬生：〈《三德》零詁（二則）〉，武漢大學簡帛網，2006 年 2 月 28 日，http://www.bsm.org.cn/show_article.php?id=247。

抱　小：〈說《參不韋》之「幾（機）速如湄」〉，復旦大學出土文獻與古文字研究中心網，2022 年 12 月 8 日，http://www.fdgwz.org.cn/Web/Show/10972。

抱　小：〈釋清華簡《四告》篇中的一個同義複詞〉，復旦大學出土文獻與古文字研究中心網，2020 年 12 月 1 日，http://www.fdgwz.org.cn/Web/Show/4705。

枕　松：〈清華簡《參不韋》初讀〉25 樓，武漢大學簡帛論壇網，2022 年 11 月 29 日。

林清源：〈傳抄古文「示」部疏證十九則〉，2020 年 10 月 10 日，http://www.gwz.fudan.edu.cn/Web/Show/4657。

哇　那：〈清華簡《參不韋》初讀〉134 樓，武漢大學簡帛論壇網，2022 年 12 月 10 日。

哇　那：〈清華簡《參不韋》初讀〉139 樓，武漢大學簡帛論壇網，2022 年 12 月 11 日。

哇　那：〈清華簡《參不韋》初讀〉149 樓，武漢大學簡帛論壇網，2022 年 12 月 12 日。

哇　那：〈清華簡《參不韋》初讀〉153 樓，武漢大學簡帛論壇網，2022 年 12 月 12 日。

哇　那：〈清華簡《參不韋》初讀〉155 樓，武漢大學簡帛論壇網，2022 年 12 月 14 日。

為　學：〈清華簡《參不韋》初讀〉199 樓，武漢大學簡帛論壇網，2023 年 11 月 7 日。

香　光：〈清華簡《參不韋》「害」字小議〉，復旦大學出土文獻與古文字研究中心網，2024 年 12 月 18 日，http://www.fdgwz.org.cn/Web/Show/11226。

夏立秋：〈嬭加編鐘銘文補釋〉，復旦大學出土文獻與古文字研究中心網，2019 年 8 月 9 日，https://www.fdgwz.org.cn/Web/Show/4453。

海　天：〈曾侯 71 的萇字〉1 樓，復旦大學出土文獻與古文字研究中心網學術討論區，2013 年 6 月 3 日，http://www.fdgwz.org.cn/forum/forum.php?mod=viewthread&tid=6274。

海天遊蹤：〈安大簡《詩經》初讀〉5 樓，2019 年 9 月 24 日，http://m.bsm.org.cn/forum/forum.php?mod=viewthread&tid=12687。

海天遊蹤：〈清華簡《參不韋》初讀〉51 樓，武漢大學簡帛論壇網，2022 年 12 月 4 日。

海天遊蹤：〈清華簡《參不韋》初讀〉57 樓，武漢大學簡帛論壇網，2022 年 12 月 4 日。

海天遊蹤：〈清華簡《參不韋》初讀〉58 樓，武漢大學簡帛論壇網，2022 年 12 月 4 日。

海天遊蹤：〈清華簡《參不韋》初讀〉84 樓，武漢大學簡帛論壇網，2022 年 12 月 5 日。

高佑仁：〈也談《君人者何必安哉》的「望」字〉，復旦大學出土文獻與古文字研究中心網，2009 年 1 月 15 日，https://www.fdgwz.org.cn/Web/Show/659。

高佑仁：〈釋《鄭子家喪》的「滅嚴」〉，復旦大學出土文獻與古文字研究中心網，2009 年 1 月 14 日，https://www.fdgwz.org.cn/Web/Show/657。

尉侯凱：〈《從政》箋釋一則〉，武漢大學簡帛網，2018 年 5 月 9 日，http://www.bsm.org.cn/show_article.php?id=3078。

尉侯凱：〈說「退」、「後」〉，武漢大學簡帛網，2019 年 10 月 9 日，http://www.bsm.org.cn/show_article.php?id=3433。

張文成：〈《參不韋》札記一則〉，武漢大學簡帛網，2022 年 12 月 3 日，http://m.bsm.org.cn/?chujian/8869.html。

曹方向：〈讀清華簡《厚父》短札〉，武漢大學簡帛網，2015 年 4 月 11 日，http://www.bsm.org.cn/show_articlc.php?id=2190。

曹金華：〈《封許之命》研讀札記（一）〉6 樓，復旦大學出土文獻與古文字研究中心網，2015 年 4 月 18 日，https://www.fdgwz.org.cn/Web/Show/2500。

陳　偉：〈讀《清華竹簡〔伍〕》札記（三則）〉，武漢大學簡帛網，2015 年 4 月 11 日，http://www.bsm.org.cn/show_article.php?id=2189。

陳　劍：〈簡談安大簡中幾處攸關《詩》之原貌原義的文字錯訛〉，武漢大學簡帛網，2019 年 10 月 8 日，http://www.bsm.org.cn/show_article.php?id=3429。

陳　劍：〈簡談對金文「蔑懋」問題的一些新認識〉，復旦大學出土文獻與古文字研究中心網，2017 年 5 月 5 日，https://www.fdgwz.org.cn/Web/Show/3039。

陳　劍：〈《清華簡（伍）》與舊說互證兩則〉，復旦大學出土文獻與古文字研究中心網，2015 年 4 月 14 日，https://www.fdgwz.org.cn/Web/Show/2494。

陳　劍：〈簡談《繫年》的「戩」和楚簡部分「嗇」字當釋讀為「捷」〉，復旦大學出土文獻與古文字研究中心網，2013 年 1 月 16 日，https://www.fdgwz.or

g.cn/Web/Show/1996。

陳　劍：〈上博楚簡《容成氏》與古史傳說〉，復旦大學出土文獻與古文字研究中心網，2003 年 11 月 15 日，https://fdgwz.org.cn/Web/Show/479。

陳　劍：〈上博簡《容成氏》的拼合與編連問題〉，簡帛研究網，2003 年 1 月 7 日（目前網站已關閉）。

魚在藻：〈清華簡《參不韋》初讀〉32 樓，武漢大學簡帛論壇網，2022 年 12 月 1 日。

魚在藻：〈清華簡《參不韋》初讀〉35 樓，武漢大學簡帛論壇網，2022 年 12 月 1 日。

魚在藻：〈清華簡《參不韋》初讀〉59 樓，武漢大學簡帛論壇網，2022 年 12 月 4 日。

魚游春水：〈清華五《厚父》初讀〉9 樓，武漢大學簡帛論壇，2015 年 4 月 10 日，http://m.bsm.org.cn/forum/forum.php?mod=viewthread&tid=3245。

富　祥：〈《厚父》簡 1「朕」字臆說〉，武漢大學簡帛網，2015 年 4 月 28 日，http://www.bsm.org.cn/show_article.php?id=2221。

復旦大學出土文獻與古文字研究中心讀書會：〈《邦家之政》集釋〉，復旦大學出土文獻與古文字研究中心網，2019 年 3 月 24 日，https://www.fdgwz.org.cn/Web/Show/4407。

復旦大學出土文獻與古文字研究中心研究生讀書會：〈清華簡《皇門》研讀札記〉評論區，2011 年 1 月 6 日，https://www.fdgwz.org.cn/Web/Show/1345。

復旦大學出土文獻與古文字研究中心研究生讀書會：〈《上博七‧鄭子家喪》校讀〉，復旦大學出土文獻與古文字研究中心網，2008 年 12 月 31 日，http://www.fdgwz.org.cn/Web/Show/584。

無　痕：〈清華簡《參不韋》初讀〉96 樓，武漢大學簡帛論壇網，2022 年 12 月 6 日。

無　痕：〈清華簡《參不韋》初讀〉97 樓，武漢大學簡帛論壇網，2022 年 12 月 6 日。

無　痕：〈清華簡《參不韋》初讀〉99 樓，武漢大學簡帛論壇網，2022 年 12 月 6 日。

無　語：〈釋《周公之琴舞》中的「彝」字〉，武漢大學簡帛網，2013 年 1 月 16 日，http://www.bsm.org.cn/show_article.php?id=1813。

程　浩：〈清華簡《兩中》的夏啟繼位傳說〉，中國社會科學報國家社科基金專刊，

2024 年 12 月 17 日，http://www.nopss.gov.cn/n1/2024/1217/c458484-40383958.html。

紫竹道人：〈〈舉治王天下〉初讀〉58 樓，武漢大學簡帛網，2013 年 1 月 12 日，http://www.bsm.org.cn/forum/forum.php?mod=viewthread&tid=3026&extra=&page=6。

紫竹道人：〈清華簡《參不韋》初讀〉70 樓，武漢大學簡帛論壇網，2022 年 12 月 4 日。

紫竹道人：〈清華簡《參不韋》初讀〉73 樓，武漢大學簡帛論壇網，2022 年 12 月 4 日。

華東師大：〈讀《清華大學藏戰國竹簡（伍）》書後（一）〉，武漢大學簡帛網，2015 年 4 月 12 日，http://www.bsm.org.cn/show_article.php?id=2195。

董　珊：〈讀《上博七》雜記（一）〉，復旦大學出土文獻與古文字研究中心網，2008 年 12 月 31 日，https://www.fdgwz.org.cn/Web/Show/585。

黃　傑：〈再讀清華簡（叁）《周公之琴舞》筆記〉，武漢大學簡帛網，2013 年 1 月 14 日，http://www.bsm.org.cn/show_article.php?id=1809。

黃國輝：〈清華簡《厚父》補釋一則〉，武漢大學簡帛網，2015 年 4 月 30 日，http://m.bsm.org.cn/?chujian/6395.html。

馮勝君、于夢欣：〈有關戰國竹書文字存古現象的幾個問題〉，個人圖書館網，2025 年 4 月 15 日，http://www.360doc.com/content/25/0415/14/85671624_1151297910.shtml。

鄔可晶：〈談談清華簡《兩中》的「涗」〉，復旦大學出土文獻與古文字研究中心網，2024 年 12 月 22 日，http://www.fdgwz.org.cn/Web/Show/11230。

趙　彤：〈利用古文字資料考訂幾個上古音問題〉，復旦大學出土文獻與古文字研究中心網，2008 年 3 月 23 日，http://fdgwz.org.cn/Web/Show/384。

趙曉斌：〈據清華簡《參不韋》校《墨子》一則〉，武漢大學簡帛網，2022 年 10 月 1 日，http://m.bsm.org.cn/?chujian/8802.html。

劉洪濤：〈讀上博竹書《天子建州》箚記〉，武漢大學簡帛網，2007 年 7 月 12 日，http://www.bsm.org.cn/show_article.php?id=612。

暮四郎：〈清華五《厚父》初讀〉32 樓，武漢大學簡帛論壇，2015 年 4 月 18 日，http://m.bsm.org.cn/forum/forum.php?mod=viewthread&tid=3245&extra=&page=4。

暮四郎：〈清華五《厚父》初讀〉7 樓，武漢大學簡帛論壇，2015 年 4 月 10 日，

http://m.bsm.org.cn/forum/forum.php?mod=viewthread&tid=3245。

潘　燈：〈清華簡《參不韋》初讀〉9 樓，武漢大學簡帛論壇網，2022 年 10 月 19 日。

潘　燈：〈清華簡《參不韋》初讀〉10 樓，武漢大學簡帛論壇網，2022 年 10 月 19 日。

潘　燈：〈清華簡《參不韋》初讀〉107 樓，武漢大學簡帛論壇網，2022 年 12 月 7 日。

潘　燈：〈清華簡《參不韋》初讀〉108 樓，武漢大學簡帛論壇網，2022 年 12 月 7 日。

潘　燈：〈清華簡《參不韋》初讀〉175 樓，武漢大學簡帛論壇網，2022 年 12 月 24 日。

潘　燈：〈清華簡《參不韋》初讀〉176 樓，武漢大學簡帛論壇網，2022 年 12 月 24 日。

潘　燈：〈清華簡《參不韋》初讀〉177 樓，武漢大學簡帛論壇網，2022 年 12 月 24 日。

潘　燈：〈清華簡《參不韋》初讀〉178 樓，武漢大學簡帛論壇網，2022 年 12 月 24 日。

潘　燈：〈清華簡《參不韋》初讀〉179 樓，武漢大學簡帛論壇網，2022 年 12 月 26 日。

潘　燈：〈清華簡《參不韋》初讀〉185 樓，武漢大學簡帛論壇網，2023 年 1 月 14 日。

蔡　偉：〈釋「百凵旨身鯩鱛」〉，復旦大學出土文獻與古文字研究中心網，2013 年 1 月 14 日，https://fdgwz.org.cn/Web/Show/1993。

質量復位：〈清華簡《參不韋》初讀〉17 樓，武漢大學簡帛論壇網，2022 年 11 月 27 日。

質量復位：〈清華簡《參不韋》初讀〉24 樓，武漢大學簡帛論壇網，2022 年 11 月 29 日。

質量復位：〈清華簡《參不韋》初讀〉27 樓，武漢大學簡帛論壇網，2022 年 11 月 30 日。

質量復位：〈清華簡《參不韋》初讀〉29 樓，武漢大學簡帛論壇網，2022 年 11 月 30 日。

質量復位：〈清華簡《參不韋》初讀〉30 樓，武漢大學簡帛論壇網，2022 年 11

月 30 日。
質量復位：〈清華簡《參不韋》初讀〉33 樓，武漢大學簡帛論壇網，2022 年 12 月 1 日。
質量復位：〈清華簡《參不韋》初讀〉39 樓，武漢大學簡帛論壇網，2022 年 12 月 2 日。
質量復位：〈清華簡《參不韋》初讀〉46 樓，武漢大學簡帛論壇網，2022 年 12 月 3 日。
質量復位：〈清華簡《參不韋》初讀〉115 樓，武漢大學簡帛論壇網，2022 年 12 月 8 日。
質量復位：〈清華簡《參不韋》初讀〉184 樓，武漢大學簡帛論壇網，2022 年 12 月 30 日。
質量復位：〈清華簡《參不韋》初讀〉189 樓，武漢大學簡帛論壇網，2023 年 3 月 11 日。
激流震川 2.0：〈清華簡《參不韋》初讀〉14 樓，武漢大學簡帛論壇網，2022 年 11 月 26 日。
激流震川 2.0：〈清華簡《參不韋》初讀〉16 樓，武漢大學簡帛論壇網，2022 年 11 月 26 日。
激流震川 2.0：〈清華簡《參不韋》初讀〉36 樓，武漢大學簡帛論壇網，2022 年 12 月 2 日。
鮑彥東、薛孟佳：〈清華簡《參不韋》與《洪範》合證〉，武漢大學簡帛網，2022 年 10 月 18 日，http://m.bsm.org.cn/?chujian/8813.html。
鮑彥東、薛孟佳：〈據《逸周書・史記》補證清華簡《參不韋》〉，武漢大學簡帛網，2022 年 10 月 18 日，http://www.bsm.org.cn/?chujian/8812.html。
鮑彥東、薛孟佳：〈清華簡《參不韋》「唯昔方有洪」新解〉，復旦大學出土文獻與古文字研究中心網，2022 年 10 月 5 日，http://www.fdgwz.org.cn/Web/Show/10954。
謝亦章：〈清華簡《參不韋》初讀〉121 樓，武漢大學簡帛論壇網，2022 年 12 月 7 日。
謝明文：〈陳喜壺銘文補釋〉，復旦大學出土文獻與古文字研究中心網，2022 年 1 月 28 日，http://fdgwz.org.cn/Web/Show/8878#_edn48。
翻滾的魚：〈清華簡《參不韋》初讀〉31 樓，武漢大學簡帛論壇網，2022 年 11 月 30 日。

翻滾的魚：〈清華簡《參不韋》初讀〉93 樓，武漢大學簡帛論壇網，2022 年 12 月 5 日。

翻滾的魚：〈清華簡《參不韋》初讀〉159 樓，武漢大學簡帛論壇網，2022 年 12 月 15 日。

賴怡璇：〈《清華拾貳・參不韋》試釋一則〉，武漢大學簡帛網，2025 年 5 月 6 日，http://m.bsm.org.cn/?chujian/9666.html。

蘇建洲：〈談清華七《越公其事》簡三的幾個字〉，復旦大學出土文獻與古文字研究中心網，2017 年 5 月 20 日，https://www.fdgwz.org.cn/Web/Show/3050。

蘇建洲：〈《封許之命》研讀札記（一）〉，復旦大學出土文獻與古文字研究中心網，2015 年 4 月 18 日，https://www.fdgwz.org.cn/Web/Show/2500。

蘇建洲：〈初讀清華三《周公之琴舞》、《良臣》札記〉，武漢大學簡帛網，2013 年 1 月 18 日，http://www.bsm.org.cn/show_article.php?id=1821。

蘇建洲：〈上博八《王居》、《志書乃言》校讀〉27 樓，復旦大學出土文獻與古文字研究中心網，2011 年 7 月 20 日，https://www.fdgwz.org.cn/Web/Show/1595。

蘇建洲：〈戰國文字「殷」字補釋〉，復旦大學出土文獻與古文字研究中心網站，2011 年 6 月 30 日，https://www.fdgwz.org.cn/Web/Show/1574。

蘇建洲：〈《郭店・語叢二》簡 3「襄」字考〉，復旦大學出土文獻與古文字研究中心網，2010 年 3 月 7 日，https://www.fdgwz.org.cn/Web/Show/1100。

翳　堂：〈清華簡《參不韋》初讀〉52 樓，武漢大學簡帛論壇網，2022 年 12 月 4 日。

（二）書籍資料

丁四新：〈新出儒家簡牘文獻及其研究〉，《孔子研究》2023 年第 4 期，頁 111-123。

丁福保編纂：《說文解字詁林》，北京：中華書局，1988 年。

刁俊豪、黃靜靜：〈說宜侯夨簋銘文中的𠂤字〉，《簡帛》第二十七輯，上海：上海古籍出版社，2023 年，頁 7-13。

上海大學古代文明研究中心，清華大學思想文化研究所編：《上博館藏戰國楚竹書研究》，上海：上海書店出版社，2002 年。

于省吾：《雙劍誃殷契駢枝；雙劍誃殷契駢枝續編；雙劍誃殷契駢枝三編》，北京：

中華書局，2009 年。

于省吾：〈釋古文字中附劃因聲指事字的一例〉，《甲骨文字釋林》，北京：中華書局，1979 年，頁 445-463。

于省吾：《甲骨文字釋林》，北京：中華書局，1979 年。

于省吾：《雙劍誃諸子新證》，北京：中華書局，1962 年。

于　茀：《簡帛書籍敘錄》，北京：社會科學文獻出版社，2024 年。

于　凱：〈上博楚簡《容成氏》疏箚九則〉，《上博館藏戰國楚竹書研究續編》，上海：上海書店出版社，2004 年，頁 379-390。

于夢欣：〈從文字形體的角度看清華簡〈四告〉的書手和底本〉，《中國文字》二〇二二年夏季號 總第七期，臺北：萬卷樓圖書股份有限公司，2022 年，頁 217-248。

于夢欣：〈試說楚簡文字字形與時代劃分問題——以新蔡葛陵簡為例〉，《文史》2023 年第 4 期，頁 25-44。

王獻唐：〈釋每美〉，《中國文字》35 期，臺北：臺灣大學中國文學系編印，1969 年，頁 3933-3936。

中國社會科學語言研究所古代漢語研究室編：《古代漢語虛詞詞典》，北京：商務印書館，1999 年。

中國社會科學院考古研究所編：《殷周金文集成》，北京：中華書局，1984 年。

王子楊：〈釋甲骨文中的「阱」字〉，《文史》2017 年第 2 期，頁 5-15。

王永昌：《清華簡文字與晉系文字對比研究》，長春：吉林大學漢語言文字學博士論文，2018 年。

王恩田編：《陶文圖錄》，濟南：齊魯書社，2006 年。

王國維：《古史新證——王國維最後的講義》，北京：清華大學出版社，1994 年。

王國維撰；黃永年校點：《古本竹書紀年輯校》，瀋陽：遼寧教育出版社，1997 年。

王　晶、余芬藍：《漢字與刑法》，廣州：暨南大學出版社，2017 年。

王　輝：〈一粟居讀簡記（十五）〉，《第二屆簡牘學與出土文獻語言文字研究學術研討會論文集》，蘭州：西北師範大學，2023 年 8 月 4-7 日，頁 475-484。

古育安：《戰國時代的古史記憶——虞夏之際篇》，臺北：萬卷樓圖書股份有限公司，2019 年。

田　煒：〈秦楚之際古文的特徵及相關資料的甄別〉，《中央研究院歷史語言研究所集刊》第九十五本第四分，頁 597-651。

田　煒：〈論秦始皇「書同文字」政策的內涵及影響——兼論判斷出土秦文獻文

本年代的重要標尺〉,《中央研究院歷史語言研究所集刊》第八十九本第三分,頁 403-450。

申　浪:〈清華簡《五紀》《參不韋》具有陰陽家思想特徵〉,《中國社會科學報》,2023 年 2 月 8 日。

白於藍:《簡帛古書通假字大系》,福州:福建人民出版社,2017 年。

白於藍:《戰國秦漢簡帛古書通假字彙纂》,福州:福建人民出版社,2012 年。

石小力:〈清華簡《兩中》的治政思想與夏初歷史〉,《文物》2024 年第 10 期,頁 76-79。

石小力:〈清華簡《參不韋》概述〉,《文物》2022 年第 9 期,頁 52-55。

石小力:〈據《參不韋》說「罰」字的一種異體〉,《出土文獻》2022 年第 4 期,上海:中西書局,2022 年,頁 29-33。

石磊譯注:《商君書》,北京:中華書局,2011 年

安平秋、張傳璽分史主編:《漢書》,上海:漢語大詞典出版社,2004 年。

安徽大學漢字發展與應用研究中心編;黃德寬、徐在國主編:《安徽大學藏戰國竹簡・二》,上海:中西書局,2022 年。

安徽大學漢字發展與應用研究中心編;黃德寬、徐在國主編:《安徽大學藏戰國竹簡・一》,上海:中西書局,2019 年。

朱曉雪:《包山楚簡綜述》,福州:福建人民山版社,2013 年。

何琳儀:《戰國文字通論（訂補）》,上海:上海世紀出版股份有限公司、上海古籍出版社,2017 年。

何琳儀:《戰國古文字典:戰國文字聲系》,北京:中華書局,1998 年。

何　寧:《淮南子集釋》,北京:中華書局,1998 年。

何樂士、敖鏡浩、王克仲、麥梅翹、王海棻:《古代漢語虛詞通釋》,北京:北京出版社 ,1985 年。

余嘉錫:《古書通例》,上海:上海古籍出版社,1985 年。

吳良寶、羅運兵:〈雲夢鄭家湖銘文銅鼎初識〉,《中國青州古文字與古代文明論壇論文集》,青州:中國文字學會、清華大學出土文獻研究與保護中心、中共青州市委、青州市人民政府主辦,青州市博物館、山東九宮,2023 年 8 月 11-13 日,頁 96-101。

吳樹平、馮曉林注譯:《全注全譯史記》,天津:天津古籍出版社,1997 年。

呂亞虎:《出土簡帛文獻與數術信仰研究》,北京:中國社會科學出版社,2024 年。

呂宗力：《漢代的謠言》修訂版，成都：四川人民出版社，2023年。

呂宗力：《中國歷代官制大辭典・修訂版》，北京：商務印書館，2015年。

宋亞雯：《清華簡中的非典型楚文字因素問題研究》，上海：復旦大學中國語言文學系碩士論文，2016年。

宋華強：《新蔡葛陵楚簡初探》，武漢：武漢大學出版社，2010年。

李天虹：〈楚簡文字形混同、混訛舉例〉，《江漢考古》2005年第3期，頁83-87。

李存山：〈反思經史關係：從「啟攻益」說起〉，《中國社會科學》2003年第3期，頁75-85。

李守奎、曲冰、孫偉龍編著：《上海博物藏戰國楚竹書（一——五）文字編》，北京：作家出版社，2007年。

李守奎、賈連翔、馬楠編：《包山楚簡文字全編》，上海：上海古籍出版社，2012年。

李守奎：〈釋㠯距末與楚帛書中的「方」字〉，《漢語言文字研究・第一輯》，上海：上海古籍出版社，2015年，頁119-124。

李守奎：《楚文字編》，上海：華東師範大學出版社，2003年。

李孝定：《甲骨文字集釋》，臺北：中央研究院歷史語言研究所，1970年。

李宗焜編：《甲骨文字編》，北京：中華書局，2012年。

李松儒：〈清華七《子犯子餘》與《趙簡子》等篇字迹研究〉，《出土文獻》第十五輯，上海：中西書局，2019年，頁177-192。

李松儒：〈清華簡《五紀》的書寫情況研究〉，《第二屆古文字與出土文獻青年學者西湖論壇論文集》，杭州：中國美術學院主辦，2023年5月26-27日，頁167-181。

李松儒：〈清華簡中的特殊書手群及相關問題研究〉，《文史》2025年第1輯，頁5-29。

李松儒：〈清華簡中的特殊書手群及相關問題研究〉，《首屆出土文獻語言文字研究國際學術研討會論文集》，彰化：彰化師範大學國文學系、成功大學中國文學系、臺灣出土文獻研讀會主辦，2022年12月17-18日，頁327-335。

李松儒：〈試析《繫年》中的一詞多形現象〉，《「出土文獻與學術新知」學術研討會暨出土文獻青年學者論壇論文集》，長春：吉林大學古籍研究所、出土文獻與中國古代文明研究協同創新中心主辦，2015年8月21-22日，頁81-98。

李松儒：《戰國簡帛字迹研究：以上博簡為中心》，上海：上海古籍出版社，2015年。

李家浩：〈南越王墓車馹虎節銘文考釋──戰國符節銘文研究之四〉，《容庚先生百年誕辰紀念文集》，廣州：廣東人民出版社，1998 年，頁 662-671。

李家浩：〈談古代的酒器鏳〉，《古文字研究》第 24 輯，北京：中華書局，2002 年，頁 454-458。

李家浩：〈關於郭店竹書《六德》「仁類蔑而速」一段文字的釋讀〉，《出土文獻研究》第 10 輯，北京：中華書局，2011 年，頁 42-55。

李海霞：《漢語動物命名考釋》，成都：巴蜀書社，2005 年。

李　零〈上博楚簡古書叢鈔（局部）〉，《出土文獻》2025 年第 1 期，上海：中西書局，2025 年，頁 1-7。

李　零：〈西周金文中的「蔑曆」即古書中的「伐矜」〉，《出土文獻》第八輯，上海：中西書局，2016 年，頁 54-55。

李　零：《人往低處走：《老子》天下第一》，北京：生活‧讀書‧新知三聯書店，2014 年。

李　零：《郭店楚簡校讀記：增訂本》，北京：中國人民大學出版社，2007 年。

李　零：《簡帛古書與學術源流》，北京：生活‧讀書‧新知三聯書店，2004 年。

李　零：〈讀《楚系簡帛文字編》〉，《出土文獻研究》第五集，北京：科學出版社，1999 年，頁 139-162。

李　零：《李零自選集》，桂林：廣西師範大學出版社，1998 年。

李滌生：《荀子集釋》，臺北：臺灣學生書局，1979 年。

李　銳：〈《尚書》類文獻《參不韋》與夏啟繼位的合法性〉，《史學史研究》2023 年第 3 期，頁 109-113。

李學勤：〈清華簡《厚父》與《孟子》引《書》〉，《深圳大學學報（人文社會科學版）》2015 年第 3 期，頁 33-34。

李學勤：《初識清華簡》，上海：中西書局，2013 年。

李學勤：〈清華簡九篇綜述〉，《文物》2010 年第 5 期，頁 51-57。

李學勤：〈清華簡整理工作的第一年〉，《清華大學學報（哲學社會版）》2009 年第 5 期，頁 5-6。

李學勤：《簡帛佚籍與學術史》，南昌：江西教育出版社，2001 年。

李學勤主編，賈建翔、沈建華編：《清華大學藏戰國竹簡（柒──玖）文字編》，上海：中西書局，2020 年。

李學勤主編，賈建翔、沈建華編：《清華大學藏戰國竹簡（肆──陸）文字編》，上海：中西書局，2017 年。

李學勤主編，沈建華、賈建翔編：《清華大學藏戰國竹簡（壹——參）文字編》，上海：中西書局，2014年。

李學勤主編，詹子慶著：《夏史與夏代文明》，上海：上海科學技術文獻出版社，2007年。

李學勤主編、清華大學出土文獻研究與保護中心編：《清華大學藏戰國竹簡·捌》，上海：中西書局，2018年。

李學勤主編、清華大學出土文獻研究與保護中心編：《清華大學藏戰國竹簡·柒》，上海：中西書局，2017年。

李學勤主編、清華大學出土文獻研究與保護中心編：《清華大學藏戰國竹簡·陸》，上海：中西書局，2016年。

李學勤主編、清華大學出土文獻研究與保護中心編：《清華大學藏戰國竹簡·伍》，上海：中西書局，2015年。

李學勤主編、清華大學出土文獻研究與保護中心編：《清華大學藏戰國竹簡·肆》，上海：中西書局，2013年。

李學勤主編、清華大學出土文獻研究與保護中心編：《清華大學藏戰國竹簡·參》，上海：中西書局，2012年。

李學勤主編、清華大學出土文獻研究與保護中心編：《清華大學藏戰國竹簡·貳》，上海：中西書局，2011年。

李學勤主編、清華大學出土文獻研究與保護中心編：《清華大學藏戰國竹簡·壹》，上海：中西書局，2010年。

李學勤主編：《字源》，天津：天津古籍出版社，2012年。

杜　勇：〈清華簡與夏史重建〉，《中原文化研究》2024年第2期，頁5-12。

沈　培：〈古文字「遺」、「送」原本同形說〉，《古文字與出土文獻學術研討會論文集》，北京：北京大學中國語言文學系、北京大學出土文獻與古代文明研究所主辦，2023年11月18-19日，頁186-198。

沈　培：〈說清華簡《五紀》中關於占卜的一段話〉，《首屆出土文獻語言文字研究國際學術研討會論文集》，彰化：彰化師範大學國文學系、成功大學中國文學系、臺灣出土文獻研讀會主辦，2022年12月17-18日，頁1-9。

周　波：《戰國時代各系文字間的用字差異現象研究》，北京：線裝書局，2013年。

季旭昇：〈兕字賸義〉，《孔壁遺文二集》，新北市：花木蘭文化事業有限公司，2023年，頁1-10。

季旭昇：〈兒字賸義〉,「騰訊會議」演講，鄭州：漢字文明傳承傳播與教育研究中心、鄭州大學漢字文明研究中心、鄭州大學文學院主辦，2022 年 11 月 5 日。

季旭昇、高佑仁主編：《《上海博物館藏戰國楚竹書（九）》讀本》，臺北：萬卷樓圖書股份有限公司，2017 年。

季旭昇：《說文新證》，臺北：藝文印書館股份有限公司，2014 年。

季旭昇：《說文新證》，福州：福建人民出版社，2010 年。

季旭昇主編：《《上海博物館藏戰國楚竹書（四）讀本》，臺北：萬卷樓圖書股份有限公司，2007 年。

季旭昇主編；陳霖慶，鄭玉姍，鄒濬智合選：《《上海博物館藏戰國楚竹書（一）》讀本》，北京：北京大學出版社，2009 年。

季旭昇主編；陳慧玲、連德榮、李綉玲合撰：《《上海博物館藏戰國楚竹書（三）讀本》，臺北：萬卷樓圖書股份有限公司，2005 年。

季旭昇主編；陳霖慶，鄭玉姍，鄒濬智合選：《《上海博物館藏戰國楚竹書（一）》讀本》，臺北：萬卷樓圖書股份有限公司，2004 年。

季旭昇主編；陳美蘭，蘇建洲，陳嘉凌合選：《《上海博物館藏戰國楚竹書（二）》讀本》，臺北：萬卷樓圖書股份有限公司，2003 年。

宗福邦、陳世鐃、蕭海波主編：《故訓匯纂》，北京：商務印書館，2003 年。

岳曉峰：《楚簡訛混字形研究》，杭州：浙江大學古文字學博士論文，2015 年。

林清源：〈傳抄古文「示」部疏證十九則〉，《成大中文學報》第六十四期（2019 年），頁 99-138。

林　澐：〈新版《金文編》正文部分釋字商榷〉，《中國古文字研究會第八屆年會論文集》，1990 年，頁 1-11。

金俊秀：《《上海博物館藏戰國楚竹書（四）》疑難字研究》，臺北縣：花木蘭文化出版社，2008 年。

俞敏監修，謝紀鋒編纂：《虛詞詁林》，哈爾濱：黑龍江人民出版社，1992 年。

故宮博物院編：《古璽彙編》，北京：文物出版社，1994 年二刷。

柳　洋、李立鵬：〈清華（八）《邦家之政》風格及分域問題初探〉，《中國書法報》2020 年 8 月 4 日第 007 版。

范群雄編：《古本竹書紀年輯校訂補》，上海：上海人民出版社，1962 年。

唐　蘭：《唐蘭先生金文論集》，北京：紫禁城出版社，1995 年。

夏含夷：〈想要與致使：四論周代「由／思」字用法和意思〉，《古文字與中華文

明國際學術研討會論壇論文集》，北京：清華大學主辦，清華大學出土文獻研究與保護中心、古文字工程秘書處承辦，2023 年 10 月 21-22 日，頁 15-39。

孫飛燕：《上博簡《容成氏》文本整理及研究》，北京：中國社會科學出版社，2014 年。

孫慶偉：〈啟、益之爭與禪讓的實質〉，《中原文化研究》2018 年第 1 期，頁 65-72。

容　庚編著，張振林、馬國權摹補：《金文編》，北京：中華書局，1985 年。

徐元誥撰；王樹民、沈長雲點校：《國語集解》，北京：中華書局，2002 年。

徐在國：〈談楚文字中的「兒」〉，《中原文化研究》2017 年第 5 期，頁 10-12。

徐在國編：《傳抄古文字編》，北京：線裝書局，2006 年。

荊門市博物館編：《郭店楚墓竹簡》，北京：文物出版社，1998 年。

袁金平：〈曾侯與編鐘銘「遣命南公」補議〉，中國文字學會第九屆學術年會議程主辦、中國文字學會承辦：《中國文字學會第九屆學術年會論文集》，貴陽：貴州師範大學，2017 年 8 月 19-20 日，頁 895-900。

袁金平：《新蔡葛陵楚簡字詞研究》，合肥：安徽大學漢語言文字學博士論文，2007 年。

馬文增：〈清華簡《五紀》「唯昔方有洪」章釋義——兼及《五紀》的作者、性質問題〉，《地域文化研究》2023 年第 2 期，頁 100-104。

馬承源主編：《上海博物館藏戰國楚竹書（九）》，上海：上海古籍出版社，2012 年。

馬承源主編：《上海博物館藏戰國楚竹書（八）》，上海：上海古籍出版社，2011 年。

馬承源主編：《上海博物館藏戰國楚竹書（七）》，上海：上海古籍出版社，2008 年。

馬承源主編：《上海博物館藏戰國楚竹書（六）》，上海：上海古籍出版社，2007 年。

馬承源主編：《上海博物館藏戰國楚竹書（五）》，上海：上海古籍出版社，2005 年。

馬承源主編：《上海博物館藏戰國楚竹書（四）》，上海：上海古籍出版社，2004 年。

馬承源主編：《上海博物館藏戰國楚竹書（三）》，上海：上海古籍出版社，2003 年。

馬承源主編：《上海博物館藏戰國楚竹書（二）》，上海：上海古籍出版社，2002 年。

馬承源主編：《上海博物館藏戰國楚竹書（一）》，上海：上海古籍出版社，2001 年。

馬敘倫：《說文解字六書疏證》，上海：上海書店，1985 年。

馬　楠：〈清華簡《參不韋》所見早期官制初探〉，《文物》2022 年第 9 期，頁 56-58。

馬　楠：〈清華簡《厚父》〉，《出土文獻》第六輯，上海：中西書局，2015 年，

頁 224-228。

馬　楠：〈清華簡第五冊補釋六則〉,《出土文獻》第六輯,上海：中西書局,2015 年,頁 224-228。

馬　楠：〈清華簡第一冊補釋〉,《中國史研究》2011 年第 1 期,頁 93-98。

高　亨：《周易大傳今注》,濟南：齊魯書社,1979 年。

高　亨編：《古字通假會典》,濟南：齊魯書社,1989 年。

高佑仁：〈嚴倉楚墓竹簡校讀札記〉,《第三十六屆中國文字學國際學術研討會論文集》,臺南：國立臺南大學國語文學系、中國文字學會主辦,2025 年 5 月 2-3 日,頁 411-421。

高佑仁：《清華柒《越公其事》研究》,臺北：萬卷樓圖書股份有限公司,2023 年。

高佑仁：《《清華伍》書類文獻研究》,臺北：萬卷樓圖書股份有限公司,2018 年。

高佑仁：《上博楚簡莊、靈、平三王研究》,臺南：國立成功大學中國文學系博士論文,2011 年。

高明註：《大戴禮記今註今譯》,臺北：臺灣商務印書館股份有限公司,1977 年二版。

高榮鴻：《上博楚簡論語類文獻疏證》,臺中：國立中興大學中國文學系博士論文,2013 年。

尉侯凱：〈也談安大簡《羔羊》中的「後人自公」〉,《簡帛》第二十六輯,上海：上海古籍出版社,2023,頁 65-73。

崔富章、李大明主編：《楚辭集校集釋》,武漢：湖北教育出版社,2002 年。

常玉芝：《商代宗教祭祀》,北京：中國社會科學出版社,2010 年。

張大可、趙生群等著：《史記文獻與編纂學研究》,北京：華文出版社,2005 年。

張文成：〈讀清華簡札記二則〉,《第二屆戰國文字研究青年學者論壇會議論文集》,合肥：安徽大學漢字發展與應用研究中心,2023 年 11 月 17-19 日,頁 304-313。

張世超：《殷墟甲骨字迹研究‧𠂤組卜辭篇》,長春：東北師範大學出版社,2002 年。

張玉金：〈卜辭中的「🖐」為「由」字說〉,《20 世紀甲骨語言學》附錄三,上海：學林出版社,2003 年,頁 425-428。

張玉春等：《呂氏春秋譯注》,哈爾濱：黑龍江人民出版社,2004 年。

張光裕主編：《郭店楚簡研究　第一卷　文字編》,臺北：藝文印書館,1999 年。

張　峰：《楚文字訛書研究》,上海：上海古籍出版社,2016 年。

張　峰：《楚系簡帛文字訛書研究》，長春：吉林大學文學院博士論文，2012 年。

張振謙：《齊魯文字編》，北京：學苑出版社，2014 年。

張富海：《古文字與上古音論稿》，上海：上海古籍出版社，2021 年。

張富海：〈清華簡字詞補釋三則〉，《古文字研究》第三十一輯，北京：中華書局，2016 年，頁 351-354。

張富海：〈讀清華簡《說命》小識〉，《「簡帛文獻與古代史 學術研討會暨第二屆出土文獻青年學者論壇論文集》，上海：復旦大學歷史學系、復旦大學出土文獻與古文字研究中心主辦，2013 年 10 月 19-20 日，頁 73-76。

張新俊：〈清華簡《參不韋》字詞釋讀三則〉，《簡牘學與出土文獻研究》第 4 輯，北京：商務印書館，2024 年，頁 14-25。

張新俊：〈清華簡《叁不韋》字詞釋讀三則）〉，《第二屆簡牘學與出土文獻語言文字研究學術研討會論文集》，蘭州：西北師範大學，2023 年 8 月 4-7 日，頁 694-703。

張新俊、張勝波：《新蔡葛陵楚簡文字編》，成都：巴蜀書社，2008 年。

張　儒、劉毓慶：《漢字通用聲素研究》，太原：山西古籍出版社，2002 年。

張　覺校注：《吳越春秋》，長沙：岳麓書社，2006 年。

曹　峰：《上博楚簡思想研究》，臺北：萬卷樓圖書股份有限公司，2006 年。

畢秀潔編：《商代金文全編》，北京：作家出版社，2012 年。

許　可：〈試論清華簡第五輯中的「彞」字及「夷吾」氏的由來〉，《出土文獻》第十二輯，上海：中西書局，2018 年，頁 142-143。

許嘉璐分史主編：《後漢書》，上海：漢語大詞典出版社，2004 年。

許維遹：《呂氏春秋集釋》，北京：北京中國書店，1985 年。

郭永秉：〈清華簡《繫年》抄寫時代之估測——兼從文字形體角度看戰國楚文字區域性特徵形成的複雜過程〉，《文史》2016 年第 3 期，頁 5-42。

郭永秉：〈論清華簡《厚父》應為《夏書》之一篇〉，《出土文獻》第七輯，上海：中西書局，2015 年，頁 118-132。

郭永秉：《古文字與古文獻論集續編》，上海：上海古籍出版社，2015 年。

郭永秉：《帝系新研：楚地出土戰國文獻中的傳說時代古帝王系統研究》，北京：北京大學出版社，2008 年。

郭沫若：《兩周金文辭大系》，北京：科學出版社，1957 年。

郭沫若：《郭沫若全集　考古編　第一卷》，北京：科學出版社，1982 年。

郭理遠：〈嬭加編鐘銘文補釋〉，《中國文字》二〇一九年冬季號 總第二期，臺北：

萬卷樓圖書股份有限公司，2019 年，頁 109-125。

陳亞新：《災害與兩漢社會研究》，上海：上海人民出版社，2004 年。

陳秉新：〈害即胡簋之胡本字說〉，《安徽大學漢語言文字研究叢書·陳秉新卷》，合肥：安徽大學出版社，2015 年，頁 69-75。

陳柏華、魏宏燦：〈夏啟其人新論〉，《文學前沿》2007 年 00 期，頁 16-26。

陳　哲：《戰國秦漢聲符叢考》，廣州：中山大學中國語言文學系博士論文，2024 年。

陳書豪：〈楚簡中的「盟」「團壺」和「華壺」——兼談東周曾楚青銅壺的自名〉，《簡帛》第二十七輯，上海：上海古籍出版社，2023 年，頁 15-34。

陳　偉：〈新蔡楚簡零釋〉，《華學》第六輯，北京：紫禁城出版社，2003 年，頁 95-98。

陳　偉：〈《鄂君啟節》之「鄂」地探討〉，《江漢考古》1986 年第 2 期，頁 88-90。

陳偉主編：《楚地出土戰國簡冊〔十四種〕》，北京：經濟科學出版社，2009 年。

陳偉武：〈一簡之內同字異用與異字同用〉，《愈愚齋磨牙二集：古文字與古文獻研究叢稿》，上海：中西書局，2018 年，頁 28-40。

陳復華、何九盈：《古韻通曉》，北京：中國社會科學出版社，1987 年。

陳斯鵬，石小力，蘇清芳：《新見金文字編》，福州：福建人民出版社，2012 年。

陳斯鵬：《古文字學論稿》，合肥：安徽大學出版社，2008 年。

陳斯鵬：《簡帛文獻與文學考論》，廣州：中山大學出版社，2007 年。

陳夢家：《陳夢家學術論文集》，北京：中華書局，2016 年。

陳　劍：〈據天回簡「莬」形補說「兜」字源流〉，《中國簡帛學國際論壇二〇二三新出土戰國秦漢簡牘文獻研究論文集》，武漢：武漢大學簡帛研究中心、芝加哥大學顧立雅中國古文字學中心、香港浸會大學饒宗頤國學院，2023 年 10 月 24-25 日，頁 295-309。

陳　劍：〈據出土文獻表「虐」「傲」等詞的用字情況說古書中幾處相關校讀問題〉，《出土文獻與古文字研究》第八輯，上海：上海古籍出版社，2019 年，頁 298-319。

陳　劍：〈簡談安大簡中幾處攸關《詩》之原貌原義的文字錯訛〉，《中國文字》二〇一九年冬季號 總第二期，臺北：萬卷樓圖書股份有限公司，2019 年，頁 11-18。

陳　劍：〈清華簡與《尚書》字詞合證零札〉，《出土文獻與中國古代文明：李學勤先生八十壽誕紀念論文集》，上海：中西書局，2016 年，頁 211-220。

陳　　劍：〈簡談《繫年》的「𢦏」和楚簡部分「嗇」字當釋讀爲「捷」〉,《安徽大學學報（哲學社會科學版）》2013 年第 6 期,頁 67-70。

陳　　劍：《戰國竹書論集》,上海：上海古籍出版社,2013 年。

陳　　劍：〈釋「屮」〉,《出土文獻與古文字研究》第三輯,上海：上海復旦出版社,2010 年,頁 1-89。

陳　　劍：《甲骨金文考釋論集》,北京：線裝書局,2007 年。

陳縈萱：《上博楚竹書（七）、（八）文字構形研究》,臺北：國立臺灣大學中國文學系碩士論文,2014 年。

單育辰：《佔畢隨錄》,上海：上海古籍出版社,2024 年。

單育辰：《甲骨文所見動物研究》,上海：上海古籍出版社,2020 年。

單育辰：《新出楚簡《容成氏》研究》,北京：中華書局,2016 年。

單育辰：〈「蝌蚪文」譚〉,《出土文獻研究》第十三輯,上海：中西書局,2014 年,第 90-96 頁。

單育辰：〈甲骨文所見的動物之「麋」〉,《出土文獻》第四輯,上海：中西書局,2013 年,頁 108-114。

復旦大學出土文獻與古文字研究中心編撰：《出土文獻與古文字教程》,上海：中西書局,2024 年。

湖北省文物考古研究所、北京大學中文系：《九店楚簡》,北京：中華書局,2000 年。

湯志彪編：《三晉文字編》,北京,作家出版社,2013 年。

湯餘惠：《戰國文字編》,福州：福建人民出版社,2001 年。

程少軒：〈論左塚漆盤所見「水」字當讀為「準」〉,《古文字研究》第三十三輯,北京：中華書局,2020 年,頁 236-240。

程　　浩：〈談談楚文字中「癹」的幾種用法〉,《第三屆古文字與出土文獻青年學者西湖論壇論文集》,浙江：中國美術學院主辦,2025 年 5 月 17-18 日,頁 67-72。

程　　浩：〈談談楚文字中「癹」的幾種用法〉,《復旦大學出土文獻與古文字研究中心成立 20 周年紀念大會暨出土文獻與古文字研究國際學術研討會論文集》,上海：復旦大學出土文獻與古文字研究中心主辦,2025 年 3 月 29-30 日,頁 2-8。

程　　浩：〈論清華簡中的「依托」之作〉,《古史系統與古史重建研討會論文集》,北京：北京師範大學歷史學院主辦,2022 年 10 月 29-30 日,頁 233-250。

程　浩：〈清華簡《參不韋》中的夏代史事〉，《文物》2022 年第 9 期，頁 64-67。

程　浩：〈清華簡第十二輯整理報告拾遺〉，《出土文獻》2022 年第 4 期，上海：中西書局，2022，頁 25-28。

程　浩：《有為言之：先秦「書」類文獻的源與流》，北京：中華書局，2021 年。

程　浩：〈「書」類文獻辨析〉，《出土文獻》第八輯，上海：中西書局，2016 年，頁 139-145。

程　浩：〈清華簡《厚父》「周書」說〉，《出土文獻》第五輯，上海：中書西局，2014 年，頁 145-147。

程　燕：〈談楚文字中的「亞」字〉，《安徽大學學報（哲學社會科學版）》2017 年第 5 期，頁 91-93。

程　燕：《望山楚簡文字編》，北京：中華書局，2007 年。

馮勝君、于夢欣：〈有關戰國竹書文字存古現象的幾個問題〉，《Bamboo and Silk》第 7 卷第 1 期，2024 年，頁 53-74。

馮勝君：《清華簡《尚書》類文獻箋釋》，上海：上海古籍出版社，2022 年。

黃一村：〈談談《楚居》文字的書寫特徵〉，《出土文獻研究》第二十一輯，上海：中西書局，2022 年，頁 81-93。

黃一村：〈談談清華簡《參不韋》中的特殊文本特徵〉，《第二屆古文字與出土文獻青年學者西湖論壇論文集》，杭州：中國美術學院主辦，2023 年 5 月 26-27 日，頁 182-188。

黃　杰：〈試釋清華簡《參不韋》「共禦」兼議《五紀》「降魯」〉，《復旦大學出土文獻與古文字研究中心成立 20 周年紀念大會暨出土文獻與古文字研究國際學術研討會論文集》，上海：復旦大學出土文獻與古文字研究中心主辦，2025 年 3 月 29-30 日，頁 69-75。

黃庭頎：《北歌南風：近出曾國青銅器銘文綜合研究》，臺北：國立政治大學政大出版社，2024 年。

黃國輝：〈清華簡〈厚父〉新探〉，《出土文獻與先秦經史國際學術研討會論文集》上冊，香港：香港大學中文學院主辦、香港中文大學歷史系中國歷史研究中心協辦，2015 年 10 月 16-17 日，頁 241-258。

黃　暉：《論衡校釋》，北京：中華書局，1990 年。

黃德寬：〈說清華簡《昭后》用作「昭」「兆」的兩個新見字──兼及《昭后》3-4 號簡一段文字的訓釋〉，《西南大學漢語言文獻研究所建所 40 周年紀念會暨古文字與古文獻國際學術研討會論文集》，重慶：西南大學漢語言文獻研

究所主辦，中希文明互鑒中心協辦，2024 年 11 月 15-18 日，頁 229-234。

黃德寬：〈清華簡《三不韋》「贏明」解——兼說金文中的「燊明」〉，《出土文獻》2022 年第 4 期，上海：中西書局，2022 年，頁 1-15。

黃德寬：《古文字譜系疏證》，北京：商務印書館，2007 年。

黃德寬主編、清華大學出土文獻研究與保護中心編：《清華大學藏戰國竹簡・拾肆》，上海：中西書局，2024 年。

黃德寬主編、清華大學出土文獻研究與保護中心編：《清華大學藏戰國竹簡・拾參》，上海：中西書局，2023 年。

黃德寬主編、清華大學出土文獻研究與保護中心編：《清華大學藏戰國竹簡・拾貳》，上海：中西書局，2022 年。

黃德寬主編，清華大學出土文獻研究與保護中心編：《清華大學藏戰國竹簡・拾壹》，上海：中西書局，2021 年。

黃德寬主編，清華大學出土文獻研究與保護中心編：《清華大學藏戰國竹簡・拾》，上海：中西書局，2020 年。

黃德寬主編，清華大學出土文獻研究與保護中心編：《清華大學藏戰國竹簡・玖》，上海：中西書局，2019 年。

黃德寬主編；徐在國副主編；徐在國，程燕，張振謙編：《戰國文字字形表》，上海：上海古籍出版社，2017 年。

黃德寬主編；徐在國副主編；江學旺編：《西周文字字形表》，上海：上海古籍出版社，2017 年。

黃德寬主編；徐在國副主編；夏大兆編：《商代文字字形表》，上海：上海古籍出版社，2017 年。

黃德寬主編；徐在國副主編；吳國昇編：《春秋文字字形表》，上海：上海古籍出版社，2017 年。

黃德寬主編；徐在國副主編；單曉偉編：《秦文字字形表》，上海：上海古籍出版社，2017 年。

黃德寬主編：《古文字譜系疏證》，北京：商務印書館，2007 年。

楊伯峻：《春秋左傳注（修訂本）》，北京：中華書局，1995 年。

楊伯峻譯注：《孟子譯注》，北京：中華書局，1988 年。

楊　衒、陳民鎮：〈從清華簡看陰陽家與儒家的交匯〉，《中國社會科學報》，2023 年 5 月 15 日。

楊　棟：〈清華簡《厚父》所見夏代傳說〉，《民俗研究》2020 年第 1 期，頁 78-

82。

楊　華：〈中國古墓為何隨葬書籍〉,《嶺南學報・復刊第十輯,出土文獻:語言、古史與思想》,上海:上海古籍出版社,2018 年,頁 187-209。

楊澤生：〈談清華簡《厚父》篇比較特殊的斜畫飾筆〉,《戰國文字研究的回顧與展望國際學術研討會論文集》,上海:復旦大學出土文獻與古文字研究中心,2015 年 12 月 12-13 日,頁 334-338。

楊錫璋、商煒主編；中國社會科學院考古研究所編著：《中國考古學・夏商卷》,北京:中國社會科學出版社,2003 年。

葉曉茹：〈清華簡《參不韋》新見字形疏證五則〉,《中國文字》二〇二四年夏季號 總第十一期,臺北:萬卷樓圖書股份有限公司,2024 年,頁 195-213。

董蓮池：《新金文編(上中下)》,北京:作家出版社,2011 年。

裘錫圭：〈出土文獻與古典學重建〉,《出土文獻與古典學重建論集》,上海:中西書局,2018 年,頁 13-37。

裘錫圭：〈出土文獻與古典學重建〉,《出土文獻》第四輯,上海:中西書局,2013 年,頁 1-18。

裘錫圭：〈從郭店簡《性自命出》的「室性者故也」說到《孟子》的「天下之言性也」章〉,《裘錫圭學術文集・簡牘帛書卷》,上海:復旦大學出版社,2012 年,頁 378-388。

裘錫圭：〈說「去」「今」〉,《裘錫圭學術文集・金文及其他古文字卷》,上海:復旦大學出版社,2012 年,頁 418-421。

裘錫圭：〈談談隨縣曾侯乙墓的文字資料〉,《裘錫圭學術文集・金文及其他古文字卷》,上海:復旦大學出版社,2012 年,頁 345-357。

裘錫圭：〈說「夜爵」〉,《裘錫圭學術文集・簡牘帛書卷》,上海:復旦大學出版社,2012 年,頁 535-539。

裘錫圭：〈釋殷墟甲骨文裏的「遠」「𤟭」(邇)及有關諸字〉,《裘錫圭學術文集・甲骨文卷》,上海:復旦大學出版社,2012 年。

裘錫圭：〈釋戰國楚簡中的「𠭯」字〉,《裘錫圭學術文集・簡牘帛書卷》,上海:復旦大學出版社,2012 年,頁 456-464。

裘錫圭：〈說「夜爵」〉,《出土文獻》第二輯,上海:中西書局,2011 年,頁 17-21。

解惠全、崔永琳、鄭天一編：《古書虛詞通解》,北京:中華書局,2008 年。

詹鄞鑫：〈釋甲骨文「彝」字〉,《華夏考:詹鄞鑫文字訓詁論集》,北京:中華書

局，2006 年，頁 227-237。

詹鄞鑫：《神靈與祭祀——中國傳統宗教綜論》，南京：江蘇古籍出版社，1992 年。

賈連翔：〈守正與變易之間：「同卷異寫」現象的發現與古書底本特色判定方法的反思〉，《文史》2025 年第 1 輯，頁 30-50。

賈連翔：〈守正與變易之間：「同卷異寫」現象的發現與古書底本特色判定方法的反思〉，《古文字與中華文明國際學術研討會論壇論文集》，北京：清華大學主辦，清華大學出土文獻研究與保護中心、古文字工程秘書處承辦，2023 年 10 月 21-22 日，頁 451-471。

賈連翔：〈清華簡《參不韋》的禱祀及有關思想問題〉，《文物》2022 年第 9 期，頁 60-63。

賈連翔：〈跳出文本讀文本：據書手特點釋讀《參不韋》的幾處疑難文句〉，《出土文獻》2022 年第 4 期，上海：中西書局，2022 年，頁 16-24。

賈連翔：〈談清華簡所見書手字跡和文字修改現象〉，《簡帛研究・2015・秋冬卷》，桂林：廣西師範大學出版社，2015 年，頁 38-52。

鄔可晶：〈出土《詩經》文獻所見異文選擇〉，《出土文獻與古文字研究》第十輯，上海：上海古籍出版社，2022 年，頁 137-158。

鄔可晶：〈讀《清華大學藏戰國竹簡（玖）》札記〉，《簡帛》第二十三輯，上海：上海古籍出版社，2021 年，頁 95-112。

鄔可晶：〈說「回」〉，《中國文字》二〇一九年冬季號 總第二期，臺北：萬卷樓圖書股份有限公司，2019 年，頁 61-78。

鄔可晶：〈說「回」〉，《「古文字與出土文獻」青年學者論壇論文集》，長春：吉林大學古籍研究所、吉林大學中國古文字研究中心主辦，2019 年 9 月 21-23 日，頁 168-184。

鄔可晶：〈談談清華簡《程寤》的「望承」〉，《出土文獻》第十輯，上海：中西書局，2017 年，頁 110-118。

鄔可晶：〈《上博（九）・舉治王天下》「文王訪之於尚父舉治」篇編連小議〉，《中國文字》新三十九期，臺北：藝文印書館股份有限公司，2013 年，頁 89-106。

鄔可晶：〈釋上博楚簡中的所謂「逐」字〉，《簡帛研究 2012》，桂林：廣西師範大學出版社，2013 年，頁 20-33。

鄔國義，胡果文，李曉路：《國語譯注》，上海：上海古籍出版社，2017 年。

漢語大字典編輯委員會編纂：《漢語大字典：九卷本》，武漢：湖北長江出版集團・

崇文書局；成都：四川出版集團・四川辭書出版社，2010 年。

漢語大詞典編輯委員會、漢語大詞典編纂處：《漢語大詞典：十三卷本》，上海：漢語大詞典出版社，1986-1994 年。

睡虎地秦墓竹簡整理小組：《睡虎地秦墓竹簡》，北京：文物出版社，1990 年。

裴彥士：〈清華簡《參不韋》的書寫過程與文本構成探析〉，《古文字與中華文明國際學術研討會論壇論文集》，北京：清華大學主辦，清華大學出土文獻研究與保護中心、古文字工程秘書處承辦，2023 年 10 月 21-22 日，頁 685-698。

趙平安：〈清華簡《五紀》《參不韋》與齊「徒鹽之璽」〉，《復旦學報（社會科學版）》2024 年第 3 期，頁 85-89。

趙平安：〈「達」字新證〉，《古文字與中華文明國際學術研討會論壇論文集》，北京：清華大學主辦，清華大學出土文獻研究與保護中心、古文字工程秘書處承辦，2023 年 10 月 21-22 日，頁 1075-1089。

趙平安：〈先秦秦漢時代的訛字問題〉，《澳門漢字學會第八屆年會暨慶祝曾憲通先生米壽學術研討會論文集》，佛山：澳門漢字學會、中山大學古文字研究所、中山大學中國語言文學系主辦，2022 年 8 月 6-7 日，頁 18-24。

趙平安：〈清華簡《四告》的文本形態及其意義〉，《文物》2020 年第 9 期，頁 73-74。

趙平安：〈試說「邇」的一種異體及其來源〉，《上古音與古文字研究的整合國際研討會論文集》，澳門、香港：澳門大學中國語言文學系、香港浸會大學饒宗頤國學院主辦，2017 年 7 月 15-17 日，頁 71-78。

趙平安：〈談談戰國文字中值得注意的一些現象——以清華簡《厚父》為例〉，《出土文獻與古文字研究》第 6 輯，上海：上海古籍出版社，2015 年，頁 303-309。

趙平安：《新出簡帛與古文字古文獻研究》，北京：商務印書館，2009 年。

趙　彤：〈利用古文字資料考訂幾個上古音問題〉，《語言研究的務實與創新——慶祝胡明揚教授八十華誕學術論文集》，北京：外語教學與研究出版社，2004 年，頁 397-406。

趙國華：〈清華簡《四告》中一字形對應多詞現象探析〉，《殷都學刊》2022 年第 1 期，頁 85-89。

劉信芳：《出土簡帛宗教神話文獻研究》，合肥：安徽大學出版社，2014 年。

劉信芳：《楚簡帛通假彙釋》，北京：高等教育出版社，2011 年。

劉洪濤：《形體特點對古文字考釋重要性研究》，北京：商務印書館，2019 年。

劉洪濤：〈談古文字中用作「察、淺、竊」之字的考釋〉，《古文字研究》第 30 輯，北京：中華書局，2014 年，頁 315-319。

劉起釪注譯：《全注全譯史記》，天津：天津古籍出版社，1997 年。

劉　釗、陳　聰：〈清華簡《參不韋》訓釋雜說〉，《簡牘學與出土文獻研究》第 2 輯，北京：商務印書館，2023 年，頁 26-39。

劉　釗：〈說字解詞——莧與莧〉，《辭書研究》2024 年第 3 期，頁 119-124。

劉　釗：〈談甲骨文「鑿」字的一種用法〉，《書馨集續編》，上海：中西書局，2018 年，頁 66-71。

劉　釗：《古文字構形學》，福州：福建人民出版社，2006 年。

劉　釗主編：《新甲骨文編》增訂本，福州：福建人民出版社，2014 年。

劉國忠：《簡帛有聲：出土簡帛的文獻學研究》，北京：清華大學出版社，2024 年。

劉國忠：〈清華簡與古代文史研究〉，《文書檔案中的歷史》，北京：清華大學出版社，2024 年，頁 25-43。

劉國忠：《走近清華簡》，北京：高等教育出版社，2011 年。

劉　翔、陳　抗、陳初生、董琨編著，李學勤審訂：《商周古文字讀本》，北京：語文出版社，1989 年。

劉繼剛：《中國災害通史‧先秦卷》，鄭州：鄭州大學出版社，2008 年。

潘　英：《中國上古國名地名辭彙及索引》，臺北：明文書局，1986 年。

蔡一峰：〈清華簡《兩中》研讀瑣記七則〉，《第二屆出土文獻語言文字學術研討會論文集》，彰化：臺灣出土文獻研讀會主辦，2025 年 4 月 25-26 日，頁 291-296。

蔡一峰：〈說「更」——從清華簡《參不韋》「更」字談起〉，《古文獻研究》第十一輯，南京：鳳凰出版社，2024 年，頁 42-50。

蔡一峰：〈說「更」——從清華簡《參不韋》「更」字談起〉，《古文字與上古音整合研究：慶賀白一平先生七秩晉五華誕國際學術研討會論文集》，杭州：西湖大學「藝術考古與歷史語言」來國龍研究所主辦，2024 年 3 月 9-10 日，頁 122-126。

蔡一峰：〈釋清華簡《參不韋》的「符」字〉，《第二屆古文字與出土文獻青年學者西湖論壇論文集》，杭州：中國美術學院主辦，2023 年 5 月 26-27 日，頁 189-196。

蔡一峰：〈清華簡《參不韋》新見「符」字考釋〉，《中山大學學報（社會科學版）》

2023 年第 6 期，頁 118-123。

蔡一峰：〈「害」字新證〉，《古漢語研究》2017 年第 1 期，頁 84-90。

蔣書紅：《金文動詞性義項集註》，廣州：暨南大學出版社，2019 年。

諸祖耿編撰：《戰國策集注匯考：增補本》，南京：鳳凰出版社，2008 年。

禤健聰：《戰國楚系簡帛用字習慣研究》，北京：科學出版社，2017 年。

賴怡璇：〈《清華拾貳・參不韋》「五形則」章試釋〉，《第三十六屆中國文字學國際學術研討會論文集》，臺南：國立臺南大學國語文學系、中國文字學會主辦，2025 年 5 月 2-3 日，頁 439-450。

賴怡璇：〈《參不韋》特殊字形來源研究〉，《第二屆「出土文獻語言文字研究」學術研討會論文集》，彰化：臺灣出土文獻研讀會主辦，2025 年 4 月 26-27 日。

賴怡璇：〈試論《清華拾貳・參不韋》兩例存古文字〉，《中國文字》二〇二四年冬季號 總第十二期，臺北：萬卷樓圖書股份有限公司，2024 年 12 月，頁 225-240。

賴怡璇：〈《上博六・孔子見季桓子》「仁人之道與邪民之行」組字詞考釋〉，《第三十三屆中國文字學國際學術研討會論文集》，臺北：輔仁大學、中國文字學會主辦，2022 年 5 月 28-29 日，頁 527-536。

賴怡璇：〈試論《清華拾貳・參不韋》兩例存古文字〉，臺南：國立成功大學中國文學系主辦：「東亞文明國際學術研討會」，2024 年 5 月 26-27 日。

賴怡璇：〈《清華伍・厚父》考釋二則〉，《中國文字》二〇二三年夏季號 總第九期，臺北：萬卷樓圖書股份有限公司，2023 年，頁 143-155。

賴怡璇：《戰國楚簡詞典（文書卷）》，臺北市：萬卷樓圖書股份有限公司，2022 年。

賴怡璇：〈葛陵簡用字習慣與特殊字形考察〉，《簡帛研究》二〇一九年（秋冬卷），桂林：廣西師範大學出版社，2020 年，頁 52-57。

賴怡璇：〈《清華伍・厚父》疑難字詞考釋與相關問題研究〉，《2017 經學與文化全國學術研討會論文集》，臺中：國立中興大學中國文學系，2017 年 12 月 8 日，頁 81-94。

賴怡璇：《戰國楚簡周武王相關文獻疏證》，臺中：國立中興大學中國文學系博士論文，2016 年。

賴怡璇：《《楚地出土戰國簡冊〔十四種〕》校訂》，新北市：花木蘭文化出版社，2012 年。

遲鐸集釋：《小爾雅集釋》，北京：中華書局，2008 年。

謝文博：〈論甲骨文「由」「古」二字之本義及相關問題〉，《紀念甲骨文發現 12

5周年國際學術研討會——暨慶祝古代史研究所建所 70周年、山東博物館建館 70周年會議論文集》,濟南:中國社會科學院古代史研究所、中國社會科學院甲骨學殷商史研究中心、山東博物館主辦,2024年7月26-28日,頁 79-95。

謝明文:〈說𤰇與蔑〉,《出土文獻》第八輯,上海:中西書局,2016年,頁 15-29。

謝明文:〈說「𠾅」及其相關之字〉,《饒宗頤國學院院刊》第三期 2016年5月,頁 1-15。

謝明文:〈讀《清華簡(參)》札記二則《簡帛》第十二輯,上海:上海世紀出版股份有限公司、上海古籍出版社,2016年,頁 35-42。

謝浩范、朱迎平譯注:《管子全譯》,貴陽:貴州人民出版社,1996年。

盧海霞、陳雙新:〈「咸劉」釋義新證及相關問題〉,《中國文字研究》第四十輯,上海:華東師範大學出版社,2024年,頁 154-159。

韓兆琦譯注:《史記》,北京:中華書局,2010年。

韓勝偉:〈東周「彝」字形體考論〉,《中國文字》二○二一年夏季號 總第五期,臺北:萬卷樓圖書股份有限公司,2021年,頁 283-305。

顏世鉉:〈包山楚簡釋地八則〉,《中國文字》新廿二期,臺北:藝文印書館,1997年,頁 223-248。

羅雲君:《清華簡《參不韋》整理與研究》,長春:東北師範大學博士論文,2024年。

羅新慧:〈《容成氏》、《唐虞之道》與戰國時期禪讓學說〉,《齊魯學刊》2003年第6期,頁 104-107。

蘇建洲:〈楚文字中舊釋為「冥」之字再議〉,《古文字與出土文獻學術研討會》,北京:北京大學中國語言文學系、北京大學出土文獻與古代文明研究所,2023年11月18-19日,頁 93-109。

蘇建洲:〈再談清華簡《良臣》、《子產》的人名——「蔑明」〉,《中國文字》二○二二年冬季號 總第八期,臺北:萬卷樓圖書股份有限公司,2022年,頁 15-29。

蘇建洲:〈論清華簡《攝命》「伯攝」的身份及相關問題〉,《漢學研究》41卷4期,頁 109-153。

蘇建洲:〈論清華簡《攝命》「伯攝」的身份及相關問題〉,《首屆出土文獻語言文字研究國際學術研討會論文集》,彰化:彰化師範大學國文學系、成功

大學中國文學系、臺灣出土文獻研讀會主辦，2022 年 12 月 17-18 日，頁 223-253。

蘇建洲：〈《上博五·弟子問》研究〉，《中央研究院歷史語言所集刊》83 本 2 分，頁 185-241。

蘇建洲：《楚文字論集》，臺北：萬卷樓圖書股份有限公司，2011 年。

蘇建洲：〈清華簡第五冊字詞考釋〉，《出土文獻》第七輯，上海：中西書局，2015 年，頁 145-158。

蘇建洲：〈釋戰國時期的幾個「蔑」字〉，《古文字研究》第 30 輯，北京：中華書局，2014 年，頁 290-295。

蘇建洲、吳雯雯、賴怡璇合著：《清華二〈繫年〉集解》，臺北市：萬卷樓圖書股份有限公司，2013 年。

饒宗頤、曾憲通：《楚地出土文獻三種研究》，北京，中華書局，1993 年。

顧史考：〈上博竹書〈三德〉篇逐章淺釋〉，《屈萬里先生百歲誕辰國際學術研討會論文集》，臺北：國家圖書館、中央研究院歷史語言研究所、國立臺灣大學中國文學系主編，2006 年，頁 269-309。

顧頡剛：《古史辨》，上海：上海古籍出版社，1982 年。

顧頡剛、童書業：〈夏史三論〉，《古史辨》第七冊（下），上海：上海古籍出版社，1982 年，頁 209-220。

文獻研究叢書・出土文獻譯注研析叢刊 0902031

清華簡〈參不韋〉研究

作　　者	賴怡璇
責任編輯	林以邠
發 行 人	林慶彰
總 經 理	梁錦興
總 編 輯	張晏瑞
編 輯 所	萬卷樓圖書股份有限公司
	臺北市羅斯福路二段 41 號 6 樓之 3
	電話 (02)23216565
	傳真 (02)23218698
發　　行	萬卷樓圖書股份有限公司
	臺北市羅斯福路二段 41 號 6 樓之 3
	電話 (02)23216565
	傳真 (02)23218698
	電郵 SERVICE@WANJUAN.COM.TW
香港經銷	香港聯合書刊物流有限公司
	電話 (852)21502100
	傳真 (852)23560735

ISBN 978-626-386-301-9

2025 年 8 月初版一刷

定價：新臺幣 520 元

如何購買本書：

1. 轉帳購書，請透過以下帳戶
   合作金庫銀行 古亭分行
   戶名：萬卷樓圖書股份有限公司
   帳號：0877717092596

2. 網路購書，請透過萬卷樓網站
   網址 WWW.WANJUAN.COM.TW

大量購書，請直接聯繫我們，將有專人為您服務。客服：(02)23216565 分機 610

如有缺頁、破損或裝訂錯誤，請寄回更換

版權所有・翻印必究

Copyright©2025 by WanJuanLou Books CO., Ltd.

All Rights Reserved　　Printed in Taiwan

國家圖書館出版品預行編目資料

清華簡<參不韋>研究/賴怡璇著. -- 初版. -- 臺北市：萬卷樓圖書股份有限公司, 2025.08

面；　公分. -- (文獻研究叢書. 出土文獻譯注研析叢刊 ; 0902031)

ISBN 978-626-386-301-9(平裝)

1.CST: 簡牘文字 2.CST: 注釋 3.CST: 研究考訂 4.CST: 戰國時代

796.8　　　　　　　　　　114009706